哲学するタネ

高校倫理が教える70章

【東洋思想編】

石浦昌之

目次

まえがき

人間が生きている、という事実は考えてみれば実に不思議なことです。様々な人間が地球上で自然環境や動植物と共に生活し、何かを考え、喜怒哀楽や愛、祈りの感情を持ち、社会を構成しているという事実。そんな不思議な人間というものが、そもそもなぜこの世に生まれてきたのか、なぜ戦争をするのか、動物とのちがいは果たして何なのか、そしてなぜ学校に通わなければならないのか。最後の疑問はちょっとエゴイスティックだったと思いますが、そんな素朴な疑問を、私は子供の頃からずっと抱き続けてきました。

高校生になったとき、「現代社会」の授業を担当していたT先生の授業で「倫理」の学習内容に出会います。T先生は社会学や現代思想がご専門だったようです。脳天を打ち抜かれるほどの衝撃と興奮がそこにはありました。フーコーやフロイト、マルクスといった思想家の名前もその時初めて知り、現代社会を成り立たせている目に見えない構造や自我の深層……そこに何やら、それまでの疑問を解き明かすヒントがあるような気持ちを抱き、夢中になったのを覚えています。

そんな学問との出会いの一方で、中学時代からの親友が学校に来られなくなってしまうという不測の事態も起こりました。彼の実存的な不安に触れるうちに、心理学への興味が湧き、結局大学の心理学科への進学を決めたのでした。

大学に進学すると、今度は個人の心理を取り巻く社会や、その社会を規定する思想に関心が移り、哲学や社会学、比較文化論を自分なりに勉強し始めました。その後大学院では現代思想を援用して関心があったアメリカ文化やポピュラー音楽を読み解く研究を拙いながらも行うことになります。音楽といえば、20歳の頃から本格的に音楽活動を始めました。ギターを弾き、詩や曲を作り歌うことで、今まで集団の中でひた隠しにしてきた本来の人間性が解放され、何やら初めて自由になれたような気がしたものでした。

こんな話をすると、だいぶ浮世離れした学生生活だったと思われる方がおられるかもしれません。実際そう思われても致し方ないでしょう。学問や音楽に耽溺《たんでき》していたその頃の私を苦しめていたのは、自分を社会にどう軟着陸させるか、という不可避の難問でした。いよいよ就職活動だ、と髪を切って、身ぎれいなスーツに身を包んだ友人たちを尻目に、自由という言葉に固執し、その難問を解決することから逃げていました。結局、学生生活を終えた後に、テレビの制作会社や出版社など7回職場を変え（バブル崩壊後、企業が新卒採用を大幅に減らした中での船出でした）、最後はやっとのことで中学校の常勤の教職を得ました。そして晴れて高校で「倫理」を教える機会を得たのはそれから7年後のことでした。

「倫理」の授業を担当するようになり、私は教員として多くのことを学びました（今もなお新鮮な学びがあります）。自分が様々な疑問や悩みを抱えていた頃と同じ10代の生徒たちを前にして、それこそ毎時間体当たりでぶつかるような毎日でした。生徒の鋭い質問の中には、私の考えや先入観を揺るがすものも沢山ありました。また、卒業してからも折に触れては集まり、テーマを決めて「哲学する」会合も細々と続けています。利害や年齢を超越して、純粋に学問で繋がることができる場があることは、私にとって大きな幸せです。

高校公民科「倫理」は実は大変ユニークな科目です。英国で必修教科として取り入れられている「市民科（シティズンシップ）」やフランスで伝統的に重視され高校で必修となっている「哲学」とも内容は違っています。大きく分けると「青年期の課題」「源流思想（古代ギリシア思想、キリスト教、イスラーム、バラモン教・仏教、古代中国思想）」「日本思想」「西洋近現代思想」「現代社会の諸課題」の5分野からなり、それぞれの分野における内容の軽重や偏りはあるにせよ、高校の学習としては高度な内容を含むものです。哲学・思想・宗教学・倫理学・心理学・歴史学・

社会学・比較文化論……これらの広範な学習内容を網羅し、思想史的に学び考えられる講座は、大学にもなかなか存在しないのではないでしょうか（にもかかわらず、科目「倫理」が設置されている学校は少なく、学んだ経験がある人が少ないため、大学の教員まして高校の教員ですら、その学習内容の全貌を知らない、という奇妙な状況が存在します）。

これらの学習分野は、日本という国の特殊性を鑑《かんが》みても、よく考えられていると感じます。普段は意識しないかもしれませんが、日本に住んでいる私たちの思考の枠組の半分には、古代ギリシア（ヘレニズム）・ヘブライズムから脈々と受け継がれる西洋思想があります（哲学や科学、民主主義、資本主義、背景化しているキリスト教のバックボーンも含めます）。もう半分には中国思想（日本語じたい、書き言葉に中国語＝「漢字」やその崩し字＝「平仮名《ひらがな》・片仮名《カタカナ》」を使用しています）、そしてインドから中国・朝鮮半島を経由して伝来・発展した仏教思想（日本語のほとんどは仏教由来の言葉です）があります。最後に、これらの根底には、異文化を排斥せず重層的に受容する大らかな日本古来の思想（神道精神）が広がっています。皆さんの中で特定の信仰をもっていない、と自認する人でも、正月には神社に初詣に行き、お盆には仏式でお参りをし、時にバレンタイン・デーやクリスマス、ハロウィンを楽しむことがあるのですから。そんな我々の生活を支えている「当たり前」の思考の枠組みを、いったん俎上《そじょう》に載せて相対化することができるのも「倫理」の魅力の一つです。自分を見つめるもう一人の自分に出会い、俯瞰《ふかん》のまなざしをもつこと（これこそが21世紀の教育で注目されている「メタ認知」です）が「倫理」の授業を通して可能になるのです。

しかしそんな「倫理」という科目も、いま存続の危機という重大な岐路に立たされています。平成元年から「現代社会」および「倫理」「政治・経済」を必修としてきた高校公民科の再編です。民主主義教育の最前線であるところの中学社会科および高校公民科は、常に様々な批判にさらされてきました。それでも戦後の民主的な日本国憲法に対する国民の支持を背景に、ある種リベラルな価値観を体現してきた教科であったように思います（２０１９年に「生前退位」された上皇陛下も、まさにリベラルな戦後民主主義の体現者でした）。しかし、２００６年に安倍晋三内閣の意向でスタートした教育再生（実行）会議をはじめ、正直社会科・公民科教育の専門家とは言えない方々から、戦後民主主義・平和主義の価値観を教えるリベラルな社会科・公民科が狙い撃ちされていくことになります。これは、冷戦が終結して世界の地勢図が書き換わり、戦争の記憶が風化するプロセスと入れ替わるようにしておこった出来事です。とりわけ高校公民科はＧＨＱ（連合国軍総司令部）の息がかかった偏向教育の場であり、日教組（日本教職員組合）の自虐史観が横行している、といったある種の都市伝説を信じている方々が教育政策に影響力のある地位におられることは、文部科学省の中央教育審議会の議事録などを読めばすぐに感じ取れます。委員を務めている、とある地方の私立大学の学長が「フランス革命なんてバタ臭いことを教えているからいけない」と公然と発言しているのを読んだときは、開いた口が塞《ふさ》がりませんでした。これは、学校で市民革命を通じて人権獲得の歴史を教えているから、権利ばかり主張して義務を果たさない、自分勝手な日本人が増えている……という論調の典型でしょう。近所のおじさんの暴言レベルの（近所のおじさん、ごめんなさい）教養の欠片《かけら》もない議論が、天下国家の教育を論じる重要な場で展開されているのです。

２０１５年に文部科学省から次期学習指導要領で「公共」という新しい科目を必修とし（「現代社会」は廃止）、「倫理」「政治・経済」を選択科目とする方針が発表されました。「積極的に社会参加する意欲が世界的に低い」ことや「現代社会の諸課題等についての理論や概念の理解、情報活用能力、先哲の基本的な考え方を手がかりとして自己の生き方等に結びつけて考えることに課題」があるとし、その問題を解決するとともに、「キャリア教育の中核となる時間の設定」を行うべく、「公共的な事柄に自ら参画しようとする意欲や態度」を育てる科目「公共」を設定するというのです。その後２０１８年に公示された新学習指導要領の公民科「公共」では、従来の「倫理」より「政治・経済」の方が好き嫌いは別として「有用」だと考えている生徒の数が多いことから、従来の「政治・経済」の学習領域が中心となりました。具体的には、18歳選挙権を踏まえた模擬投票、裁判員制度を踏まえた模擬裁判、そして法曹界や財界人など外部人材を取り入れて、国家・社会の形成者として主体的な選択・判断を行うとともに、現代の諸課題を解決する力を養う授業になります。もちろん一見すると悪い内容とは思えませんが、新科目「公共」の設置を促した政治的な目論見《もくろみ》の中には、アーレントやハーバーマスの想定する「公共」性というよりむしろ、個が公に奉仕するという意味の「公共」が含意されている点が気にかかります。改正が現実味を帯びてきている日本国憲法の学習も後景に退きました。そして、２０２０年度から廃止された大学入試センター試験の科目になっていたことで必修科目とされる高校も辛うじてあった「倫理」が選択科目となることで、さらにほんの一部の生徒しか高校教育の場で「哲学する」ことができなくなることは明白です。ここには、高等学校にゆくゆくは「道徳」の授業を置き（小・中ではそれぞれ２０１８・２０１９年度より「特別の教科」に格上げされました）、「倫理」に代わり「道徳」に「人間としての在り方生き方」教育を担わせたい、という本音も見え隠れしています。さらには哲学などは、小難しいことばかり言っていて、ちっともお金にならない、と言わんばかりでもあります。いわゆる「哲学では食えない」という物言いに見られる、経済合理性に基づく発想でしょう。

もう一つ気になるのは、新学習指導要領における「倫理」の学習内容です。今までメインになっていた思想史としての体裁が失われ、先哲の思想に関する原典資料の読み取りにより、幸福・愛・徳・善・正義・義務などのテーマについて思索する内容に転換されました。これは現代の諸課題を解決するための、使える「倫理」を目指す方向性でしょう。そして、日本思想や日本の伝統文化の理解が相対的に前面に押し出されたのも大きな変化です。政府の教育施策に、未来の企業人を受け入れる財界の要望が含まれることは当然ですが、２０００年代に入り、本来企業が担うべき教育コストを公教育に押しつけて（プログラミング教育や英語教育などもそうです）、即戦力を求める風潮が横行するようになりました。いま日本がやっきになっている「グローバル人材」の育成もまさにそうした財界（とりわけグローバル化した世界のアクターである多国籍企業）の要請でしょう。日本人としてのアイデンティティを保ちつつ、英語をツールとしてグローバルに活躍し、最終的に日本という国にお金を落としてくれる取り替え可能な人材を、手っ取り早く育成したい、というわけです。上司の指示に対して、その正しさや確からしさを沈思黙考するような哲学的な部下は実に使いづらい、ということにもなるでしょう。

経済的な利益と直結すると考えられている理系学部を重視し、国立大学の人文・社会科学系学部・大学院の廃止および（社会的要請の高い分野への）転換を検討せよ、との要請が２０１５年に政府・文部科学省から発表された時も耳を疑いました。もちろんこうした傾向は今に始まったことではありませんが、当時政府が整備を推し進めていた安保法制への異論を許さない態度とも重なり合ったためか、多くの人文・社会科学系の大学教員や学会の怒りを買い、文部科学省はその釈明に追われました（１９７４年以降フランス政府が、資本主義社会の専門教育充実の要請により高等教育から哲学を大きく削減しようとした際、哲学者デリダが「批判的能力を減少させる」と闘った事例も想起されました）。経団連は「即戦力を有する人材」の対極にある文理横断型の人材を求めているのだ、と苦しい弁明を行いましたが、これは圧倒的に「建前」であり、政府や財界の「本音」がついに漏れ出てしまった事態と見るべきでしょう。実際、学校の現場でも、「文学部は就職に不利である」といった文系進路への根拠のない不安が煽られ、法学や経済学はまだしも、文学や哲学を志望する学生は多くいません。とはいえ、哲学教育を盛り立てようにも悪循環なのか、哲学を学び、倫理を専門とする教員の数は大変少なくなっている（公民科教員のほとんどが政治や経済を専門としているため、「倫理」の学習内容は公民科教員の中でさえ、ほぼ理解されていない）という悲しい実情があります。

　そもそも学問を学ぶ場である「スクール［school］（学校）」の語源はギリシア語の「スコレー［schole］（閑暇《かんか》）」でした。「暇《ひま》」を愛し、目先の手っ取り早い利益を求めず、真理を探究することが学問の本質だったのではないでしょうか。手っ取り早いと言えば、ここにも経済合理性の蔓延《まんえん》があるのでしょう。近代に定着した「民主主義」というシステムが現代社会において機能不全に陥っているのも気になるところです。「民主主義」というシステムは、単に多数決であればいい、というわけではなく、本質的には合意形成までに大変時間のかかる、まどろっこしいシステムです。にもかかわらず、氾濫する安上がりな言葉や二項対立のシンプルな論点に寄りかかり、複雑な合意形成のプロセスを「節約」してしまってはいないでしょうか。これでは、高校の新科目の名称ともなっている「公共」空間を作るのは到底難しく、「私」が「公」に奉仕する従来通りの「公共」・「公民」観が浸透して終わるだけでしょう。堂々巡りの議論の末にしかたどり着けない深い理解や（ひとまずの）合意というものが、確かにあるはずなのですが。

個人的に尊敬する劇作家・寺山修司は「どんな鳥だって想像力より高く飛ぶことはできないだろう」（『事物のフォークロア』）（寺山修司『寺山修司詩集』角川春樹事務所、２００３年）と言い残しました。「ジャンケン」という常識でいえば、紙を破る岩、石を砕くハサミ、ハサミで切れない紙を思い浮かべること……どんな時でも、人間の無限の想像力を自由に働かせて、たとえ時間の無駄だと言われようと、自分や他人や世界の在り方について、立ち止まって考えることを忘れてはいけません。２０２０年度には知識注入型のセンター試験が廃止され、答えのない問いを探求する大学入学共通テストを導入する明治以来とも言える大学入試改革が行われました。それに伴い、旧来の学校の一斉授業の形態も、生徒中心の主体的・対話的授業に変わりました。新学習指導要領はいわば、学習活動の総「哲学」化です。にもかかわらず、繰り返しになりますが、受験科目としての「倫理」がもし存在感を失えば、選択科目として「倫理」を教育課程に置く学校は減ることが予想されます。思考力・判断力・表現力・主体性・協働性を問う共通テスト（あるいは注目を集める国際バカロレア）の方針と哲学的思考は、相当親和性が高いと思うのですが。ですから私は、あと何回担当できるかわからない「倫理」授業を前にして、大げさかもしれませんが、ある種悲壮な決意を背負い、未来の世界を担う生徒たちの知の触媒となる覚悟で日々教壇に立っています。決して「使い捨てられる」ような人間にだけはなってほしくないのです。

少々重苦しい前置きになってしまいました。本のタイトルは『哲学するタネ――高校倫理が教える70章』としました。内容から東洋思想編と西洋思想編の2編に分けましたが、どちらから読み進めて頂いても構いません。東洋思想編は「日本思想」と東洋の「源流思想」（バラモン教・仏教、古代中国思想）から構成されています。これからは「知識を活用する時代」になるといいますが、活用するためには知識が必要です。インプットなくしてアウトプットはあり得ません。ここで「楽をする」勘違いを犯してはいけないんです。人間は経験から形作られる……と考えるならなおさらインプットは重要です。しかし昨今、社会を見渡せばタネ（種）を蒔《ま》かずに花を咲かせようとしている感があります。当たり前ですが魔法使いでもなければ、タネを蒔かずに花を咲かすことなどできないのです。大学の「ゼミ」は英語の「セミナー〔seminar〕」のドイツ語読み「ゼミナール」に由来します。「セミナリー〔seminary〕（神学校）」という派生語もありますが、ラテン語の「セーメン〔semen〕（種、精子）」が語源です。ラテン語や英語の祖先となったインド・ヨーロッパ祖語の「se」には「種を蒔く」という意味があり、英語では「タネ」を「シード〔seed〕」といいます。つまり学問にしても、何かを生み出すにしても、タネを蒔かなければ始まらないのです。ちなみにタネは人に蒔いてもらうだけのものではありません。自分で蒔くことだってできるのです。

文中で使用した用語は高校「倫理」で通例用いられる表記に倣《なら》っています。高校「倫理」の教科書理解の一助ともなるよう、簡潔な説明を心がけようと思いますが、論理を明晰にするため、少々緻密さを欠く記述があるかもしれません。なにぶんご容赦ください。それでは早速「哲学」の扉をノックしてみましょう！

1章　日本とは

「和」の国の起源

まずは立ち位置を自国に置き、日本を客観的に眺める視点をもってみましょう。テーマは日本思想です。「東洋のルソー」と称された中江兆民《なかえちょうみん》〔1847—1901〕は「わが日本古《いにしえ》より今にいたるまで哲学なし」[*1]と言いました。確かに、西洋的発想であるところの「哲学」という学問をそっくりそのまま日本に持ち込むと、どうにもなじまない部分が多くあります。近代化にはキリスト教のエートス（倫理）を持ち込むという側面があり、欧米諸国はある種の宗教的・啓蒙的使命感をもってアジアやアフリカに進出したわけですが、日本やインドをキリスト教国化することには失敗しました（英国の植民地インドにおいては、言語を英語にすることまではできました）。これは良くも悪くも、日本やインドには外来思想に染まり得ない土着の思想があったと見るべきでしょう。

では手はじめに、国号「日本」を俎《まないた》に載せてみましょう。そもそも日本という国号はご存じの人も多いはずですが、「日ノ本《ひのもと》」＝「太陽が昇る所」という意味です。西洋のジャポニズムで言う「rising sun」のイメージですね。現在日本の領土とされている場所（琉球やアイヌの土地は別の視点で捉えるべきでしょう）に住んでいた人々は太陽神信仰をもっていました。女性の太陽神「天照大神《アマテラスオオミカミ》」信仰です。*2 日本神話の世界では、初代の神武天皇《じんむ》（実在はしませんでした）*3は天照大神の子孫とされています（後述しますが天武天皇《てんむ》［631？―686］の治世に創作された物語です）。紀元前後の日本の様子は無文字文化だった日本には文書として残されていません。『漢書《かんじょ》』地理志《ちりし》や『後漢書《ごかんじょ》』東夷《とうい》伝《でん》といった中国の歴史書に「倭《わ》」と記述されている国の記述が、数少ない古代日本の記録です。なぜそうした記録があるのかといえば、中国は周縁国と君臣関係を築く冊封《さくほう》体制を布《し》いていたからです。冊封とは、天命が下った中国の天子に周辺国が貢物を送って臣下の礼をとると、天子から印綬《いんじゅ》や称号などを賜り、国の統治権が認められる……という朝貢《ちょうこう》関係（王朝に貢ぐ関係）のことです。

3世紀に作られた『三国志』中の『魏志《ぎし》』倭人伝《わじんでん》には、邪馬台国《やまたいこく》の女王・卑弥呼（ひみこ、ひめこ）［？―247？］の記述がありました。卑弥呼は魏から「親魏倭王《しんぎわおう》」の称号を賜っています。当時の中国は日本を「倭」と呼んでいました。「倭」と呼ばれた理由には「矮小《わいしょう》」と同じく「小さい」という意味に由来するという説（中国が世界の「中心＝華《はな》」であるとする「中華《ちゅうか》（華夷《かい》）」秩序の片隅から独立した日本は、どう考えてもちっぽけな国でした）や、自らを「われ（わ）」と呼んでいたからとする説、そして「人に委ねる」、つまり従順な性格だったからとする説などがあります。いずれにしてもこの「倭」という漢字に、日本では「やまと」（「山に囲まれた処《ところ》」の意）という読みを与えていました。「やまと」は「大和」という漢字を当てることもありますが、狭義では奈良県の三輪山《みわやま》の麓にあったヤマト王権の本拠地を、広義ではヤマト王権の支配領域だった大八洲《おおやしま》（本州・四国・九州・淡《あわ》路《じ》・壱岐《いき》・対馬《つしま》・隠岐《おき》・佐渡《さど》の8つの島）を指します。卑弥呼の「邪馬台国」も「やまとこく」と読むことができますね。「大和《やまと》」は「倭」と同音の「和」に「大」を付けたものです。

錦の御旗（浮田可成・画）

平和的な「和」は後に「和風」「和歌」など日本を指す言葉になっていきました。ではなぜ日本は「和」の国とされたのでしょう。人々が「和やかさ」「平和」を重んじていたからなのでしょうか。専門家によれば「「大和」表記への改正について確たる定説はまだない」のだといいます。*4

正式な「日本」の建国

先ほど中国との関係について触れましたが、日本には縄文・弥生時代から多くの人々が大陸（中国・朝鮮半島）から移り住んで来たことが知られています。紀元前2世紀頃には貿易を通じた交流が盛んになり、中国から朝鮮半島・日本に商人が訪れ、滞在地の人々と混血し、定住していくことになります（朝鮮半島から日本にやって来た人々ももともとはそうした意味での華僑《かきょう》でした）。そして日本の海岸沿いには複数の集落ができるようになり、中国は安全な貿易を維持するため、倭王の存在を認め（例えば57年に金印を授けられた倭の奴国《なこく》王がいました）、冊封体制に取り込むようになるのです。

古墳時代には楽浪《らくろう》・帯方郡《たいほうぐん》（中国・漢の朝鮮半島における直轄地《ちょっかつち》）の漢民族や百済《くだら》系の人々が日本に移住して来ます。彼らは渡来人と呼ばれ、中国の最新技術や学問・宗教（儒教や仏教）、そして無文字文化だった日本に漢字という文字を伝える大きな功績を残しました。漢字は平安時代になるとドメスティックに進化した崩し字「平仮名《ひらがな》・片仮名《カタカナ》」となり、いまも書き言葉としての日本語を形成しています。飛鳥時代頃には渡来系の人々の日本列島への人口流入が大変多くなり、縄文直系1に対して渡来系（弥生系）9になった、という見方もある程です（現在の日本に住む人々のルーツをここまで遡ると、その多くは大陸から来た広義の渡来人ということになります）。そう考えると、日本の天皇家が朝鮮半島にルーツをもつ渡来系であった（例えば平安京に遷都した桓武《かんむ》天皇〔737─806〕の生母・高野新笠《たかののにいがさ》〔720?─790〕は百済の武寧王《ぶねいおう》〔462─523〕の子孫とされている）ことや、日本の神社・神宮《じんぐう》の起源が朝鮮半島・新羅《しらぎ》の祖神廟《そしんびょう》にあるという説にも特に疑問は湧きません。*5

そんな「やまと」という自己意識をもった人々が「日本」という呼称をあえて用いたことは、中華（華夷）秩序から離れて独立した地位を確立したい、というある種のナショナリズムに由来するものでしょう。645年の大化の改新で唐《とう》をモデルとした天皇中心の中央集権国家が建設された後、使節団を中国に送り、その呼称「日本」の使用許可を求めます。702年の遣唐《けんとう》使《し》では粟田真人《あわたのまひと》［？—719］がおそるおそる「日本国」を名乗る使節として唐を訪れ、その呼称を認められるのです（唐に倣《なら》い法律に基づいて国家を支配する、前年出来たてほやほやの大宝律令《たいほうりつりょう》も持参しました）。この頃は、聖武《しょうむ》天皇［701—756］の父・文武《もんむ》天皇［683—707］の治世でした。

ちなみに、それに約100年先立つ607年の遣隋使《けんずいし》派遣の際、女帝・推古《すいこ》天皇［554—628］の摂政《せっしょう》だった聖徳《しょうとく》太子《たいし》（厩戸皇子《うまやどのみこ》）［574—622］は小野妹子《おののいもこ》［生没年不詳］に国書を託しました。そこには「日出《ひい》づる処《ところ》の天子《てんし》、書を日没《ぼっ》する処の天子に致す。恙無《つつがな》きや」（『隋書』倭国伝）とありました。この「日出づる処」が「日本」（日ノ本《ひのもと》）という国号の由来になりました。その中身は「太陽が昇る処の天子（推古天皇）が、書を太陽が沈む国の天子（隋《ずい》の皇帝・煬帝《ようだい》［569—618］）に送ります。お元気ですかぁ?」という少々不遜《ふそん》で嫌味なお手紙です。当然の如く大国・隋の煬帝は激怒しました。激怒の理由は「太陽が沈む国」とけなされたことや、同等の「天子」を名乗った点にあると考えられます。中国の敬天思想によれば、「天子」は天帝によって天命が下され、徳を備えていると認められた立派な皇帝に用いられる敬称です。大国・中国の逆鱗《げきりん》に触れてしまったことを余程恐れたのか、以後日本では「天皇」という敬称が代用され、現在も使われています。

ちなみにこうした日本の歴史は、720年に成立した『日本書紀』に記されています。先ほども言ったように、中華（華夷）秩序から独立したいというナショナリズムから「日本」という国は誕生します。*6 ここからは東洋史家の岡田英弘［1931—2017］*7の説を参考にして話を進めましょう。660年になると、唐が朝鮮半島南東部の新羅と組んで倭の同盟国・百済《くだら》を滅ぼし（倭は百済に援軍を送るも、白村江《はくすきのえ》の戦いで大敗する）、668年には朝鮮半島北中部の高句麗《こうくり》も滅ぼされます。そうした東アジア情勢の中で急きょ、同668年に天智《てんじ》天皇［626—672］が即位し、

「日本」が正式に建国されたとみて間違いないでしょう（その時から、外国に対して「日本天皇《やまとのすめらみこと》」を名乗っています）。

日本建国と同時に中国に負けない独自のアイデンティティをもつ「日本の歴史」を編纂《へんさん》する必要が生じます。そこで天智の弟・天武《てんむ》天皇が着手し、皇室の正統性を万世一系《ばんせいいっけい》に辻褄《つじつま》合わせする形で創作されたのが『日本書紀』なのです（日本は独自の正統を天から受け継ぐ、とする枠組みは司馬遷《しばせん》〔B.C.145／135—B.C.87／86〕の『史記』に見られる中華思想を借りたものです）。宮内庁が現在古墳の調査を許していないことから諸説がありますが、万世一系とされた皇統の断絶の可能性も指摘されています。古くから北九州・瀬戸内海を通る中国との交易で栄えていたのが難波（大阪府）です。倭王であった仁徳《にんとく》天皇〔5C?〕から清寧《せいねい》天皇〔5C?〕までの河内《かわち》王朝は7代続き、5世紀末で断絶しています。その後、清寧天皇の后の兄の顕宗《けんぞう》天皇〔5C?〕が播磨《はりま》王朝を建てますが、3代の武烈《ぶれつ》天皇〔5C?〕で断絶し、播磨王朝2代の仁賢《にんけん》天皇〔5C?〕の娘と結婚して倭王となった継体《けいたい》天皇〔6C?〕が越前《えちぜん》王朝を打ち立て、以後皇統が続きました。越前王朝の天智・天武天皇と、播磨王朝、そして河内王朝は男系ではつながらず、女系相続による王朝交代でしたが、男系相続しか認めない『日本書紀』では、それを男系であるかのように書き換えています。ナショナル・アイデンティティとしての国家の正史編纂は、いつの時代もこのような策略（事実の捏造《ねつぞう》・隠蔽）を孕《はら》んでいるものだと思います。

にっぽん・にほん、呼称をめぐる紆余曲折

ところで「日本」の読み方は「にっぽん」「にほん」が現状用いられており、どちらも正しい読み方として並用されています。公共放送であるNHKは国号を「にっぽん」と読び慣らわしています。近代以前は「じっぽん」という大陸風の読み方も存在したようです。戦時中の名残りでしょうか、ある種戦争の様相を呈することもあるスポーツの国際大会の応援では威勢のよい「ニッポン」の呼称の方になじみがあります。

一方、英語の「ジャパン（Japan）」はどうでしょう。この呼称も奇妙な由来があります。マルコ・ポーロ（Marco

Polo）［1254―1324］の『世界の記述（東方見聞録）』に登場する「ジパング（チパング）」*8や、ポルトガルから西洋に伝わった「ジャパン」の呼称は共に、「日本国」の中国語読みに由来しています。現在の北京語では「日本国」は「リーベングオ」となりますが、西洋人がこの「リ」を「ジ」と音写したとか（「ジーペングォ」）、マルコ・ポーロが滞在してフビライ・ハン（Kublai Khan）［1215―1294］に仕えていた元《げん》での「日本国」の呼称から取った、などの説があります。戦前における日本（Japan）の、国際社会における略称は「JAP」でしたが、日本人や日系人への蔑称「ジャップ」として用いられた歴史もあり（例えば太平洋戦争中の米国では、対日感情の悪化からしばしば使われました）、現在は「JPN」が用いられています。

「日の丸」の由来

せっかくですから、近代国民国家建設の際、国民の一体感を高めるために日本でも使用されることになった国の象徴「国旗・国歌」の由来についても、ひもといてみましょう。「日の丸・君が代」です。

国旗に現在のような、白地に赤き「日の丸」が使用されるまでには、紆余《うよ》曲折《きょくせつ》がありました。デザインのモチーフが太陽神信仰と日本（「日ノ本《ひのもと》」＝「太陽が昇る所」）という国号にあることは、すでに見てきた通りです。実は大化の改新後に朝廷の象徴として用いられた旗は、赤地に金丸の「錦《にしき》の御旗《みはた》」でした。その後、天皇家の血を引く由緒正しき清和《せいわ》「源氏《げんじ》」と桓武《かんむ》「平《へい》氏《し》」が、朝廷の用心棒＝武士としての地位を確立します。1180〜85年の治承《じしょう》・寿永《じゅえい》の乱（源平《げんぺい》の合戦《かっせん》）で源氏は白地赤丸の旗を、平氏は赤地金丸の錦の御旗を掲げて戦い、ご存じの通り源氏が勝利します。源頼朝《みなもとのよりとも》［1147―1199］は鎌倉に幕府を開きますが、それ以来、源氏の末裔《まつえい》である足利《あしかが》氏・徳川氏（松平《まつだいら》氏）が征夷大将軍《せいいたいしょうぐん》（もともとは蝦夷《えぞ》地《ち》征伐のための臨時の官職で、後に武家政権を率いる棟梁《とうりょう》を表す官職となります）となり、それぞれ室町・江戸幕府を開きました。そして一説ではこの白地赤丸の旗を代々引き継いだといわれているのです。ちなみに武士の世界で血脈は重要です。足軽出身だった豊臣秀吉《とよとみひでよし》［1537―1598］

は源氏の血脈に位置していなかったため、征夷大将軍にはなれませんでした。ですから涙ぐましい家柄の偽装工作を行ったのです。京都の公家《くげ》・近衛《このえ》家の猶子《ゆうし》となる（地位を得るために養子関係を結ぶ）ことで、将軍にはなれなかったものの貴族として最高位の関白《かんぱく》・太政大臣《だいじょう》の地位に上り詰めることが辛うじて出来ました。

さて、今度は幕末の戊辰《ぼしん》戦争です。鳥羽《とば》・伏見の戦いから会津《あいづ》・白虎《びゃっこ》隊の戦い、箱館《はこだて》（函館）・五稜郭《ごりょうかく》の戦い……と幕府陸軍は白地赤丸の旗を掲げて戦ったのに対し、クーデターを起こした明治新政府軍（官軍）は、明治天皇を国の新しいリーダーとして担ぎ上げ、錦の御旗（朝敵討伐の旗としての意味合いもありました）を掲げて戦いました。もちろん勝利したのは明治新政府軍です。

その後、意外にも国旗になったのは白地赤丸の「日の丸（日章旗《にっしょうき》）」でした。明治時代の日本船には、幕末の1859年以来掲揚されていた「日の丸」が継承されたのです。したがって外国は日本船に見える「日の丸」を日本の国旗とみなすようになりました。戦後は、日本を軍国主義から民主主義へと劇的に改変させたGHQ（連合国軍総司令部）による国旗掲揚の禁止（その理由は、戦前の「日の丸」が国際社会においてナチスの鉤十字《かぎじゅうじ》と同様の意味合いをもったことを想像すればわかります）もありました。しかし1949年になると、米国の対日政策の転換によって国旗掲揚が再び許されます。それでも軍国主義の象徴としての「日の丸」に違和感をもつ人々がおり、とりわけ学校の教職員による式典時の「不起立」が社会問題化しました。そこで政府は1999年に国旗・国歌法を成立させ、式典時の国旗掲揚・国歌斉唱が義務づけられました。以上のような経緯で、白地赤丸の「日の丸」は正式な日本国旗として現在用いられているのです。

芸者が歌った「君が代」

続いては国歌「君が代」です。「君が代は　千代《ちよ》に八千代《やちよ》に　さざれ石の　巌《いわお》となりて　苔《こけ》のむすまで」……歌詞にある「君」

とは「天皇」のことです。つまり天皇の時代が千年も八千年も（「永々と」という例え）、小さな石が大きな巌となるまで、その巌に苔が生い茂る（「むす」は「生い茂る、長じる」の意）まで続きますように……という意味の歌です。小さい石が巌になる、というのは科学的とはいえませんが、天皇の治世を永久に願い賛美するという点で、世界の国歌と同様の体裁をとっています。ちなみに国歌や国旗の話をすると他国と比べての優劣を議論したがる人もいますが、そうした議論はあまり意味がありません。

「君が代」の詩は１８６９年に薩摩藩出身の陸軍軍人・大山巖《いわお》［1842―1916］が薩摩琵琶歌《びわうた》「蓬萊山《ほうらいさん》」の一節より選んだと言われています。大山は西郷隆盛《さいごうたかもり》［1827―1877］のいとこにあたり、弟・西郷従道《つぐみち》［1843―1902］と共に隆盛の肖像画（エドアルド・キヨッソーネ（Edoardo Chiossone）［1833―1898］画）のモデルになっています（隆盛は写真嫌いで写真を一枚も残さなかったため、いとこや弟をモデルにして肖像画を作ったのです）。

「君が代」の詩の原型となる和歌は紀貫之《きのつらゆき》［？―945］らが編纂した10世紀の『古今和歌集《こきんわかしゅう》』に題しらず・読人《よみびと》しらずの歌として登場し、*9 11世紀の和漢朗詠集《わかんろうえいしゅう》の写本にも登場しています。その和歌に１８８０年、曲を付けたとされているのが、宮内省の雅楽の作曲家だった林廣守《ひろもり》［1831―1896］です。*10 お雇い外国人だった英国陸軍の軍楽隊長ジョン・ウィリアム・フェントン（John William Fenton）［1831―1890］も先んじて曲をつけていますが、そちらは結果的に採用されませんでした。

これは一説ですが、大山が芸者遊びでこの和歌に親しんできたという説もあります。芸者を配偶者とした伊藤博文《ひろぶみ》［1841―1909］をはじめ、明治の藩閥政府の政治家の多くが芸者遊びを楽しんでいたことは有名ですが、芸者が客人を迎え入れる際に「君が代」を歌っていたというのです。実際「君が代」の一節は、中世には猿楽《さるがく》や田楽《でんがく》に、近世には地唄《じうた》（上方《かみがた》の三味線歌謡）や長唄《ながうた》（江戸の三味線歌謡）・小唄《こうた》（隆達節《りゅうたつぶし》）・門付《かどづ》けの芸能に取り入れられて歌い継がれ、人々にめでたい歌として親しまれていました。もともと初句は「君が代は」ではなく「我が君は」に始まる歌でした。芸者遊びのスタートに、私とあなたの関係が永くいつまでも続きますように……という歌詩はなんと縁起のよい歌だったことでしょう。現在の日本の国歌が、実は多様に読み替え可能で、人々に親しまれた平和な愛の歌、しかも伝統的に女性が歌い継いできた歌だったという点は、大らかな日本の風土と重ね合わせても特筆すべきだと思います。

注

＊1　中江兆民『一年有半』（『日本の名著36』）（飛鳥井雅道訳、中央公論社、1970年）。

＊2　古事記には二人の太陽神（タカミムスヒとアマテラス）が登場する。律令国家が成立した天武天皇の時代に、国家神（皇祖神）は男性神のタカミムスヒから女性神アマテラスへ転換した（溝口睦子『アマテラスの誕生』岩波書店、2009年）。

＊3　実在しなかった神武天皇の即位日（紀元節）は、明治時代に2月11日とされ、大きな祝祭日の一つとなった。紀元節は戦後、GHQ（連合国軍総司令部）によって廃止された後、1966年に「建国記念の日」として復活した。

＊4　小口雅史『「倭国」から「和国」へ』（田中優子編『日本人は日本をどうみてきたか』）（笠間書院、2015年）。

＊5　金達寿『古代朝鮮と日本文化』（講談社、1986年）。

＊6　「……アジア大陸と日本列島は、紀元前二世紀末に始まった中国化時代には一体の世界だったのが、七世紀の日本の建国と独立以後、分断されてしまった。われわれが今日、世界の中で独立を保っていられるのは、早くアジア大陸と絶縁したお蔭であり、また国際化で苦労しなければならないのも、まさにそのせいである」（岡田英弘『日本史の誕生』筑摩書房、2008年）。

＊7　岡田英弘『日本史の誕生』（筑摩書房、2008年）。

＊8　「チパングは東海にある島で……住民は色が白く、文化的で、物資にめぐまれている……黄金は無尽蔵にあるが、国王は輸出を禁じている……宮殿の屋根はすべて黄金でふかれており、その価格はとても評価できない」（マルコ・ポーロ『東方見聞録』青木富太郎訳、社会思想社、1969年）。

＊9　『古今和歌集』巻第七の賀歌《がのうた》（君が世を祝う歌などを収録している）には、「わが君《きみ》は千世に八千世《やちよ》にさゞれ石《いし》の巌《いはほ》となりて苔《こけ》のむすまで」（わが君は、永遠の世々に、小さな石が大きな岩と成って苔が生い茂るさきざきまで長く、おすこやかにあらせられませ）とある（小島憲之・新井栄蔵校注『新古典文学大系5　古今和歌集』岩波書店、1989年）。

＊10　「現在の国家の原型は、保育唱歌の『君が代』であ」り、「旋律を書いたのは、式部寮雅楽課に勤める奥好義《よしいさ》と林廣季《ひろすえ》のふたりだった」が、二人はその旋律を国歌であるとは知らずに作り、さらに林廣守（林廣季の父）の名義にしたという（杜こなて『「君が代」日本文化史から読み解く』平凡社、2015年）。

２章　古代日本人の思想

『古事記《こじき》』にみる古代日本人の思想

儒教・仏教伝来以前の日本の姿を古典に求める国学《こくがく》の手法に倣《なら》い、**『古事記』**を題材にして古代日本人の思想に触れてみましょう。７１２年に成立した『古事記』は７２０年成立の『日本書紀』とともに「記紀《きき》」と並び称され、前者は神代から推古《すいこ》天皇〔５５４―６２８〕まで、後者は持統《じとう》天皇〔６４５―７０２〕に至るまでの国家成立の神話・伝承、天皇家の歴史を物語っています。もちろん天皇家の正史として創られた側面がありますから、半分は史実というよりも皇室の正統性を裏付けるための創作と見るべきです。

そもそも為政者によって書き残された「歴史」を額面通りに受け取ることは、いつの時代にもできません。皆さんも偉業を成し遂げ、自分史を書く機会をもし得たならば、恥ずかしい自らの失敗談や敗北の歴史をわざわざ記さないでしょう。「歴史」は、事実以上に「盛られた」お話だと思って読むことが重要なのです。

上中下三巻からなる『古事記』はその名の通り、「フルコト（古事）」を記録した「フミ（記）」です。文字をもたない時代、記憶力の優れた者に代々物語を託し続けました。天武《てんむ》天皇〔６３１?―６８６〕の命で稗田阿礼《ひえだのあれ》〔６５４?―?〕が暗誦《あんしょう》していた内容を太安万侶《おおのやすまろ》〔?―７２３〕が筆録し、出来あがったとされるのが『古事記』です。古典中国語である漢文調で書かれた『日本書紀』に比べて、日本独自の表記を含む変体漢文で記された『古事記』は国学者の崇敬を集めました。ちなみにこれはあくまでも教科書的な正史です。そもそも『古事記』は712年成立とされていますが、実際はその約100年後に太安万侶の子孫・多人長《おおのひとなが》［生没年不詳］によって作られた偽書とする見方もあるんです。[*1] さらに現在の『古事記』解釈には、中国から朝鮮半島を通じて伝来した儒仏を排除すれば、純粋な日本人の心情が見いだせるはずだ、という本居宣長《もとおりのりなが》［1730―1801］をはじめとした国学者の思い入れ過剰でロマンティックな読みが入っているわけです。それらも踏まえつつ『古事記』を読んでいきましょう。

冒頭の「国生みの神話」は世界神話と同構造の国家の創世譚《そうせいたん》です。『古事記』を読むと、天《あめ》の御中主《みなかぬし》の神に始まり、とにかく湧き出るように神々が出現することに驚かされます。神々は大きく分けると、ヤマト王権の系譜と思われる高天原《たかまがはら》の天津神《あまつかみ》とヤマト王権に服属した側の神である国津神《くにつかみ》に大別できます。

「おのずから」生み出される感覚

イザナギ（伊耶那岐命《イザナギノミコト》）とイザナミ（伊耶那美命《イザナミノミコト》）の男女神は「（ふわふわと）漂っている国を修理《おさ》め、作り固めよ」[*2]と天の神様達に命じられます。そしてイナザミが「私の体は……できっていない所が一か所ある」と言うと、イザナギは「私の体は……でき過ぎた所が一か所ある。だから私のでき過ぎた所を、あなたのできっていない所にさし塞いで、国を生みだそうと思うがどうか」と尋ねます。[*3] 奥ゆかしい性表現ですね。そうして、イザナミが先に「ほんとうに愛すべき男ですね」といい、続けてイザナギが「ほんとうに美しい乙女ですね」と返し、睦事に及ぶのですが、なんと流産してしまいます（流産したのは女性から男性を先に誘ったのがいけなかった、というのです）。[*4] そこでもう一度男性から先に言い直すと、今度は日本の国土「葦原中国《あしはらのなかつくに》」が次々に生み出されました（まず始めに大八洲《おおやしま》と呼ばれる8つの島、淡路《あわじ》・四国・隠岐《おき》・九州・壱岐《いき》・対馬《つしま》・佐渡《さど》・本州を生みました）。このように万物が、草木が成長するように「**おのずから**」生み出されるという感覚は、現代日本人にまで受け継がれる発想の原型の一つです。「私たち結婚しました」という結婚報告にも「おのずからそうなった」という発想が読み取れます。丸山眞男《まさお》［1914—1996］は、そのようにあらゆる事象を「**なりゆき**」[*5]として受動的に受け止める心性を批評してもいます。

島と共に神々も次々に生み出されます。イザナミは火のカグツチ（迦具土《カグツチ》）の神を産んだ際に陰部が焼かれ、黄泉国《よみのくに》の住人になりました。そこでイザナギは、イザナミを連れ戻そうと黄泉国に向かいますが、イザナミは黄泉国の食べ物を食べてしまい、現世に帰れなくなってしまうのです。そこで、「現世に帰れるか黄泉国の神に相談してくるので、その間自分の姿を見ないでください」とイザナミはイザナギを制止しました。しかし待ち遠しさのあまりイザナギはその制止を振り切るんですね。そして見たらダメと言われたイザナミの姿を見てみると……なんとイザナミの体には蛆《うじ》が湧いていたのです。辱しめを受けたイザナミはイザナギを追い、「あなたがこんなことをするならあなたの国の人間を一日千人殺す」と言い、イザナギは「あなたがそうするなら、私は一日に千五百の産屋を立ててみせる」と言います。[*6] 何とも哀しい離別の言葉ですが、こんな風にして『古事記』は人間の生と死の営みを説明するのです。そんなこんなでイザナギは黄泉国から帰り（これが「黄泉《よみ》がえり＝蘇《よみがえ》り」です）、ホッと胸を撫《な》で下ろします。ここには現世こそ居心地がよいという現世中心主義も見て取れるでしょう。ちなみに古代日本の世界観では「天界（**高天原**《たかまがはら》）」—「地上界（**葦原中国**）」—「冥界《めいかい》（**黄泉国**）」は連続しており、往来可能になっていました。

イザナギは「穢《けが》れた国に行ってしまった、禊《みそぎ》をしよう」[*7]と言い、身《み》を濯《そそ》ぎます。この「**禊**」は「**祓《はら》い**」と同様、「ケガレ」や「ツミ」を洗い落とす発想で、神社の手水《ちょうず》にも見られる神道《しんとう》的発想です。トイレをかつて「御不浄《ごふじょう》」と呼んだこともありました。ケガレを洗い落とすことから、「御手洗《おてあらい》」ともいうわけです。「ケガレ」概念は日本社会を理解する上で重要です。これは近代西洋の衛生観念に基づく「汚い［dirty］」とは全く違います。「**ケガレ**（**穢れ**）」は「不吉・不浄のもと」とされたもので、死と深い関係があります。月経などの血もケガレとされたことから、女人禁制《にょにんきんせい》のタブー（入山や相撲の土俵など）が生まれました。江戸時代に士農工商の下に置かれた身分である「穢多《えた》」*8は「穢れが多い」の意で、皮革業・罪人の処刑人・医者などの死、つまりケガレに携わる職能民がそこに含まれました。死は人知を超えた出来事の一つです。能楽師・狂言師・歌舞伎役者を含む芸能民もそこに含まれていたのは、悲しい人を笑わせ楽しませるという人知を超えた能力にもあったというべきでしょう。ちなみに彼らが字面だけで汚く惨めな暮らしをしていた、と考えるのは早計です。江戸時代の穢多頭《えたがしら》・弾左衛門《だんざえもん》は代々浅草に広大な屋敷を構えて、全国の穢多・非人の統括権を与えられていました。

「ノリ重視」「苦しいときの神頼み」の民族

そうしてイザナギが洗い清めたケガレから生まれたのが女性の太陽神・**アマテラス**（**天照大神**《アマテラスオオミカミ》）と男性の暴風神・**スサノヲ**（**須佐男命**《スサノヲノミコト》）です。弟のスサノヲは海上を、姉のアマテラスは天界（高天原）を治める地位を与えられます。西洋のギリシア神話に見られるように親殺しで権力者の地位を得るのではなく、上位神からその地位を与えられる、という構図は、何事もお上《かみ》から下賜《かし》されることに慣れきっている日本人性を思い知らされます。

しかし暴れん坊のスサノヲです。海上を治めもせず「黄泉国のお母さん（イザナミ）に会いたい」と駄々をこねて泣き叫ぶので、父イザナギは激怒し、「この国に住んではならない」と追い払ってしまいます。*9これもよくある家族の一コマのようですね。その後スサノヲは母の故郷に行く途中で、高天原の姉アマテラスに挨拶をしようとします。しかし、しっかり者の姉は、乱暴者の弟が何をかしでかすのでは、と心配になり、その心を確かめるのです。これもよくある姉弟の関係を思わせますね。すると、スサノヲに「清《きよ》き明《あか》き心《こころ》」があることが証明され、晴れて高天原入りが許されます。

さて、「**清き明き心**（**清明心**《せいめいしん》）」は日本で長らく重んじられてきた徳目で、小川のせせらぎのような、純粋で濁りのない心情です。稲作農耕という集団作業に利己心（**私心**《わたくしごころ》）や**濁心**《きたなきこころ》を捨てて献身し、共同体の和を保つためには大切な徳目です（田植えを経験された方はわかると思いますが、米作りは一人では到底できません）。この「清《きよ》し」「明《さや》けし」という清明心は「清《きよし》」「明《あきら》」「明子《あきこ》」……など人名にもよく用いられています。古代の清明心は中世になると「正直《せいちょく》」（他人の持ち物への欲を抑える）、近世には新撰組《しんせんぐみ》の旗でも知られる「誠《まこと》」（人を欺《あざむ》かず、内と外で偽りがない）の徳として継承されます。関連して、米国のディズニー映画『アナと雪の女王』[*10]のテーマ曲としてヒットした「Let It Go」ですが、日本語で「ありのままで」と翻訳されたのは興味深かったです。まさに日本人好みの純粋で濁りのない「清明心」として解釈されたのでしょう（英国人なら「Let It Be」と表現したかもしれません）。清明心は**赤心**《せきしん》とも言い換えられ、腹黒い**黒心**《こくしん》と対比されます。主君より忠誠心を疑われた「腹黒い」武士は、腹をかっ切り、赤い血を流すことでその赤心を示したのです。

　話を戻すと、高天原に入ったスサノヲは、言わんこっちゃない、アマテラスの作る田の畦《あぜ》を破壊し、溝を埋めて（暴風によるものでしょう）、新穀を召し上がる御殿で屎《くそ》をまき散らすという暴挙に出ます。現代でも古代以来の宮中の神事に新嘗祭《にいなめさい》があり、皇居に参上して新米を献上する農家に選ばれることは全国の農家の方々の誉《ほま》れになっていますが、そうした神事を妨げる悪行ですから、ツミでありケガレです。悲しんだアマテラスは天《あま》の岩戸《いわと》に籠《こ》もり、世界は真っ暗闇になってしまいます（アマテラスは太陽神でした）。すると神々は岩戸の前でどんちゃん騒ぎをして笑い、アマテラスの気を引きます。「なんだろう……」とアマテラスが外を覗きこんだ時、怪力の男神アメノタヂカラヲがすかさず引っ張り出し、ついに世界に光が戻りました。スサノヲは反省し、ひげや爪を切ってお祓《はら》いをすることで許されました。こんな程度で許されるのか……と思われるかもしれませんが、このあたりは日本人の楽天的気質から来るものです。どんな不祥事も「土下座」や「坊主」ですっかり忘れて「水に流して」しまう（禊《みそぎ》の発想です）日本人です。一神教国に見られる信仰の一途《いちず》さがあまりなく、「苦しいときの神頼み」をするノリ重視の民族であるともいえるでしょう。思えば地震や津波・飢饉など常に天災に悩まされてきた日本は、元号でその都度イメージ・チェンジを図り、「ええじゃないか」と明治維新のウェーブを巻き起こしてきたお祭り大国でもありました。そしてその御輿《みこし》の担《かつ》ぎ手《て》は「もちつもたれつ」で、あいまいなまま責任者を不在にさせるのです。[*11] こうした楽天性は、現代の「祭り」を牛耳《ぎゅうじ》っている地域の「ヤンキー文化」[*12]にも通底するのではないでしょうか。

注

＊1 岡田英弘『日本史の誕生』（筑摩書房、2008年）。

＊2〜4 『新訂 古事記』（武田祐吉訳註、角川書店、1977年）。

＊5 「日本の歴史意識の古層をなし、しかもその後の歴史の展開を通じて執拗な持続低音《バッソ・オスティナート》としてひびきつづけて来た思考様式」は「つぎつぎになりゆくいきほひ」である」（丸山眞男『「歴史意識の「古層」」』）（『忠誠と反逆』筑摩書房、1992年）。

＊6〜7 『新訂 古事記』（武田祐吉訳註、角川書店、1977年）。

＊8 「長吏《ちょうり》」「カワタ」とも称された。江戸幕府は穢多の下に非人を置き、穢多は子孫代々その階級を抜け出せないが、非人は一定の条件を満たせば農民や商人になることを許した。互いに「自分の方がましだ」と思わせることで巧みに支配したのである。

＊9 『新訂 古事記』（武田祐吉訳註、角川書店、1977年）。

＊10 ウォルト・ディズニー・アニメーション・スタジオ製作の『アナと雪の女王』（原題は『Frozen』）は2013年に公開され、世界的な大ヒットを記録した。日本では「アナ雪」として親しまれ、主題歌「レット・イット・ゴー〜ありのままで〜」も大きな話題となった。

＊11 丸山真男『日本の思想』（岩波書店、1961年）。

＊12 斎藤環は現代日本に拡散するヤンキー文化の特徴を「バッドセンス」「キャラとコミュニケーション」「アゲアゲのノリと気合い」「リアリズムとロマンティシズム」「角栄的リアリズム」「ポエムな美意識と女性性」と整理している（斎藤環『ヤンキー化する日本』角川書店、2014年）。

3章　日本文化の特色

古代日本人の信仰

続いて古代日本人の信仰を見ていきましょう。『古事記』に見られるように、日本は「**八百万神**《やおよろずのかみ》」を信仰する多神教の国でした。多神教は農耕民の伝統です。日照りが続けば太陽に祈ったり、暴風が続けば暴風神に祈ったりと、農業と様々な神は密接な関わりをもっています。「八百万」は「多くの」という意味です（そもそも神話には「大八洲《おおやしま》」「八咫鏡《やたのかがみ》」「八坂瓊勾玉《やさかにのまがたま》」など「8」という聖数が数多く登場します）。「神《カミ》」は「上《カミ》」と同じ語源だという説がありますが、実際古代語の発音は違っていたそうです。しかし意味としては近いものがあり、人間の上にある人知を超えた自然現象や存在（雷・太陽・月・火・水・山川草木）を人格化したものが「**神**《カミ》」です。

森羅万象《しんらばんしょう》に魂《タマ》が宿るという信仰を**アニミズム**といいます（世界中の原始信仰に見られます）。「アニマ［anima］」はラテン語で「霊魂」のことで、アニメ（ーション）［animation］やアニマル［animal］といった派生語もあります。ヤマト王権が誕生した地域にある三輪山《みわやま》は日本最古の神社である大神《おおみわ》神社（奈良県桜井市）のご神体でした。日本最古の神社のご神体は山なんです。これも山に魂が宿っていると考えるアニミズムです。富士山が世界「自然」遺産ではなく、「文化」遺産としてユネスコに指定を受けたのも、古くからの山岳（富士）信仰によるものでしょう。

自然界の霊魂と交信するシャーマニズムも日本では多く見られます。交信者の代表格は巫女《みこ》です。神楽《かぐら》を舞い、神意を伺い、神懸《かみがか》りしてお告げを下す（託宣《たくせん》）……神社神子《みこ》の姿は邪馬台国《やまたいこく》の女王・卑弥呼（ひみこ、ひめこ）［？—247？］とも重なります。多くは未婚の女性であったようです。民間の巫女は、死者の霊を呼び寄せる（口寄《くちよ》せ）で知られる恐山《おそれざん》のイタコや南西諸島のユタ、新宗教にまで見られます。青森県の恐山のイタコは、私が1990年代半ばに現地を訪れた時には既に高齢化が進んでいましたが、熱心に列をつく人々からは死者への思慕の念が痛々しいほどに伝わってきました。

> 我々の先祖の霊が、極楽などには往ってしまわずに、子孫が年々の祭祀を絶やさぬ限り、永くこの国土の最も閑寂なるところに静遊し、時を定めて故郷の家に往来せられるという考えがもしあったとしたら、その時期は初秋の稲の花の漸《ようや》く咲こうとする季節よりも、むしろ苗代の支度に取りかかろうとして、人の心の最も動揺する際が、特にその降臨の待ち望まれる時だったのではあるまいか。そうしてそれがまた新しい暦法の普及して後まで、なお農村だけには新年の先祖祭を、あたう限り持続しようとした理由でもあったのではないか。（『先祖の話』*1）

死者の霊といえば、日本民俗学の父・**柳田国男《やなぎたくにお》**［1875—1962］は『**先祖の話**』で、亡くなった者の「霊は永久にこの国土のうちに留まって、そう遠方へは行ってしまわ」ず（仏教では経や念仏により「遠く十万億土の彼方へ往ってしまう」と考えました）、*2 田の神や山の神となり子孫を見守る、と信じられてきたことを説明しました。*3 いわゆる**祖霊信仰**です。これは連綿と続く稲作・農業共同体の恩恵を先祖に求めるもので、後に儒教や仏教の祖先崇拝とも融合します。7世紀に中国から伝来した盂蘭盆会《うらぼんえ》は、もともと儒教の「孝《こう》」の影響を受けた行事でしたが、日本では旧暦7月の仏教行事として定着しました。いわゆる「お盆《ぼん》」です。中国道教ではその際、祖霊に供物《くもつ》を捧げており、これが「お中元《ちゅうげん》」として日本の風習に残りました。各地でお盆の習俗は異なりますが、私は配偶者の故郷・秋田のお盆を体験したことがあります。祖霊を自宅に出迎える「**迎え火**」では水田の畦道《あぜみち》の脇を通る道路で家族が火を焚き、祖霊に家の場所を知らせます。しかもそこで車座になって酒を飲むのです。祖霊を送り出す「**送り火**」の際も同様でした。これは私が生まれ育った東京では経験したことのない風習でした。皆さんの地域ではどのようにお盆を過ごしておられるでしょうか。

「ハレ」と「ケ」

カミをまつ（祀・祭・奉）って、悪い霊（オニなど）を排除するマツリ（祭り）は日本の稲作農耕とも関連し、主に季節の変わり目に行われます。カミに供物を捧げて祝詞《のりと》をあげ、神楽を踊ることでカミのご機嫌を取り、無《む》病息災《びょうそくさい》や五穀豊穣《ごこくほうじょう》を祈願するのです。古代日本では卑弥呼のような巫女（シャーマン）がマツリを司《つかさど》り、同時に政治をも司りました。祭政《さいせい》一致の「**マツリゴト**」です（政治は「天下の政《まつりごと》」と表現されます）。マツリは非日常の「**ハレ（晴れ）**」の日に行われます。現在も年中行事や成人式などの通過儀礼（イニシエーション）の場でよそゆきである「晴れ着」を着用します。この日は労働（例えば農作業）を特別に免除され、カミをまつり、実りに感謝するのです。赤飯を炊いたり、尾頭《おかしら》付きの鯛《たい》を食べるイメージです。「晴れ姿」「晴れ舞台」という言葉も残っています。前近代ではハレの場でのみ、男女の出会いや夜這《よば》いなど、性的な無礼講《ぶれいこう》（自由）が存在する場合もありました。非日常の「ハレ」に対して、日常は「**ケ（褻）**」です。ケは農耕民にとっては普段着を着用する農作業日を意味します。実はこちらの方が生活の根本ですから重要です。ケのエネルギーが枯れてしまうことを「ケガレ（褻枯《けが》れ）」と言い、この「穢れ《ケガレ》」を祓《はら》うために非日常的なマツリを行うのです。数少ないハレの日はケに活力を注入してくれます。学校にも文化祭・体育祭・合唱祭などのマツリ（ハレの日）があり、代わり映えのしない日常（ケ）に、定期的に活力を与えてくれるのです。

生まれた土地への信仰もありました。これは「**産土神**《うぶすながみ》」信仰と呼ばれるもので、一族の神である氏神《うじがみ》や、仏教起源の土地の守護神である鎮守《ちんじゅ》（江戸時代には神社をそう呼ぶこともありました）とほぼ混同されるようになります。同じ信仰をもつものが「**講**《こう》」という信仰結社を組織することもあり、「〜講」は地域の相互扶助組織などとして現在も名前が残っています。江戸時代なら地域でお金を出し合って、お伊勢参りに行ったりしたのでしょうが、今ならハワイに、などというわけです。

現代日本人の「ウチとソト」

今度は現代人に見られる日本人の特質を見ていきましょう。身内に優しく親しみをもって接し、ヨソモノには媚《こ》びへつらい、除《の》け者にしたり……という「**ウチとソト**」意識は典型的です。他者を排斥する内向きの意識は「**島国根性**《しまぐにこんじょう》」とも言われ、江戸時代の鎖国下で育まれたとよく語られます。日本在住の文学者ドナルド・キーン〔1922―2019〕[*4]のエピソードで、日本人はたいてい外国人に会うと「納豆食べられますか」と聞き、「食べられる」と答えるとがっかりし、「食べられない」と言うと「そうでしょう！」と喜ぶ……という話があります。まさに「ウチとソト」の二面性です。私も高校生の時にこんな経験がありました。インドネシアからヤン君という留学生が訪れました。彼は私と同じ卓球部に入ったため自然と仲良くなり、私は彼にとって初めての日本生活の案内役になりました。一年間、本当にいろいろな所へ行ったり、たくさん話したりと二人で多くの時間を過ごしたのですが、いつしか別れの日がやってきました。「ありがとう」なんて別れの挨拶があることを私はうっすら期待していたのですが、彼から最後に言われた台詞《せりふ》は「なんで君は最後までそんなに丁寧な言葉づかいで話すんだ？（水くさいな……）」だったのでした。この時ほど「穴があったら入りたい」と思ったことはありません。もしかすると無意識的にヤン君のことを、身内ではなくある種の「ヨソモノ」として接してしまったのかもしれません。ヤン君はそんな私の口調のよそよそしさを鋭敏に感じ取っていたのです。多民族国家インドネシア出身だったヤン君のことを思い出すたび、いまだに反省してしまいます。

集団主義も、縄文時代後期から弥生時代初期にかけて伝来した水田稲作農耕に由来する日本人の特質です。出る杭《くい》は悲しいかな、打たれてしまいます。日本特有の制服文化も集団主義の産物です。はっきりとした自己主張を美徳とする西洋の**個人主義**とは真逆で、集団主義は「空気を読む」ことを強要する同調圧力（「空気読めない」＝「ＫＹ」と謗《そし》られます）をもっています。**本音**《ホンネ》を慎み、**建前**《タテマエ》を重んじて自己主張をあいまいにするため、息苦しさをも孕《はら》んでいるといえるでしょう。[*5] 欧米人はイエスかノーか、をはっきり言わない、曖昧《あいまい》な日本人の態度にイライラすることもあるようです。日本人の中には、相手を拒否するニュアンスを感じてしまうためか、「No Thank You.」すら言えない優しすぎる人もいます。また、住所の書き方も西洋と日本では異なっています。日本では集団から個に向かう（都道府県→市区町村→町名→番地）のに対し、西洋では個から集団へ向かいます（番地→町名→市区町村→都道府県）。つまり西洋では、「私はここにいる！」という自己主張が真っ先に来るわけです。日本で姓・名の順で名前を呼ぶのに対し、西洋では名・姓の順で呼ぶのも同様の理由です。クリスチャンだった精神医学者・精神分析家の**土居健郎**《どいたけお》［1920―2009］は、1970年代のベストセラー『**甘えの構造**』で他人の好意に頼ろうとする依存心である「**甘え**」が日本独特の文化だと指摘しました。「察してよ」という「甘え」は普通なら子どもに見られるはずですが、日本では大人にも見られ、企業で言えばサービス残業や休日出勤といった家族経営の風土に根付いています。もし「甘え」を拒絶されると「すねたり」「ひがんだり」「ひねくれたり」……と、結構面倒くさい日本人です。とはいえ土居は、集団主義の日本において「単にプライベートな感情ないし欲望に留まることなく、社会関係の形成に一役買うまでに至った」[*6] として、「甘え」を肯定的に評価してもいます。

文化人類学者の**中根千枝**《なかねちえ》［1926―2021］が指摘した「**タテ社会**」[*7] も、中学・高校の部活動から官僚組織、社会人における上司と部下の関係にまで見られる、先輩・後輩を重んじる日本的な人間関係の型です。芸能界なら年齢より芸歴がモノを言うこともあります。現在は能力給に取って代わられつつありますが、戦後の高度経済成長を支えた日本的雇用慣行に「年功序列賃金」がありました。もちろんこうした「タテ社会」の組織は、集団の一体感を生むと同時に「ウチとソト」の閉鎖性も持ち合わせています。丸山眞男〔1914—1996〕が、枝分かれする西洋の「**ササラ型**」に対し、横のつながりが希薄な「**タコツボ型**」[*8]と指摘したのも頷けます。

「恥の文化」と「罪の文化」

> 道徳の絶対的標準を説き、良心の啓発を頼みにする社会は、罪の文化“guilt culture”と定義することができる……罪を犯した人間は、その罪を包まず告白することによって、重荷をおろすことができる……恥が主要な強制力となっているところにおいては、たとえ相手が懺悔聴聞僧であっても、あやまちを告白しても一向気が楽にはならない。それどころか逆に、悪い行いが「世人の前に露顕」しない限り、思いわずらう必要はないのであって、告白はかえって自ら苦労を求めることになると考えられている。したがって、恥の文化“shame culture”には、人間に対してはもとより、神に対してさえも告白するという習慣はない。幸運を祈願する儀式はあるが、贖罪の儀式はない。（『定訳　菊と刀（全）――日本文化の型――』）[*9]

最後に米国の女性文化人類学者**ルース・ベネディクト**（Ruth Benedict）〔1887—1948〕の『**菊と刀――日本文化の型**』を紹介しましょう。これは日本人論の古典中の古典です。戦前の米国は日本と一戦交えるにあたり、まずは敵を知るべし、と日本人研究が盛んになりました（「日本人はアメリカがこれまでに国をあげて戦った敵の中で、最も気心の知れない敵であった」）。[*10] 互いの文化の価値を認める文化相対主義（アメリカの人類学者フランツ・ボアズ（Franz Boas）〔1858

—1942］の影響です）に基づいて書かれたものではありましたが、ベネディクト自身日本に行ったことは一度もなかったそうです。それにしてはよく書けていますが。

この本によると日本は「**恥の文化**」で欧米は「**罪の文化**」だと対比されます。日本は人様・世間様に見られて恥ずかしくない行為かどうか、つまり外的な他者に道徳的基準があるのに対し、欧米では内的な絶対的道徳基準に基づいて自分を律している、というわけです。確かに「おもちゃが欲しい」と泣き叫ぶ子どもに、「恥ずかしい、周りが見ていますよ」と諭すのは、日本の親の常套句《じょうとうく》になっているように思います（西洋ならキリスト教的な倫理観に基づき、自らの良心に照らして行動させるでしょう）。ちなみにこれは、西洋の「義務」と日本の「義理」の対比にもみられるように、プラトン［B.C.427—B.C.347］以来の西洋的な二分法に基づく分析です。

現代日本人の特質を過去からひもといて説明する「日本人論」ですが、現在に至るまで人気の高いジャンルで、とりわけ戦後多数の本が出版されています。船曳建夫《ふなびきたけお》［1948—　］は「「日本人論」とは、近代の中に生きる日本人のアイデンティティの不安を、日本人とは何かを説明することで取り除こうとする性格を持つ」もので、「不安を持つのは、日本が近代の中で、特殊な歴史的存在であること、すなわち、「近代」を生み出した西洋の地域的歴史に属さない社会であった、ということに由来する」[*11]と述べています。先進国の地位を築いてもなお、西洋に果たして肩を並べたと言えるだろうか、という不安が払拭されないとき、こうした「日本人論」が消費され、自らの心を慰撫せんとするのでしょう。国民国家のメンバーである「日本人」という言葉には、そこに含まれる多様性を覆い隠してしまう側面もあります。安易な日本人論は眉に唾をつけて聞くべきかもしれません。

注

＊1〜2 柳田国男『先祖の話』（KADOKAWA、2013年）。
＊3 大塚英志は解説で、東京大空襲下で書かれた『先祖の話』は「死者の魂は土地土地にとどまる」ものであり、「靖国に英霊を祀り、それで死者の魂は慰撫されるのかと問うている書なのだ」と述べている（柳田国男『先祖の話』KADOKAWA、2013年）。
＊4 ドナルド・キーンはアメリカ生まれの日本文学者。雅号は「鬼怒鳴門」。コロンビア大学名誉教授。東日本大震災の後に日本永住を決意し、日本国籍も取得した。
＊5 加藤典洋は「ホンネ」と「タテマエ」が「表向きだけの方針、原則（偽善的態度）」と「口に出してはいわない本心（偽装された意識）」という意味で広く用いられるようになったのは昔のことではなく、圧倒的に1970年代以降のことである点を指摘した。「ホンネ」と「タテマエ」は相補的な対概念であり、実はそこに「どっちでもいいや」というニヒリズムがある。では「ホンネ」と「タテマエ」という欺瞞によって隠蔽しようとしたものは何だったのか……それは戦争責任を負うべき天皇が人間としての責任を負わなかったこと、国民主権の戦後憲法が自分で作ったものではなかったこと、白人支配からのアジアの解放という戦争の大義の下で死んだ死者を戦後裏切ったこと、敵国アメリカに全面屈服したこと、という戦前と戦後にあった四つの断絶を加藤は挙げている（加藤典洋『増補改訂　日本の無思想』平凡社、2015年）。
＊6 土居健郎『「甘え」の構造』（弘文堂、1991年）。
＊7 中根千枝『タテ社会の人間関係』（講談社、1967年）。
＊8 丸山真男『日本の思想』（岩波書店、1961年）。
＊9〜10 ルース・ベネディクト『定訳　菊と刀（全）──日本文化の型──』（長谷川松治訳、社会思想社、1967年）。
＊11 船曳建夫『「日本人論」再考』（講談社、2010年）。

4章　日本の風土　日本人の美意識

自然の暴威と忍従の文化

日本文化は東日本と西日本で大きな文化の違いが存在します。「文化［culture］」は「耕す［cultivate］」を語源としています。つまり文化とは、自然を人為的に改変して形成された衣食住などの様式を意味しており、それら物質的文化（道具・機械・技術など）と共に、精神的文化（言語・習慣・法律・芸術・宗教・学問など）も含まれます。つまり「文化」は「人間の営み全て」と言っても過言ではありません。

民族学者の佐々木高明［1929―2013］の説[*1]に従えば、東日本は中国東北部、朝鮮半島と共通する**ナラ林（落葉広葉樹林）文化圏**です（コナラ・ミズナラ・クリ・ブナなどが見られます）。青森の三内丸山《さんないまるやま》遺跡などに見られる縄文文化もその一つで、クルミ・クリ・ナラ・野生のイモ類などの採集、サケ・マスの漁労、シカ・イノシシなどの狩猟、ソバなどの栽培といった特徴があります。一方、西日本は遠くヒマラヤ山脈から中国西南部、台湾などと共通する**照葉樹林（常緑広葉樹林）文化圏**です。常緑のカシ・シイ・タブ・クス・ツバキなどが見られ、水田稲作文化が早くから広まった地域でもあります。そこには味噌・納豆・麹酒《こうじざけ》などの発酵食品、雑穀およびイモなどの根栽類、モチ類の開発（儀礼食としても用いました）、漆《うるし》の利用、絹作り、茶を飲む、などの特徴が見られます。

東日本・西日本の地理的な境界は、日本列島を南北に縦断するフォッサマグナ（大地溝帯）です。西の縁は糸《いと》魚川《いがわ》ー静岡構造線です。方言も東日本・西日本で異なることが指摘されており（東日本の「イル」「シナイ」「白く」「買った」「沢」に対し、西日本は「オル」「セヌ（セン）」「白《しろ》う」「買《こ》うた」「谷」）、その境界線は新潟・富山のあたりから三河湾ないし伊勢湾に至る線とされています。方言の他にも、東西文化の差異が存在します。東の「囲炉裏《いろり》」（自在鉤《じざいかぎ》に吊る鉄瓶や鍋が発達しました）・西の「竈《かまど》」（羽釜《はがま》や甑《こしき》が発達しました）、東の「ハカマ」・西の「フンドシ」、東の「湯」・西の「風呂」、東の「馬」・西の「牛」……最後の「馬」と「牛」は「畑作」と「水田稲作」に対応しています。東の馬匹《ばひつ》文化に由来する武士団と、西日本・瀬戸内の海賊は源氏と平氏の抗争を生んでもいます。それに醤油には東が濃口、西が薄口という味覚の差もありますね。また、気候条件の悪かった東日本は土地の経済に留まったため、本家・分家の従属関係が厳しい同属結合型社会が多くなりました。一方、気候条件の良かった西では貨幣経済が発達し、本家・分家が比較的平等な講組結合型社会が多くなりました。ちなみに、縄文時代後期から弥生時代初期にかけて北九州に伝来した水田稲作文化が急速に日本を席巻したことにより、「西日本の照葉樹林帯が文化の中心地域になり、反対に東日本が辺境地帯となって」しまいました。*2 これが古代から近代まで続き、明治時代に皇居が東京の江戸城に置かれたことで、今度は東日本に首都が置かれることになったのです。ですから関西弁の方が、長らく日本の中心方言だったということになります（徳川家康〔1543—1616〕は辺境の地だった江戸に土地を与えられ、そこに幕府を開いたわけですが、明治以後、かつての辺境の地・東京の方言が「標準語」となりました）。

方言の東西差について補足しましょう。テレビ番組の企画からスタートした壮大な方言調査『全国アホ・バカ分布考——はるかなる言葉の旅路——』*3 では、民俗学者・柳田国男〔1875—1962〕が『蝸牛考《かぎゅうこう》』で根拠を示した「周圏論」が裏付けられました。「周圏論」とは、新たな流行語は近畿地方（近代・明治時代になるまでの長い間、天皇は京都の御所に住み、そこが日本の中心でした）を中心に同心円状に広まっていく、という説です。それによると近畿地方から遠い地域にむしろ、昔の近畿地方の方言が残っている場合があるというのです。関西が「アホ」で東京は「バカ」だった、ということではなく、近畿地方の「バカ」という流行語が同心円状に東京にまで伝播した……つまり「バカ」は古く、「アホ」はいちばん新しいということになりますね。

　地理的な特徴で見れば、日本列島は環太平洋造山帯の一部です。したがって、国土の約7割を山地が占めており、その山間に集落を切りひらき、自然と調和した生活を送ってきたのが日本列島の人々です（里山の暮らしがその代表例）。自然と融合した日本の自然観は、神の被造物である自然を支配の対象とした西洋の自然観とは対照的です。木造と石造り、森と融合した木造建築と天まで届くような教会建築……建築の世界で日本らしさとみなされているのは前者です。

　こうした地形・気候などの風土と人間精神の関係を3つに類型化したのが倫理学者の**和辻哲郎**《わつじてつろう》［1889―1960］です。ハイデッガー［1889―1976］の『存在と時間』に影響された**『風土――人間学的考察』**[*4]によると、季節風による四季がある日本などの**モンスーン型**の風土では、台風をはじめとした自然の暴威により、人間精神は「**受容的・忍従的**」になります。いつ襲ってくるかわからない台風を諦めの気持ちで堪《た》え忍び、自然を人格化した様々な神に祈りを捧げる、多神教の信仰をもつのです。一方、中東などは**沙漠**《さばく》**（砂漠）型**の風土です。荒々しい自然は、「乾き」という脅威をもたらすため、放牧生活を営む人々は泉や草地を求めて部族間で争い、「**対抗的・戦闘的**」関係をもつに至ります。命の水を求め、右へ行くべきか、左に行くべきか……祈りを捧げる極限状態にあって、神は二人と要らないでしょう。それゆえ沙漠（砂漠）型の地域に一神教が根付いたのではないでしょうか。欧州の風土は**牧場型**です。夏の乾燥と冬の降水が規則的に訪れる地中海性気候のギリシアにおいて、哲学という学問は誕生しました。台風のように予測不能ではなく、予測可能で従順な自然が、人々の合理的な思考を促したといえるでしょう。和辻哲郎の『風土――人間学的考察』は、「農業労働の安易にもとづ」いて「イタリア人は「怠け者である」[*5]……などといった記述や中東へのオリエンタリズム的記述を差し引いても、興味深いアプローチで書かれた一冊だと思います。

「わび」と「さび」

今度は日本の風流かつ雅《みやび》な美意識を紹介しましょう。わび・さびは「wabi-sabi」として西洋圏でも知られている言葉です。「**わび**」は安土桃山時代に織田信長〔1534―1582〕・豊臣秀吉〔1536―1598〕に仕え、茶道を大成した**千利休**《せんのりきゅう》〔1529―1591〕が重んじた美の理念です。「わび」は「侘《わ》びしい」、つまり何かが足りない「不足」の中に趣《おもむ》きや枯れた味わいを見出す美意識です。利休の有名な茶室「待庵《たいあん》」はたった2畳しかありません。武士は物騒な刀を外に置き、狭い入り口（にじり口）をくぐって中に入ります。そこに現れるのは非日常の異界です。黒っぽい粗末な壁に囲まれて、静かに心を静めてお茶を立てるのです。秀吉の豪放な「大名茶」とは正反対の「わび茶」の発想です。成り上がり者の秀吉は黄金の茶室を作ったことでも知られていますが、金ぴかでお茶を飲むのはちょっと落ち着かないような気もします。結局利休が秀吉に切腹を命じられた結末も、二人の趣味の違いを考えると腑《ふ》に落ちるのです。

利休の茶室「待庵」

「**さび**」は**松尾芭蕉**《まつおばしょう》〔1644―1694〕が俳諧の理念としたもので、ひっそりと「寂《さび》しい」孤独感に趣きを見出す美意識です。「わび」や「さび」に共通するのは、余白で何かを語らせる日本文化の特徴でしょう。龍安寺《りょうあんじ》の石庭《せきてい》にみられる枯山水《かれさんすい》（水を使わず、砂と石で山水を表現する）や、雪舟《せっしゅう》〔1420―1502（1506）〕が大成した水墨画は禅の精神（欲を滅して「吾唯足《われただた》るを知《し》る」）とも関わりが深いのですが、無駄な装飾を排し、全てを説明しない簡素さの中に奥深い趣きを見いだすものです。世界で一番短い定型詩である俳句も同様です。だらだらと情景描写をする西洋の叙事詩とは違い、自分の言いたいことのエッセンスを煮詰めて無駄を削《そ》ぎ落とし、たった17の文字に篭《こ》めるのです。もちろん残った言葉は、多くのイマジネーションを喚起させる言葉でなければいけません。そう考えると、芭蕉の「古池や　蛙《かわず》飛びこむ　水の音」は凄い句です。この句を耳にするだけで「鬱蒼《うっそう》とした森に人の姿は無く、そこにはいつからあるやも知れぬ古池がある。おもむろに一匹の蛙がぽちゃっと飛び込めば、すーっと波紋が広がって……」と、そんな情景や音までもが浮かび上がってくるではありませんか。

龍安寺石庭

独特の書で知られる書家・相田《あいだ》みつを〔1924―1991〕もまさに余白で何かを語る作風をもっています。何の気なしに彼の美術館に入ったところ、驚かされました。まず彼の初期作品は活字かと思ったほどの整った書で、頭抜《ずぬ》けて上手なんですね。利き手の逆手で書いたような後期の書風とのギャップに、思わずパブロ・ピカソ(Pablo Picasso)〔1881―1973〕を思い起こしました。相田みつをは曹洞宗《そうとうしゅう》の祖・道元《どうげん》〔1200―1253〕の『正法眼蔵《しょうぼうげんぞう》』を愛読していたようで（展示されていた文庫本の余白は書き込みでいっぱいでした）、そこから知り得た仏の真理を自分なりに消化し、まずは原稿用紙に長々と書くのです。これを半分の長さにし、さらに推敲《すいこう》してそのまた半分に削《そ》ぎ落としていき……残った言葉が「にんげんだもの」*6なんですね。「にんげんだもの」は最大の開き直りの一語、などと凡庸な感想をもっていた自分をつくづく恥じました。こうして研ぎ澄まされた言葉達が1980年代以降、物質的に豊かにはなったけれど、精神的には一向に満たされなかった日本人の心を癒していったのです。

秘すれば花

日本の伝統芸能の一つに、室町文化の能があります。「伝統」は明治以降の近代国民国家形成時に国家の一体感を生むために創出されたものですが、狂言・茶の湯・生け花などの室町文化が多く採り入れられました（縄文文化は日本の「伝統」とはみなされなかったようです）。能を大成した**世阿弥**《ぜあみ》［1363?—1443?］は「**幽玄**《ゆうげん》」の美を、能に取り入れました。「幽玄」は「幽か《かす》」に「黒し」（「玄米」の「玄」です）の意で、もともと、**藤原俊成**《ふじわらのしゅんぜい》［1114—1204］が余韻や奥深さを感じさせる和歌の美意識としたものでした。世阿弥は、「貴人の立居振舞がいかにも上品で、ひとびとの敬慕もなみはずれて高いごようすは、これを幽玄の品格といってよいであろう」「……貴人が身をもって示される、ひとえに美しく柔和なありさまが幽玄の本質なのである」*7と述べています。

　世阿弥は能の理論書である『**風姿花伝**《ふうしかでん》』を書いたことでも有名です。「秘《ひ》すれば花なり、秘せずは花なるべからずとなり。この分《わ》け目《め》を知る事、肝要の花なり」（花の存在を人に隠せばそれが花になり、秘密にしないことには花にはなりえないということである。この秘するか秘さぬかで花の有無が分かれるという道理を知ることが、花にとって大事なことなのである）*8という一節は、芸事に関心がある人なら、注目してもいいでしょう。「花」がある演者は、一気に全てをさらけ出さず、無理をせず適切なバランスで出し惜しみをする、ということだと私は解釈しています。

　また、世阿弥の『花鏡《はなのかがみ》』にも現代に応用できる知恵が詰まっています。観世座《かんぜざ》の流儀「初心《しょしん》忘るべからず」*9もそこで紹介されています。ただ、もともとの意味は「初々《ういうい》しい感動を忘れないように」という意味ではなく、「修業を始めた頃、修業の各段階ごと、そして老境に入った時の初心の芸を忘れてはならない」ということだったのでした。つまり、昔の欠点、現在の未熟さを知らなければ芸が退歩してしまう、という意味だったのです。また、能の一日の演目構成は「序《じょ》・破《は》・急《きゅう》」という工夫された展開が必要なのだといいます。*10「序」の一番目は祝祭的で、能の基礎的技術である舞と歌とする……二番目は、激しくもしっとりとした趣きのある能とする……そして「破」にあたる三番目は、こまごまと技巧をつくして、一日の演目のかなめとする。四番目と五番目も同様である……そして、最後の「急」は連歌《れんが》の結びの「揚句《あげく》」のように、一日のなごり、これを限りという気分にふさわしいものとして、「破」の表現を徹底させ、激しい舞やしぐさで観客の目を驚かせる……よって「急」はただ一曲だけでなければならない……お客さんを前にしたパフォーマンス論と捉えても、かなり練られているように感じられます。

「もののあはれ」と無常観

古典の授業に必ず出てくる「**もののあはれ**」も重要です。国学の大成者・**本居宣長**《もとおりのりなが》［1730―1801］は「もののあはれ」が和歌の本質であるとしました。高校生の頃、古典の先生から「あはれ（あわれ）」は「しみじみとした深い情趣」だと教わりましたが、正直習った時はピンと来ませんでした。なにしろ「趣きがある」という意味がさっぱりよくわからなかったのです。でも今は何となくわかります。おもむろに青春18きっぷで小旅行に出かけ、ふとある駅に降り立ち、駅前を散策します。駅前の商店街はさびれたシャッター街で人の姿も多くありません。するとある店の壁に、数十年前の商店街の福引のチラシを見つけます。往時のにぎわいを思い出して、「あぁ」というため息が漏れ出ました……これこそが「あはれ」です。「あぁ」という思わず漏れ出た感嘆の声が、「あはれ……」の語源となっているのです。

祇園精舎《ぎをんしやうじや》**の鐘**《かね》**の声、諸行無常**《しよぎやうむじやう》**の響**《ひびき》**あり。娑羅双樹**《しやらさうじゆ》**の花の色、盛者必衰**《じやうじやひつすい》**の理**《ことわり》**をあらはす。おごれる人も久しからず、唯**《ただ》**春の夜の夢のごとし。たけき者も遂**《つひ》**にはほろびぬ、偏**《ひとへ》**に風の前の塵**《ちり》**に同じ。**

（祇園精舎の鐘の響きは、「諸行無常」の偈《げ》を説き、釈尊《しやくそん》入滅のとき、いっせいに色を変えた娑羅双樹《さらそうじゅ》の花は、盛んなる者はかならず衰えるというこの世の道理を示している。権勢をほしいままにする人は、久しくそれを維持できるものではない。ただ、春の夜の夢のように、はかないものである。猛威をほこる者も、ついには亡びてしまう。それは、一陣の風の前におかれた塵《ちり》のようなものである。）（『平家物語（一）』[*11]

鎌倉時代になると、仏教の「無常《むじょう》」の価値が人口に膾炙《かいしゃ》します。若さも愛情も友情も常ではない、それに執着するから人は苦しむのだ、というのが仏の真理でした。万物は移ろいゆき、人生ははかなくむなしい……『平家物語』の冒頭は皆さんも諳《そら》んじたことがあるでしょう。他にも、いろは歌の「我《わ》が世誰《たれ》そ常《つね》ならむ」（誰がこの世で変わらない姿でいられるのだろう）や鴨長明《かものちょうめい》［1155―1216］の『方丈記《ほうじょうき》』の冒頭「行く河の流れは絶えずして、しかも、もとの水にあらず」[*12]（河の流れは一瞬も休まない。それどころか、河の水は後ろの水に押されて、つねに前へ進み、元の位置に留まることはない）、吉田兼好《けんこう》[*13]［1283?―1352?］『徒然草《つれづれぐさ》』の「世はさだめなきこそいみじけれ」（世の中は無常であることこそ、非常によいのだ）などはいずれも「無常」を説くものです。この「無常」の真理（**無常観**）は、日本では主観的な「**無常感**」として捉えられました。

「桜」に見いだす日本人の美

日本人が特別な感情を抱く花に「桜」があります。春の限られた時期に咲き誇り、はかなく散ってゆく桜[*14]。その諸行無常の有様に美を見出したのです。線香花火や打ち上げ花火も同様でしょう。西洋は概して永遠の美を好みますから、造花を作ったり、老化防止のシワ取りをしたりという発想があるのですが、日本では、人はいつか年を取るのだからシワも味わい深いと考える発想があります。もちろん日本も明治以降、相当に西洋化していますから、一概には言えないことですが。それにしても日本では今も「桜」と名のつく流行歌が数多く氾濫しています。「桜」「あなたはあなたのままで」「未来に向かって」といった「無常」「ありのまま」「無邪気な楽天性」というキーワードが、J・POPを形成する共通心性のような気もしています。

「花鳥風月《かちょうふうげつ》」や「雪月花《せつげっか》」は日本の自然観とも関わりがあります。ありのままの自然を受け入れ、自然と融合して生きてきた人々は、具体的個別的な「花」「鳥」「風」「月」の移り変わりや微細な変化に敏感でした。「グレート・ネイチャー」「大自然」……のように雄大に自然を捉えるというよりは、ほととぎすのさえずりが聞こえた、といった微細な移ろいゆく自然に美を見出す感性だといえるでしょう。これも古くは万葉集や古今和歌集にすでに見られる、日本的な美意識です。

注

＊1〜2　佐々木高明『縄文文化と日本人』（講談社、2001年）。
＊3　松本修『全国アホ・バカ分布考——はるかなる言葉の旅路——』（新潮社、1993年）。
＊4〜5　和辻哲郎『風土——人間学的考察』（岩波書店、1979年）。
＊6　相田みつを『にんげんだもの』（文化出版局、1984年）。
＊7　世阿弥『花鏡』（『日本の名著10』）（山崎正和訳、中央公論社、1969年）。
＊8　世阿弥『風姿花伝』（『風姿花伝・三道』）（竹本幹夫訳注、KADOKAWA、2009年）。
＊9〜10　世阿弥『花鏡』（『日本の名著10』）（山崎正和訳、中央公論社、1969年）。
＊11　杉本圭三郎全訳注『平家物語（一）』（講談社、1979年）。
＊12　鴨長明『方丈記（全）』（武田友宏編、KADOKAWA、2007年）。
＊13　松尾聡『徒然草全釈』（清水書院、1989年）。
＊14　桜とともに日本人が愛でるものに「紅葉」がある。経済産業省のクール（かっこいい）を自称する文化戦略から適度な距離を置いて書かれた鴻上尚史の『クール・ジャパン！？外国人が見たニッポン』（講談社、2015年）には、カナダ人が「日本人は、秋になると、黄色くなった葉っぱを見にツアーを組んでやって来るんだ。信じられないね」というエピソードが紹介されている。

5章　仏教の受容

アレンジされた仏教

日本語はほとんど全て仏教用語である、と言うと驚かれる人もいますが、嘘ではありません。仏教語のイメージがある「阿弥陀《あみだ》」「縁起《えんぎ》」「極楽《ごくらく》」「般若《はんにゃ》」「無常《むじょう》」といったものから、「ありがとう」「愛《あい》」「悪魔《あくま》」「人間《にんげん》」「安心《あんじん》」「意地《いじ》」「有頂天《うちょうてん》」「くしゃみ」「ごみ」「玄関《げんかん》」「挨拶《あいさつ》」「実際《じっさい》」「一大事《いちだいじ》」「不思議《ふしぎ》」「自然《じねん》」「世界《せかい》」「開発《かいほつ》」「工夫《くふう》」「退屈《たいくつ》」「平等《びょうどう》」「差別《しゃべつ》」「無事《むじ》」「迷惑《めいわく》」「利益《りやく》」「悪口《あっく》」「油断《ゆだん》」といったものまで、現在とは一部読み方が違いますが、全て仏教用語です。日本における仏教由来の言葉には、明治以降、西洋思想の概念の訳語に仏教語を当てたもの、古代インドのサンスクリット語を音写したもの、中国由来の禅語、そして日本生まれの仏教用語があります。[*1] また、全国の寺の数は約７万７０００でコンビニエンスストアの数より多いのです。さほど意識されてはいませんが、日本と仏教の関わりは大変深いのです。

日本に仏教が伝来したのは５３８年（５５２年説もあります）のことです。朝鮮半島・百済《くだら》の聖明王《せいめいおう》［?—５５４］が使節を通じて伝えたとされています。日本仏教はインドから中国、朝鮮半島を経由して伝わった北伝仏教であり、さらに「一切衆生悉有仏性《いっさいしゅじょうしつうぶっしょう》」（一切の生きとし生けるものが、仏になりうる素質を悉《ことごと》く有している）とする大乗仏教です。

日本仏教は、生来のブッダ（仏陀）［B.C.４６３?—B.C.３８３?］の教えがねじ曲げられている部分もあり、ある種日本流のアレンジが加えられている点がユニークです。何しろ、五穀豊穣《ごこくほうじょう》や無病息災《むびょうそくさい》など、現世でのご利益《りやく》（**現世《げんぜ》利《り》益《やく》**）を実現することが仏教の役割とされたのです。煩悩《ぼんのう》を滅することを説いたブッダがそれを知ったらどう思うでしょうか。仏様に手を合わせれば現世でご利益《りやく》が得られる……と、まるで煩悩丸出しなのですから。日本仏教は受容の段階から歪んでいたといえるでしょう。

仏教を受容するかしないか、という崇仏論争《すうぶつろんそう》もありました。渡来系氏族とつながりをもち、新しい物好きな革新派・**蘇我稲目**《そがのいなめ》［？―570］は受容に賛成し、神事と深い関わりをもっていた保守派・**物部尾輿**《もののべのおこし》［生没年不詳］と**中臣鎌子**《なかとみのかまこ》［生没年不詳］は反対しました。政治闘争の側面もあったのですが、最終的に**蘇我馬子**《そがのうまこ》［？―626］が**物部守屋**《もののべのもりや》［？―587］を滅ぼし、**推古**《すいこ》**天皇**［554―628］（欽明《きんめい》天皇［509？―571？］と馬子の姉の皇女）とその摂政《せっしょう》である**聖徳太子**《しょうとくたいし》（**厩戸皇子**《うまやどのみこ》）［574―622］（馬子は義理の父で血縁関係もある）により、仏教が本格的に奨励されることになります。ちなみに、仏教の受容は多神教国ならではのもので、仏を異国の神（**蕃神**《あだしくにのかみ》）、つまり八百万神《やおよろずのかみ》の一人として受け入れる形を取りました。悟りを開けば「誰でもブッダになれる」という大乗仏教ですが、おそらく受容の時点では「仏」という存在がいまいち理解できず、人格化された神としてひとまず受け入れたのだろうと思います。

キリスト教のイエス［B.C.4？―A.D.29？］とも似て、馬小屋で生まれたという伝説がある聖徳太子は蘇我氏と協力しながら、おばの推古天皇の摂政として、最新の外来思想である仏教・儒教、そして中国文化を取り入れた政治を行いました。一度に10人の話を聞くことができたなどというおそらく脚色された伝説や「聖徳」という立派すぎる後世の諡《おくりな》は、日本社会を以後大きく変革することになる仏教を、初めて世に広めた功績によるものと思います。世界最古の木造建築である法隆寺（奈良県）や四天王寺《してんのうじ》（大阪府）も建立しています。法隆寺に行くとよくわかるのですが、お寺はお坊さんの学校です。以後日本のエリートは僧となり、たいてい船で中国に渡るんですね。現代で言えばハーバードやケンブリッジ、オックスフォードに留学する感覚です（「留学生《るがくしょう》」も仏教用語でした）。寺では僧（「学生《がくしょう》」）が寄宿生活を送り、食事を取る場所を「食堂《じきどう》」、講義を受ける場所を「講堂」と呼びました。

今も日本の学校施設にその語が残っているのは、寺が教育機関だった時代の名残《なご》りです。

「十七条の憲法」はなぜ十七か

聖徳太子と言えば、身分に関わらず能力で役人を取り立てた冠位十二階（603年）と共に、十七条の憲法（604年）がよく知られています。日本初の憲法だ、などと言う人がいますが、近代の立憲主義で言うところの為政者を縛る憲法［constitution］とは全く違い、単に役人の心構えといった意味合い——簡単にいえば「ノリ」のこと——です。「ノリ」とはルールのことで、「憲」「法」「規」「則」「範」はいずれも「ノリ」と読み慣らわします。

十七条の憲法の一条には「和をもって貴《とうと》しとし、忤《さから》うことなきを宗《むね》とせよ。人みな党《たむら》あり。また達《さと》れる者少なし……上和《かみやわら》ぎ、下睦《しもむつ》びて、事を、論《あげつら》うに諧《かな》うときは、事理《じり》おのずから通ず。何事か成らざらん」（おたがいの心が和らいで協力することが貴いのであって、むやみに反抗することのないようにせよ。それが基本的態度でなければならぬ。ところが人にはそれぞれ党派心があり、大局を見通している者は少ない……人びとが上も下も和らぎ睦まじく話し合いができるならば、ことがらはおのずから道理にかない、何ごとも成しとげられないことはない）*2とあります。「和《わ》もて貴《たっと》しと為《な》す」*3は孔子［B.C.551—B.C.479］の『論語』からの引用ですが、それをまず第一にもってきたのは、共同体の協調を重んじる日本ならではのアダプテーションでしょう。目上の君主や父に対し、ただ下の者がつき従うタテ社会ではなく、上下が互いに歩み寄り、親睦の心で論議することの大切さなども説いています。

聖徳太子

次なる二条には「篤《あつ》く三宝《さんぼう》を敬え。三宝とは仏と法と僧なり」*4とあります。今度は「仏・仏の教え・僧という三宝を敬いなさい」という仏教の教えです。十七条の憲法には天皇に従え（三条）、礼を大切にせよ（四条）などという儒教の教えも多く含まれているのですが、十条には「われかならずしも聖にあらず。かれかならずしも愚にあらず。ともにこれ凡夫《ぼんぷ》のみ」（自分がかならずしも聖人なのではなく、また他人がかならずしも愚者なのでもない。両方ともに凡夫にすぎないのである）＊5とあり、煩悩に囚われた「凡夫《ぼんぷ》」という仏教語が登場します。ここからは、儒教と共に仏教を取り入れた国作りを行おうとしていた意図が汲み取れます。

八条では役人に、「群卿百寮《ぐんけいひゃくりょう》、早く朝《まい》りて晏《おそ》く退《まか》でよ」（もろもろの官吏は、朝早く役所に出勤し、夕はおそく退出せよ）＊6と言っており、これがいまだ日本の官僚組織、企業組織の風土に残っているのは恐ろしいものを感じますね。

ちなみに条文の「十七」という数には理由があります。陰陽道《おんみょうどう》において縁起の良い数字は二つに「割れない」奇数です。一から十の内、最大の奇数である「九」に、二で割り切れてしまう偶数でありながら末広がりで縁起が良いとされた「八」を足した「十七」を、条文の数にしたのです。中世における、武士初の法律・御成敗式目《ごせいばいしきもく》は「五十一」条でこの「十七」に奇数の「三」を掛けた数でした。心構えを並べていったらたまたま「十七」だった、というわけではないのですね。

聖徳太子は法華経《ほけきょう》・維摩経《ゆいまぎょう》・勝鬘経《しょうまんぎょう》という3つの代表的な大乗経典の注釈書『**三経義疏**《さんぎょうのぎしょ》』（「疏《しょ》」とは「注釈の注釈」のことです）をまとめたとされるなど、仏教の本質を深く理解していた日本初の思想家でもありました。

聖徳太子の妃が作らせた中宮寺《ちゅうぐうじ》所蔵の曼荼羅《まんだら》『天寿国繡帳《てんじゅこくしゅうちょう》』（天寿国は太子が往生《おうじょう》した西方極楽浄土《さいほうごくらくじょうど》のこと）には、「**世間虚仮**《せけんこけ》　**唯仏是真**《ゆいぶつぜしん》」（現世は移ろいゆく虚《むな》しい仮《かり》のもの、ただ仏のみが真実である）という聖徳太子の遺言が記されています。仏教の無常の真理を血肉化した聖徳太子の面影を偲《しの》ばせます。

「面白い」の反対語は「面倒」

710年には元明天皇《げんめい》［661―721］が奈良に遷都します。以後の奈良時代、仏教は国家の保護・管理の下、存在感を増していきます。かの**聖武天皇**《しょうむ》［701—756］は、仏教の力で災厄を鎮め、国を護るという**鎮護国家**《ちんごこっか》の思想の下、全国66か国に国分寺《こくぶんじ》・国分尼寺《こくぶんにじ》を建立《こんりゅう》し、全国の国分寺の総本山である東大寺には大仏を造らせました。ちなみに武蔵国の国府があった場所は東京都の国分寺市には、武蔵国《むさしのくに》の国分寺・国分尼寺跡が残っています。現在の東京都府中市の大國魂神社《おおくにたまじんじゃ》（武蔵国の総社）の境内《けいだい》でした。

それにしても東大寺大仏のサイズや偉容には、訪れるたびに圧倒されます。像は高さ約15メートル、重さは約400トン、大仏殿の高さは約47メートルです。平安時代・室町時代の2回、戦乱で焼失し、江戸時代に大仏殿と共に再建されています。大仏のひざと蓮弁《れんべん》（仏教において蓮《はす》や蓮華《れんげ》は、穢《けが》れた現世に仏の教えが咲き誇る様子に例えられます）だけが奈良時代当時のままです。とはいえ、かつて黄金色に輝いていた宇宙の根本仏・毘盧遮那仏《びるしゃなぶつ》（大日如来《だいにちにょらい》）を見上げた当時の人々の心の内を想像してみてください。その眩《まぶ》しいほどに圧倒的な仏の力に、思わずわなわなと崩れ落ちたのではないかと思うのです。

東大寺盧舎那仏像

大仏建立に力を尽くした僧が法相宗《ほっそうしゅう》の**行基**《ぎょうき》［668—749］でした。民衆に遊説《ゆうぜい》し、社会事業を行って親しまれた僧でしたが、僧尼令《そうにりょう》によって国家に認められた官僧ではなく、許可なく得度《とくど》した（僧になった）**私度僧**《しどそう》であったため、朝廷に弾圧されます。しかし大仏建立にあたり、民衆の協力を得るためにも人気のある行基の力を是非とも借りたいと思ったのでしょう。聖武天皇は行基に大仏建立のための寄付を民衆に募らせて、その功績をもって僧の最高位である大僧正《だいそうじょう》の地位を与えたのでした。

奈良時代の仏教の学派は**南都六宗**《なんとりくしゅう》と呼ばれます。南都は京都（＝北都）から見て南の奈良の都を指します。後述する鎌倉新仏教などとは違い、あくまでも学問仏教で、複数の宗派を同時に研究することもありました。大乗仏教の三論宗《さんろんしゅう》、法相宗《ほっそうしゅう》、華厳宗《けごんしゅう》（総本山は東大寺）、律宗《りっしゅう》に対し、成実宗《じょうじつしゅう》、倶舎宗《くしゃしゅう》は小乗仏教でした。日本律宗の祖は6回にも及ぶ日本への命懸けの渡航で、失明してまで戒律を伝えたといわれる**鑑真**《がんじん》［688―763］です。鑑真建立の唐招提寺《とうしょうだいじ》には目を閉じた鑑真和上像《がんじんわじょうぞう》が残されています。彼が伝えた戒律は非常に重要です。この戒律とは、正式な僧侶の資格を授ける受戒制度のことで、彼の功績によってまず東大寺に**戒壇**《かいだん》（受戒施設）が設けられました（遠方の受戒者のために設けられた筑紫《つくし》・観世音寺《かんぜおんじ》（福岡県）、下野《しもつけ》・薬師寺《やくしじ》（栃木県）とあわせて天下三戒壇と呼ばれます）。平安仏教の開祖・空海《くうかい》［774―835］や最澄《さいちょう》［767―822］もその後、東大寺で得度しました。

法相宗の総本山・薬師寺に行ったことはありますでしょうか。天武《てんむ》天皇［631?―686］が皇后（後の持統《じとう》天皇［645―702］）の病気平癒を祈願して藤原京に創建し、後に平城京に移転しました。明治時代のお雇い外国人フェノロサ［1853―1908］*7が「凍れる音楽」と評したという話も伝わる国宝・東塔は特に有名です。この薬師寺では修学旅行生などの参拝客向けに行われるお坊さんの説教を聞くことができます。私が以前聞いたのは「面白い話」でした。それによると、「面白い」とは「面《おも》が白《しろ》い」、つまり「顔（面）が太陽の光で輝いている」という意味なのだそうです。では「面白い」の反対語は何でしょうか。「面白くない」ではなく……「面倒《めんどう》」なんですね。つまり、いつも顔（面）を下に倒して（下を向いて）生きていると、「なんだかつまんないな、面倒くさいな……」と思うようになってしまうのです。ですから、いつも太陽の光を受けて、顔を上げて生きていれば、人生は面白くなる……そんなお話だったと記憶しています。何気ない日本語に深い仏教の教えが込められている、と知ることができたのは、大きな発見でした。

注

＊１　宮坂宥勝『暮らしのなかの仏教語小辞典』（筑摩書房、１９９５年）。

＊２　聖徳太子『十七条憲法』（『日本の名著２』）（中村元・瀧藤尊教訳、中央公論社、１９７０年）。

＊３　加地伸行全訳注『論語』（講談社、２００４年）。

＊４〜６　聖徳太子『十七条憲法』（『日本の名著２』）（中村元・瀧藤尊教訳、中央公論社、１９７０年）。

＊７　アーネスト・フェノロサは米国出身の哲学者で、お雇い外国人として明治時代に来日し、東京帝国大学で教鞭を執った。その時の生徒だった岡倉天心《てんしん》（覚三《かくぞう》）と共に東京美術学校を設立し、帰国後は日本美術の紹介に努めた。

6章　平安仏教（最澄、空海）

山奥に寺を作らせる

794年になると桓武《かんむ》天皇［737―806］により、京都の平安京に都が遷《うつ》されます。奈良仏教は国家仏教としてのお墨付きを得て、政治とも深い関わりをもちました。例えば道鏡《どうきょう》［?―772］のような僧は女性天皇であった孝《こう》謙上皇《けんじょうこう》［718―770］（後の称徳《しょうとく》天皇）の寵《ちょう》を得て、一説によると畏《おそ》れ多くも皇位を望んだといわれています。[*1] そのように腐敗した奈良を離れて、渡来人の秦氏《はたうじ》（太秦《うずまさ》がその本拠地でした）が開拓していた山城国《やましろのくに》（京都府）に遷都したのが桓武天皇です。皇統の面でも、奈良時代の天武《てんむ》系が断絶して、天智《てんじ》系の桓武天皇が即位し、「中国風の革命が、このときに起こった」[*2] のでした。

桓武天皇は都から離れた奥深い山に寺を作らせ、僧を政治ではなく修行や学問研究に打ち込ませました。[*3] ですから平安仏教は、**修験道**《しゅげんどう》とも深い関わりをもちました。奈良時代の謎多き行者《ぎょうじゃ》である**役小角**《えんのおづぬ》［634―701］を開祖とする修験道は、古来の山岳信仰に仏教・道教・神道・陰陽道《おんみょうどう》が融合したもので、修行者は**山伏**《やまぶし》（「山《さん》」野《や》に「伏《ふ》」す）や行者と称されました。山伏は「宗教的呪術者であったのみならず、芸能の導入者であり、演出家であり、また医者、あるいは何事につけても村人の相談役」であり、「一面では薄気味悪い、一面ではたのもしく、畏敬されるものであった」[*4] ようです。歌舞伎十八番の「勧進帳《かんじんちょう》」では武蔵坊弁慶《むさしぼうべんけい》以下、義経《よしつね》四《し》天王《てんのう》は山伏の格好で描かれています。山に分け入った山伏は、修行によって神秘的な験力《げんりき》を体得しようとしました。私の母は幼い頃に大怪我をした際、信仰心のあった祖母に何度も御嶽山《おんたけさん》（長野県）に連れて行かれ、滝打ちの行を受けたことがあるそうです。高度経済成長期が始まった頃の話ですが、まだ修験道が人々の中に生きていたということです。

ちなみに日本では**神仏習合**《しんぶつしゅうごう》（神と仏を習《かさ》ね合う）といいますが、日本古来の神と外来の仏は融合します。*5 奈良時代から平安時代にかけては**本地垂迹説**《ほんじすいじゃくせつ》が採られ、「外来の仏が本体で、神はその化身《けしん》（垂迹《すいじゃく》）である」という形で神と仏を共存させました。化身は権《かり》に現れたものですから、「権現《ごんげん》」とも呼ばれました。聖徳太子〔574―622〕建立《こんりゅう》と伝えられる大阪府の四天王寺《してんのうじ》は寺でありながら、神道における結界である鳥居《とりい》があります。少々奇妙にも思えますが、これも神仏習合の一例です。こうした緩やかな神と仏の融合は、明治初年（1868年）の強引な神仏分離令まで続きます。

山伏の出で立ち（都年中行事画帖）

修験道と関わりを持った仏教は**密教**《みっきょう》の教えです。「密教」とは「秘密の教え」の意で、宇宙の根本仏《こんぽんぶつ》である**大日如来**《だいにちにょらい》（**毘盧遮那仏**《びるしゃなぶつ》）が**梵語**《ぼんご》（サンスクリット語）で語った教えのことです。「梵語」とは、宇宙万物の本体である「ブラフマン〔brahman〕（梵）」の言葉であり、仏の真実の言葉（「真言《しんごん》」＝マントラ〔mantra〕）です。「真言」（「真言宗」の「真言」です）の理解には、修行とともに**マンダラ**〔mandala〕（**曼荼羅**《まんだら》）も欠かせません。「マンダラ」は「悟りの境地に達する」という意味で、仏の世界を図像化したものです。密教では両界曼荼羅《りょうかいまんだら》（大日如来を中央に配置した胎蔵界曼荼羅《たいぞうかいまんだら》と、9つの曼荼羅からなる金剛界曼荼羅《こんごうかいまんだら》）がよく知られています。私の友人で沢山の曼荼羅を集めている人がいますが、仏教美術としても大変に美しいものです。

「秘密の教え」が「密教」であるのに対し、仏の真理を説き、衆生《しゅじょう》を教化するためにこの世に姿を現したブッダ（仏陀）（お釈迦様《しゃかさま》のことです）が、「人々にわかる言葉で説いた教え」は「**顕教**《けんぎょう》」と言います。空海《くうかい》［774—835］は仏の真理を、言葉による顕教ではなく、密教の修行で体得しようと考えたのです。

差別なく全てが仏に成れる

では本題に入りましょう。平安仏教と言えば天台宗《てんだいしゅう》と真言宗《しんごんしゅう》です。まずは天台宗から見ていきましょう。日本の**天台宗**の開祖は**最澄**《さいちょう》［767—822］（諡《おくりな》は伝教大師《でんぎょうだいし》）です。近江国《おうみのくに》（滋賀県）出身の最澄は、11歳で近江国分寺《おうみこくぶんじ》に入り、18歳の時に東大寺戒壇で正式な僧侶の資格を得ました。その後は比叡山に山籠《やまご》もりし、一乗止観院《いちじょうしかんいん》という道場（後の総本山・延暦寺《えんりゃくじ》です）で修行します。そして当時のいわゆるエリート・コースになりますが、唐に留学して天台山で天台宗（6世紀の智顗《ちぎ》［538—597］を開祖とします）を学びました。帰国後は桓武天皇の信を得て、円（天台宗の教えである円頓《えんどん》）・密（密教）・禅（禅法）・戒（戒律）の四宗を合一した比叡山には多くの僧が集まりました。最澄の死後に日本天台宗は密教化したため、台密《たいみつ》とも呼ばれています。

最澄

ちなみに、比叡山延暦寺に後々多くの優秀な僧が集まったのは、理由がありました。最澄は、東大寺に唯一あった受戒施設が、忠実に守ることが困難な小乗式《しょうじょうしき》（具足戒《ぐそくかい》）だったため、一乗止観院に戒律のゆるやかな大乗式《だいじょうしき》（**菩薩戒**《ぼさつかい》）の受戒施設を是非とも作りたい、と朝廷に願い出ました（著書『**顕戒論**《けんかいろん》』で主張します）。当然、奈良の旧仏教勢力は大反対しました。しかし結局、最澄の死後7日たってから認められたのです。そのお陰で、末法思想の広まりの中、日本をどうにかして救おうという、志ある若者たちが次々に延暦寺を訪れ、大乗菩薩戒《だいじょうぼさつかい》を受けるのです。法然《ほうねん》［1133—1212］、親鸞《しんらん》［1173—1262］、日蓮《にちれん》［1222—

1282〕、栄西《えいさい》〔1141—1215〕、道元《どうげん》〔1200—1253〕……いずれも鎌倉新仏教の開祖となる大物ばかりでした。

『妙法華経』に説く、ただ一仏乗、ということは、すでに究極的な教えであるので、これは真実の説である。（『法華秀句』）*6

最澄は代表的な大乗仏典《だいじょうぶってん》であり、天台宗の中心経典である法華経《ほけきょう》の中にある「一切衆生悉有仏性《いっさいしゅじょうしつうぶっしょう》」を重んじました。「**一切衆生悉有仏性**《いっさいしゅじょうしつうぶっしょう》」とは、「**一切の生きとし生けるものが、仏になりうる素質を悉**《ことごと》**く有している**」ということです。「大乗」とは、すべての衆生が煩悩《ぼんのう》を断って真理を悟り、平等に成仏《じょうぶつ》できる「大きな乗り物」という意味だったのでした。仏の教えはただ一つであり、差別なく全ての生きとし生けるものが仏に成れる……この空海の思想は**一乗思想**《いちじょうしそう》（**法華一乗**《ほっけいちじょう》）と呼ばれます。

一方、旧来の奈良仏教はこれに反発しました。特に法相宗《ほっそうしゅう》の徳一《とくいつ》〔生没年不詳〕とは、三一《さんいち》「権実《ごんじつ》」論争《ろんそう》を繰り広げました。徳一によれば、人には三つの悟り方（大乗の菩薩乗《ぼさつじょう》、小乗の声門乗《しょうもんじょう》・縁覚乗《えんがくじょう》）＝「三乗《さんじょう》」があり、仏になれない素質の人もいます。よって、最澄の説く「一乗《いちじょう》」は方便《ほうべん》（権《かり》の教え）である、というのです。一方の最澄は、「一乗」こそが真「実」の教えで、徳一の説く差別的な「三乗」こそが方便（「権」）だ、として反撃しました。

「うそも方便」という言葉がありますが、方便は仏教における、衆生救済の仮の教えです。学のない一般民衆に仏の教えをわかり易く伝えるために、ある種の便宜的手段（「うそも方便」）が許されたのです。例えば人間の煩悩の数は「108」だといわれますが、その理由は「四苦八苦《しくはっく》（四×九《しく》＋八×九《はっく》）」だ……とするのも方便です。方便にしては出来すぎた話ですね（実際には別の理由がちゃんとあります）。「108」は除夜《じょや》の鐘の数にもなっています。

叩きながら一つずつ煩悩を滅していく、というわけです。

天台宗が生んだ天台本覚《てんだいほんがく》思想*7も紹介しましょう。これは、「すべての現実は、現実のありのままの姿で、仏の姿を具現しているのであり、したがって人は、修行を積んで仏になるのではなく、もともと仏なのであって、ただそのことを自覚していないだけなのである」*8とする考えです。これは、「迷い」と「悟り」のような「相対」を超えた「不二《ふに》・一体《いったい》」、つまり「空《くう》」（絶対的な実体などこの世にはなく、様々な因縁《いんねん》が和合して相対的に万物は成立しているとする「無にして有、有にして無（有るようで無い、無いようで有る）」という万物のあり方）を事物の真相とする考え方ともいえるでしょう。否定的な面も含めて、あるがままの現実世界が悟りの世界……となれば、わざわざ修行して悟りを開かなくてよい、ということにもなりますから、かなりの飛躍のようにも思えますが、良くも悪くもこの「天台本覚思想」は、中世の仏教や文学・芸能に大きな影響を与えました。*9

最澄のライバル、空海

次は真言宗です。**真言宗**の開祖・**空海***10は讃岐国《さぬきのくに》（香川県）に生まれました。諡《おくりな》は「弘法大師《こうぼうだいし》」で、ことわざ「弘法《こうぼう》にも筆のあやまり」でもおなじみです。弘法大師・空海は、嵯峨《さが》天皇［786―842］、橘逸勢《たちばなのはやなり》［?―842］と共に三筆に数えられる筆の名手でもありました。京の大学で学ぶも飽き足らず中退し、四国の霊山を回ったといわれています。後にその巡回コースが四国八十八箇所を巡る「お遍路《へんろ》」として親しまれるようになりました。東大寺で正式な僧侶となるも、教義中心の奈良仏教に反発し、留学生《るがくしょう》として唐に渡ります。最澄とほぼ同時期でしたが、この遣唐使船での渡航は命がけだったようです。なんと4隻中、最澄・空海をそれぞれ乗せた2隻のみが唐に辿

空海

り着けたというのです。[*11] そうして晴れて唐の恵果《けいか》〔746―806〕から密教を本格的に学び、帰国後は密教・真言宗の布教に努めます（嵯峨《さが》天皇〔786―842〕から東寺《とうじ》〔教王護国寺《きょうおうごこくじ》〕を与えられたため、天台密教「**台密**《たいみつ》」に対し、真言密教は「**東密**《とうみつ》」と呼ばれます）。その他にも、水の少ない（瀬戸内の気候の特色です）讃岐国で、満濃池《まんのういけ》という貯め池《た》の改修にあたったり、日本初の庶民教育機関・綜芸種智院《しゅげいしゅちいん》を建設したりもしました。綜芸種智院は仏教・儒教・道教という綜合的な学芸を学べる場です。ただし空海は、著書『**三教指帰**《さんごうしいき》』で仏教・儒教・道教を比較し、もちろん仏教の優位を説いてもいます。

最澄と空海は互いにライバルとして対立し、最後は絶縁したという話も残されています。権力側にうまく取り入ったスマートな空海と、奈良仏教と対立した泥臭い最澄……という対比も可能でしょう。最澄は先輩でありながら、年下の空海に密教の教えを乞います。しかし、次第に空海は最澄に対して密教書籍（経典）の貸し出しを渋るようになり（密教は経典で学ぶものではなく、修行を通じて体得するものでした）、最後は最澄の弟子だった泰範《たいはん》〔778?―?〕が空海門下に入ったことで、2人の亀裂は決定的になったようです。とはいえ2人はどちらも、日本仏教を大きく独自に発展させた偉大な人物だったといえるでしょう。

高野山での修行体験

私は一度、高野山で修行体験を行ったことがあります。特定の信仰をもっている自覚がない私ですから、ある意味何の偏見もなく、密教の真実に触れてみたいと思えたのです。行ったのは20代半ば、自分の生き方に迷いを感じていた頃のことです。

空海が開いた真言宗の総本山・高野山金剛峰寺《こんごうぶじ》は想像以上に山深い土地にありました。まずたどりつくまでが大変です。東京から新幹線で大阪まで行き、難波《なんば》から南海電鉄で極楽橋《ごくらくばし》という駅まで行きます。極楽への橋……

その駅の名前に何とも期待が高まりました。極楽橋駅から高野山駅まではケーブルカーです。どんどん急な山を登ります。やっと高野山に到着か、と思いきや、そこからさらにバスに乗って、深い山をどこまでも進んでいきます。公共交通機関など存在しない昔なら、一度入ったら出られないような場所だと感じました。しばらくすると、山門が見えてきました。山門の傍には女人堂《にょにんどう》がありました。明治の初めに高野山の女人禁制が解かれるまで、女性はその女人堂で待つほかなかったようです。

　いよいよ山門をくぐると、標高８００メートルの土地に約１２０の寺が所狭しと居並んでおり、それはもう、圧巻の一言でした（元来、高野山そのものが「金剛峰寺」だったようで、山内は金剛峰寺の境内ということになっています）。宿泊したのは「宿坊《しゅくぼう》」、つまりお寺です。たまたまインターネットで予約して宿泊した遍照光院《へんじょうこういん》というお寺は、かつて白河上皇《しらかわじょうこう》［１０５３—１１２９］の御座所だったという寺院でした（ちなみに宿泊代は食事も付いて、大都市部のホテルの半額くらいでした）。さすがに歴史を感じさせる建物です。

　早速、早朝から「お勤めのお時間です！」とお坊さんに叩き起こされました。眠い目をこすりながらお堂に向かうと、１時間を超える読経《どきょう》です。慣れない正座には苦労しました。さらに続けて写経《しゃきょう》です。クーラーもない真夏の部屋で、庭木を見ながら汗びっしょりになって筆を握り、およそ1時間半くらいかけて般若心経《はんにゃしんぎょう》を写しました。不思議と心が空っぽになっていくのがわかりました。食事は殺生《せっしょう》を禁じた仏教らしく、肉や魚のない、野菜中心の精進《しょうじん》料理でした。メインは高野山名物の高野豆腐《こうやどうふ》です。高野豆腐がいまだかつてこんなに美味《おい》しいと思ったことはありませんでした。

　護摩焚《ごまだ》きも初体験でした。密教には加持祈祷《かじきとう》という儀礼のスタイルがあります。狭い庵《いおり》に通されると、お坊さんがおどろおどろしいまじないを唱えながら、火を高々と焚きます。すると仏の力が修行者に加わる（加持《かじ》）のだそうです。思わず加持どころか火事になるのではないかと怯《おび》えてしまったほどでしたが、呪術的迫力に圧倒されました。

何より楽しみにしていたのが大日如来の真言を体得する修行です。空海は三密《さんみつ》の実践を説きました。三密とは「**身密**《しんみつ》」（手を組み合わせて、仏の神秘的な力を象徴する印契《いんげい》を結ぶ）、「**口密**《くみつ》」（仏の真言を唱える）、「**意密**《いみつ》」（意《こころ》に仏を観ずる）のことです。唱える真言は、例えば「不動明王《ふどうみょうおう》」の真言「ノウマクサンマンダーバーザラダンセンダンマーカロシャーダソワタヤウンタラターカンマン」が有名です。私は幼い頃、毎朝祖母から仏壇の前でこの真言を唱えさせられていました。ただ、昔の人も長くてなかなか覚えられなかったのでしょう。「うろ覚え」のことを「ウンタラカンタラ」と言うのはここ（「ソワタヤ」「ウンタラ」「ターカンマン」）から来ています。「ナンチャラカンチャラ」はその変型ですね。この「三密」の実践を通じて、肉体は大日如来と一体化し、生きた身のままで即《すみ》やかに悟りを開き、仏になれる（「即身成仏《そくしんじょうぶつ》」）……と真言宗では説かれていたのです。

私が実際やらせてもらえた修行は三密ではなく、「阿字観《あじかん》」でした。「阿《あ》」は宇宙の根本仏である大日如来（真言宗は『大日経』が中心経典です）のことで、「物事の始まり」を表しています。「阿」が始まりで「吽《うん》」が終わり、「阿吽《あうん》の呼吸」の「阿吽」です。ちなみに「阿吽」はサンスクリット語の「オーム」に由来します（一時期世間を騒がせた「オウム真理教」の「オウム」のことです）。お坊さんの説明によると、足と手を組み、梵字で書かれた「阿」という字（大日如来の象徴）を凝視し、心静かに瞑想すると、阿字《あじ》の後ろから光が見えて来る、とのことでした。「では頑張ってください……」と襖《ふすま》を閉められて、いよいよ瞑想スタートです。「光が見えてくる」……正直、疑いの気持ちをもちながら始めた瞑想でしたが、1時間半も過ぎると、次第に「眠い」「お腹が減った」「足が痛い」といっ

胎蔵界曼荼羅

た煩悩が不思議と消えていき、自我の領域が緩んでいく感覚がありました。そして次第に、襖の外から響く虫の音をはじめ、身体を取り巻く宇宙と自己が一体化していき……その時です、「阿」と書かれた掛け軸の背景から「ぽわーっ……」とした光が見えてきたのです。「これが「光」なのか」……その瞬間です、「いかがでしたか?」とお坊さんが襖を開けて部屋に入って来たんです。何とも驚きました。単に疲れて意識が遠のいた瞬間だったのかもしれませんし、お坊さんが部屋に入ってきたのは単なる偶然のタイミングに過ぎなかったのかもしれません。今考えても不思議な体験でした。仏教以前にバラモン教で説かれていた梵我一如《ぼんがいちにょ》(万物の本体＝「梵《ブラフマン》」と自己の本質＝「我《アートマン》」を一体化させる)の真理もそうでしたが、いわゆるインド起源の「ヨーガ」(坐禅もその流れを汲んでいます)修行に通底する、宇宙と自己のつながりを体感できたようにも思いました。

それにしても発見の多い高野山でした。宿坊に修行に来ていた人のほとんどがフランス人だったことも驚きでした(フランスではZENカルチャーに強い関心を持つ人が多いようでした)。さらに邪《よこしま》な私です。不飲酒戒《ふおんじゅかい》を説く仏教ですから、居酒屋はないだろう……と思いつつも、ついつい探してしまったのですが、さすがに高野山です。居酒屋は見当たりませんでした。しかし、ある店で「般若湯《はんにゃとう》」と書かれた瓶を発見し、ラベルの成分表示を読むと、日本酒であることが確認されました。「般若湯」は高野山の僧の隠語で「日本酒」のことであったようです。

注

＊1 道鏡を皇位につけるべきだとした宇佐八幡《うさはちまん》の託宣《たくせん》が下されるが、和気清麻呂《わけのきよまろ》が宇佐に赴いて、その真意を確かめた。結局皇族以外は天皇の後継になれないとされ、道鏡の野望はくじかれたが、道鏡を愛していた称徳天皇は激怒し、清麻呂を「別部穢麻呂《わけべのきたなまろ》」と改名させた上、流罪にした。後に和気清麻呂は失地回復し、戦前には皇室の万世一系を守った功績でお札の肖像画にも選ばれ、皇紀2600年の年には皇居に銅像が造られた。宇佐八幡の託宣事件以降、九州・宇佐氏の氏神であった八幡神は国家権力と結びつき、後に神仏習合で八幡大菩薩信仰も盛んになる。

＊2　尾藤正英『日本文化の歴史』（岩波書店、２０００年）。

＊3　「『続日本紀』に語られている限りの役小角の性格は、まず山を背景にして、山の神を操ることができた霊媒師としてのシャマンである」。とはいえ、彼が山伏の始まりのように説かれているのは伝説である（和歌森太郎『山伏』中央公論新社、１９６４年）。

＊4　和歌森太郎『山伏』（中央公論新社、１９６４年）。

＊5　神仏習合は日本独自のものではなく、中国仏教にもみられる。日本はそれを受容・模倣した（吉田一彦『神仏習合外来説』）（佐藤弘夫編『概説日本思想史』ミネルヴァ書房、２００５年）。

＊6　最澄『法華秀句（抄）』（『日本の名著３』）（田村晃祐訳、中央公論社、１９８３年）。

＊7　本覚とは、一切の生きとし生けるものが本来的にもっている悟り（覚）の智慧《ちえ》のこと。

＊8　尾藤正英『日本文化の歴史』（岩波書店、２０００年）。

＊9　「価値のないものと思われていたわれわれの日常」や「目にする一草一木」が「すべて悟りであり、仏の現れ」とする本覚思想はありのままを尊ぶ日本人好みであり、「中世の文学・美術・芸能から神道の思想」にまで影響を与えている。一方で、「修行は不要、凡夫は凡夫のままでよい」という「現実肯定主義を無批判的に讃美するのはきわめて危険なことである」（末木文美士『日本仏教史』新潮社、１９９６年）。

＊10　プラトンが形作った「美・イデア・政治」という西洋思想理解の基本系にあたる、日本思想理解の基本系を、空海の「風雅・成仏・政治」に求める見方もある（篠原資明『空海と日本思想』岩波書店、２０１２年）。

＊11　田村芳朗『日本仏教史入門』（角川書店、１９６９年）。

7章　鎌倉新仏教（1）（浄土信仰、法然、親鸞、一遍）

平安時代のノストラダムスの大予言

「1999年7の月に地球に恐怖の大王が降り注ぐ」……聞き覚えがあるでしょうか。世紀末に大きな話題になったノストラダムス（Nostradamus）［1503―1566］の大予言です。ノストラダムスはルネサンス期のフランスの医師ですが、この予言が戦後の日本では1970年代以降、オカルト的な興味を引き立てました。私も小学生の頃、児童雑誌でかじった知識を披露する同級生の話に夢中になり、皆で真剣に聞き入った記憶があります。

平安時代のノストラダムスの大予言、のように思えるのが**末法思想**《まっぽうしそう》です。それによると、ブッダ（仏陀）［B.C.463?―B.C.383?］が亡くなった（入滅）後の1000年間（正法《しょうぼう》）はブッダの教え（「教《きょう》」）・修行（「行《ぎょう》」）・悟り（「証《しょう》」）が存在しますが、その後の1000年間（像法《ぞうほう》）は教えと修行は存在するも、悟りが得られなくなります。さらにその後の1万年間はブッダの教えのみが残り、修行も悟りも存在しない、乱れた時代に突入します。これが末法です。日本では1052年が末法初年とされましたから、この歴史観に基づくと、現代もまだ末法の只中ということになります。末法思想の流行は、藤原氏に代表される貴族政治が陰りを見せ始め、一方で武士が台頭し、飢饉や疫病など社会不安が多い時代だったことが影響しています。

末法思想では、現世（娑婆《しゃば》の世）ではもはや「成仏《じょうぶつ》」（仏に成ること）ができないため、死後の**西方極楽浄土**《さいほうごくらくじょうど》（浄《きよ》められた仏の世界）への「往生《おうじょう》」を願った点で、旧来の日本仏教の現世《げんぜ》利益《りやく》の発想とは袂《たもと》を分かっていました。末法ですから、生きている間はもはや救われないのです。ならばせめて死んだ後、極楽に往生しよう……ということです。人々が極楽往生のために救いを求めたのは**阿弥陀仏**《あみだぶつ》（阿弥陀「如来《にょらい》」＝修行完成者）です。阿弥陀はサンスクリット語の「アミタ（無限・無量）」に由来する、限りない光や寿命を持った、無量光仏・無量寿仏でもありました。

　阿弥陀仏が悟りを開いて成仏する前の法蔵菩薩《ほうぞうぼさつ》時代の出来事です。今から成仏しようと思って周囲を見渡すと、苦しむ一切衆生《いっさいしゅじょう》（一切の生きとし生けるもの）がそこかしこにいることに気が付きました。そこで、「一切衆生を救うまでは自分は成仏しない」という願《がん》をかけて下さったのです。これが、阿弥陀仏が立てた四十八の誓願の内の第十八願で「**弥陀**《みだ》**の本願**《ほんがん》」と呼ばれています。阿弥陀様は後に成仏し、西方極楽浄土で衆生を救済したと言われています。人々は、こんなちっぽけな私のことすら気にかけて手を差し伸べて下さる阿弥陀様（仏像を見ると、いつも前屈《まえかが》みの姿勢で私たちを救おうとしています）に、現世の救いが得られない末法の世ではあるけれど、何とかおすがりして、極楽浄土に往生しよう……と願ったのです。これが**浄土**《じょうど》**信仰（阿弥陀信仰）**です。人が亡くなることを「往生する」と言いますが、これは死の床《とこ》に阿弥陀様が来迎《らいごう》し、死後に極楽に往《ゆ》ける、という浄土信仰に基づく言葉です。ちなみに「阿弥陀」は「アミダくじ」の名称に今も残っています。大昔のアミダくじは、現在とは違う放射状のくじだったようで、それが阿弥陀様の後光《ごこう》に似ていたことから、そのように名付けられたのです。

阿弥陀三尊像

　実に弱い私たち人間にとって、「受容されている」という安心感から始まる何かがあります。ザ・ビートルズのメンバーだったジョン・レノン（John Lennon）〔1940—1980〕は伯母に育てられ、母の愛を知らずに大人になります。でも、運命的な出会いがありました。ロンドンで前衛芸術家として活動していた日本人オノ・ヨーコ（小野洋子）〔1933— 〕（安田財閥の令嬢でした）の個展をジョンが訪れた時です。そこには『天井の絵』という作品がありました。「梯子《はしご》を登ってみてください」……ジョンは言われるがままに梯子を上ると、天井から虫眼鏡がぶら下がっていました。それで天井を覗くと、そこに「YES」の文字があったんです。「YES」は何もかも全てを肯定する言葉です。思春期に反抗の限りを尽くして寂しさを紛らわしていたジョンです、自分の全て、ありのままを受け入れてくれる「YES」に惹かれて、二人は結ばれました。出会いの時点で二人は既婚者だったわけですが……。話を戻しましょう。阿弥陀仏は私たちにとってのまさに「YES」、受容・救済の象徴だったのです。

フォロー阿弥陀仏

唐の善導《ぜんどう》〔613—681〕が大成したこの浄土信仰を日本に広めたのは、平安時代中期の天台宗《てんだいしゅう》の僧・**空也**《くうや》〔903—972〕です。社会事業を行った後、京で病人や貧人の世話をし、「市聖《いちのひじり》」と呼ばれました。六波羅蜜寺《ろくはらみつじ》にある空也《くうや》上人像《しょうにんぞう》は、口から針金でつながった6体の阿弥陀像が飛び出す、立体的な造形です。この6体の阿弥陀像は、彼が民衆に広めた念仏「**南無阿弥陀仏**《なむあみだぶつ》」の6文字を意味しています。「南無阿弥陀仏」は「ナンマイダー」「ナンマンダブ」とも読み慣らわします。「南無」は「帰依《きえ》する」「信仰する」という意味です。ですから「南無阿弥陀仏」は「フォロー阿弥陀仏」「ビリーブ阿弥陀仏」といった意味合いになるでしょう。この**称名念仏**《しょうみょうねんぶつ》という仏の名を称《とな》える念仏のスタイルが、その容易さから鎌倉時代になると爆発的に庶民に広まっていきます。ちなみに平安時代には称名念仏よりも、**観想念仏**《かんそうねんぶつ》（仏の姿を心に観ずる）という念仏のスタイルが一般的でした。

平安末期の**源信**《げんしん》〔942—1017〕は、『**往生要集**《おうじょうようしゅう》』で観想念仏を説いた天台宗の僧です。阿弥陀仏を心に観ずるためには阿弥陀堂《あみだどう》が必要です。貴族たちは極楽浄土に往生するために、財力にモノを言わせ、こぞって阿弥陀堂を建設しました。藤原頼通《ふじわらのよりみち》〔992—1074〕ゆかりの平等院鳳凰堂《びょうどういんほうおうどう》（十円玉の図柄にもなっています）や奥州藤原氏《おうしゅうふじわらし》の栄華を伝える中尊寺金色堂《ちゅうそんじこんじきどう》がとりわけ有名な阿弥陀堂です。その阿弥陀堂の内部には、極楽浄土の世界が表現されています。

源信は「**厭離穢土**《おんりえど》、**欣求浄土**《ごんぐじょうど》」（それぞれ『往生要集』の1・2章のタイトルです）[*1]と述べて、「穢《けが》れた現世（穢土《えど》）を離れて、極楽浄土を求める」という浄土信仰の立場を明らかにしています。浄土信仰を持っていた徳川家康《いえやす》〔1542—1616〕もこのスローガンを旗印に使いました。源信は極楽の清浄さを強調するために、地獄の恐ろしさも描いています。例えば8つの地獄（等活《とうかつ》・黒縄《こくじょう》・衆合《しゅごう》・叫喚《きょうかん》・大叫喚・焦熱《しょうねつ》・大焦熱・無間《むけん》）の第一、等活地獄の様子を見てみましょう。「この地獄に蠢《うごめ》く罪人どもは、互いに相手の虚をうかがいあい、常に敵愾心《てきがいしん》の炎《ほむら》を抱いている。たまたま相見る機を得ると、たとえば猟師が鹿という好餌を目の前にした時のように、互いにござんなれと、鉄のような非情の爪で挑みかかり引き裂く。血をすすりあい、肉を食《は》み、ついには骨だけがわずかに人間の形態をとどめる。あるいは地獄の獄卒が、手に鉄杖・鉄棒を握りしめ、罪人の全身をくまなく打ちすえ打ち砕く。ために身体は破れとび、ついには土塊《つちくれ》のように粉々となる」[*2]

空也上人像

……なかなか壮絶な描写ですね。一方、極楽浄土の10の楽しみの1つ、蓮華《れんげ》が初めて開く時の喜びは「盲者が初めてこの世の光に接することができた時とか、片田舎の賤男《しずのお》が、突如として王宮に足を踏み入れた時の感慨にも譬《たと》えられ」、喜びの尽きざる楽しみは「三悪道に堕ちる怖れもな」く、「寿命もまた永久で……生老病死の苦しみも……愛別離苦も……怨憎会苦もない」のです。*3 こうした対比的描写が、「地獄」「極楽」の観念を人々の中に根付かせるきっかけになりました。千葉県の延命寺《えんめいじ》にある、江戸時代に描かれた地獄・極楽絵図は『地獄』という絵本*4になっており、今も多くの版を重ねる大ベストセラーになっています。大人が見てもゾッとする程恐ろしい地獄絵図ですから、これを見せられた子どもは絶対に悪いことをしなくなるのではないでしょうか（逆にトラウマにならないか、心配なくらいです）。

一日六万遍の念仏

極楽に往生するためには、南無阿弥陀仏と申して、疑いなく往生するのだと思いとって、申すよりほかにはとりわけいわれはないのである。（『和語燈録』*5）

貴族とは違い、阿弥陀堂を建てて阿弥陀仏に祈るのが難しい庶民は、どうすれば末法の世で極楽往生できるのでしょうか。**浄土宗**《じょうどしゅう》の祖・**法然**《ほうねん》［1133—1212］は「南無阿弥陀仏」の念仏をひたすら称えればよい、と**専修**《せんじゅ》**念仏**を説いた人物です。法然は武士の子として美作国《みまさかのくに》（現在の岡山県）に生まれます（本名は源空《げんくう》）。法然は9歳にして、夜討ちで父を殺されるという不幸にも直面しました。その後比叡山延暦寺《ひえいざんえんりゃくじ》で受戒し、天台宗を学び「智慧《ちえ》第一の法然房」と称されますが、『往生要集』や浄土信仰の祖・善導の書に影響されて下山します。そして43歳で浄土宗を開き、女性民衆を含む多くの信者を集めました。

旧仏教が、修行して自力で悟りを開く道、**聖道門**《しょうどうもん》（**難行道**《なんぎょうどう》）を主張したのに対し、法然は末法の世には念仏を

法然

称え他力にすがる浄土門《じょうどもん》（易行道《いぎょうどう》）がふさわしい、と述べました。なぜなら、観想念仏をしようにも、「衆生は煩悩の障りが重く、考え方もせまく、心もあらく、心のはたらきもうわつき、精神状態も動揺していて、観想は成しとげにくい」*6と考えたからです。『選択《せんちゃく》本願念仏集』を著した法然は、諸々の修行の内から容易な称名念仏を選択《せんちゃく》し、*7ただ一心に念仏を称えて、阿弥陀仏の他力（＝弥陀の本願）にすがろうと考えたのです。ちなみに「他力本願」という言葉は原義を離れて、現在では「他人をあてにして何もやらない」という意味でも使われます。

法然自身も1日6万遍《まんべん》の念仏を称えたと言われています。*8 思わず割り算をしてしまったのですが、1分間に約42回念仏を称えていたことになります。寝る間も惜しんで24時間続けた……というのは現実的ではないかもしれませんが、つまり、それほどに他の行（修行）を捨て、阿弥陀仏の他力におすがりしよう、と考えたのだということです。しかし、これは南都（奈良）の旧仏教の主張とは相容《あいい》れず（「念仏さえ称えればいい」というのなら、寺も経典も仏像も、必要なくなってしまいます）、後鳥羽《ごとば》上皇《じょうこう》〔1180―1239〕の怒りも買ったため専修念仏を停止させられ、76歳で僧籍剥奪、土佐配流《はいる》の憂き目に遭います。華厳宗の明恵《みょうえ》〔1173―1232〕からは、悟りを求める菩提心《ぼだいしん》を軽んじて専修念仏を説いている（『摧邪輪《ざいじゃりん》』）と激しく批判されています。

ロックな精神をもった僧

その法然に連座し、越後（新潟県）に流罪になっている（「承元《じょうげん》の法難」）のが、**浄土《じょうど》真宗《しんしゅう》**の祖・**親鸞《しんらん》**〔1173―1262〕です。

京都の伏見に生まれた親鸞は、得度して入山した比叡山を29歳で下り、法然と出会います。それからは法然が説いた浄土門の真実の教えを受け継ぐ（「真」宗）という自覚を持ち、尊崇する法然の「弟子」を生涯自認していたようです。親鸞の肖像画（「安城御影《あんじょうのごえい》」）を見てみてください。肖像画はたいてい実際よりも美化して描かれているものだと考えると、世の中を斜に構えて見るようなこの厳しい目線と表情はどうでしょう。ちょっと近づきがたいというか、簡単に友達にはなれないような、只者ではないオーラを感じます。実際、僧籍を剥奪された後、為政者への怒りもあったのでしょう。「僧にあらず俗にあらず」（『**教行信証**《きょうぎょうしんしょう》』）という非僧非俗（僧でもなく、俗人でもない）の愚禿《ぐとく》（愚かなるハゲ）という姓を名乗って活動し、肉食妻帯《にくじきさいたい》（殺生をして肉を食らい、性欲を断ち切らず妻をもつ）という僧の戒を豪快に破る、実にロックな精神をもった破戒僧でした。肉食妻帯も「一向」に構わない、というわけです（浄土真宗には「一向宗」という別名があります）。妻の恵信尼《えしんに》［1182―1268?］との間には子どももいたのです。出家僧が教えを説く相手は、末法の世で救われるべき在家《ざいけ》の庶民です。彼らは肉食妻帯もやむを得ない凡夫《ぼんぷ》でした。出家も在家も平等に往生できると説く以上、彼らと同じ目線を大切にしたのでしょう。愚かなハゲですら救われるのだ、と。

親鸞

親鸞の教えを伝える書物は『**歎異抄**《たんにしょう》』がよく知られています。親鸞が亡くなった後、「異《い》」端《たん》の教え[*9]が生まれたことを「歎《なげ》」いて、弟子の唯円《ゆいえん》［1222―1289］がその言行をまとめたものです。親鸞は、法然の説いた称名《しょうみょう》念仏は自力《じりき》ではないかと考え、念仏すら阿弥陀仏の他力（はからい）により、称《とな》えさせられているのだ、と考える**絶対他力**にたどり着きます。これは、一切の自力を捨てて、全てを阿弥陀仏のおのずからなる、はからい[*10]に委ねるという**自然法爾**《じねんほうに》（「自然」は「おのずからしからしむ」、「法爾」は「あるがまま」の意で「法然」ともいいます）の立場です。[*11]煩悩に満ちた凡夫の自覚をもち、念仏を称える……阿弥陀仏の誓いを疑わず信じ切る信心《しんじん》で極楽往生・成仏が可能になるのです（**信心為本**《いほん》）。信心は親鸞の師である法然も、同様に説いていました。

では『歎異抄』にみえる親鸞の言葉を、少々長いですが引用してみましょう。併《あわ》せて、関西弁に翻訳されたものも読んでみてください。親鸞の肉声に引き込まれて教えがグッと近くなるようで、秀逸です。

善人《ぜんにん》なをもて往生をとぐ、いはんや悪人《あくにん》をや。しかるに世のひとつねにいはく、悪人なを往生す、いかにいはんや善人をやと。この条、一旦そのいはれあるにたれども、本願他力の意趣《いしゅ》にそむけり。そのゆへは、自力作善《じりきさぜん》のひとは、ひとへに他力《たりき》をたのむこゝろかけたるあひだ、弥陀の本願にあらず。しかれども、自力のこゝろをひるがへして、他力をたのみたてまつれば、真実報土《しんじつほうど》の往生をとぐるなり。煩悩具足のわれらは、いづれの行にても生死《しょうじ》をはなるゝことあるべからざるをあはれみたまひて、願をおこしたまふ本《ほん》意《い》、悪人成仏《じょうぶつ》のためなれば、他力をたのみたてまつる悪人、もとも往生の正因《しやういん》なり。よて善人だにこそ往生すれ、まして悪人はと、おほせさふらひき。（『歎異抄』）*12

（善《え》え奴が往生するんやさかい、ましてや悪い奴がそうならんはずがない。世間のしょうむない奴らは、悪い奴が往生するんなら、なんで善《え》え奴がそないならんことあるかいなというとるけど、なんや理屈に合《お》うとるようやけど、それは「ひとまかせ（＝他力本願）」ちゅうモットーにはずれとるんや。つまり、何でも自分の力でやろうと思うとる奴は、「お願いします」ちゅう気持ちの欠けてる分だけ、アミダはんのいわはる誓いと違《ちご》うとる。けども「自分たのみ（＝自力本願）」という心を入れ替えて、まあ「あんじょう頼《ねご》んます」と願うとれば、ホンマもんの極楽行きも間違いなしやで。アホで悩みっぱなしのワテらは、いくら何をやったところで、悟りなんかひらけるもんかいな。それを見越してアミダはんが、可哀想なやっちゃ、こらあ、いっちょう救ったろかいなと、願かけしてくれはったんや。悪い奴を往生させたるというのやか

> ら、「ひとまかせ」で「お願いしますわ」と一途《いちず》に思うとる悪人が、いちばんに往生してしまうんは、理屈に合うとるわけやな。そやから、善え奴でさえ往生する。ましてや悪人が往生するというのは当たり前のことやないかな、と（法然はんは）いわはりましたんや。）（『歎異抄』）＊13

「**善人**《ぜんにん》**なをもて往生をとぐ、いはんや悪人**《あくにん》**をや**」（善人でさえ往生できるのだから、まして悪人が往生できないわけはない）

……この親鸞の言葉が、かの有名な**悪人正機**《しょうき》**説**＊14です。「正機」とは「真の対象」のことです。つまり「悪人こそが真の救済対象である」というわけです。前述の弥陀の本願の十八願で（法蔵菩薩時代の）阿弥陀仏は「極楽浄土へ往生できない人がいれば、私は悟りを開き成仏するのをやめよう、両親や阿羅漢《あらかん》（修行完成者）を殺すなどの五逆を犯したものなどを除いて……」と言っています。では、そんな親殺しをした悪人こそが真の救済対象である……という意味なのでしょうか。もちろんそのような解釈も存在したようではありますが、この場合の悪人とは**煩**《ぼん》**悩具足**《のうぐそく》**の凡夫**《ぼんぷ》と捉えるべきです。自らの力で修行をして、善行を積み、悟りを得ようとする**自力作善**《じりきさぜん》**の人**もいますが、そうした人は阿弥陀仏の他力にまかせ切る気持ちが欠けています。念仏を称えることしかできず、自力では救いを得られない、煩悩が備わった（「具足」はよろいかぶとのことで、転じて「備わった」の意）凡夫（欲望に捉われ迷う者）をこそ阿弥陀仏は救ってくださる、と説いたのです。

> 悪性さらにやめがたし。こころは蛇蝎《だかつ》のごとくなり。（『正像末和讃』「愚禿悲歎述懐」）＊15

自分の悪い性質をやめることはできない、心には蛇《へび》やサソリが住んでいるようだ……そんな悪人としての自分を見つめ、全ての自力を捨てて阿弥陀仏の他力にすがる、そんな念仏（南無阿弥陀仏）は**報恩感謝の念仏**です。念仏を称えて阿弥陀仏のはからいにすがった時に極楽往生が果たせるわけですから、そんな阿弥陀仏のはからいへの感謝の気持ちこそが念仏なのです。「こんなちっぽけな私のことすら気に留めて、阿弥陀様は救ってくださる」……これは「有《あ》り難《がた》い（なかなかない）」ことなのです。

日本語の感謝の言葉は「ありがとう（有《あ》り難《がと》う）」です。これは、原始仏典『真理のことば（ダンマパダ）』*16の漢訳『法句経《ほっくきょう》』の「ひとの生をうくるはかたく　やがて死すべきものの　いま生命あるはありがたし」*17が語源となっています。人間がこの世に生を享《う》けるということはなかなか難しく、いつか死ぬものが今、命があるということは実に「有り難い」こと、つまり「なかなかない」ことなのです。両親、友人、仲間、食べ物……自分を支えてくれるものがあるということは、本当に「なかなかない」ことです。それに気が付くと、自然に「ありがとう」という言葉が出てくるのだと思います。

一遍聖絵

浄土真宗の中興の祖は室町時代中期に活躍し、石山本願寺《いしやまほんがんじ》*18を建てた蓮如《れんにょ》［1415—1499］です。彼は5回の結婚で27人もの子をもうけた、と伝えられています。御文《おふみ》（御文章《ごもんじょう》）という手紙で門徒《もんと》（浄土真宗の信徒）に教えを説き、下級武士や農民、商人に信仰を広めました。室町時代に門徒たちが起こした一向一揆《いっこういっき》*19では、1488年に加賀国《かがのくに》（石川県）で守護大名の富樫政親《とがしまさちか》［1455?—1488］を追い出し、一向宗の門徒がその後約90年間かの地を支配する出来事もありました（加賀の一向一揆）。私の親戚一同は石川県金沢市の出身ですが、そこは未だに浄土真宗の信仰に厚い地域です。飛行機の墜落事故のニュースを聞けば揉み手で「ナマンダブ、ナマンダブ……」とつぶやき、法事ともなれば葬儀場やお寺で正信偈《しょうしんげ》[20]を老若男女で大合唱するのです。初めて体験した時は大変衝撃を受けました。

「一遍」をさがせ！

仏といえば、**時宗《じしゅう》の踊念仏《おどりねんぶつ》**も有名です。時宗[21]の開祖・**一遍《いっぺん》**〔1239―1289〕は伊予国《いよのくに》（愛媛県）に生まれました。天台宗の寺で得度し（鎌倉新仏教の開祖として唯一、比叡山で得度していません）、その後法然の孫弟子・聖達《しょうたつ》〔生没年不詳〕に学びました。「生《しょう》ぜしもひとりなり、死するも独《ひとり》なり」[22]と語って全てを捨て去り、捨聖《すてひじり》と呼ばれた一遍は遊行《ゆぎょう》[23]の中で念仏札[24]を配り歩き、念仏を広めました。その名前は「南無阿弥陀仏」を「一遍」称えるだけでよい、という教えに由来します。40歳頃になると、救済の喜びを踊りで表現した踊念仏を再興し、民衆に広めたといいます。太鼓や鉦《かね》を打ち鳴らし踊る「踊念仏」は、そもそも空也が広めたものでした。お盆の仏教行事と結びつき、現在の盆踊りのルーツになったとも言われています。

一遍の布教の様子は、鎌倉時代の人々の暮らしを知る一級資料でもある「一遍聖《いっぺんひじり》絵《え》（一遍上人《しょうにん》絵伝）」に生き生きと描かれています。この絵巻物で一遍は、二次元の世界に紛れ込み、縦横無尽に歩き回って布教しています。何しろ、さながら『ウォーリーをさがせ！』よろしく、いろいろな場所に一遍が登場しているのです。

注

＊1〜3　源信『往生要集』（『日本の名著４』）（秋山虔・土田直鎮・川崎庸之訳、中央公論社、1972年）。

＊4　『絵本地獄─千葉県安房郡三芳村延命寺所蔵』（宮次男監修、白仁成昭・中村真男構成、風濤社、1980年）。

＊5　法然『和語燈録』（『日本の名著５』）（石田善応訳、中央公論社、1983年）。

＊6　「布施や戒を守ること、および父母への孝養などの多くの行為を選び捨てて、専心、阿弥陀仏のみ名をとなえることのみを選び取るので、「選択」というのである」（法然『選択本願念仏集』）（『日本の名著５』石上善応訳、中央公論社、1971年）。

＊7　法然『選択本願念仏集』（『日本の名著５』）（石上善応訳、中央公論社、1971年）。

＊8　「浄土宗に入ろうという人は、ひたすらに正行を修めて、毎日となえるべきものとして、一万、二万遍から五万、六万、十万遍でも自身の器量に堪えられるままに、どれだけでも励んでとなえるのがよいのだと心得られるよう」（法然『和語燈録』）（『日本の名著５』石上善応訳、中央公論社、1971年）。

＊9　関東に派遣した善鸞（親鸞の長男とされる）が異端の教えを説くと、絶縁する厳しさを親鸞はもち合わせていた。

＊10　阿弥陀仏のはからいの前ではすべては平等な同朋、と考えていた親鸞は「弟子を一人ももたない」と明言し、門徒《もんと》（浄土真宗の信者）をご同行《どうぎょう》と呼んだ。

＊11　「神に随順する」大和心《やまとごころ》を重んじ、人間の賢しらな漢意《からごころ》を批判した本居宣長の国学と、自力を否定した親鸞思想は類似している。三井甲之《こうし》ら戦前の親鸞主義者により「絶対他力……が「日本意志」や「天皇の大御心《おおみこころ》」と読み替えられてい」き、「自力によって世界や日本を作り上げようとしている賢しらな輩」を排撃する空気が滝川事件や天皇機関説事件に繋がった（中島岳志・島薗進『愛国と信仰の構造』集英社、2016年）。

＊12　『歎異抄』（金子大栄校注、岩波書店、1981年）。

＊13　親鸞著・唯円述『歎異抄』（川村湊訳、光文社、2009年）。

＊14　「悪人正機」の語は本願寺第三世覚如《かくにょ》の『口伝鈔《くでんしょう》』に見える言葉である（石田瑞麿『真実の信心　親鸞』）（『日本の名著６』中央公論社、1983年）。

＊15　『日本の名著６』（中央公論社、1983年）。

＊16　「ダンマ」は「法」、「パダ」は「ことば」の意。パーリ語の『真理のことば（ダンマパダ）』には「人間の身を受けることは難しい。死すべき人々に寿命があるのも難しい。正しい教えを聞くのも難しい。もろもろのみ仏の出現したもうことも難しい」とある（『真理のことば（ダンマパダ）』）（『ブッダの真理《しんり》のことば　感興《かんきょう》のことば』中村元訳、岩波書店、1978年）。

＊17　友松円諦『法句経』（講談社、1985年）。

＊18　本願寺は1602年の相続問題で東本願寺（真宗大谷派）と西本願寺（本願寺派）に分裂した。

＊19　1570〜80年の織田信長による石山本願寺攻めで講和し、顕如《けんにょ》が石山本願寺を退去するまで続く。

＊20　親鸞の主著『教行信証』の「行」巻末尾にある偈《げ》（韻文）。正式には正信念仏偈《しょうしんねんぶつげ》という。

＊21　もともと、一遍は門下の僧を「時衆」と呼んでおり、江戸時代に「時宗」と称されるようになった。鎌倉時代後期の連歌師の善阿《ぜんな》や、室町時代における能の大成者であった観阿弥《かんあみ》・世阿弥《ぜあみ》父子、庭師の善阿弥《ぜんあみ》などは時衆の徒として知られている。

＊22　大橋俊雄校注『一遍上人語録──付　播州法語集』（岩波書店、1985年）。

＊23　遊行の中で布教を行ったため、時宗に総本山はなかったが、遊行四代・呑海《どんかい》により、1325年に清浄光寺《しょうじょうこうじ》〔遊行寺〕（神奈川県）が開かれ、総本山となった。

＊24　「南無阿弥陀仏　決定往生　六十万人」と書かれていた。札を配ることを賦算《ふさん》（算《ふだ》を賦《くば》る）と呼ぶ。

8章　鎌倉新仏教（2）（栄西）

禅《ぜん》の教え

末法《まっぽう》の世にあって、一方に阿弥陀仏の絶対他力（他力本願《たりきほんがん》）にすがる浄土信仰がありました。もう一方にあったのは自力本願《じりきほんがん》、つまり自力による救済を目指す**禅宗**《ぜんしゅう》の教えです。「禅（禅那《ぜんな》）」とは大乗仏教で菩薩を目指す修行「六波羅蜜《ろくはらみつ》」の一つ「禅定《ぜんじょう》」のことで、修行方法は「坐禅」です。「坐禅」は古代インドで行われた瞑想法「ヨーガ（ヨガ）［yoga］」*1の一手法です。ヨーガは仏教のみならず、バラモン教、ジャイナ教、ヒンドゥー教に取り入れられています。仏教の開祖・ブッダ（仏陀）［B.C.463?—B.C.383?］もヨーガの行によって悟りを開いたため、仏教では大切な修行法とされています。

南インド（天竺《てんじく》）で生まれ、中国に渡り、中国禅宗の始祖となったのが達磨《だるま》（達摩《だるま》、菩提達磨《ボーディダルマ》）［?—530?］です。達磨は嵩山少林寺《すうざんしょうりんじ》（少林拳でも有名です）で9年もの間、壁に向かって坐禅修行し、悟りを開いたとされています。その修行の際、手足が腐ったという伝説から、日本では手足のないダルマ人形が作られるようになりました（「雪だるま」もおなじみです）。

禅の教えは「**不立文字**《ふりゅうもんじ》」（悟りは経典などの文字ではなく、体験で伝えられる）、「**以心伝心**《いしんでんしん》」（悟りは言葉にせず伝えられる）、「**直指人心**《じきしじんしん》」（坐禅修行で心を凝視し、自己の本性を把握する）、「**見性成仏**《けんしょうじょうぶつ》」（自己の本性になりきることで、悟りを開き仏となる）

白隠慧鶴筆「達磨図」

で言い表せます。徹底的に自己の本性を見つめ直すことにより、自力で悟りを開くのです。「石の上にも三年」「七転《ななころび》八《や》起《お》き」「継続は力なり」……いずれも禅宗に由来する言葉です。なんだか受験勉強と相性が良さそうですね。受験勉強はストイックに自分を見つめ直す、ほぼ坐禅修行のようなものだということでしょう。「日々是好日《にちにちこれこうにち》」（中国唐末から五代の禅僧・雲《うん》門文偃《もんぶんえん》［864―949］）、「平常心是道《びょうじょうしんこれどう》」（実質的な中国禅の祖・馬祖道一《ばそどういつ》［709―788］）、「本来無一物《ほんらいむいちもつ》」（中国禅宗第六祖・慧能《えのう》［638―713］）といった禅語や禅画も掛け軸などでお馴染みです。

頓智《とんち》で有名な一休《いっきゅう》さん（一休宗純《そうじゅん》［1394―1481］）も室町時代の禅僧でした。禅僧にしては女犯《にょぼん》の破戒を犯したりと、自由奔放で奇抜なところがあったようで、その人間味が江戸時代の民衆に慕われ、頓智話《とんちばなし》が作られました。めでたい正月なのに杖の先に骸骨を付け、「門松は、冥土《めいど》の旅の一里塚、めでたくもあり、めでたくもなし。ご用心、ご用心……」と歩き回り、人間はいずれ男女も貴賤もわからぬ骸骨になると説いた、という伝承（『一休骸骨』）があります。

日本文化は禅の文化

日本の禅宗は臨済宗《りんざいしゅう》と曹洞宗《そうとうしゅう》です。「臨済将軍、曹洞土民」という言葉がありますが、臨済宗は鎌倉・室町幕府の庇護を受けて、上級武士層の支持を多く集めたのに対し（鎌倉五山《かまくらござん》［建長寺・円覚寺《えんがくじ》・寿福寺・浄智寺・浄妙寺］、南禅寺を上位とした京都五山《きょうとござん》［天竜寺・相国寺《しょうこくじ》・建仁寺《けんにんじ》・東福寺・万寿寺］が設けられました）、曹洞宗は農民・下級武士層に支持されました。

日本**臨済宗**の祖は**栄西**《えいさい》〔1141—1215〕です。比叡山延暦寺《ひえいざんえんりゃくじ》で正式な僧となり、最澄《さいちょう》〔767—822〕の教えのルーツを求めて2度南宋に渡り、天台教学を修めます。2度目の渡航はブッダの足跡をたどる計画だったようですが叶わず、臨済宗黄竜派《おうりょうは》の禅を学び帰国しました。禅により天台宗を復興させようと考えた栄西に対し、天台宗側は弾圧を加えましたが、禅を興《おこ》し国を護《まも》ろう（『**興禅護国論**《こうぜんごこくろん》』）という鎮護国家的発想が初の武家政権である鎌倉幕府に受け入れられました。そして、源頼朝《みなもとのよりとも》〔1147—1199〕の妻・北条政子《ほうじょうまさこ》〔1157—1225〕の支援を受けて鎌倉に寿福寺を開くのです。栄西は晩年に『喫茶養生記《きっさようじょうき》』という著書で抹茶（南宋から持ち帰りました）の効能を説明しています。これにより、古代日本に伝来したものの廃れていた喫茶の風習が復活したのです（ゆえに茶《さ》道《どう》と禅は深い関わりをもつことになります）。

古都鎌倉・京都の禅宗寺院には、従来の公家文化に対抗し、武家文化が禅宗を取り入れた影響を見て取ることができます。京都でいうと、銀閣のある慈照寺《じしょうじ》や苔寺《こけでら》の名称で知られる西芳寺《さいほうじ》、龍安寺《りょうあんじ》に見られる枯山水《かれさんすい》（水を使わず、砂と石で山水を表現する）の庭園（石庭《せきてい》）などがそれにあたります。石庭は海外からの観光客にも大人気です。

栄西

茶道・華道・書道・水墨画・剣道など、海外で人気のある日本文化にも禅の精神が充満しています。禅宗が鎌倉・室町と武家政権に庇護を受けたことで、現在「伝統」文化として参照される日本文化は禅の文化になりました。もはや「ＺＥＮ」は坐禅のみならず、禅文化一般として英語辞書にも掲載される、最も有名な日本文化といっても過言ではないでしょう。アップル・コンピュータの共同設立者だったスティーブ・ジョブス（Steve Jobs）〔1955—2011〕は、1960年代のヒッピー文化の影響を直に受けた人です。ヒッピーは、西洋の都市の物質文明を嫌い、大地に根差した共同生活を良しとし、麻薬（ドラッグ）を用いた意識変容で自我の解放を求めました。彼らは東洋思想にかぶれたりと（ザ・ビートルズ[*2]のメンバーは１９６８年のインド訪問で導者マハリシ・マヘーシュ・ヨギ（Maharishi Mahesh Yogi）［１９１８―２００８］と出会い、その後の音楽性を変えました）、ＺＥＮカルチャーとの親和性が高かったのです。米国で今も盛んなＺＥＮカルチャーはヒッピーがその起源でしょう。アップル製品のデザインに白を基調としたシンプルなデザインが採用されているのは、ＺＥＮの影響（枯山水の世界観です）とみて間違いないと思われます。

理不尽な禅問答

さて、話を戻しましょう。臨済宗の特徴は**看話禅**《かんなぜん》です。師の問い（**公案**《こうあん》）に対して答え、坐禅する、という修行を行うのです。何を言っているのかわからない問答のことをしばしば「禅問答《ぜんもんどう》」と言いますが、実際、師の問いかけは難解を極めるものです。

或る僧が趙州《じょうしゅう》和尚に向かって、「狗（犬）にも仏性がありますか」と問うた。趙州は「無い」と答えられた。

（中国宋代の禅僧・無門慧開《むもんえかい》［１１８３―１２６０］の公案集『無門関《むもんかん》』第一則の「趙州無字（狗子仏性《くしぶっしょう》）」）[*3]

両手を打ち合わせると音が出る、では片手ではどんな音がしたのか。

（江戸時代の禅僧・白隠《はくいん》［１６８５―１７６８］[*4]の「隻手音声《せきしゅおんじょう》」）

父母が生まれる前のあなたの本来の姿は何か。

（中国禅宗第六祖・慧能の「父母未生《ぶもみしょう》以前」）

いかがでしょうか。一番目の公案にしても、一切衆生悉有仏性《いっさいしゅじょうしつうぶっしょう》（一切の生きとし生けるものが、仏になりうる素質を悉《ことごと》く有している）という前提を踏まえると、犬にも仏になる素質はあるはずなのに「無い」とは果たして一体、何を意味しているのでしょうか。中国臨済宗の祖・臨済義玄《りんざいぎげん》［？―866／867］による、こんな有名な公案もあります。

上堂[5]して言った、「この肉体には無位《むい》の真人《しんにん》がいて、常にお前たちの顔から出たり入ったりしている。まだこれを見届けておらぬ者は、さあ見よ！　さあ見よ！」その時、一人の僧が進み出て問うた、「その無位の真人とは、いったい何者ですか。」師は席を下りて、僧の胸倉をつかまえて言った、「さあ言え！　さあ言え！」その僧はもたついた。師は僧を突き放して、「なんと［見事な］カチカチの糞の棒だ！」と言うと、そのまま居間に帰った。（『臨済録』[6]）

これも理不尽過ぎて一瞬意味がわかりません。「無位《むい》の真人《しんにん》」[7]について答えられない弟子に詰め寄って「言え、言え」と迫り、しまいには「（お前は）カチカチの糞の棒だ！」なんて激しい暴言を投げつける……これはつまり、突き詰めてもわからない疑問点（疑団《ぎだん》）にぶつかって、思慮分別を乗り越えた所に悟りの境地がある、ということを伝えたかったのでしょう。「公案は相手を何重にも拘束して一歩も動けなくして」、「その縛りをブレークスルーする一歩を踏み出す力を養う」「意図的ダブルバインドだ」[8]という言葉はまさに的を得ているように思います。[9]だいいち、そもそも禅の師を訪ねても一旦は断られる、というこれまた少々理不尽な伝統もあるようなのです。

中国禅宗の第二祖・慧可《えか》［487―593］は、壁に向かって坐禅をする開祖・達磨の元に仏法を尋ねた際、一旦は断られ、何日も雪の中で待った挙げ句、腕を切り落としてその決意を示した、という伝説を残しています。

禅問答集を読むと、師がしばしば不意打ちのごとく、修行者を大声で怒鳴り、棒で叩き「這《こ》の畜生《ちくしょう》」「この寝小便たれ小僧め！」などと言うシーンが出てきます。これはいわゆる「喝《かつ》」というものです。「喝を入れる」「一喝《いっかつ》する」という言葉がありますが、日本ではこれを「カーッ！」と声に出して言います。この「喝」は、悟りの内容を言葉や理屈によって賢《さか》しらに理解しようとする人の目を一気に覚ます効果をもっています。

このように禅は、人間が理性を使い、言葉で真理に至ろうとするプロセスを否定するものだと言えるかもしれません。臨済義玄は、かつて自身が打ち込んだ戒律・経論の研究を打ち切り、禅に参じたことを述べた上で、

> 諸君、まともな見地を得ようと思うならば、人に惑わされてはならぬ。内においても外においても、逢ったものはすぐ殺せ。仏に逢えば仏を殺し、祖師に逢えば祖師を殺し、羅漢に逢ったら羅漢を殺し、父母に逢ったら父母を殺し、親類に逢ったら親類を殺し、そうして始めて解脱することができ、なにものにも束縛されず、自在に突き抜けた生き方ができるのだ。（『臨済録』*10）

と少々物騒な価値の転倒を迫っています。

十牛図

禅の悟りを10枚の絵と序文と詩（頌《しょう》）で表した「十牛図《じゅうぎゅうず》」はご存知でしょうか。12世紀末に北宋の禅師・郭庵《かくあん》［生没年不詳］によって作られたものが最もよく知られています。この「十牛図」がなかなか面白いのです（興味がある人

は本やインターネットで調べてみてください）。言葉がわからなくても理解できることから、20世紀の哲学の巨人ハイデッガー［1889－1976］も興味をもち、独訳出版を後押ししたそうです。*11

仏性をもっているはずの人間は、思慮分別を覚えたばっかりに、本来の面目《めんぼく》に背き、互いの感覚・肉体・感情・分別の世界に自分があるということに執着してしまいます。10枚の絵は、牛を飼う牧童（修行者）が、行方不明の牛を探すところ（発心《ほっしん》）からスタートしています。牛というのは悟りや自己の本性のたとえです。①尋牛《じんぎゅう》（牛を尋ねていく／仏法を求めていく願心をおこす）②見跡《けんせき》（牛を尋ねて山に入り、牛の足跡を見つける／まずは経典・公案を読む）③見牛《けんぎゅう》（とうとう牛の影を見つける／自己の本性を見て悟る「見性《けんしょう》」）④得牛《とくぎゅう》（牛を見つけて、手綱《たづな》をつけて我がものにしようとする／悟りを自分のものにできない）⑤牧牛《ぼくぎゅう》（牛を飼い慣らす／悟りを自分のものにしようとする「悟後《ごご》の修行」）⑥騎《き》牛《ぎゅう》帰《き》家《か》（手

①尋牛

②見跡

③見牛

④得牛

⑤牧牛

⑥騎牛帰家

⑦忘牛存人

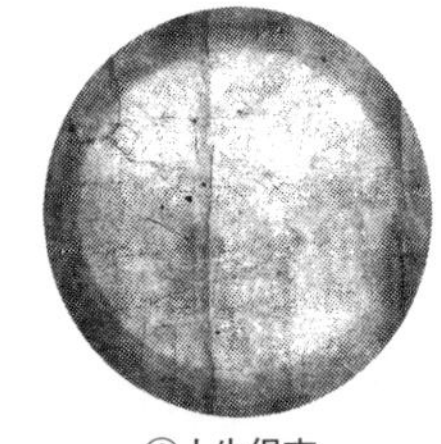
⑧人牛倶忘

⑨返本還源

⑩入鄽垂手

慣らした牛に乗って、家に帰る／修行し、悟りを得た山から下りることで無常の世界が実相《じっそう》の世界となる）⑦忘《ぼう》牛存人《ぎゅうぞんにん》（家に帰って手に入れた牛を放っておき、牛のことを忘れる／悟りを開いたら、悟りを開いたことに縛られぬよう、悟りを忘れていく）⑧人牛倶忘《にんぎゅうくぼう》（我もなく牛もなく、全てを忘れ、無に帰す／悟りも、悟られた法も、悟った人もない「本来無一物」「直指人心」「見性成仏」の境地、我と世界の対立も人生の目的も思惑もなく、時間も空間も超越し、我と宇宙が一枚になった根源）⑨返本還源《へんぽんげんげん》（本に返《かえ》り、源に還《かえ》る／「花《はな》は紅《くれない》」なるままの、我と天地が一枚になった清浄無垢な根源に返る）⑩入鄽垂手《にってんすいしゅ》（弥勒《みろく》の再来とされた布袋和尚《ほていおしょう》（になった牧童）が、町（鄽《てん》）に入り、手を垂れて衆生《しゅじょう》を救う／悟りを得ると、全く別の布袋となって町の民衆の中に入り、何もかも捨てて素っ裸になって人々を救う）*12……以上が「十牛図」の中身です。特に印象的なのは第8図でしょう。よく禅画にもありますが、何も書かれていない「まんまる」の「一円相」、つまり「空《くう》」……相対を超えた絶対的な悟りの境地がそこに表されているのです。いかがでしたでしょうか。まるで人間の人生を示しているような「十牛図」なのです。

禅とは何か

これでもまだ「禅とは何か」が掴み切れない感じがするかもしれません。明治生まれの偉大な仏教哲学者・鈴木大拙《だいせつ》〔1870―1966〕は禅の特殊な考え方を次の7点にまとめています。少々長いのですが、盟友だった哲学者・西田幾多郎《きたろう》〔1870―1945〕が序文を寄せた名著『禅と日本文化』（世界に禅を紹介するべく、英語で書かれました）から引用してみましょう。

一、禅は精神に焦点をおく結果、形式《フォーム》を無視する。

> 二、すなわち、禅はいかなる形式のなかにも精神の厳存をさぐりあてる。
> 三、形式の不十分、不完全なる事によって、精神がいっそう表れるとされる。形式の完全は人の注意を形式に向けやすくし、内部の真実そのものに向けがたくするからである。
> 四、形式主義《フォーマリズム》、慣例主義《コンベンショナリズム》、儀式主義《リチュアリズム》を否定する結果、精神はまったく裸出してきて、その孤絶性《アローンネス》、孤独性《ソリタリネス》に還る。
> 五、超越的な孤高、または、この「絶対なるもの《アブソルート》」の孤絶がアスセチズム（清貧主義、禁慾主義）の精神である。それはすべての必要ならざるものの痕跡を、いささかも止めないということである。
> 六、孤絶とは世間的な言葉でいえば無執着ということである。
> 七、孤絶なる語を仏教者の使う絶対という意味に解すれば、それは最も卑しと見られている野の雑草から、自然の最高の形態といわれているものにいたるまで、森羅万象のなかに沈んでいる。（『禅と日本文化』）[*13]

いわば理性をもち、何かを考えている私（主観）がモノ（客観）を認識する、という西洋的な認識の枠組（形式《フォーム》）で得られるものが悟りではなく、「主観」と「客観」の区別が無くなった状態（西田幾多郎の言葉でいえば主客《しゅかく》未分の「純粋経験」）こそが悟りの境地なのです。[*14] しかもこれは決して言葉や概念で説明されるものではなく、体験されるものです。「私（主観）が今、本（客観）を読んでいる」とか、「私が悟りを得たい」「私はこんな自分でありたい」など「私」という意識があるうちはいけません。果たして自分なのか本なのかわからないくらいに本を読む、あるいは、自分なのか食べ物なのかわからないくらいに食べ物を食べる……そうした主客未分の境地、そこに執着の無い「超越的な孤高」があるのでしょう。そうした精神は、庭先の柏《かしわ》の木や家の柱、道端の雑草や赤ちゃんにだって見て取れるかもしれません。自分という存在を、自分を取り巻いてつながる無数の縁起《えんぎ》*15のネットワークの中に浮かべるような感覚でしょうか。とはいえ、なかなか人はこの悟りの境地に達し得るのにも関わらず、達し得ないもので、前述の臨済は、「なぜわからないのか！」と言わんばかりに「この肉体には無位の真人がいて、常にお前たちの顔から出たり入ったりしている。まだこれを見届けておらぬ者は、さあ見よ！　さあ見よ！」と迫ったわけです。

鈴木大拙は松尾芭蕉《ばしょう》［1644―1694］の「古池や」の句の由来についても触れています。この句は、芭蕉が深川・臨川《りんせん》寺の仏頂《ぶっちょう》［1642―1715］に参禅していた頃に生まれた句と伝えられています。その仏頂が芭蕉を訪ね、「近頃どうしているか」と問うと、芭蕉は「雨過ぎて青苔《せいたい》湿《うるお》ふ」と答えます。次に仏頂は「青苔いまだ生ぜざるときの仏法いかん」と問います。「青い苔が生える前の仏の真理は何か」……つまり言い換えると「世界が存在した以前に何が在るか」*16、という無意識のさらに奥底に迫る、根源的な問いを投げかけたのです。対する芭蕉の答えが「蛙《かわず》飛び込む水の音」でした（「古池や」の初句は俳句としての形を整えるため、後に追加されたようです）。この句の佇まいは、先ほど挙げた7点の禅の考え方ともまさに重なり合うものです。芭蕉がいかに禅の真髄に触れていたか、を思い知らされるエピソードではないでしょうか。

注

＊1　2014年に国連により6月21日が「国際ヨガの日」に制定され、インドのニューデリーには約3万7000人が集まるイベントが開催された。健康法としても世界的に人気がある。

＊2　1968年にビートルズが設立したレコード・レーベルの名前は「アップル」だった。

＊3　西村恵信訳注『無門関』（岩波書店、1994年）。

＊4　白隠は江戸時代の臨済宗中興の祖。悟りは経典などの文字に表すことができない（不立文字《ふりゅうもんじ》）とされたため、多くの禅画を残した。その魅力的な禅画の謎解きについては芳澤勝弘『白隠　禅画の世界』（ＫＡＤＯＫＡＷＡ、２０１６年）などに詳しい。

＊5　師が法堂《はっとう》の須弥壇《しゅみだん》に上がり、説法をすること。

＊6　入矢義高訳註『臨済録』（岩波書店、１９８９年）。

＊7　『荘子』において、道（タオ）に通じた者を意味する「真人」が中国仏教では、「仏陀」や「阿羅漢」の訳語として用いられていた。

＊8　「大好きよ」と言われて「殴られる」など、二重のメッセージによって拘束された状態のこと。アメリカの文化人類学者グレゴリー・ベイトソンはダブルバインド状態に置かれた人に統合失調症のような症状が見られる、という説を唱えた。

＊9　釈徹宗『いきなりはじめる仏教生活』（新潮社、２０１１年）。

＊10　入矢義高訳註『臨済録』（岩波書店、１９８９年）。

＊11　上田閑照・柳田聖山『十牛図』（筑摩書房、１９９２年）。

＊12　山田無文『十牛図　禅の悟りにいたる十のプロセス』（禅文化研究所、１９８３年）。

＊13　鈴木大拙『禅と日本文化』（北川桃雄訳、岩波書店、１９４０年）。

＊14　鈴木大拙は「悟りは心理学的に言えば「無意識」を意識することである」とも述べている（鈴木大拙『禅と日本文化』北川桃雄訳、岩波書店、１９４０年）。

＊15　「男がいるから女がいる」「女がいるから男がいる」というように、万物は常なる実体として存在せず（無常）、相互依存的に因縁によって生起する（縁《よ》りて起《お》こる）という仏教の世界観。

＊16　鈴木大拙『禅と日本文化』（北川桃雄訳、岩波書店、１９４０年）。

9章　鎌倉新仏教（3）
（道元、日蓮）

政治権力を嫌った道元

続いては曹洞宗《そうとうしゅう》の開祖・道元《どうげん》［1200―1253］です。家柄が良かった人で、祖父は関白《かんぱく》の藤原基房《ふじわらのもとふさ》［1145―1230］でした。しかし3歳で父を、8歳で母を失い、世の無常を思い知ります。13歳で出家し、比叡山延暦寺《ひえいざんえんりゃくじ》で正式な僧侶となるも下山して、栄西《えいさい》の弟子・明全《みょうぜん》［1184―1225］に師事します。比叡山を下りた理由の一つは、権力に溺れる「叡山《えいざん》の山法師《やまぼうし》」の腐敗です。何しろ「わが国の大師号を受けた人々などは土瓦のように思われて、いままでの身心を全部かえてしまった」*1と後述している程です。そしてもう一つの理由は、天台本覚《てんだいほんがく》思想によれば人間は元々仏であるはずなのに、なぜ悟りを求めて修行するのか、という疑問でした。このことに気が付いた中学生ほどの年齢の道元は、いかにも早熟な天才だったというほかありません。

道元

　その後、宋に渡り、中国曹洞禅を修めた如浄《にょじょう》［1163―1228］の下で禅を体得して、印可《いんか》（悟りの証明）を授けられました。25歳の時です。帰国後に道元は日本曹洞宗を開きます。如浄は「国王、大臣といった政治権力には近づくな」とアドバイスをしたようで、鎌倉から遠い越《えち》前国《ぜんのくに》（福井県）に永平寺《えいへいじ》を建てました。

如浄のアドバイスにも関わらず、道元の弟子・玄明《げんみょう》が二千石《にせんごく》の寄進状を、時の執権・北条時頼《ほうじょうときより》〔1227―1263〕から貰ってくる、という出来事がありました。時頼は道元を慕い、何とか鎌倉に呼び寄せようとします。*2 1247年、道元も一度は気の向かないまま鎌倉に赴くのですが、永平寺への寺領寄進の申し出を丁重に断り、約半年で永平寺に戻ります。そこで時頼、今度は弟子に声をかけたのです。弟子は喜んで申し出を拝受し、嬉々として道元のもとに報告に参上します。しかしそれを聞いた道元です。烈火のごとく激怒しました。そして即刻破門にし、終《しま》いには弟子が坐禅をしていた床板をはぎ取り、床下の土まで七尺掘って埋めさせたというのです。権力に阿《おもね》ることのない厳しさ、潔癖さをもち合わせた人だったのだと思います。武家政権に接近した栄西〔1141―1215〕とはまた違った側面があったのです。

末法思想を否定する

道元の1231～53年の説法を収めているのが『**正法眼蔵**《しょうぼうげんぞう》』*3です。書家・相田みつを〔1924―1991〕の愛読書でもありました。弟子の**懐奘**《えじょう》〔1198―1280〕による道元の言行録は『**正法眼蔵随聞記**《しょうぼうげんぞうずいもんき》』と言い、難解な『正法眼蔵』に比べて幾分か読みやすくなっています。

道元は阿弥陀仏の他力にすがろう、という末法の世にあって「**人々皆仏法の器なり**《にんにんみなぶっぽうのうつわなり》」と説いた人物です。つまり他力に頼らずとも、自力で仏道修行を行い、仏の立場に立つ素質がある、というわけです。浄土信仰は、自力救済（成仏）は無理だから阿弥陀仏の他力にすがり、もっぱら易行である念仏を称えよう、と説いたわけですから、その考え方を真っ向否定するものでした。一方、浄土信仰の法然《ほうねん》〔1133―1212〕や親鸞《しんらん》〔1173―1262〕と共に、仏教の新しい波をもたらそうとした道元です。旧仏教側からは異端視され、迫害されたこともありました。

曹洞宗の特徴は**黙照禅**《もくしょうぜん》です。道元が説いたのは、ただひたすら坐禅に打ち込む**只管打坐**《しかんたざ》でした。道元は宋に渡っての修業時代、四川省《しせんしょう》から来たある僧に「本を読んで何の役に立つのか?」と問われ、文字知識の研究をやめました。[*4] 臨済宗のように公案に取り組むことよりも、ブッダ（仏陀）〔B.C.463?—B.C.383?〕が悟りを開いたのと同様に、坐禅をひたすら行うことを重視したのです。

坐禅の際には「和尚《おしょう》さんから棒で叩かれる」というイメージがあるかもしれませんが、あの棒は警策《きょうさく》といい、文殊菩薩《もんじゅぼさつ》（「三人寄れば文殊の知恵」のことわざの通り、智慧《ちえ》を司《つかさど》る菩薩です）の励ましとされています。曹洞宗では壁を向いて坐禅を組みますが、集中力が切れて姿勢が崩れると、後ろから右肩を一打します。現在は宗教上の理由などもあり、中学や高校の修学旅行で全員参加の坐禅体験を行うことは少なくなりました。かつて私が修学旅行で経験した際は、広いお堂に160人ほどが肩を並べて集まり、20分間の坐禅を行いました。「はじめっ」と掛け声があり、坐禅を始めると、周囲はシーンと静まりかえり、唾を飲み込む音が聞こえるほどになります。そして目の前の畳を「ミシッ、ミシッ」と踏みしめて、警策をもったお坊さんが通っていくのです。大体10分位経つと、遠くの方で「ビシッー!」と叩かれる音が聞こえました。本当に身のすくむ思いでした。後で叩かれた生徒に聞いてみると、坐禅体験用の警策は軽く作られていたようで、音と比べて痛みはほとんど無かったそうです。

警策

さて、この只管打坐によって至る悟りの境地が、一切の執着心を捨て、身心が脱《ぬ》け落ちた**身心脱落**《しんじんだつらく》（如浄の言葉）です。とはいえこの坐禅修行は、悟りの「手段」ではありません。坐禅修行そのものが悟りであり、信仰の全てである、というのです（**修証一等**《しゅしょういっとう》〔修証一如《いちにょ》〕）。悟りに到達点などありません。ですから日々の修行に終わりはなく、お堂の雑巾がけなど毎日の修行の一つ一つが悟りなのです。全100巻の完成を目標にして87巻まで仕上げた『正法眼蔵』の執筆も、道元にとっては修行の一つであり真理探求（悟り）だったのでしょう。

仏道を習うということは

ところで、『正法眼蔵』の導入に当たる「現成公案《げんじょうこうあん》」（法華経における諸法実相、つまり全ての事実のありのまま、真実の姿のこと）巻にはこんな一節があります。

仏道をならふといふは、自己をならふ也。自己をならふといふは、自己をわするるなり。自己をわするるといふは、万法《ばんぽう》に証せらるるなり。万法に証せらるるといふは、自己の身心および他己の身心をして脱落せしむるなり。

（仏道をならうとは、自己をならうことである。自己をならうとは、自己を忘れることである。自己を忘れるとは、よろずのことどもに教えられることである。よろずのことどもに教えられるとは、自己のの身心《しんじん》をも他己《たこ》の身心をも脱ぎ捨てることである。）（『正法眼蔵』「現成公案」）*5

道元にとって仏道とは自分を知ること、自己のあり方を学ぶことでした。「自分を知る」「本来の自分とは何か」……現代人にとっても実に興味のあるテーマです。しかしそこからの道元の言葉が興味深く、思わずハッとさせられます。自己のあり方を学ぶとは、自己を忘れる（否定する）ことだ、と言うのです。就職活動時の自己分析なら、ありのままの自分を肯定した上で、どう自分を活かしていくか、に執心するものですが、それとは全く異なる視点です。「大学生」「手話サークル所属」「人付き合いが苦手」……といった、主観的に認識され、自己の固定的と考えられている属性は、決して永遠不変ではありません（仏教では「無自性《むじしょう》」と言います）。そうした自己を忘れて坐禅に打ち込むことで、自分は万物との相互依存的なつながりの中で存在していること（縁起《えんぎ》）に、我々を取り巻く環境世界によって気付かされるのです*6（道元の悟り、つまり本来の自己＝無相《むそう》の自己とは、仏教の真理で言うところの「空《くう》」でした）。

例えば、一心に筆を握って手紙をしたためているとき、気付けば自己が筆に成りきってしまうこと（己の「主観」が「客観」的な自分というものを意識しない無心・無我、「〜三昧《ざんまい》」の境地）があるでしょう。筆を握っているという自己を忘れた時、筆の中に本来の自己が立ち現れます。すると「自己」と「他己」（自分から見た他者のあり方）の身も心も脱《ぬ》け落ちて、ただ一つの己が立ち現れる……この悟りの回路に立てば、一つの己として他人の苦しみは自分の苦しみとなり、それを取り除き、安楽を与えようと望むようにもなるのです。

いはゆる有時《うじ》は、時《じ》すでにこれ有《う》なり、有はみな時なり……有草有象《うそううしょう》ともに時なり、時時の時に尽有尽界《じんうじんかい》あるなり……山をのぼり河をわたりし時にわれありき。われに時あるべし、われすでにあり、時さるべからず。時もし去来《こらい》の相にあらずば、上山の時は有時の而今《にこん》なり。時もし去来の相を保任《ほうにん》せば、われに有時の而今ある、これ有時あり。

（ここに「ある時」という。それはすでに時があるもの（有）であることを語っている。あるものはすべて時なのである……ある草木も、ある現象も、みな時である。そして、それぞれの時に、すべての存在、すべての世界がこめられているのである……山を登り、河を渡った時に、われがあったのである。そのわれには時があるであろう。そのわれはすでにここに存する。とするならば、その時は去ることはできない。

もしも時に去来《こらい》する作用がなかったならば、山を登った時のある時は「いま」であろう。もしも時が去来する作用を保っているとしても、なおわれにある時の「いま」がある。これが有時《うじ》というものである。）（『正法眼蔵』「有時」）*7

道元の著作は詩的であり、そして実に難解ですが、中世日本における重厚な仏教哲学書の趣きもあって、西洋哲学との比較も行われています。例えばハイデッガー「1889—1976」の大著『存在と時間』における存在論との共通性がよく指摘されます。存在(有)は時であり、その時を成り立たせているものは自己である……と、道元は『正法眼蔵』「有時《うじ》」巻で述べています。*8 文脈は異なりますが、「人間の存在とは時間である」としたハイデッガーとの類似にただただ驚くばかりです。

道元の開いた曹洞宗教団は、*9 太祖と称される瑩山紹瑾《けいざんじょうきん》「1268—1325」（総本山・永平寺4代目）が発展させます。瑩山は北陸で布教を行い、石川県に総持寺《そうじじ》（明治時代に神奈川県に移転しました）を建てました。そして道元の哲学性が薄められ、現世利益を強調する形で下級武士・農民・商人に定着し、現在は日本の仏教宗派で最多の寺院数を誇っています。

信念の人、日蓮

鎌倉新仏教、最後は**日蓮**《にちれん》「1222—1282」です。安房国《あわのくに》に生まれた（「海女《あま》の子」と自称していました）日蓮は天台宗・清澄寺《せいちょうじ》で学び、「一切衆生悉有仏性《いっさいしゅじょうしつうぶっしょう》」（一切の生きとし生けるものが、仏になりうる素質を悉《ことごと》く有している）という平等救済を説いた「**法華経**《ほけきょう》」に入れ込みます。後に比叡山でも11年間学び、31歳で**日蓮宗**（**法華宗**《ほっけしゅう》）を開きます。鎌

日蓮

倉を中心とした辻説法《つじぜっぽう》では激しい他宗批判を展開しました。延暦寺を開いた天台宗の開祖・最澄も法華経を重んじていましたが（最澄が説いた一乗思想については既に触れました）、日蓮は法華経を至上の教えとして絶対視し、仏の真理を**久遠実成《くおんじつじょう》の仏**（釈迦は悟りを開いたとされる時より永遠の昔から悟りを開いており、教えを説き続けている）と解釈しました。そして、法華経の正式名称「妙法蓮華経《みょうほうれんげきょう》」に帰依します、という意味の「**南無妙法蓮華経《なむみょうほうれんげきょう》**」（日蓮はこれを「寝言のように心にもあらず」唱え出したそうです）という**題目**を唱える（**唱題**）、易行《いぎょう》による成仏を説いたのです。

しかし時の執権・北条時頼に『**立正安国論《りっしょうあんこくろん》**』（「正」しい法華経の教えを「立」て、「国」の「安」泰を得る）を献じ、そこで他宗批判を行って国難到来を予見したため、結局伊豆へ流罪《るざい》となります。しかし後に日蓮の予見通り、元（モンゴル）軍が襲来するのです。いわゆる元寇《げんこう》です[*10]。日蓮は文永《ぶんえい》の役《えき》（1274年）の後に再び元軍が攻めてくることを想定した上で、「かの蒙古《もうこ》が攻めてくるならば、国はほろぶとも、正法をそしることは少なくなるであろう」[*11]と述べています。たとえ国が滅んだとしても、法華経の正しい教え（正法）への迫害が少なくなる方がよい……一般的にもたれている国家主義者としての日蓮イメージの誤りに気付かされます。[*12]

つまり過激な他宗批判は、日蓮みずからの信念である法華至上主義の裏返しだったのです。**四箇格言《しかかくげん》**では「**念《ねん》仏無間《ぶつむげん》、禅天魔《ぜんてんま》、真言亡国《しんごんぼうこく》、律国賊《りつこくぞく》**」（念仏宗は無間地獄《むげんじごく》に堕ち、禅宗は天魔の行いであり、真言宗は国を滅ぼし、律宗は国賊である）と断じます。そうして相手の誤りを指摘する戦闘的な布教方法である**折伏《しゃくぶく》**を展開しました。もちろん他宗や幕府による弾圧は続き、片瀬辰ノ口（神奈川県）で斬首されかけた後、佐渡《さど》（新潟県）に流される[*13]という法難に遭いますが、日蓮は**法華経の行者《ぎょうじゃ》**（修行者）としての覚悟をもち、「我日本の柱とならん」と叫んで布教を続けました。晩年は身延山《みのぶさん》久《く》遠寺《おんじ》（山梨県にある日蓮宗の総本山）を開き、療養の途上、東京にある現在の池上本門《いけがみほんもん》寺《じ》で亡くなっています。

最後に特筆しておきたいのは、日蓮宗の近代以降の展開です。実は近代以降の仏教系の新宗教*14の多くが、日蓮宗（法華宗）の流れを汲んでいます。仏教学者の田村芳朗［1921—1989］は、日本の新宗教運動の特色を「おかげ」（信仰のおかげで病気が治った、というような現世利益）、「たたり」（この世の不幸は死霊や祖霊がとりつき、たたりをなした）、「なおし」（生活改善、社会改革の出直し、世直し）の3点に要約した上で、「日蓮思想のうちに……新宗教の特色に適応するものが存するからではなかろうか」と述べています。*15 確かに、死後の極楽往生を願う浄土信仰より、生きている間のご利益を求める日蓮宗は、現代社会において人口に膾炙《かいしゃ》する何かがあるようにも思えます。代表的な所では、1991年に日蓮正宗《にちれんしょうしゅう》と断絶していますが、創価学会《そうかがっかい》（伝統的に折伏による布教を行ってきました）や、霊友会《れいゆうかい》（ライブコンサートの聖地として1970年代に名を轟かせた久保講堂を建てました）から独立した立正佼成会《りっしょうこうせいかい》などが有名です。いずれも戦後の都市部で多くの信者を獲得するに至り、高度経済成長と歩調を合わせるように勢力を拡大しました。創価学会は2018年現在、自由民主党と連立与党を構成する公明党の最大の支持母体になっています。

そのほかに、日蓮信仰の系譜を歴史的に紐解いてみると、室町末期に戦国武将を手こずらせた京都の自営業者・町衆《ちょうしゅう》による信仰もありました。また、明治時代に日蓮思想を国家主義と結びつけた人々もいます。日蓮自身は久遠実成の仏を日本の神より上位に置いていましたが、天皇を国家の中枢に位置づける戦前日本では、久遠実成の仏を天皇の祖先である神（皇祖神《こうそしん》である天照大神《アマテラスオオミカミ》）とみなす発想も生まれてくるのです。田中智学《ちがく》［1861—1939］が設立した在家信者による日蓮宗系の新宗教団体・国柱会《こくちゅうかい》（命名は「我日本の柱とならん」に由来します）は、国体論（天皇を中心とする国家体制）と結びついていました。田中は軍国主義のスローガンだった八紘一宇《はっこういちう》（大東亜《だいとうあ》共栄圏《きょうえいけん》建設時に、8つの方角＝世界を一つの家とする、と謳った）の語を作った人でもあり、それは久遠実成の仏と同一視された天皇を中心とする理想郷を作り上げる発想でした。そうした理想郷を実現させようと試みたのが、満州事変の首謀者だった陸軍の石原莞爾《かんじ》［1889—1949］であり、大正・昭和の詩人・児童文学者であった宮沢賢治［1896—1933］です。満州国とイーハトーブ……思い描く理想郷はそれぞれ異なっていましたが、この2人は、評論家の高山樗牛《ちょぎゅう》［1871―1902］（「日本主義」を唱えました）と共に国柱会の会員だったことが知られています。ちなみに、要人暗殺を企図した右翼テロ事件として知られる1932年の血盟団《けつめいだん》事件の首謀者・井上日召《にっしょう》［1886―1967］や1936年の二・二六事件の理論的指導者となった北一輝《きたいっき》［1883―1937］がそうした日蓮主義の系譜にある人物だったことも特記しておきましょう。このように、近代以降の影響力を鑑《かんが》みても、キリスト教徒の思想家・内村鑑三《かんぞう》［1861―1930］が取り上げたように、日蓮が「代表的日本人」であることは言を俟《ま》ちません。*16

注

＊1　『正法眼蔵随聞記』（水野弥穂子訳、筑摩書房、1992年）。
＊2　鎌倉幕府第５代執権。禅宗に帰依して、南宋から蘭渓道隆《らんけいどうりゅう》を招いて建長寺を建立し、後に兀庵普寧《ごったんふねい》を第二世に迎えた。
＊3　「正法」（仏の正しい教え）を見る「眼」（あらゆるものを照らす智慧《ちえ》）がおさめられている（「蔵」）、の意。
＊4　秋月龍珉『道元入門』（講談社、1970年）。
＊5　増谷文雄全訳注『正法眼蔵（一）』（講談社、2004年）。
＊6　「万法《ばんぽう》に証せらるる」は「環境世界に実証される」とも訳される（道元『正法眼蔵（抄）』（『日本の名著7』玉城康四郎訳、中央公論社、1974年）。
＊7　増谷文雄全訳注『正法眼蔵（一）』（講談社、2004年）。
＊8　道元の時間論については頼住光子『正法眼蔵入門』（KADOKAWA、2014年）第五章「時・自己・存在」に詳しい。
＊9　正しい仏の教えはただ一つであると考えていた道元は、自身の流派を「曹洞宗」と呼ぶことをよしとしなかった。
＊10　1268年に元（蒙古）は日本に対し服属を迫り、鎌倉幕府がそれを拒否したことから、1274年（文永の役）と1281年（弘安の役）の2度にわたって九州に来襲した。しかし2度とも暴風雨により撤兵を余儀なくされた。以後、日本は神の国であるとする神国思想が広まり、暴風雨は神風と称された。
＊11　日蓮『異体同心事』（『日本の名著8』）（紀野一義訳、中央公論社、1983年）。
＊12　法華経の行者を国主らが迫害したから蒙古襲来が起きた、と考えた日蓮は「決して国家主義者ではな」く、「法華経正法主義なのである」（紀野一義『海の思想家　日蓮』）（『日本の名著8』中央公論社、1983年）。
＊13　佐渡流罪の翌年、末法に入って222年にあたる1272年に、主著の一つ『開目抄』を著した。
＊14　主な新宗教については、島田裕巳『日本の10大新宗教』（幻冬舎、2007年）に詳しい。
＊15　田村芳朗『日本仏教史入門』（角川書店、1969年）。

*16　内村鑑三『代表的日本人』（鈴木範久訳、岩波書店、1995年）。

10章　近世日本の思想（1）（朱子学）

「伝統」文化としての「江戸」

もし仮に江戸幕府が15代将軍・徳川慶喜《よしのぶ》［1837―1913］で終わらず、今も続いていたとしたら、2024年現在の徳川宗家の当主は何代将軍にあたるか……、生徒に問いかけると「25代」「30代」などという答えが返ってきます。正解は「19代」です。江戸時代というと旧《ふる》い昔のように思えるからでしょうか、生徒はたいてい意外そうな顔をします。実は江戸時代はさほど大昔の話ではないのです。そして15代・約265年間に及ぶ江戸時代がいかに長かったか、という事実にも気付かされます。

ちなみに日本では高度経済成長期（1955～73年）頃まででしょうか、江戸時代以来の人々の生活を想像できるなにがしかが、人々の意識や建物、日用品などの中に生きていました（戦前／戦後で社会が一変した、という歴史観がありますが、社会が目に見えて大きく変容したのは高度経済成長期だと思います）。現代に至っては、かつての江戸である東京に住む人々にとってすら、江戸時代はさほど身近に感じられるものではなくなり、「伝統」文化として再構成された、画一的で半ば妄想に近い江戸イメージを消費している現状があります。だいいち、もはや行書も判読できず、漢文をすらすら読むことすらできなくなってしまったわけですから、学校教育でカバーし切れないくらいに、「江戸」と「現代」の文化的隔絶は大きいように思います。

ところで、歴史家のエリック・ホブズボウム（Eric Hobsbawm）［1917―2012］は『創られた伝統』*1の中で、「伝統」は近代に入り人工的に創出されたものであることを述べています。そもそも「伝統［tradition］」とは19世紀に、啓蒙的な革新思想の反動により生み出された言葉です。その「伝統」は近代国民国家における国民統合の精神的なイデオロギーとして機能するようになります。東北に住む人も、九州に住む人も、関東に住む人も、古くから歌舞伎に親しみ、茶華道に親しみ、日本古来の神やその子孫である天皇を敬っていた……という空間的・時間的連続性で「日本」や「日本人」を捉えさせるフィクションの一種が「伝統」なのです。実際、歌舞伎に親しんでいたのは大阪や江戸の都市住民だけですし、江戸時代に天皇の存在を認識していた人は一般的にほとんどいませんでした（明治の維新政府によって天皇は将軍に代わり、大日本帝国臣民のアイデンティティの象徴として担ぎ出されます）。付け加えれば、私たちが旧来の「伝統」と捉えている七五三や夫婦同姓は明治時代に定着したものですし、歴史的根拠が確認できない「江戸しぐさ」に至っては1980年代に創出（捏造）された新しい「伝統」です。近世をくぐり抜け、近代に至るまでの歴史や思想を眺めていくと、現代において、日本の「伝統」の名の下に無批判に称揚されている文化が、実はさほどの歴史をもっていないことにも気付かされます。茶道・華道・能・狂言などは室町時代に確立された文化ですし、歌舞伎は江戸時代に発展した芸能です。また、国際的なスポーツに数えられる柔道は明治時代に嘉納《かのう》治五郎《じごろう》［1860―1938］が柔術を応用して創作した武道でした。一方、縄文時代の狩猟・採集生活が日本文化として捉えられることは一般的にないでしょう。明治政府が、近代国民国家創出という新たな時代の幕開けに、何を「伝統」として残し、何を捨て去ったのかという点に着目してみると興味深いです。

官学としての朱子学

ここからは近世《きんせい》・江戸時代の思想を紹介しましょう。武士ですら刀を捨てた者もいたという平和な江戸時代に存在感を発揮したのは、現世道徳としての儒教です。応仁の乱から戦国時代に至る不穏な時代に、死後の極楽往生を願う浄土系仏教が支持されたのとは対照的です。現実社会を生きる道徳として重んじられたのは、儒教の中でも新儒学の一つ、**朱子学**《しゅしがく》でした。そもそも儒教は仏教と同じく飛鳥《あすか》時代に日本に伝来しています。新儒学とは孔子［B.C.551—B.C.479］の死後、千数百年を経て、南宋《なんそう》の時代に復活した朱子学と**陽明学**《ようめいがく》のことです。江戸幕府は陽明学ではなく、朱子学を官学（幕府公認の学問）としましたが、それには理由がありました。その理由とは、身分制度を固定し、戦国時代以来の下剋上《げこくじょう》の風潮を絶つことです。士農工商《しのうこうしょう》という封建的《ほうけんてき》な身分制度[*2]の頂点に立ち、幕藩体制をリードする徳川将軍家にとってみれば、朱子学は大変都合が良かったということです。例えば朱子学における「**大義名分**《たいぎめいぶん》」論は有名です。「大義」とは人として守るべき正義、「名分」とは身分（「名」）に応じて守るべき節度（君臣の名と上下の「分」）のことです。つまり主君は主君の、家臣は家臣の「分《ぶ》（分際《ぶんざい》、分限）」をわきまえて行動せよ、ということです。農民が武士に対して出過ぎたマネをすれば「なにを、百姓の分際で」となるわけです。ちなみに、「大義」は『春秋左氏伝《しゅんじゅうさしでん》』に見られ、「名分」は『荘子』の諸子百家の紹介を行った「第三十三　天下篇」において「春秋《しゅんじゅう》は以て名分《めいぶん》を導く」（『春秋』は君臣父子の名分を明らかにしたものである）[*3]と紹介されていた言葉でしたが、北宋の儒学者・司馬光《しばこう》［1019—1086］が編纂した『資治通鑑《しじつがん》』に取り上げられて、広く知られるようになりました。日本において「大義名分」という四字熟語として通るようになったのは幕末以後のことであるようです。朱子学を理《り》を窮《きわ》める（窮理《きゅうり》）哲学理論としてではなく、個人の修養（居敬《きょけい》）として受容した日本だからこそ、特に強調された言葉だったと言えるでしょう。

日本近世朱子学の祖

日本近世朱子学の祖、とされているのは**藤原惺窩**《ふじわらせいか》［1561—1619］です。公家《くげ》の冷泉家《れいぜいけ》に生まれた惺窩は歌人の

藤原惺窩

藤原定家《ふじわらのさだいえ》［1162―1241］の子孫に当たり、もとは京都《きょうと》五《ご》山《ざん》の一つ、相国寺《しょうこくじ》で禅を学ぶ僧でした。ここも一つのポイントです。日本の朱子学は1199年に伝播した後、五山の禅僧の外典《げてん》（仏教を補完する、仏教経典以外の典籍）として学ばれていました。僧の教養や説法の参考資料として学ばれていたわけです。しかし、惺窩は世俗を否定する出世間《しゅっせけん》的《てき》な仏教に失望し、還俗《げんぞく》*4して儒学者となりました。つまり日本近世朱子学は、惺窩が仏教から独立したことにより誕生したのです。彼を朱子学の道に深く引き入れるきっかけを作った人物もいました。1597年の慶長《けいちょう》の役《えき》（豊臣秀吉［1537―1598］の朝鮮出兵）で日本に強制連行された朝鮮儒者・姜沆《カンハン》［1567―1618］です。多くの人々に慕われた彼の深い学識が惺窩の朱子学への転向をもたらしました。

惺窩は徳川家康［1542―1616］に朱子学の講義を行い、幕府から仕官要請を受けますが、それを固辞し、弟子の**林《はやし》羅山《らざん》**［1583―1657］を推挙します。羅山は初代将軍・徳川家康から4代将軍・徳川家綱《いえつな》［1641―1680］まで将軍の侍講《じこう》（お付きの学者）として仕え、武家諸法度《ぶけしょはっと》の起草にも関わりました。以後、林家は幕府の御用学者となるのです。3代将軍・徳川家光《いえみつ》［1604―1651］から寄進された上野・忍岡《しのぶがおか》の地に作られた家塾は、湯島に移されます（孔子を祀《まつ》る聖廟《せいびょう》は湯島聖堂です）。1790年の寛政異学《かんせいいがく》の禁を受け、学問所は幕府直轄《ちょっかつ》の昌平黌《しょうへいこう》（昌平坂学問所）*5となり、幕臣教育のために朱子学以外の講義は禁じられました。学問所は東京帝国大学（現・東京大学）や東京師範学校（現・筑波大学）、東京女子師範学校（現・お茶の水女子大学）の源流ともなっています。

天は尊く地は卑し。天はたかく地は低し。上下差別あるごとく、人にも又君はたふとく、臣はいやしきぞ。（『春鑑抄《しゅんかんしょう》』）＊6

羅山は「天と地に上下の差別があるがごとく、人間の身分にも上下の差別があるのだ」と説きました（**上下定《じょうげてい》分《ぶん》の理《ことわり》**）。中国の敬天思想には、徳を備えていない天子がいれば天命が革《あらた》まり国王の姓が易《か》わる（易姓革命《えきせいかくめい》）という考えが含まれていましたが、その部分が削られ、上下差別は固定された普遍の理である、と説かれたわけです。君臣・親子・夫婦・兄弟・姉妹・男女……これは普遍の理であるのだから、常に後者が前者を尊び、分をわきまえて生きなさい、というわけです。この理に従うのが「礼」です。この「礼」は「敬」（つつしみ）のことでもあります。「敬」（つつしみ）の気持ちを心に持ち、上下定分の理を体現すれば（**存心持敬**《そんしんじけい》）、本来の自己（本然《ほんぜん》の性《せい》）に立ち返り、天の理と一体化する（**天人合一**《てんじんごういつ》）と説きました。

羅山といえば、京都の南蛮寺に赴き、日本人のイエズス会修道士・不干斎《ふかんさい》ハビアン［1565—1621］と地球説を巡り論争したことでも知られています。儒教に基づいて羅山が方円静動説を唱えたのに対し、ハビアンは地球球体説・地動説を唱えたのでした。ちなみに後々ハビアンは棄教しています。

おすすめできない勉強法

惺窩・羅山と連なる朱子学者の系譜を京学派といいます。そのうち、惺窩の弟子・松永尺五《まつながしゃく(せき)ご》［1592—1657］に学んだのが木下順庵《きのしたじゅんあん》［1621—1698］です。彼の門下（木門《もくもん》派）には新井白石《あらいはくせき》［1657—1725］、雨森芳洲《あめのもりほうしゅう》［1668—1755］、そして8代将軍・徳川吉宗《よしむね》［1684—1751］の侍講を務めた室鳩巣《むろきゅうそう》［1658—1734］がいました。

新井白石は6代将軍・徳川家宣《いえのぶ》［1662―1712］、7代将軍・徳川家継《いえつぐ》［1709―1716］に仕え、朱子学による文《ぶん》治政治《ちせいじ》（学問による政治）を推進した人物です。「鬼」とあだ名されるほど信念が強く、5代・徳川綱吉《つなよし》［1646―1709］の生類憐《しょうるいあわ》れみの令《れい》を廃止したことでも知られています。日本における最も古い自叙伝と目される**『折《お》りたく柴《しば》の記《き》』**は聡明でストイックな彼の人柄にも触れることができ、面白いエピソードも満載です。戦前の修身教科書に掲載された美談もあります。白石は9歳の時、日中三千字、夜に千字を書くのが日課となりましたが、眠くなると二桶の水をかぶって眠気を覚ましたのだそうです。[*7] 腿《もも》に針を刺して眠気を覚ましたという話もあります[*8]が、いずれもあまりおすすめできる勉強法ではありませんね。ところで、白石は歴史学者・言語学者・詩人としても一流でした。とりわけ、神武天皇に始まる神代の歴史を合理主義的精神で疑い、その真実を暴こうとした『古史通《こしつう》』や『古史通或問《こしつうわくもん》』には、現代の歴史学者と同じ目線を感じずにはおれません。フランス文学者の桑原武夫［1904―1988］は「近代思想は、思想界における永遠なるもの、あるいは絶対的なるものに対する否定、ないし少なくともそれへの疑惑の態度をとるところに始まる。そのような意味にとるとき、白石は明らかに近代主義者であった」[*9]と述べています。

「互いに欺《あざむ》かず、争わず」「誠心の交わり」で

雨森芳洲は宗氏《そうし》の治める対馬藩《つしまはん》に仕え、外交官として活躍した人物です。朝鮮語・中国語共に達者だったようです。何しろ初めて日本語と朝鮮語の辞書を作り、朝鮮語の学習書『交隣須知《こうりんすち》』は明治時代にも教科書として用いられました。豊臣秀吉の朝鮮出兵（文禄・慶長の役）で国交が途絶えていた李氏朝鮮《りしちょうせん》と、「**互いに欺かず、争わず**」「**誠心《せいしん》の交わり**」で善隣《ぜんりん》外交に努め、朝鮮通信使にも同行しました。ちなみに朝鮮出兵は朝鮮半島の人々にとって、被害を与えられた侵略戦争として、いまだ話題に上がります。もちろんその侵略の首謀者・豊臣秀吉は敵方の悪

役ということになりますから、とりわけ有名です。私がかつて大阪城（秀吉の根城です）に行った際、韓国からの観光ツアーと鉢合わせしました。その観光客の方の一人が芳名帳の一言欄に、ハングルに交えて「打倒秀吉」と日本語で書いたのを見て、思わず笑ってしまいました。もちろん本気で書いているはずがありません。ユーモアだということが表情や字体を見ていてわかりました。韓国における一般的な秀吉像をうかがい知ることができたのは、貴重な体験でした。

同じ木下順庵門下だった芳洲と白石は、朝鮮通信使受け入れの際に対立しています。白石は国書の宛先である将軍を「日本国王」と変更し、将軍の権威を高めることを望んだのですが、芳洲は天皇の尊厳を冒し、朝鮮を刺激するこの表現を避けるよう反対の意を示しました。自国の文化を知った上で、他国の文化や言語にも精通し、心をこめて誠実に対応する……外交官として、そして国際人としてのあるべき姿が見て取れます。いまだ欺き、争い続けている日韓関係を思うと、芳洲やノーベル平和賞受賞者で日本文化開放に踏み切った金大中《キムデジュン》［１９２５—２００９］韓国元大統領のあり方に学ぶべきものはあるでしょう。

健康本の先駆

京学派の最後は**貝原益軒**《かいばらえきけん》［１６３０—１７１４］です。健康（養生）についての指南書『**養生訓**《ようじょうくん》』が何といっても有名でしょう。「腹八分目《はらはちぶんめ》」という言葉の初出文献です。現代でも人気があるのは「健康になるための10の法則」「長寿の秘訣」といった健康指南書の先駆とみなされているからでしょう。ちなみに健康のためには食欲・色欲・睡眠欲・七情の欲（喜・怒・憂・思・悲・恐・驚［・哀・楽］）を我慢し、口を慎むと良いそうです。しゃべると気力が奪われ、元気を傷つけてしまうというのです。「欲をすてて忍を守る」[*10]という言葉もあります。これは欲望を断ち切って、人間本来の善性（本然《ほんぜん》の性《せい》）に立ち返ろうという朱子学の教えからきたものでしょう。ちなみに日本の演歌でしばしば歌われる「忍」は日本で美徳とされてきたものです。漢字だけを見ると心に刃を載せていて……何だか痛そうですね。さらに、全ての病気は気が病むことからおこるため、気を調整し、怒らず、塞《ふさ》がず、楽しみを失わず、完璧を望まず、心を安らかにして……と精神的な健康にも留意しています。これらは現代にも通用する養生法でしょう。また、むやみに薬を使わず、体の負担を減らして自然治癒に頼るよう述べているのも興味深いです。

伝統的な女性像

益軒は朱子学の合理的精神を受け継ぐ一方、実証的な**本草《ほんぞう》学**（今日の薬物学・植物学）への関心を深め、幕末以後、西洋科学を受け入れる下地を作りました。また、教育書『和俗童子訓《わぞくどうしくん》』は寺子屋教育に影響を与え、そのうち女子教育について記した巻五「女子を教える法」[11]は、男女平等観について述べた箇所をカットする形で江戸中期に『女大学《おんなだいがく》』として何者かにより編集され、[12]儒教精神に基づく男尊女卑的な望ましい女性のあり方を普及させました。そこには、もともと『儀礼《ぎらい》』「喪服伝」にあった内容を引用する形で、女性は「父の家にいては父に従い、夫の家にいっては夫に従い、夫が死んでからは子どもに従う」[13]という「三従の道」が紹介されています。そもそも「老いては子に従え」はこの文脈で説かれた教えでした。江戸時代を通り抜けて、明治から昭和20年代に至るまで、個人ありきではなく家ありき、のいわゆる家《イエ》制度（家父長制《かふちょうせい》）が存続し、家を存続・発展させるための良《りょう》妻賢母《さいけんぼ》としての役割が女性に割り当てられました。[14]嫁《とつ》いだら実の親より夫の親（舅《しゅうと》・姑《しゅうとめ》）を大切にせよ、子を産み育てよ、夫によく仕え、着物を縫い、洗濯物を畳み、食事を作れ……常に家の中にいて、歌舞伎など人の多く集まる場所に遊びに行くな……これらは全て『女大学』に説かれている教えです。戦後日本を占領した米国は、江戸時代から戦前まで引き継がれた、この封建的な儒教道徳を問題視し、「両性の本質的平等」（第24条）が明記された日本国憲法が公布されるに至りました。しかし憲法は変わっても、人々の精神までは変わらなかったようで、「夫の三歩後ろを下がり、しおらしく歩きなさい」ではありませんが、「戦争を知らない子どもたち」であった戦後生まれの私の母親ですら、社会から要請される女性像と自身の願望との間を引き裂かれ、苦しむ姿を目の前で見てきました。もっとも、現代の男性がこんなことを言おうものなら、命がいくつあっても足りないでしょう。そう考えると、現代日本では男女平等の意識も少しずつ浸透し、子育てに参加する男性（イクメン）も見られるようになりました。それでも、配偶者を呼ぶ名称に今もろくなものが存在しない事実は認識すべきでしょう。男性配偶者の呼び名は「旦那《だんな》」・「主人」・「亭主」……と目上のニュアンスをもつものばかりであるのに対し、女性配偶者は「嫁《よめ》」（「家」の「女」、つまり外に出て仕事をするな、という意味合い）・「家内《かない》」（家の内にいろ）・「奥さん」（奥に引っこんでいろ）・「妻」（さしみの「つま」同様「添え物」の意）……と男性上位で女性を目下に見るニュアンスの名称しかありません。「主婦」や「婦人」という言葉における「婦」にしても、「帚《ほうき》の女」、つまり外で仕事などせず、家のお掃除でもしていろ、というわけなのです。この問題はフェミニズムの観点からも当然批判を受けています。

しかし現在も、戦前の儒教（もともとは中国思想です）に基づく教育を日本の「伝統」だと言って憚《はばか》らない日本の保守派には、21世紀になってもこの男女観を称揚し、女性の社会進出、ひいては男女共同参画に反対し続けている人が大勢いるんです。ですから、保守派が掲げる「女性の活躍」を謳《うた》う政策など、次世代の社会保障の財源確保のため、女性が納税者となることを期待されているだけのように思えてなりません。

「日本人が無責任で自分勝手になったのは、女性が社会進出し、子どものしつけが行き届かなくなったからである」「女性は家庭を守り、子どもを産み育てるべきである」……政治家の「女性は産む機械」などといった発言も、まさにこうした『女大学』的価値観に由来するものでしょう。２０１６年には「保育園落ちた日本死ね！！！」[*15]という幾分過激なタイトルの匿名ブログが国会で取り上げられ、保育士の待遇改善、保育園の待機児童解消を求める運動に繋がりました。しかし保守派政治家は正直なところ、根本的にこの問題に取り組むつもりがないのです。保育室の広さや保育士１人当たりの子どもの数を増やす規制緩和で対応しようとしているのがその表れです。

共に働いている私の配偶者は「女に生まれて、これまで損ばっかりだった！」とこれまた幾分か過激な表現で日々憤っています。私の知り合いにも保育園の抽選に落ち、家庭での話し合いの末、女性の配偶者が泣く泣く復職をあきらめた人が沢山います。こうした日本の女性の怒りをもっと社会に反映し、国会に集う「オジサン（オジィサン）」の割合を減らすべきだと私は思っていますが、皆さんはいかがお考えでしょうか。

注

＊1　エリック・ホブズボウム、テレンス・レンジャー編『創られた伝統』（前川啓治・梶原景昭他訳、紀伊國屋書店、1992年）。

＊2　江戸幕府は士農工商およびその下に穢多・非人という身分制度を設けた。さらに武士には将軍以下、大名（親藩《しんぱん》・譜代《ふだい》・外様《とざま》）と直属の家臣（旗本《はたもと》・御家人《ごけにん》）が、農民には村役人（庄屋《しょうや》〔名主《なぬし》、肝煎《きもいり》〕・組頭《くみがしら》〔年寄《としより》〕・百姓代《ひゃくしょうだい》）以下、本百姓《ほんびゃくしょう》と水呑百姓《みずのみびゃくしょう》が、町人には主人以下、奉公人（旦那《だんな》・番頭《ばんとう》・手《て》代《だい》・丁稚《でっち》）が……とピラミッド型の封建秩序が細部にまで行き渡っていた。

＊3　『荘子』（『世界の名著 4』）（森三樹三郎訳、中央公論社、1968年）。

＊4　出家した僧が俗人に還ること。仏教において、君主が支配し、人々が欲望の中で一般の生活を送る場所が「俗世間《ぞくせけん》」であり、仏の戒律が支配し、俗世間を出家して修行生活をする場所が「出世間《しゅっせけん》」である。出家する際は、俗世間の父母や兄弟姉妹との家庭生活を離れることになる。

＊5　「昌平」は魯《ろ》の国にあった孔子の生誕地・昌平郷に由来する。

＊6　林羅山『春鑑抄』（石田一良校注『日本思想体系28』岩波書店、1975年）。

＊7〜8　新井白石『折りたく柴の記』（『日本の名著15』）（桑原武夫訳、中央公論社、1983年）。

＊9　桑原武夫『日本の百科全書家　新井白石』（『日本の名著15』）（中央公論社、1983年）。

＊10　貝原益軒『養生訓』（『日本の名著14』）（松田道雄訳、中央公論社、1969年）。

＊11　貝原益軒『和俗童子訓』（『日本の名著14』）（松田道雄訳、中央公論社、1969年）。

＊12　例えば『女大学宝箱』（『女大学集』）（石川松太郎編、平凡社、1977年）。石川松太郎は、「大学」の名称が付いた理由を、当時「四書」を学ぶ際に『大学』から読み進めたことに由来するのではないかと推測している。

＊13　貝原益軒『和俗童子訓』（『日本の名著14』）（松田道雄訳、中央公論社、1969年）。

＊14　日本における女性の地位は、古代の卑弥呼や中世における源頼朝の妻・北条政子の例もあるように、必ずしも低いものではなかった。しかし、招婿《しょうせい》婚（婿入り婚）から嫁取り婚に推移し、女性の財産の相続権が失われていくに従い、家（イエ）に従属する地位となった（佐藤弘夫編『概説日本思想史』ミネルヴァ書房、2005年）。

*15　http://anond.hatelabo.jp/20160215171759。

11章　近世日本の思想（2）（陽明学、古学派）

「実践」の思想

日本朱子学の次は、日本陽明学《ようめいがく》です。日本陽明学の祖は中江藤樹《なかえとうじゅ》［1608―1648］、親孝行を実践した近江聖人《おうみせいじん》（滋賀県出身）として美化され、戦前の修身教科書ではおなじみの人物でした。『翁問答《おきなもんどう》』などの著書が残され、内村鑑三《かんぞう》［1861―1930］の『代表的日本人』にも取り上げられています。日本陽明学の祖といわれる割に、陽明学に傾倒したのは晩年です。はじめは朱子学を学んでいたのですが、37歳の時に『陽明全書』を手に入れ、41歳で亡くなるまでその思想のとりこになるのです。とはいえ20代の頃に、徳川家康［1543―1616］の命で剃髪して位をもらった林羅山《はやしらざん》［1583―1657］に対し、「俗儒」「朱子のいわゆる能《よ》く言う鸚鵡《おうむ》なり」（『林氏髪を剃り位を受くるの弁』）と辛辣な批判を加えています。南宋で朱子学の批判として登場した陽明学ですが、日本でも同様の立ち位置だったということです。

> 広大無辺の最高の徳であるから、万事万物のうちに孝の道理の備わっていないものはない。
> （『翁問答』）*1

中江藤樹

藤樹は孔子［B．C．551—B．C．479］の説いた徳目のうち、「**孝**」を重視しました。元来「孝」は親孝行の「孝」で、親子愛を指していましたが、藤樹はそれを押し広げ「**愛敬**《あいぎょう》」（あらゆる人間関係を成立させる、人を愛し敬う心）と広く捉えました。すべての人に「懇《ねん》ろに親《ご》し」み（愛）、「上の者を敬い、下の者を軽んじ侮らない」（敬）……これは人間が生まれながらにしてもつ善性・「**良知**《りょうち》」でもあります。この「良知」を「**時**《じ》・**処**《しょ》・**位**《い》」（とき・ところ・身分）、つまりＴＰＯをわきまえて、柔軟に実践せよ、と説いたのです。*3 これこそが、「良知を致《いた》す」（**致良知**《ちりょうち》）ことであり、陽明学で説かれた**知行合一**《ちこうごういつ》（知ることと行うことは同一）でした。これは朱子学の形式主義とは対照的に、「知っていたら行動に移せ」という純粋な行動主義です。

*2

藤樹は伊予国《いよのくに》（愛媛県）の大洲《おおず》藩に仕えていましたが、27歳の時、武士身分を捨てて脱藩して故郷に帰り、私塾「藤樹書院」を開きました。これは、朱子学では主君に対する裏切り行為として許されない行動です。この行動の理由の一つが、母親の孝養のためだったと言われています（この部分だけが美談となって、戦前の修身教科書に掲載されました）。*4 しかしこれも、「知っていたら行動に移せ」という「知行合一」の「実践」だったと考えることはできるでしょう。

藤樹の弟子となった**熊沢蕃山**《くまざわばんざん》［1619—1691］も岡山藩士となり、治山《ちさん》・治水《ちすい》対策などの諸改革を「実践」しました。しかし朱子学を信奉する幕府の批判を受け、追放されています。実をいうと、「実践」という能動的な側面を持つ陽明学は、ある種の危険思想として幕府からは目を付けられていました。封建体制を支える朱子学が幕府の官学となった理由もここにあります。他にも、大坂町奉行所の与力《よりき》だった**大塩平八郎**《おおしおへいはちろう》（**大塩中斎**《ちゅうさい》）［1793—1837］は陽明学を学び、天保《てんぽう》の大飢饉《だいききん》の際、無策な奉行所（大坂東町奉行は時の老中・水野忠邦《ただくに》［1794—1851］の弟でした）や幕府を批判する檄文《げきぶん》を書き、朝廷への忠をもとに蜂起を呼びかけています。これが1837年の大塩平八郎の乱です。洗心洞《せんしんどう》という家塾を開いていた彼は、その蔵書を売って資金を作ったといいます。結局、内部に密告者が出たため失敗に終わりましたが、これも知行合一の「実践」でした。

陽明学を危険思想とみなした江戸幕府ですが、最後はその陽明学により息の根を止められます。幕末、黒船をはじめ欧米諸国が来航し、それに対する無策を批判する下級武士たちが、明治維新というクーデターを起こしました。そのクーデターを思想的にバックアップしていたのが、熊沢蕃山に傾倒していた水戸学[*5]の中心・藤田東湖《とうこ》［1806—1855］や、彼に影響を受けて松下村塾《しょうかそんじゅく》で維新の志士を育てた吉田松陰《しょういん》［1830—1859］らだったのです。

ですから、明治維新も陽明学流の知行合一の「実践」であったと言えなくもありません。ちなみにこの陽明学は、そのクーデターの首謀者によって作られた明治政府の思想としても生き延びます。例えば西郷隆盛［1828—1877］は、征韓論《せいかんろん》に反対されて明治政府を飛び出し、西南戦争を「実践」した首謀者として、後に陽明学の系譜に位置づけられました。とはいえ、西郷自身に陽明学者としての自覚はなかったようですが。

孔孟の原典に立ち返る

さて、今度は陽明学と違う意味で朱子学にアンチを突きつけた**古学派**を紹介しましょう。古学派は、朱子学・陽明学という新儒学は孔子・孟子［B.C.372—B.C.289］の時代から千数百年を経て登場した解釈に過ぎないと断じ、孔孟の原典から本来の思想を明らかにしようと考えました。ちなみに「朱子学派・陽明学派・古学派」と日本の儒教を分類したのは、哲学者の井上哲次郎[*6]［1856—1944］です。古学派はさらに「古学《こがく》」「古義学《こぎがく》」「古文辞学《こぶんじがく》」に分けられます。

『**聖教要録**《せいきょうようろく》』を著し、「**古学**（**聖学**）」を提唱したのは**山鹿素行**《やまがそこう》［1622—1685］です。林羅山の弟子となり、兵学を学んでいましたが、朱子学を批判して赤穂藩《あこうはん》（兵庫県）に預けられます。そこで弟子としたのが大石良雄《よしたか》［1659

山鹿素行

—1703〕、そうです、『仮名手本忠臣蔵《かなでほんちゅうしんぐら》』でおなじみの大石内蔵助《くらのすけ》です。赤穂藩主・浅野長矩《ながのり》（内匠頭《たくみのかみ》）〔1667—1701〕は、江戸城・松の廊下で吉良義央《きらよしなか》（上野介《こうずけのすけ》）〔1641—1703〕に斬りかかったかどで切腹と相成り、赤穂藩はお家断絶の憂き目に遭います。大石ら四十七士《しじゅうしちし》（赤穂浪士《あこうろうし》）は主君の仇を討つべく吉良邸に討ち入りました。朱子学者・**室鳩巣**《むろきゅうそう》〔1658—1734〕はこれを忠臣の義挙として擁護していますが、古文辞学の祖である荻生徂徠《おぎゅうそらい》〔1666—1728〕は秩序を乱したかどで切腹を進言し、後者の意見が取り入れられました。ちなみに、「忠」義を貫いた家「臣」の物語（「蔵」）であるこの「忠臣蔵」は、江戸時代以降、日本の人々を魅了してきた永遠の鉄板ネタです。しかし最近の高校生に聞くと、知らない人がほとんどです。私の祖父は無類の忠臣蔵ファンで、毎年のドラマや映画を飽きもせず見続け、「いつか東京に行ったら、高輪《たかなわ》の泉岳寺《せんがくじ》（四十七士の墓がある）に行ってみたいものだ」と繰り返し話していましたが、結局その夢は叶いませんでした。

> 士には文武の徳治がなければならない……内面においては君臣・朋友・父子・兄弟・夫婦の道をつとめ……外形においては武備がととのうようになれば、三民はおのずから士を師とするようになり、士を尊び、その教えにしたがい、ものごとの順序を知ることができるようになるのである。（『山鹿語類　巻第二十一』士道）*7

山鹿素行が説いたのは新しい武士道である**士道**《しどう》です。平和な江戸時代に身分制度の頂点に立つ武士は、農工商の手本、つまり三民《さんみん》の師表《しひょう》になれ、というのです。武力ではなく、徳の高さで農工商を導く……これは、孔子の徳治主義を引き継いだものでしょう。しかし、この新しい武士道徳は批判を受けます。その急先鋒は鍋島藩（佐賀県）の藩主の側近だった**山本常朝**《つねとも》［1659―1719］です。彼は『**葉隠**《はがくれ》』（言動を筆録したものです）において、幕藩体制の安定期にありながら、「**武士道というは死ぬ事と見付けたり**」*8と言い放ちました。「武士道とは、死ぬことである。生か死かいずれか一つを選ぶとき、まず死をとることである。それ以上の意味はない」……主君に対する忠義とともに、武士として常に死《し》に身《み》（常住死身）かつ死《し》に物狂《ものぐる》い（「死狂ひ」）となり、武士道と一体となることを説いたのです。*9

「人倫日用《じんりんにちよう》の道《みち》」

次は**古義学**の始祖・**伊藤仁斎**《じんさい》［1627―1705］です。京都の商人の子でしたが、四書に親しみ朱子学に傾倒しました。そのうち、現実にそぐわない朱子学の教えに疑問を抱き、儒学本来の思想の立ち返るべく『論語』や『孟子』を熟読します。とりわけ孔子の『論語』に入れ込み、「最上至極《さいじょうしごく》宇宙第一の書」とベタ褒めしました。35歳の時、京都の堀川に孔子・孟子の古く正しい教えに立ち返る（古義）、という意味の「古義堂」という私塾を建てます。古義堂は長男の伊藤東涯《とうがい》［1670―1736］により継がれ、『**童子問**《どうじもん》』や『**語孟字義**《ごもうじぎ》』（『論語』と『孟子』の注釈）などの主著が出版されました。

仁は、徳のうちでも偉大なものである。しかしこれを一語によっていいつくそうとすれば、愛そのものだ……君子は慈愛の心をもっとも大切にし、残忍酷薄の心をいちばんかなしんだ。（『童子問』）*10

仁斎は、自らの号とした孔子の思想「仁」（人間愛）を**仁愛**《じんあい》と表現しました。身近な人への愛情である「仁」は愛そのものであるというのです。その愛が人間関係に表れたものが、孟子が説いた五倫（親義別序信）です。仁愛に至るには、自分を偽らず他者を欺かない**忠信**、純粋な真心をもち他者を思いやる**忠恕**《じょ》を実践し、**誠**《まこと》（四書の一つ、『大学』では「天命の本性」であるとされています）の心に至ることが必要になります。誠は「**真実無偽**《むぎ》**の心**」、偽りのない清らかな小川のせせらぎのような心です。この誠は古代日本人の心情であった清き明き心（清明心）と同一線上にあり、当時の庶民にも理解しやすいものでした。幕末の新撰組《しんせんぐみ》の旗印にも用いられています。

日常的にわかりやすい儒教を説いた仁斎です。儒家の道は**人倫日用の道**（毎日用いる、わかりやすい道徳）であるべきだと考えました。一方、宇宙的な「理」を重視する朱子学は杓子定規《しゃくしじょうぎ》で「**残忍酷薄**《ざんにんこくはく》**の心**」であると厳しく批判しています。万物における不変の「理」を追究する透徹な形而上学・哲学理論であった朱子学は、西洋の合「理」的な科学の導入をスムースにした功績がありますが、それを日常道徳としてそのまま日本に直輸入することは、一部このように受けが悪かったのです。

古文辞学の創始者

最後は**古文辞学**を創始した**荻生徂徠**です。父は5代将軍・徳川綱吉《つなよし》〔1646—1709〕の侍医を務めており、その側用人《そばようにん》として権勢をふるった柳沢吉保《やなぎさわよしやす》〔1659—1714〕に徂徠は仕えました。吉保の引退後は、東京の茅場町《かやばちょう》に蘐《けん》園塾《えんじゅく》（蘐は「かや」のこと）を開いています。

徂徠は、朱子学などは四書五経の後世の解釈であり、誤読されている可能性があると考え、当時の中国語で直接古典を読み解くことを唱えました（「古文辞」とは「古代の文章・言葉」の意です）。しかしこれは中国語のネイティブの人ですら困難な仕事です。これを日本で行おうと考えたのです（徂徠は日本語で孔孟に立ち返ろうとしていた古義学を批判しています）。もちろん読み解く上での間違いもあったはずですが、原典に立ち返り中国語で読み解く徂徠の手法は、国学者が『古事記』『万葉集』などの古典から儒仏伝来以前の日本人の心情を読み解く手法に影響を与えました。

> 孔子が説いた「道」は、「先王《せんのう》の道」である。「先王の道」は、天下を安泰にする「道」である。（『弁道』）*11

「先王」とは周公旦《しゅうこうたん》や堯《ぎょう》、舜《しゅん》といった古代中国の聖人のことです。**先王の道**とは徳を修めた聖人の定めた**礼楽刑政**《れいがくけいせい》（儀礼、儀礼の音楽、刑罰、政治制度）のことです。聖人たちは国家を**安天下**《あんてんか》（安泰）にするべく、礼楽刑政を整えてきました。しかし気質の性を本然の性に復初させることを説く、人格修養メインの朱子学は、そうした理想的統治を天地自然の理であるとし、聖人たちの諸制度制定の苦労をないがしろにしてきました。徂徠は、それでは古代の聖人達の努力が報われないと考えたのです。礼楽刑政は、古義学で重んじられた四書（『論語』『孟子』『大学』『中庸』）よりも古い時代に成立した六経《りっけい》（『易経』『詩経』『書経』『春秋《しゅんじゅう》』『礼記《らいき》』の五経《ごきょう》に『楽経《がっきょう》』を加えたもの）に詳しく記述されていたため、徂徠は後者を重視しました。

徂徠は後に丸山眞男［1914—1996］によって、近代的な思惟様式の萌芽として評価されました。*12「自然界の秩序と人間界の秩序に同じ理が貫かれる」とした朱子学に対して徂徠は「儒教の説く道は先王の人為による道」としたわけです。つまり自然界の理と人間界の理は別物であるとし、「秩序（公）——客観的な政治」と「個人（私）

荻生徂徠

――主観的な道徳」を切り分けたのです。これは近代政治学の祖・マキャベリ〔１４６９―１５２７〕が行った政治と宗教・道徳の分離になぞらえられる「政治の発見」でした。*13 とはいえ徂徠は、赤穂浪士の討ち入りで切腹を進言したことからもわかるように「個人（私）」よりも「秩序（公）」を優先すべきだと考えました。これは現代まで引き継がれる、「公」と「私」をめぐる日本的な上下関係です。また、日本神道の祭政一致の伝統を「先王の道」とした新しい考えが水戸学に受け継がれ、近代天皇制を支えた（徂徠＝国家主義の源流とする）点も指摘されています。*14

徂徠や弟子の**太宰《だざい》春台《しゅんたい》**〔１６８０―１７４７〕は、「**経世済民《けいせいさいみん》**」（世《よ》を経《はか》り、民《たみ》を済《すく》う）について説いています。「経世済民」はもともと中国の『抱朴子《ほうぼくし》』や『文中子《ぶんちゅうし》中説《ちゅうせつ》』に見られる言葉で、日本では「経済」として「エコノミー〔economy〕」の訳語となっています。「経」はタテ糸のこと（ヨコ糸は「緯」、ちなみに「経緯」は物事のタテ糸とヨコ糸、つまり「いきさつ」という意味です）、「済」は救済することです。つまり、「真っ直ぐタテに筋道を通して世を治め、国民生活を安定・向上させる」という意味になります。国家を安天下にするためには必要なことです。ちなみに、英語の「エコノミー〔economy〕」はギリシア語の「オイコスノモス〔oikosnomos〕」（家政〔家計〕術）が語源です。「家をやりくりすること」という意味ですから、日本や世界という大きな家をやりくりして、皆をいかに幸せにするかを考えるのが「エコノミー〔economy〕」だというわけです。「経済」と聞くと「お金儲け」というイメージを抱く人も多く、「経済学」は政治家の政策を数学的に基礎づける現状追認の学に堕してしまっている感のある昨今です。地球上の有限資源をいかに配分し、皆を幸せにするのか、を考えるのが「経済」であるということを、今一度思い出すことも大切だと思います。

注

＊1〜2　中江藤樹『翁問答』（『日本の名著11』）（山本武夫訳、中央公論社、1983年）。

＊3　礼法を重視する中国では、自分なりにTPOをわきまえて判断せよ、という考えは生まれなかった。「時・処・位」は藤樹オリジナルの思想である。

＊4　あかぎれこうやく（膏薬）の話。藤樹がよく効く膏薬を手に入れて、冷たい水仕事であかぎれに悩む母を思い出して帰郷した。すると母は、学業半ばで帰った藤樹を帰したという話。子を思う母と、母を思う子の理想を描いた創作美談だった。

＊5　時代劇「水戸黄門」のモデルとして知られる水戸藩主・徳川光圀《みつくに》が編纂した歴史書『大日本史』の編纂過程から、朱子学に基づき尊王論を唱える水戸学が生まれた。歴代天皇に加えられた神功皇后《じんぐうこうごう》を后妃とみなし、推古天皇を初代女帝としたが、これはその摂政・聖徳太子（仏教を日本に広めた功労者だが、朱子学は仏教を軽視していた）の即位を認めないためのものである。また、壬申の乱で天智天皇の子でありながら天智の弟・大海人皇子に皇位を奪われた大友皇子が名誉挽回していたり（大義名分論に基づき、皇位は親から子へと受け継がれるべき）、後醍醐天皇の南朝を正統とする（源氏の直系である足利氏以来、徳川氏に至るまで武家政権が支持しているのは北朝だった）といった歴史修正も行われた。

＊6　明治の国家主義者として内村鑑三の不敬事件の際にキリスト教批判を行った。

＊7　山鹿素行『山鹿語類（抄）』（『日本の名著12』）（田原嗣郎訳、中央公論社、1971年）。

＊8　山本常朝『葉隠』（相良亨編『日本思想史入門』ぺりかん社、1986年）。

＊9　奈良本辰也・駒敏郎訳『葉隠Ⅰ』（中央公論新社、2006年）。

＊10　伊藤仁斎『童子問』（『日本の名著13』）（貝塚茂樹訳、中央公論社、1972年）。

＊11　荻生徂徠『弁道』（『日本の名著16』）（前野直彬訳、中央公論社、1974年）。

＊12　「社会秩序の起源を聖人の「作為」に求める徂徠の立場は、その聖人のはたらきを、一般の人々の合理的判断では測り知ることのできないものとした限りでは、たしかに非合理的であったけれども、人間が主体的に社会秩序を作為し変革することができるという考え方を導入した点において、社会契約説などに代表される近代的な制度観への道を開いたものとして、やはり画期的であった」（尾藤正英『国家主義の祖型としての徂徠』）（『日本の名著16』中央公論社、1974年）。

＊13　苅部直『丸山眞男―リベラリストの肖像』（岩波書店、2006年）。

＊14　尾藤正英「国家主義の祖型としての徂徠」（『日本の名著16』）（中央公論社、1974年）。

12章　近世日本の思想（３）（国学、神道）

国学の系譜

ここまで触れてきた朱子学・陽明学・古学派が中国思想に偏重していた反動とも言えるのが**国学**です。民族固有の日本人性に着目したナショナリズムとみなすこともできるでしょう。国学者たちは、儒教や仏教が伝わる前の日本文芸の中に日本人の心情が見いだせると考えました。２章で紹介した、古代日本人の心情を『古事記』から読み取るという手法は、まさに国学の方法論そのものです。

真言宗の僧だった**契沖**《けいちゅう》〔１６４０―１７０１〕は、徳川光圀《みつくに》〔１６２８―１７０１〕の命で（水戸学の流れです）『万葉集』の注釈書『**万葉代匠記**《まんようだいしょうき》』を著しました。『万葉集』『古事記』『日本書紀』といった古典を閲覧する中で、正しい仮名遣《かなづか》い（契沖仮名遣）をまとめ、これが明治以降の歴史的仮名遣いの典拠となりました。契沖の影響を受けたのが、京都伏見稲荷《ふしみいなり》の神官を父にもつ**荷田春満**《かだのあずままろ》〔１６６９―１７３６〕です。彼は、古学から学んだ方法論で古来の日本人の考えを明らかにしようとしました。

国学には系譜があります。その荷田春満の弟子だったのが**賀茂真淵**《かものまぶち》〔１６９７―１７６９〕です。儒教の非を論じた『**国意考**《こくいこう》』（国の意《こころ》を考える）や『万葉集』を研究した『**万葉考**《まんようこう》』を著しています。『万葉集』は奈良時代に完成した日本最古の和歌集です。額田王《ぬかたのおおきみ》〔生没年不詳〕、柿本人麻呂《かきのもとのひとまろ》〔６６０―７２４〕、山上憶良《やまのうえのおくら》〔６６０？―７３３？〕、大伴家持《おおとものやかもち》〔７１８？

―785］などが代表的歌人として知られています。そこには天皇から農民、防人《さきもり》に至るまでの約4500首が収められました。真淵によると、『万葉集』には大らかで純粋な**高《たか》く直《なお》き心《こころ》**が見られるといいます。高く直き心は、繊細さには欠けるものの男性的で力強い「**ますらをぶり**（**益荒男振**）」の歌風として表れます。そこには、万葉以降に見られるようになる、女性的で繊細な「**たをやめぶり**（**手弱女振**）」の歌風は見られません。

国学の大成者

国学の大成者とされるのが、真淵の弟子だった**本居宣長《もとおりのりなが》**［1730―1801］です。伊勢《いせ》（三重県）・松坂の商家に生まれ、医学を学んだ人ですが、荻生徂徠［1666―1728］や契沖の影響で国学を志し、真淵の指導を受けるようになります。『源氏物語』の注釈『**源氏物語玉《げんじものがたりたま》の小櫛《おぐし》**』も知られていますが、およそ35年の年月をかけた『古事記』の注釈『**古事記伝**』が何といっても一世一代の労作でした。27歳の時に店で購入した『古事記』を35年間研究し続けた……私もいつか、そこまでの書物との出会いを経験してみたいものです。

本居宣長

この日本国は、畏《おそ》れ多くも皇祖神天照大御神《あまてらすおおみかみ》の出現なされた国であって、万国にすぐれているゆえんは、まずここにいちじるしい……『日本書紀』……に、「神ながらとは、神の道に随い、またそこに、おのずから神の道あるをいう」とあるのを、とくと思うべきである……神代のまにまにおおらかに治めると、自然と神の道は充足し、他に何も求める必要がなくなる……異国は……定まった君主がなく、蝿のように荒ぶる神どもがわが物顔にふるまうので、人心よろしからず、習わしも乱りがわしく、国を乗っ取りさえすれば、下賤な奴でもたちまち君主になりあがることができる……しばらく国をうまく治めて、後世の手本ともした人間のことを、漢土《からくに》では聖人とは呼ぶのである…時代がたつにつれ……漢様《からさま》を慕い、まねることが盛んになってゆき、ついに天下を治める政治のやりかたまで、もっぱら漢様になってしまい……国民の心まで、漢意《からごころ》に移っていった。（『直毘霊《なおびのみたま》』*1）

宣長は、日本神話の中にある神々の、人為を加えぬ大らかで素直なあり方を**惟神《かんながら》の道《みち》**と呼びました。これこそが、国学で探求された日本固有の**古道**《こどう》です。宣長は、中国から朝鮮半島を通じて日本に入って来た儒教・仏教に毒された理屈っぽい**漢意**《からごころ》を捨てて、**真心**《まごころ》に立ち返れ、と説きました。「真心」とは「よくもあしくも、うまれつきたるままの心」*2、儒教のように善だ悪だと分析せず嬉しいことを嬉しいと思う、偽りなく素直で大らかな心のことです。「真心」は「**大和心**《やまとごころ》（**大和魂**）」でもあります。「ヤマトダマシイ」というと、勇ましいイメージを抱く人もいるかもしれませんが、それはこの言葉が、戦前の軍国主義日本において、特攻隊に見られる勇猛な精神へと変容していったからです。宣長は、そうした勇猛な精神というよりは、「敷島《しきしま》の　大和心を人問はば　朝日に匂ふ山桜花」（「敷島」は大和《やまと》国の別称です）と詠んだように、「もののあはれ」（しみじみとした深い情趣）*3を知る心情が「大和心」であると考えました。

物のあわれを知るとは何か。「あはれ」というのはもと、見るもの聞くもの触れることに心の感じて出る嘆息《なげき》の声で、今の世の言葉にも「あゝ」といい「はれ」というのがそれである。たとえば月や花を見て、ああ見事な花だ、はれよい月かなといって感心する。「あはれ」というのは、この「あゝ」と「はれ」との重なったもので、漢文に嗚呼とある文字を「あゝ」と読むのもこれである……「物のあはれ」というのも同じで、物とは言うを物いう、かたるを物語るという時の物、物見、物忌みなどの物であって、ひろく言うさいに添える言葉である。そして何事にしろ感ずべきことに出会って感ずべき心を知って感ずるのを、「物のあはれを知る」というのであり、当然感ずべきことにふれても心動かず、感ずることのないのを「物のあはれを知らず」といい、また心なき人とは称するのである。（『源氏物語玉の小櫛（抄）』）*4

宣長は『源氏物語』を研究する中で、「**もののあはれ**」こそが日本文芸であると気付き、それを知る人を「心ある人」である、として理想視しました。*5「あはれ」は「あぁ」という思わず漏れ出た嘆息の声なんですね。『源氏物語』は現在とは違って、儒教精神の浸透した江戸時代には色好みの書として評価が低かったのですが、本居の再評価はそうした見方が改められる契機にもなりました。ちなみに「もののあはれ」を感じるには女性らしい繊細さが必要になります。宣長は『古今和歌集』を研究する中で、真淵が評価しなかった「たをやめぶり（手弱女振）」を評価してもいます。

ところで私は、小学生の時に音楽の時間に配られた「歌本」を眺めて、作詞・作曲者について調べる、という地味な趣味をもっていた時期があります。童謡の「七つの子」「赤い靴」の作曲者だった本居長世《もとおりながよ》［1885―1945］が宣長から数えて6代目の子孫だとわかった時は驚きました。国学者の子孫が、邦楽と洋楽の間を取り持つ作曲家になり、童謡という新たな音楽ジャンルを切り拓いたことに興味をもったのです。

神道《しんとう》の歩み

ここで日本の神道の歩みについても触れておきましょう。世界宗教地図を眺めると、日本は「仏教」と「神道」の国、と分類されています。現在でも神棚がある家は多いですし、初詣《はつもうで》や神前結婚、七五三、地鎮祭《じちんさい》、全国の祭、そして田楽《でんがく》・神楽《かぐら》・獅子舞《ししまい》などの芸能でもお馴染みです。神道系の新宗教には天理教《てんり》（奈良県天理市は日本唯一といってもよい宗教都市です）や金光《こんこう》教、黒住《くろずみ》教、崇教《すうきょう》真光《まひかり》、生長《せいちょう》の家《いえ》、世界救世《せかいきゅうせい》教、神理《しんり》教、パーフェクト・リバティー（PL教団）などがあります（PL教団は高校野球や、教祖・御木《みき》氏に由来するミキプルーンで有名です）。

そもそも日本において「神」は「信じるとか信じないという〝信仰〟のカテゴリーに属するようなものではなく、「自明の存在」*6でした。日本古代の**古神道**《こしんとう》（**原始神道**）は自然崇拝・祖先崇拝を基盤としたもので、明確な教義はありません。教義も教祖も経典もない神道は西洋の「宗教［religion］」という定義には容易にカテゴライズされないものでした。しかし仏教が伝来したことで、日本古来の古神道の思想が「神道」という形で相対化されることになります（『日本書紀』の用明天皇［?―587?］の巻の中で、仏法と対置されて「神道」の語が初めて登場しました。*7

飛鳥・奈良時代から平安時代にかけて、仏教が伝来・定着していくと、神道は仏教と融合していきます。いわゆる**神仏習合**《しんぶつしゅうごう》（神と仏が「習《かさ》ね合《あ》う」）で、神社には神宮寺《じんぐうじ》（神社に付属する寺）が造られるようになります。当初は「外来の仏が本体で、神はその化身（垂迹《すいじゃく》）である」という形で共存していました。両部神道《りょうぶしんとう》や山王一実神道《さんのういちじつしんとう》で説かれた**本地垂迹説**《ほんじすいじゃく》です。このバランスが逆転するのが、鎌倉時代の蒙古襲来《もうこしゅうらい》、いわゆる元寇《げんこう》*8（文永の役・弘安の役）でした。博多湾を襲った暴風雨により、襲来した元軍は海の藻屑となったとされるのですが、この暴風雨を神風《かみかぜ》と称し、日本は神の国であるとする神国思想がおこります。すると今度は「神こそが本体で、外来の仏はその化身（垂迹）である」とみなされるようになるのです。この**反本地垂迹説**《はんほんじすいじゃくせつ》を説いたのが伊勢《いせ》神道（度会《わたらい》神道や吉田《よしだ》神道［卜部《うらべ》神道］）でした。

「垂加神道」と「復古神道」

江戸時代になると、土佐の南学派の流れを汲む**山崎闇斎**《やまざきあんさい》［1583―1657］*9が神道と儒教（朱子学）を融合させる**垂加神道**《すいかしんとう》*10をおこします。神仏習合を批判し、天照大神《アマテラスオオミカミ》の子孫としての天皇への信仰を朱子学の教えを援用して支え、崎門学派《きもんがくは》を形成しました。闇斎は朱子学の教えのうち**居敬**を重視し、欲望を制御して敬（つつしみ）の気持ちをもつことで正義が実現するという**敬内義外**を説きました。考えてみると、日本古来の神道と中国思想である儒教（朱子学）が融合したのは興味深いのですが、実は古来よりそうした神儒一致思想は存在しました（これを広く普及させたのは林羅山《はやしらざん》［1583―1657］です）。ただ、垂加神道では儒教の易姓革命の理論を認めず、君（天皇）と臣の関係は不変であると考えており、それが国学や水戸学の尊王論に影響を及ぼしました。

江戸時代後期になると、**平田篤胤**《ひらたあつたね》［1776―1843］が儒仏を廃した**復古神道**《ふっこしんとう》を体系化しています。夢の中で本居宣長に弟子入りを許された、という話があり、国学の系譜に位置づけられる人で、儒教・道教・キリスト教などを取り入れて古い伝説を読解した『**霊能真柱**《たまのみはしら》』を著しています。そこでは、「大和心を太く高く固め」るためには「人の死後の霊の行方、落ち着くところを知ることが第一である」[*11]とされ、死後われわれの霊魂は、黄泉国ではなく、この世にあるが目に見えない「幽冥界《ゆうめいかい》」に永遠にとどまり、神となって人々に幸いを与えるという**死後安心論**が説かれました。彼の復古神道は、水戸学と共に幕末の尊王攘夷運動に影響を与え、明治政府の国家管理の国家神道へとつながっていきます。ゆえに、国家主義の片棒を担いだ思想家というイメージが戦後も根強く残ったのは不幸なことでした。[*12]

明治の「国家神道」

そもそも習合という大らかな性格をもつ神道を空虚に国教化した**国家神道**（**神社神道**）は、寺請制度により江戸幕府と結びついていた仏教を排斥する明治政府の強権発動により形成された部分があります。そもそも明治政府は、天照大神の子孫である天皇（現人神《あらひとがみ》）を中心とした祭政一致の古代律令国家を復古（王政復古）する形で近代国家を形成しようとしました。中央に神々の祭祀を司る神祇官《じんぎかん》と行政担当の太政官《だじょうかん》を置き、太政官の下には現代日本にまで引き継がれる行政機関「省《しょう》」を配置しました。長らく武家政権が続いたこともあり、江戸時代までの天皇は既に民衆からは忘れられた存在でした。その天皇を突然引っ張り出してきて、近代国民国家日本の結集点にしようとしたわけですから、その薄弱な支配の正統性を急ピッチで固め、天皇の神格化を急ぐ必要があったわけです。

そこで明治初年、1868年の神仏判然（分離）令により、神儒道仏習合の長い風習をもっていた日本の神社から仏像が強制的に取り除かれます。仏を廃し、釈迦を毀《こわ》す「廃仏毀釈《はいぶつきしゃく》」です。これはアフガニスタンのイスラーム原理主義組織ターリバーンによって、2001年にバーミヤンの大仏が破壊されたのと実はよく似た暴挙でした。何しろあの奈良の興福寺《こうふくじ》五重塔《ごじゅうのとう》ですら売りに出されてしまったほどですから。様々な思想と寛容の神道精神で異文化を混淆《こんこう》させてきた日本古来の伝統を悉《ことごと》く破壊するものだったといっても良いでしょう（併せて1906年以降、全国約8万の神社が統廃合で姿を消しました）。*13

そもそも神道は多神教であったはずですが、天照大神を天皇の祖先（皇祖神）*14とし、天皇を現人神として崇め奉る戦前の国家神道に、私は西洋の一神教のようなニュアンスを感じてしまいます。これは明治以降に天皇家の信仰・皇室祭祀が神道に基づいて行われるようになったことによるものです（それ以前の皇室祭祀は神・儒・道教が習合していました）。*15 そして天皇の祖先とされる神（皇祖神）は天照大神とされ、それ以前に皇祖神としての地位を得ていた八幡神《はちまんしん》は意図的に排除されます（八幡大《だい》「菩薩《ぼさつ》」として神仏習合が進んでいたためです）。そして天照大神を祀《まつ》る伊勢《いせ》神宮*16が全国の神社の本宗《ほんそう》（仏教でいう総本山）とされ、明治天皇［1852―1912］による参拝が始まるのです（それ以前に伊勢に行幸した記録があるのは、はるか昔の持統天皇《じとうてんのう》［645―703］です）。*17 現世を生きる神として天皇に与えられたその特性は、大日本帝国憲法第三条の「天皇《てんのう》ハ神聖《しんせい》ニシテ侵《おか》スヘカラス」によく表れています。

近代社会の政教分離の原則の下、神道は「宗教」ではなく国家の「道徳」と位置づけられ、政治・教育の様々な面で利用されます。とはいえ明治に入り、「religion（宗教）」の概念が輸入され、「宗教」としての形が整えられていきますから、「非宗教的宗教」でもありました。国家神道（神社神道と祭祀を司る皇室神道）は「宗教」ではなく「道徳」である、という建前で政教分離を取り入れ、学校教育からその他の宗教を除去する……これは、なかなか巧妙な国家神道の国教化です。明治に入り中央集権的に体系化された国家神道は、近代的・合理的に創出されたものであり、（ちょっと過激な表現ですが）政府主宰の「カルト新宗教」として捉えた方が、その性質を理解できるのではないかと思います。全国の神社は国家の統制の下で管理されるようになり、国家のために殉難した英霊を祀る目的で招魂社《しょうこんしゃ》（東京招魂社は靖国《やすくに》神社の前身で、地方の招魂社は護国神社です）も作られました。招魂社はまさに神道系の新宗教といってもよいものです。戦後はＧＨＱ（連合国軍総司令部）の神道指令（１９４５年）によって軍国主義と過度に結びついた国家神道が解体され、天皇を現御神《あきつみかみ》とするのは架空の観念であるとする「天皇の人間宣言」が行われました。

21世紀における神道ナショナリズムの復古

とはいえ現在の全国約8万の神社組織を束ねる神社本庁（靖国神社はそこに含まれていません）が政教分離の下で「宗教」として存続し、戦前の神社組織網を継承して戦前復古のための政治的圧力団体として機能してきた点を忘れてはいけません。21世紀に入り、日本でも宗教ナショナリズムの台頭がますます顕在化しています。１９９６年結成の「新しい歴史教科書をつくる会」（戦後民主主義的な歴史教育の立場を「自虐史観《じぎゃくしかん》」とみなす）や１９９７年設立の民間団体「日本会議」といった保守勢力が影響力を増し、政治やメディアを動かす時代になってきました。無視できないのは、全国の神社を束ねる神社本庁や神道系の新宗教団体がそれらの団体を支持している事実です。第三次安倍第二次改造内閣（２０１６年８月成立）の閣僚の中では公明党（仏教・日蓮宗系の創価学会を支持母体とします）の１名を除く全員が神社本庁の関係団体・神道政治連盟に所属し、70％が日本会議に所属している事実は、目を瞑《つむ》るに余りありました。

神社本庁や日本会議の賛同者は、戦後政財官や文化のフィールドで、神道色を巧みに薄める戦略で戦前復古を試みてきました。古くは教科書検定制度の導入（ある種の戦前国定教科書の復古）とそれに反対した歴史家・家永三郎［１９１３―２００２］の教科書裁判への文部省側からの関与がありましたし、政教分離を巡る愛媛県靖国神社玉串訴訟において、愛媛県知事の公金による靖国神社への玉串料支出を合憲であると主張した裁判官もいました。神武天皇の即位日として１８７３年に制定され、戦前の大国家行事となっていた「紀元節《きげんせつ》」（２月11日）を「建国記念の日」（１９６６年に祝日に制定）とする運動や、明治維新から１５０年に当たる２０１８年に「文化の日」（11月３日）を「明治の日」に改定しようとする運動（明治天皇の誕生日であった「明治節《めいじせつ》」がＧＨＱにより、日本国憲法の公布日とされた歴史を改めるためです）もそうした戦前復古の試みです（そもそも「国民の祝日」は戦後、国民の天皇に対する尊崇の念を意識下で忘れさせぬよう、天皇にちなんだ日ばかりが選ばれたのでした）。東京裁判を否定すべく１９７８年にＡ級戦犯が合祀《ごうし》された靖国神社（合祀されると昭和天皇［１９０１―１９８９］は不快感を示し、以後参拝を止めました）に公人（首相や閣僚）が参拝することを推進し、参拝実行が中韓との外交問題に発展していることは周知であるかと思います。21世紀に入ると、安倍晋三《あべしんぞう》［１９５４―　］内閣による２００６年の愛国心条項を加えた教育基本法の改正（戦後民主主義・自虐史観の否定）があり、近年はとうとう本丸の日本国憲法改正（憲法第９条の改正が最終目標です）にまで駒を進めて（戻して？）いるのです（「戦後レジームからの脱却」とは、アメリカ・ＧＨＱによる戦後の民主化を否定する「戦前復古」にほかなりません）。

こうした動向は、戦前復古を許さなかった戦争経験者が次々に鬼籍に入っていることや、冷戦終結後アメリカの相対的地位が低下したこと、グローバリゼーションの反動によるナショナリズムの高揚、テロや北朝鮮の脅威などが原因だと考えられます。近年再び伊勢神宮や出雲大社に注目が集まるなど、神社ブームが訪れているのも興味深い現象です。メディアの保守政権への忖度《そんたく》や煽動ももちろんあるわけですが、戦後の神社アレルギーの呪縛から解き放たれた日本人の素朴な神道回帰であるのか、はたまた戦前復古主義への緩やかな回帰であるのか、意見は分かれているようです。しかしここで、神社や神道という存在が、古来から変わらぬものであるとする思い込みからは自由になるべきだと思われます。神道という日本の「伝統」もまた、近代国民国家の人工的構築物にすぎません。日本最古の神社である奈良県の大神神社《おおみわじんじゃ》には、鎌倉時代まで拝殿も本殿もなく、鳥居のみだったというのですから。*18

注

*1 本居宣長『直毘霊』（『日本の名著21』）（西郷信綱訳、中央公論社、1970年）。

*2 本居宣長『玉勝間《たまかつま》』（『日本思想史入門』）（相良亨編、ぺりかん社、1986年）。

*3 本居が「もののあはれ」という個人的心情を高く評価したことは、近代的な人間性の解放の萌芽としても評価されている。

*4 本居宣長『源氏物語玉の小櫛（抄）』（『日本の名著21』）（西郷信綱訳、中央公論社、1970年）。

*5 「すべて人は、雅の趣をしらでは有るべからず、これをしらざるは、物のあはれをしらず、心なき人なり」（本居宣長『初山踏《ういやまぶみ》』）（相良亨編『日本思想史入門』ぺりかん社、1986年）。

*6 鎌田東二編著『神道用語の基礎知識』（角川書店、1999年）。

*7 「天皇《すめらみこと》、仏法《ほとけのみのり》を信《う》けたまひ神道《かみのみち》を尊《たふと》びたまふ」（『日本書紀巻第二十一』）（『日本書紀（四）』坂本太郎・家永三郎・井上光貞・大野晋校注、岩波書店、1995年）。

*8 「寇」には、「かたき」、「ぬすびと」という意味があり、そもそも「元寇」という言葉自体に負のイメージがある。実はこの語は、「倭寇」に対抗してできた和製漢語で、鎌倉期の記録には「蒙古襲来」とある。「元寇」という語の初出は、江戸期の歴史書『大日本史』あたりで、国学の興隆にともない普及していったのではないかと言われる」（湯浅邦弘編著『概説中国思想史』ミネルヴァ書房、2010年）。

*9 闇斎は4代将軍徳川家綱の老中であった保科《ほしな》正之の師となった。保科正之は会津松平家の祖であり、現在の徳川宗家18代・恒孝はその子孫にあたる。

*10 「垂加」は闇斎の別号「垂加《しでます》」の音読み。垂加神道は度会神道《わたらいしんとう》と江戸時代の吉川神道《よしかわしんとう》の影響を受けている。

*11 平田篤胤『霊能真柱』（『日本の名著24』）（相良亨訳、中央公論社、1972年）。

*12 吉田麻子『平田篤胤　交響する死者・生者・神々』（平凡社、2016年）では新鮮な平田像が描かれた。

*13 「この強硬措置によって、全国各地の由緒ある神社が破壊され、民間神道、習合神道の神事や行法も多く失われた……この廃合によって、各地に伝わる古来の宗教習俗や民俗行事が改廃され衰えていったが、さらに明治四〇年代に行われた内務省による神社祭式の統一は、土地ごとの習俗と結びついた各地の神社の神事に決定的な打撃をあたえた」（村上重良『国家神道』岩波書店、1970年）

＊14　今でも地方の農村の座敷で「天照皇太神」という掛け軸を見かけることがある。

＊15　「中国から伝えられた道教は、陰陽道となって日本化し、定着した。密教と陰陽道は、朝廷の儀礼をはじめ、全国各地の神社の祭祀と行法に、抜きがたい影響を及ぼした」（村上重良『天皇の祭祀』岩波書店、１９７７年）。

＊16　島田裕巳『「日本人の神」入門』（講談社、２０１６年）。

＊17　もちろん伊勢参詣は平安時代以来、民衆に解禁され、近世のお伊勢参りは娯楽として人口に膾炙《かいしゃ》していた。

＊18　島田裕巳『「日本人の神」入門』（講談社、２０１６年）。

13章　近世日本の思想（4）（民衆思想）

商人の哲学

日本の高度経済成長を支えた企業人の物語……バブル崩壊後の日本では、ある種のノスタルジー商品として消費されている感があります。本田技研工業（ホンダ）の本田宗一郎《ほんだそういちろう》［1906―1991］、日清食品の安藤百福《あんどうももふく》［1910―2007］、パナソニックの松下幸之助《まつしたこうのすけ》［1894―1989］……と挙げればキリがありませんが、そうした創業者はある種の経営哲学をもっていました。現代の経営者ももちろん哲学をもっていますが（経営者の哲学と少なからず関わっている社名の由来を調べる作業は面白いです）、昨今あまりにシビアな経済情勢であるせいか、口を揃えて「ターゲットを絞れ」「コストを減らせ」というコンサルティングの発想ばかりが顔を出し、ちょっと面白みに欠けているようにも思えます。そう考えると、明治生まれの創業者の商売哲学は、近江《おうみ》商人の「三方《さんぽう》よし」（売り手よし・買い手よし・世間よし）を始めとした江戸時代の商人倫理を引き継いでいたのか、心に訴えかけるものがあるような気がします。

そうした江戸時代の商人哲学で今もなお参照されるのが**石門心学《せきもんしんがく》**（「石田門下」の「心学」の意）の祖・**石田梅岩《ばいがん》**［1685―1744］です。梅岩は農家に生まれましたが、京都の呉服屋に奉公に出されます。そこで一生懸命働き、勉学に励みました。そして45歳の時に、当時としては珍しく女性も学ぶことができる、聴講自由の私塾を開きます。説いたのは心のあり方を説く独自の心学（「心即理」を説く陽明学における心学とは違います）です。都会人と田舎者のQ＆Aで展開される著書**『都鄙問答《とひもんどう》』**においては、そのわかり易い町人道徳を味わうことができます。

日本のカルヴァン

梅岩は、封建制が社会の隅々にまで行き渡った江戸時代前半にあって、平等思想を説きました。基本的に儒教では商人の営利追求を蔑視します。それゆえ一番お金をもっていたにも関わらず商人は、身分制度では士農工商の一番下に置かれていました。ただこの営利追求の蔑視は、儒教に限った話ではありません。地球上の有限資源を人様より多く奪い取る個人の営利追求の営みは、必ず貧富の差を生み出します。よって近代資本主義がスタートするまで、西洋のキリスト教社会でも善い行いとはみなされませんでした。しかし梅岩は、身分制度は単なる社会的分業にすぎないと喝破しました。職分上、人間は平等なのです。ただし、幕府が整えた身分制度そのものを否定するわけにもいきませんから、**知足安分《ちそくあんぶん》**（足《たる》を知って分に安んぜよ）、つまりそれぞれの職分に満足せよ……と説いたのです。そう考えると、商人が利益を得るのは、武士が俸禄《ほうろく》（給料）をもらうのと何ら変わらない（「**商人の買利《ばいり》は士《し》の禄《ろく》に同じ**」）*1ことになります。こうした営利追求の肯定は、江戸時代の曹洞宗の僧・**鈴木正三《しょうさん》**［1579—1655］*2が先んじて説いていましたが、西洋でいえば「天職から得られる利潤は喜んで受け取ってよい」とした宗教改革者カルヴァン［1509—1564］と同様の発想です。西洋において、このカルヴァン主義（カルヴィニズム）は、利潤追求を至上の目的とする資本主義の船出を後押ししました。

学者——それならば商人の心得はどうしたらよいでしょうか。

答――……買ってもらう人に自分が養われていると考え、相手を大切にして正直にすれば、たいていの場合に買い手の満足が得られます。買い手が満足をするように、身を入れて努力すれば、暮しの心配もなくなるでしょう。そのうえ倹約をして、従来銀一貫めの費用を七百めですませ、従来一貫めあった利益を九百めにしたほうがよい。銀十貫めの品物を売ってその利益が百め少なくなり、九百めだけを取ろうとすれば売りものの値段が高いと非難される心配がありません……そのうえ……反物《たんもの》のわずかな長さの違いを利用して、二重の利益を取ろうとせず、染め物屋の染め違いに道理のあわぬことをせず、倒産した人としめしあわせて謝礼金をうけ、債権者仲間の取り分を盗まず、約束した計算のほかには不正をせず、贅沢をやめ、道具に凝らず、遊興もやめ、普請の道楽もしない。そういうことをすべて控え止《や》めるときは、一貫めのかわりに九百めの利益を得ても、安心して家は維持されるでしょう。（『都鄙問答』）[*3]

営利追求は天理であるとはいえ、梅岩は**正直**《せいちょく》と**倹約**が大切、とたしなめてもいます。買ってもらう人に自分が養われていると考え、相手を大切にして正直にすれば、たいていの場合に買い手の満足が得られる……ずるいやり方で儲けるのではなく、「実《まこと》の商人は**先も立《たち》、我も立つ**」[*4]（「本当の商人は相手方もたちゆき、自分もたちゆくようなことを考える」）[*5]という互助の精神が必要です。また、単にケチになるのではなく、倹約することで人や物を有効活用せよ、と説いたのです。これをして、日本のCSR（企業の社会的責任）のルーツと見ることもできるでしょう。梅岩同様、丁稚奉公《でっちぼうこう》から立身出世した前述の松下幸之助が「素直な心」をもち、「小利口《こりこう》に儲け」てはならず「商売であがった利益は……実質的には社会の共有財産」だと語っていたことと重なり合うものがあります。松下幸之助は成功した後に出版事業などを行うPHP研究所を作り、政治家を育成する松下政経塾も旗揚げしました。後者は多くの国会議員や首相[*6]を輩出しています。

忘れられた思想家

現在、日本史の教科書に必ず登場する**安藤昌益《しょうえき》**［1703—1762］、彼は明治時代に著書**『自然真営道《じねんしんえいどう》』**が見つかるまでは無名の思想家でした。彼の本を古本屋で発見したのは、夏目漱石［1867—1916］の『それから』の登場人物「代助」のモデルとなった哲学者・狩野亨吉《かのうこうきち》［1865—1942］でした。その後、カナダ人外交官エガートン・ハーバート・ノーマン（Egerton Herbert Norman）［1909—1957］（マルクス主義者で、ソ連のスパイを疑われて自殺した人物です）の『忘れられた思想家——安藤昌益のこと——』*7により、戦後多くの人に知られる所となります。

昌益は秋田出身、青森・八戸《はちのへ》の医者でした。彼の『自然真営道』が戦後間もない新生日本で注目されたのは、その農本主義に基づく平等思想にあったはずです。昌益は厳しい東北の自然や飢饉《ききん》の中で、藩に年貢を奪われていく農家の現状を苦々しく思っていました。飢饉といっても飽食の現代ではイメージが湧かないかもしれませんが、娘の人身売買や嬰児殺《えいじごろ》し、果ては人食いも行われたようです。私の配偶者は昌益と同じ秋田県の出身ですが、その一家の先祖の名前は運助《うんすけ》と伝えられているそうです。何でも運助は飢饉の折、食べる口を減らす（口減《くちべ》らし・間引《まび》き）ため、生まれて間もない頃、頭から籠《かご》をかぶせられたそうですが、「運」良く生き延びたというのです。それが運助という名前の由来です。

聖人がこの世に出現し、耕さず何もせずにいながら天道・人道の直耕を盗んでむさぼり食い、私法を立てて税斂《ぜいれん》を責め取り、宮殿・楼閣をかまえ、美味・珍味を食い、綾羅《りょうら》・錦繍《きんしゅう》を身にまとい、美形の官女を集めて遊楽し、無益の奢侈・栄華にふけること言語に絶し、王と民、上と下、五倫四民の法を立て、賞罰の政法を立て、おのれは上にあってこの奢侈をなしたので、下となった民にはこれを羨む気持が生ずるようになった。（『自然真営道（抄）』）*8

そんな農村の凄惨な状況の一方で、武士や知識人のように汗水垂らさず搾取《さくしゅ》する**不耕貪食之徒**《ふこうどんじきのと》もいました。昌益は、彼らがのうのうとしていられるのは礼楽刑政を作為した古代の聖人のせいだ、として法世《ほっせ》（現実社会）を批判しました。もちろん、そのような社会体制を正当化している儒学・仏教・神道といった思想・学問も批判の対象となりました。そして、皆が自給自足の生活をして、平等に農業に従事する**万人直耕**《ばんじんちょっこう》の**自然世**《しぜんせ》を理想視したのです。士農工商の江戸時代に、貧富の差のないユートピアを描く……これは共産主義や無政府主義（アナーキズム）、さらにはエコロジー思想を先取りするアイデアであったとして、現在評価されてもいます。

農は万業の大本《たいほん》

翁はこう言われた。すべて物の根本は必ず卑しいものである。卑しいからといって根元を軽視するのは過ちである……さて諸職業中、また農をもって元とする。なぜならば、自ら作って食い、自ら織って着るという道を勧めるからだ……およそ物を置くのに、最初に置いた物が必ず下になり、後に置いた物が必ず上になる道理であって、すなわち、農民は国の大本であるから賤しいのだ……役人が顕貴であるといって、全国民が役人となったら……必ず立ち行かない……兵士は貴重ではあるが、国民がことごとく兵士になれば、同様に立ち行かない。工は欠くことのできない職業ではあるが、全国民がみな工になるならば、必ず立つことができない。商となるのもまた同じだ。しかるに、農は大本であるから、全国の人民がみな農となっても、さしつかえなく立ち行くことができる。してみれば、農は万業の大本たることは、これで明白だ……その元を厚くし、その本を養えば、その末はおのずから繁栄することは疑いない。（『二宮翁夜話』*9）

「農は万業の大本」と謳った農政家、**二宮尊徳**《にのみやそんとく》（**金次郎**《きんじろう》〔**金治郎**〕）〔1787―1856〕もいました。今でも歴史ある小学校には薪を背負って本を読んでいる金次郎像がありますが、これは金次郎が自助の精神をもち、刻苦勉励して国家に献身する模範として、戦前日本の修身教科書に掲載されていた名残りです。その印象が強いせいか、私はついランドセル姿で本を読んでいる小学生を見ると「二宮金次郎！」と心の中で叫んでしまいます。現在は歩きながら本を読むのは危険であることから、像の撤去も進みました。ところで私の大好きな劇作家の寺山修司〔1935―1983〕は、著書における二宮尊徳との「架空対談」*10でこう言って噛み付いています。「少なくとも、薪を背負って本を読むよりは、薪を下ろして本を読む方が頭に入ります。それに、読書は人生のたのしみであって、義務ではない。そのために、山道の二往復が一往復になったり、サボったといって叱《しか》られても構わないのではありませんか？　山道を歩くときには、本ではなく、山道を〝読む〟べきです。自然は、何よりも偉大な書物だというのが、私の考えです」*11……なかなかいいですね。そういえば、私が尊徳の存在を知ったのは、戦後間もない頃の「一円札」の肖像画です。私の父方の家は、祖父までは代々魚屋で、商売で使っていた古いお金が家に大量に残っていました。特に多く残っていたのは尊徳の「一円札」でした。現在は「一円玉」に取って代わられ、なじみの無い紙幣になってしまいましたが。

人道は、欲を押え、情を制し、勤め勤めて成るものだ……好きな酒をひかえ、安逸を戒め、欲しい美食・美服を押え、分限の内からさらに節約し、余裕を生じ、それを他人に譲り、将来に譲るべきだ。これを人道というのである。

天理と人道とはまったく別のものだから、天理は永遠に変化なく、人道は一日怠ればたちまち廃れる。だから、人道は勤めるのを尊しとし、自然に任せるのを尊ばない。人道の勤めるべきは、己に克つという教えである。

世の中に誠の大道はただ一筋である。

（『二宮翁夜話』*12）


実際の二宮尊徳は小田原藩などで、財政再建や荒れ果てた農村の復興に努めた農政家でした。地方自治体の財政再建が喫緊の課題となった2000年代の日本において、再び注目されたこともありました。*13 尊徳によると、農業は**人道**（人間の働き）が、自然法則としての**天道***14（自然の営み）を克服することで成り立つ、と考えました。人道を全うするためには**分度**《ぶんど》と**推譲**《すいじょう》が大切です。誠の心でもって勤労することで、倹約を心がけ、自分の分限《ぶんげん》（分《ぶ》）をわきまえた生活を行うようになります（分度）。そうして生まれた余剰を人々や自らの将来に譲るのです（推譲）。なぜ譲るか、と言えば自分がいまここにあるのは天地や他者（君・親・祖先など）の広大な徳のお陰だからです。その恩に自らの徳を以《もっ》て報《むく》いることで、精神的にも物質的にも満たされるのです。経済活動は、ややもすると私利私欲に走りがちですが、そこにある種の道徳心をもち込んだのが尊徳の**報徳思想**だったのでした。

二宮尊徳像

西鶴の描く「金持ちになる秘訣」

江戸時代の町人文化についても少々触れておきましょう。まず、**井原西鶴**《いはらさいかく》〔1787―1856〕は大坂などで流行した浮世草子《うきよぞうし》を著した、当時の人気作家・俳人です。「浮世」とは無情な「憂《う》き世《よ》」ならぬウキウキした「浮き世」です。人生を享楽的に楽しもうという現実肯定的な側面がその特徴です。町人ものの『**日本永代蔵**《にっぽんえいたいぐら》』は「金持ちはいかにして金持ちとなったか」、そして「いかにして財産をすったか」……という現代のビジネス自己啓発本のようなテーマです。三井財閥や百貨店・三越《みつこし》のルーツになった三井呉服店（越後屋《えちごや》）の「現銀掛値なし」の新商法も紹介されています。商才があった三井高利《みついたかとし》〔1622―1694〕は、客の屋敷を訪ねてのオーダーメイドで年末のツケ払い（掛売り）が一般的だった呉服業界に、現金での定価店頭販売という革命をおこすのです。既製服だけれど、安いんですね。

「凡人にとって一生の一大事は、この世を生きることなのだから、その職業が士農工商であればもとより、神仏を祀《まつ》る僧・神官であればなおさら、倹約の神のお告げに従って、金銀を貯めねばならぬ」*15……そこには石田梅岩の心学で説かれていた倹約や正直の徳なども描かれていました。また、『日本永代蔵』を読んでいて気になるテーマに二代目の没落があります。一代で築き上げた栄光が、苦労を知らない二代目によって身を持ち崩し、翳《かげ》ってしまう実例が多く見受けられるのです。これは今も昔も、変わらないようですね。

『好色一代男《こうしょくいちだいおとこ》』のような「好色物」も西鶴の得意ジャンルの一つでした。「好色物」はある種のポルノ小説です。このある種危なっかしい作品が、しかつめらしい古典文学全集に収録されているのを見ると、いつも苦笑いしてしまいます。

日本のシェイクスピア

日本を代表する劇作家、**近松門左衛門**《ちかまつもんざえもん》［１６５３―１７２４］を忘れてはいけません。日本のシェイクスピア［１５６４―１６１６］、と言っても過言ではないでしょう。人形浄瑠璃《にんぎょうじょうるり》や歌舞伎《かぶき》の優れた台本を書きました。大坂道頓堀《どうとんぼり》の竹本座《たけもとざ》（竹本義太夫《たけもとぎだゆう》［１６５１―１７１４］が旗揚げしました）で上演された『**曽根崎心中**《そねざきしんじゅう》』*16は、**義理・人情**（情け）という日本の封建社会独特の道徳を描き、現在でも歌舞伎の演目として知られています。タイトルにある「心中」とは、「一家心中」などという言葉もありますが、もとは結ばれ得ぬ男女が合意の下で自殺することを意味しました。*17

醤油屋・平野屋の手代《てだい》だった主人公の徳兵衛《とくべえ》は、徳兵衛の叔父が経営するその店で一生懸命働き、認められます。そこで叔父は、妻の姪《めい》と結婚させ、跡目を継がせようと考えるのです。しかし、徳兵衛には愛し合う仲になった天満屋の遊女・お初がいたのです。社会的体面（義理）を重んじ、叔父の妻の姪と結婚して安定した生活を勝ち取るか、それとも個人的感情（人情）を重んじ、お初と結ばれるか……後者を選べば、仕事を続けられる保証はありません。いよいよ難しい選択です。結局叔父は、徳兵衛の継母に結納金《ゆいのうきん》を握らせて婚約の既成事実を作る、という強硬手段に出ます。しかし結婚にウンとは言えない徳兵衛です。業《ごう》を煮やした叔父はしまいに怒り出し、徳兵衛は勘当《かんどう》、結納金の返済を要求されてしまいます。しかし徳兵衛、何とか継母から結納金を取り返すのですが、それを友人・九平次に貸してしまうのです。案の定、友人は借金を返してくれませんでした。もはやどんずまりの徳兵衛です。お初と曽根崎の森に向かい、どうせこの世で結ばれぬのなら、あの世で一緒になろう……とお初に脇差《わきざし》を突き立て、自らもお初の剃刀《かみそり》で命を絶つのです。この波乱万丈のストーリーが、義理と人情の狭間で苦しむ江戸時代の人々の心を打ったのでした。何しろ心を打ちすぎて、心中ブームが起こり、幕府は心中ものの上演を禁止させたほどでした。義理・人情の狭間で葛藤する徳兵衛の姿は、現代に至るまで日本人の写し絵のような気がしなくもありません（仕事を取るか、家族を取るか……のような）。とはいえ、心中という末路を安易に選ぶことがあってはいけないのですが。

自由な学塾、懐徳堂《かいとくどう》

最後は**懐徳堂**です。懐徳堂は、大坂の商人が出資した（土地は幕府が提供した）町人のための学塾でした。合理的で自由な気風をもっており、数多くの町人学者を輩出し、戦後はその組織が現在の大阪大学に継承されました。**富永仲基**《とみながなかもと》［1715―1746］は仏教の成立史を丹念にたどり、日本に伝わった大乗仏教は本来のブッダ（仏陀）の教えとは異なり、後世に作られたものである、とする**大乗仏教非仏論**を説きました。ここには「新しい思想は古い思想に遡った上で何かを付け加えることで成立する」という**加上**《かじょう》という考え方が見て取れます。実は「古いとされているものほど新しい」ということが見えてくるわけです。

もとより鬼神はないものと決定してはいるけれども、斉明盛服《さいめいせいふく》（物忌みをして心身を清め盛装する）し、誠実《せいじつ》恭敬《きょうけい》を致して祭るときは、上に在ますが如く、左右に在ますが如くである。声なきに聞き、形なきに見る。このようなことを可能ならしめるのは、祭る人の誠敬だけである。誠敬をもって祭ると在ますが如くなるのである。誠敬がなくてこれを祭ると、在ますことはない。その実はついに在まさないのである。（『夢の代』「無鬼　上」）[*18]

もう一人、懐徳堂の山片蟠桃《やまがたばんとう》［1748—1821］も興味深い人物です。孔子［B.C.551—B.C.479］の教えを元にして無鬼論《むきろん》という一種の無神論・唯物論を説き、コペルニクス（コーペルニキュス）［1473—1543］やティコ・ブラーエ（地谷多録梅《チコタロクバイ》）［1546—1601］を紹介しつつ地動説を支持し（「太陽は天地の主である。地球は主ではない」）[19]、需要と供給によって米相場が決定するとも述べています。米相場の上下に関しては「あたかも神があって告げるようである」と書いていますが、これはアダム・スミス［1723—1790］の「（神の）見えざる手」を思わせる指摘です。蟠桃は当時としては相当に進んだ学問的知見を持ち合わせていたのです。

条理とは一一である。分化して反転し、統合して一になる。ここに、反観合一、徴に正しきに依る、という方法が成り立つ。（『玄語（抄）』）[20]

懐徳堂とは関わりがありませんが、富永仲基より8歳若かった三浦梅園《ばいえん》［1723—1789］という希有な自然哲学者もいました。（イギリス）経験論の祖・ベーコン［1561—1626］が人間の感覚・経験に基づく疑わしい4つのイドラを排除し、正しい知識を獲得しようと考えたのと同様、自分が染まってしまっている習慣を疑い、物事の道理を明らかにしようとしました。梅園は、自然には「一即一一、一一即一」という条理《じょうり》が備わっている（「条」は木の枝、「理」はその筋）、とする条理学を説き、その哲学原理『玄語《げんご》』に記しました（「「玄」とは『老子』に由来する概念であり、伝統的に現象の奥にひそむ根源的存在、窮極的な一者をさす概念としてつかわれてきた」）[21]。その条理を捉えるのは、「一」と「一」が合わさって新たな「一」となり、それがまた他の「一」と合わさって「一」となり、このように世界や自然は発展していく……という反観合一《はんかんごういつ》という方法です。これは、矛盾・対立から万物は成立するというヘーゲル〔1770―1831〕の弁証法と同じ発想である点が指摘されています。[*22]

このように彼らの開明的な思想は、明治以降の啓蒙思想を準備する運動となりましたが、残念ながら大きな影響力をもつまでには至りませんでした。[*23]

江戸時代の仏教

江戸時代の思想を見ていくと、全体的には儒学（朱子学）の色が濃く、仏教は存在感を失ったように見えますが、そんなことはありません。むしろ空気のごときものとして、人々の間に存在していました。また、幕府に重用された沢庵宗彭《たくあんそうほう》〔1573―1646〕のような僧もいました。彼は大徳寺の住職だった臨済宗の僧です。生まれながらの将軍・3代徳川家光〔1623―1651〕に仕え、家光に大根の漬物を出して気に入られたことが、「沢庵漬け《たくあんづけ》」の名前の由来であるとも伝えられています。また、江戸前期の黄檗宗《おうばくしゅう》の僧・隠元《いんげん》〔1592―1673〕は明《みん》からの渡来僧で、日本の禅宗界に大きな影響を与えました。彼のもたらした豆は「インゲンマメ」として今も親しまれています。

さらに、江戸幕府はキリスト教禁教の徹底のため、全ての民衆を仏教寺院に登録させるという**寺請《てらうけ》（檀家《だんか》）制度**を整えました。寺は檀家となった一般民衆から布施《ふせ》を受け取り、その見返りとして寺が葬儀や供養《くよう》を一手に引き受けました。現代にも、葬式を寺に依頼するという江戸時代以来の風習が残ってはいるのですが、都市の一極集中や信仰心の希薄化も進み、檀家を減らして経営難に陥っている寺も少なくありません。

唐突ですが、私は数年前に「自分のルーツを知りたい」という欲望に襲われました。祖父が亡くなったり、一人暮らしになった祖母が老人ホームに入ったり……という現実が「ルーツを調べるのは今しかない」と私を突き動かしたのです。祖母も言っていました。先祖のルーツを知ることは大切なことで、ルーツを大切にし、水やりをするからこそ、その木は育つのだ、と。それにしても、自分はいかにしてこの世に生を享けたのでしょうか……武士の生まれであれば、家系図の1つや2つ残っているかもしれません。しかし私の父方の家は、祖父まで代々石川県の金沢で魚屋を営んでいました。江戸時代でいえば魚屋は商人ですから身分は一番下です。確かな家系図も手がかりも残されておらず、見当も付きませんでした。知り得る限りの先祖を書き出し、家系図を作ってみたのですが、3代以上前は全くわかりませんでした。そこで金沢に赴き、存命の祖母からいろいろとエピソードを交えて聞き取りをしました。名前はわかったとしても、その「人となり」は接した人にしかわかり得ません。もちろん個人の主観ですからバイアスがあるにせよ、今後子孫に語り継ぐことができず、歴史に埋もれてしまっては元も子もありません。一人一人聞いていくと、祖母の両親や祖父母の代までは詳しい事実がわかりました。なんと私の祖父の父には先妻がおり、その先妻が病死したため、後妻となった人が祖父を生んだ、という衝撃的な事実も初めて知らされました。もし先妻が病死していなかったら……私もこの世にいなかった、ということになるでしょう。この世に生を享けることの奇跡を思いました。さらに近所にある、檀家になっている寺に、明治以前の戸籍（過去帳）が残っていることも判明しました。近代化の過程で、明治政府は近代国民国家の主人公である個人を特定する必要に迫られ、戸籍によって臣民を一元管理し始めます。しかしそれ以前の江戸時代は、地域の寺が檀家の戸籍を過去帳で管理していたのです。そこでやっと、幕末の1850年代まで家系を遡ることができました。そして、幕末も金沢で魚屋を営んでいたことがわかりました。ちなみに過去帳では生没年のリストに女性の実名はなく、「女」としか表記されていなかった点にも驚きました。家（イエ）を継承する男子しか名前を残さなかった、ということでしょう。とはいえ、幕末以前の情報は全く手掛かりがなく、ルーツ探索はここで打ち止めとなりました。どんなに知ろうとあがいても知ることができない事実がある、という結末は、何だか人間の有限性を突きつけられたような気持ちにもなりました。歴史などというものは、せいぜい3世代継承されれば、良い方なのかもしれません。一方で、こうしたルーツ探索は、知りたくない事実を知ってしまう可能性があることも指摘しておきます。それでも興味がある、という方は是非一度トライしてみてはいかがでしょうか。

注

＊1　石田梅岩『都鄙問答』（岩波書店、1935年）。
＊2　鈴木正三はどんな職業も専心すれば仏行となる、という「職分仏行説」を説いたことでも知られているが、これも勤勉・禁欲的に働いて利潤を得ることが神の栄光を増す手助けとなる、と言ったカルヴァンとよく似ている。代表作は『万民徳用』。
＊3　石田梅岩『都鄙問答』（『日本の名著18』）（加藤周一訳、中央公論社、1984年）。
＊4　石田梅岩『都鄙問答』（岩波書店、1935年）。
＊5　石田梅岩『都鄙問答』（『日本の名著18』）（加藤周一訳、中央公論社、1984年）。
＊6　第95代内閣総理大臣の野田佳彦［1957—　］。
＊7　E・ハーバート・ノーマン『忘れられた思想家——安藤昌益のこと——（上）・（下）』（大窪愿二訳、岩波書店、1950年）。
＊8　安藤昌益『自然真営道（抄）』（『日本の思想19』）（野口武彦訳、中央公論社、1971年）。
＊9　福住正兄《ふくずみまさえ》『二宮翁夜話』（『日本の名著26』）（児玉幸多訳、中央公論社、1970年）。
＊10　尊徳の娘婿・富田高慶《とみたたかよし》の『報徳記』によると、読んでいた本は四書の一つ、『大学』である（富田高慶『報徳記』）（『日本の名著26』善積美恵子訳、中央公論社、1970年）。
＊11　寺山修司『さかさま世界史　英雄伝』（角川書店、1974年）。
＊12　福住正兄『二宮翁夜話』（『日本の名著26』）（児玉幸多訳、中央公論社、1970年）。
＊13　例えば猪瀬直樹『二宮金次郎はなぜ薪を背負っているのか？——人口減少社会の成長戦略』（文藝春秋、2007年）。
＊14　日本では「お天道《てんと》さま」「天道虫《てんとうむし》」など、太陽の意味でも使われていた言葉。天道思想は元来儒教に由来するが、日本では仏教や神道と習合して、超越的・絶対的存在な宗教的概念として形成された（佐藤弘夫編『概説日本思想史』ミネルヴァ書房、2005年）。
＊15　井原西鶴『日本永代蔵』（『井原西鶴集③』）（神保五彌訳、小学館、1996年）。
＊16　近松門左衛門『曾根崎心中』（『近松門左衛門集②』）（鳥越文蔵・山根為雄・長友千代治・大橋正叔・阪口弘之校注・訳、小学館、1998年）。
＊17　現代では三鷹の玉川上水で入水《じゅすい》した太宰治の例などがある。
＊18〜19　山片蟠桃『夢の代（抄）』（『日本の名著23』）（源了圓訳、中央公論社、1971年）。
＊20　三浦梅園『玄語（抄）』（『日本の名著20』）（山田慶児訳、中央公論社、1982年）。
＊21　山田慶児『黒い言葉の空間　三浦梅園の自然哲学』（『日本の名著20』）（中央公論社、1982年）。
＊22　「梅園において條理とは、カント以後に見られるディアレクティークと同じ意味の「反観」の考えの上に成立している自然の法則的理解なのである

……「ほんとうに條理の條理たるところは、反のうちに合一を知ることである」(「條理の訣は反観合一」)と、彼はいっている」(三浦博音『編者の序文』)(『三浦梅園集』三浦博音編、岩波書店、1953年)。

＊23　明治の啓蒙思想との違いは、社会と個人の考え方の違い(「強い自我を基礎として、平等な社会関係をつくるという意識はなかった」こと)と、著作が筆写されたにせよ伝播の範囲がわずかだったことにある(源了圓『徳川思想小史』中央公論社、1973年)。

14章　近世日本の思想（5）（蘭学、和魂洋才、水戸学）

日本人が初めて出会った西洋人

中華文化圏の片隅に位置していた日本が西洋（ヨーロッパ）と出会ったのはいつ頃だったのでしょうか。もちろん西洋の定義にもよりますが、ウラル山脈以西を西洋とみなすこともある現在のロシアに住んでいた人々とは、蝦夷地《えぞち》で交流があったと考えられます。おおよそ正確な時期とともに確認されているのは、ポルトガル人が１５４３年に種子島《たねがしま》に漂着し、火縄《ひなわ》銃（種子島銃）を伝えたという鉄砲伝来でしょう。中国船に同乗していたフランシスコ、キリシタダモッタという名前も確認されています。実演を見せられた藩主・種子島時尭《たねがしまときたか》［１５２８―１５７９］は、見慣れぬ西洋人の背丈や容姿にさぞや驚いたのではないでしょうか。そして１５４９年には、イエズス会宣教師・フランシスコ・ザビエル（Francis Xavier）［１５０６―１５５２］が九州にやってきて、日本にキリスト教を伝えます。西洋では宗教改革によりプロテスタント（新教）が隆盛したため、カトリック（旧教）のまき直し運動（反宗教改革）がおこり、アジア・アフリカで布教が行われました。ザビエルの来日はその一環です。中華（華夷《かい》）秩序を内面化させた日本人は、そうして来航したスペイン人やポルトガル人を南蛮人《なんばんじん》（南の野蛮人）と呼びました。織田信長［１５３４―１５８２］や豊臣秀吉［１５３６―１５９８］は南蛮貿易を行い、天文学・医学・活版《かっぱん》印刷術といった西洋の学問・知識も伝わります。織田信長は弥助《やすけ》［生没年不詳］と呼ばれた黒人奴隷を従えてもいました。信長は望遠鏡や地球儀も持っていたはずです。天下統一を目前にした信長が、地球儀を指さし「この島（日本）のなんとちっぽけなことよ……わしもまだまだじゃ」と言ったかどうかは想像の域を出ませんが。

スペイン・ポルトガル、来航の真の意図

さて、江戸時代に入ると、リーフデ号というオランダ船が豊後国《ぶんごのくに》（大分県）の臼杵《うすき》湾に漂着し、同乗していたウィリアム・アダムズ（William Adams）（三浦按針《みうらあんじん》）［1564―1620］とヤン・ヨーステン（Jan Joosten）（耶揚子《やようす》）［1556?―1623］が徳川家康［1543―1616］の外交顧問となります。水先案内人（「按針《あんじん》」という日本名の由来です）だったウィリアム・アダムズは三浦半島に、ヤン・ヨーステンは東京駅の近くに住まいを与えられました。東京駅には「耶《や》揚子《ようす》」がなまった「八重洲《やえす》」口《ぐち》という出口が今も残っています。彼らこそが、日本をキリスト教国化し、占領せんとするスペイン・ポルトガルの真の意図を、幕府に告げ口した張本人です（プロテスタント国のオランダに日本占領の意図はありませんでした）。そこで江戸幕府はスペイン船・ポルトガル船の来航を禁止し、200年余りに及ぶ鎖国がスタートするのです。長崎の出島《でじま》という海にせり出した人工島（現在は埋め立てが進行し、出島跡は陸地内にあります）ではオランダが、市内の唐人《とうじん》屋敷では中国（明《みん》・清《しん》）が例外的に貿易を許されます（この2国に限らず、琉球・朝鮮・アイヌとの交易は継続されていました）。このような事情から、江戸時代における西洋文化はオランダ経由で伝えられたのです。

蘭学の発展

オランダ（阿蘭陀《おらんだ》）を通じて日本に輸入された西洋の学問を**蘭学**《らんがく》といいます。享保《きょうほう》の改革を指導した8代将軍・

徳川吉宗《よしむね》［1684―1751］は、キリスト教以外の漢訳洋書の輸入制限を緩和しました。それにより、実学としての蘭学が盛んに学ばれるようになります。幕末になるとオランダのみならず、英国・フランス・ドイツからも学問が流入し、**洋学**と総称されるようになりました。

例えば「甘藷《かんしょ》先生」の名でも知られる**青木昆陽**《こんよう》［1698―1769］は有名な蘭学者の一人です。もともとは伊藤仁《じん》斎《さい》［1627―1705］の長男・伊藤東涯《とうがい》［1670―1736］に師事し、古義堂《こぎどう》で学んだ儒学者でしたが、吉宗の命で蘭学を学び始めます。そして享保の飢饉《ききん》の際に、薩摩藩から苗を取り寄せ、関東地方で甘藷（サツマイモ）の栽培を本格的に広めるのです。火山灰土のシラス台地（鹿児島県）のような痩《や》せた土地でも育つサツマイモです。配給米が十分に行き渡らなかった戦時中の日本人も、甘藷先生のお陰で、サツマイモのすいとんを作ってしのぐことができました。

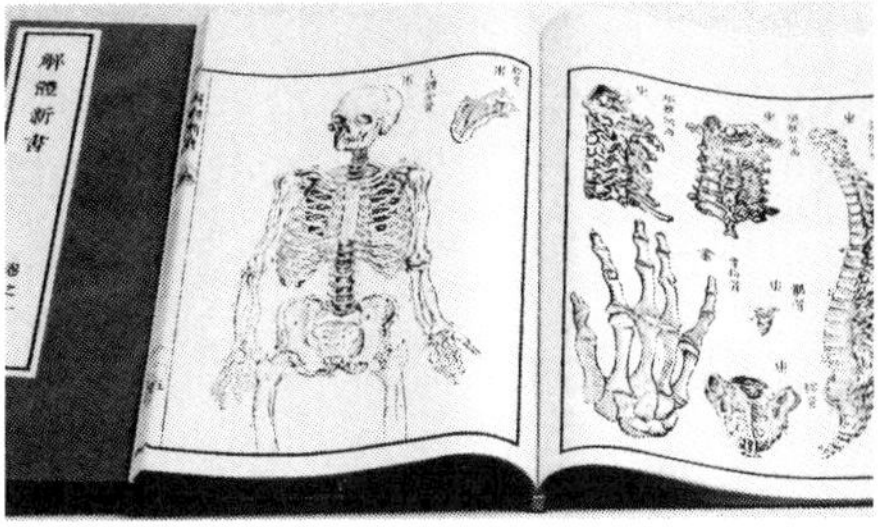
解体新書

青木昆陽の門人だった**前野良沢**《りょうたく》［1723―1803］、そして**杉田玄白**《げんぱく》［1733―1817］の2人は、ドイツの医師ヨハン・アダム・クルムス（Johann Adam Kulmus）［1689―1745］の解剖書の蘭語訳『ターヘル・アナトミア』を『**解体新書**』として翻訳しました。『**蘭学事始**《らんがくことはじめ》』によれば、オランダ語の辞書がない状態から謎解きの様に（「艪舵《ろかじ》なき船の大海に乗り出《い》だせしが如《ごと》く」）*1、翻訳を進めていったことがわかります。例えるなら、突然タガログ語の本を渡されて、「訳してください」と言われたようなものです。鼻のところに「フルヘッヘンド（突き出た）せしもの」、という意味が分からず、別の本の注釈から「堆（ウヅタカシ）」と訳すことを決めた……こんなエピソード*2からも、どれほどの難事業であったかが想像できます。刑場で50歳ばかりの大罪を犯した老婦人の遺体解剖に立ち会って、『ターヘル・アナトミア』の解剖図と違わず驚嘆した、ともあります。ちなみに「神経」「軟骨」などの医学用語はこの翻訳時に生まれた訳語です。それでも結局、前野良沢は訳文の不備を恥じたため、著書に自らの名前を掲載させませんでした。『解体新書』が杉田玄白1人の手柄のようにいわれるのはそういう理由です。ちなみに『解体新書』の見事な挿絵《さしえ》を描いた絵師・小田野直武《おだのなおたけ》［1750—1780］（平賀源内《ひらがげんない》［1728—1780］に洋画を学んでいました）の出身地は秋田県の角館《かくのだて》です。その町で『解体新書』の実物を見たことがあるのですが、思ったより大判の書物だったことや、極めて精緻な挿絵に大変驚かされました。

社会に影響力を与えた蘭学者

> 今天下五大洲中、亜墨利加《あめりか》・亜弗利加《あふりか》・亜《あ》〔烏《う》〕斯太羅利《すたらりー》三洲は既に欧羅巴《よーろっぱ》諸国の有《ゆう》と成《なる》。亜斉亜《あじあ》洲といへども、僅《わずか》に我国・唐山・百爾西亜《ペルシア》の三国のみ。其《その》三国の中、西人と通信せざるものは、唯我邦《ただわがくに》存するのみ。万々恐多《おそれおお》き事なれども、実に杞憂《きゆう》に堪《たえ》ず。（『慎機論《しんきろん》』*3）

幕府批判を展開した蘭学者もいました。田原藩《たはらはん》（愛知県）の家老職を務めた**渡辺崋山**《かざん》［1793—1841］は**『慎機論』**を書き、幕府による英国船・モリソン号（実際は米国船で、マカオで保護された日本人漂流民7名の送還と通商・布教が目的でした）打ち払い（1837年）を批判しました。憤激に基づいて書かれたその内容から、本人も人に見せることはしなかったようですが、蛮社の獄の際に、幕吏《ばくり》により崋山の自宅から発見されます。崋山は、欧米の民主主義や科学（物理学）の素地や教育制度を理解し、才能がなくても生まれによってふんぞり返っていられる儒教を批判するような開明的な考えの持ち主でした。崋山が指摘したように、南アジアで栄えた文明は北方に広がり、中でも欧州諸国は世界の五大洲のうち三洲を有していました。そして、アジアで独立を保つ日本・中国・ペルシアのうち、西洋と通信していないのは日本だけだったのです。しかも中国は満州族の支配下に置かれ、東南アジア諸国は欧州に領有されていました。崋山のそうした国際情勢認識に基づく杞憂は、大いに理解できるでしょう。

> 今彼れ、漂流人を憐み、仁義を名とし、態々送来候ものを、何事も取合不申《とりあいもうさず》、直に打払に相成候はゞ、日本は民を不憐《あわれまざる》不仁の国と存候。（『戊戌夢物語《ぼじゅつゆめものがたり》』）*4

一方、匿名で『**戊戌夢物語**』を著し、幕府の打ち払いの無謀さを指摘したのは**高野長英**《ちょうえい》［1804—1850］です。『戊戌夢物語』は伝写されて、多くの人に読まれたようです。谷文晁《たにぶんちょう》［1763—1841］に認められた画家でもあった崋山は洋画や蘭学に関心をもつ中で、抜群の語学能力をもつ長英と出会います（長英の『戊戌夢物語』に崋山は朱注をつけています）。田原藩に雇われた長英は、古代ギリシアのタレス［B.C.624?—B.C.546?］やピタゴラス［B.C.6C?］から、近代英国の啓蒙思想家・ロック（「ロッケ」）［1632—1704］に至る哲学者を網羅した西洋哲学史を、日本で初めてまとめた人でもありました（『西洋学師ノ説』*5）。目の付け所が鋭いと思うのは、西洋では実験・実測に基づく形而下学《けいじかがく》（「形以下ノ学」）が形而上学《けいじじょうがく》（「形以上ノ学」）の基礎になっていることを見抜いている点です。古代以来の形而上学的な「陰陽四行ノ旧説」を基礎として形而下学を説いていては、「蒙然トシテ分明ナラザル」結果に陥ってしまう、というのです。

崋山と長英の2人は尚歯会《しょうしかい》という「蛮《ばん》」学《がく》「社《しゃ》」中《ちゅう》（南蛮の学問を学ぶグループ）のメンバーでしたが、小笠原諸島への密航を企てたとして捕えられます。結局、1839年に幕府の鎖国政策を批判していたことが発覚し、崋山は切腹、長英は脱獄した後に硝酸《しょうさん》で顔を焼いて逃げ延びるも、最後は捕えられて亡くなりました（蛮社《ばんしゃ》の獄《ごく》）。封建的な儒教を批判して西洋科学を称揚した崋山を敵視し、幕府にその弾圧を命じられた幕臣の鳥居耀蔵《とりいようぞう》［1796—1873］は、林羅山《はやしらざん》［1583—1657］を祖とする林家8代の朱子学者・林述斎《はやしじゅっさい》［1768—1841］の三男でした。

ちなみに、1840年におこったアヘン戦争の衝撃は江戸幕府にとって大きかったことでしょう。何しろ東アジアで長らく覇権を誇っていた中国（清《しん》）が（日本はその中華秩序の片隅に位置していました）英国に屈服し、以後欧米の帝国主義列強はパイの奪い合いをするように中国を分割支配するのですから。幕府は中国と同じ状況になることを恐れ、ひとまず1842年に異国船打払令《いこくせんうちはらいれい》を緩和しました。

鳴滝塾《なるたきじゅく》で高野長英を育て、蘭学発展に尽力したのが、オランダ商館の医師・博物学者だった**フィリップ・フランツ・フォン・シーボルト**（Philipp Franz von Siebold）［1796—1866］です。実はシーボルト、オランダ人ではなくドイツ人でしたが、うまく日本に潜り込んだようです。シーボルトは1828年に禁制の日本地図の写しの持ち出しが発覚し（シーボルト事件）、国外追放の憂き目に遭いました（後に帰国を許されます）。現在日本では大型書店などで日本の地形図を容易に入手できますが、国によって地形図は今も軍事機密として、持ち出しに刑事罰が科せられる場合があります。シーボルトは芸者・お滝《たき》（楠本瀧《くすもとたき》［1807—1869］）を愛しており、アジサイの学名を「お滝さん」にちなんで「ハイドランゲア・オタクサ」と命名してもいます。2人の間に生まれた娘・楠本イネ（オランダおいね）［1827—1903］は日本初の女性産婦人科医となりました。

大坂に蘭学塾「**適塾**《てきじゅく》」を立ち上げた**緒方洪庵**《おがたこうあん》［1810—1863］も著名な蘭学者です。彼の号・適々斎《てきてきさい》を冠したその私塾では、福沢諭吉《ゆきち》［1835—1901］、大村益次郎《ますじろう》［1824—1869］、橋本左内《さない》［1834—1859］といった並み居る後進が育ち、その組織は現在の大阪大学医学部に引き継がれました。

和魂洋才

「技術面では西洋の真似事をしてきた日本人だが、道徳心では西洋に負けないものがある」……今でもこうした物言いを聞くことがありますが、これは「**和魂洋才**《わこんようさい》」（「魂＝精神面」は「日本（和）」、「才＝技術面」は「西洋」）という西洋文化受容のスタイルです。例えば朱子学者として既に紹介した新井白石《はくせき》［1657―1725］は『西洋紀聞《せいようきぶん》』において、「彼方の学のごときは、ただ其形と器とに精《くわ》しき事を、所謂形而下《いわゆるけいじか》なるものゝみを知りて、形而上《けいじじょう》なるものは、いまだあづかり聞かず」*6（「形而下」とは形があり、感覚で捉えられる物質的・技術的なもの、「形而上」とは形がなく、感覚では知りえない精神的なもののことです）と語った「和魂洋才」の先駆でした。『西洋紀聞』はイタリア人のカトリック司祭・ジョヴァンニ・バッティスタ・シドッティ（シドッチ）(Giovanni Battista Sidotti)［1668―1714］を尋問し、そこで得た知識を記した書物です。白石はシドッティの時刻計測やコンパス使用を目にし、南蛮医術の優秀性を認めていました。そうした西洋技術を信頼する一方で、朱子学的な太極説に基づき、キリスト教の創造主デウス（神）による天国・地獄の創設や原罪・贖罪を非合理的であるとし、デウス（神）に絶対随順することが、儒教の我が君・我が父を無視する反倫理的な教えであると考えました。またキリスト教の主張する一夫一婦制が、子孫の安定を妨げ、祖先の祭祀を絶つおそれがある点を指摘してもいます。*7

洋学者の**佐久間**《さくま》 **象山**《しょうざん》［1811―1864］は「夷《い》の術を以《も》って、夷を防ぐより外《ほか》これ無し」として西洋技術の積極的に受け入れることを説きました。そんな彼も『省諐録《せいけんろく》』によれば「東洋の道徳と西洋の芸術（技術）と、この両方についてあますことなく詳しく研究し、これを民衆の生活に役立てて国恩に報ずる」*8とし、東洋の朱子学を重んじてもいました。この「**東洋道徳、西洋芸術**（**技術**）」も典型的な「和魂洋才」です。象山の門下からは坂本竜馬《りょうま》［1836―1867］や勝海舟《かつかいしゅう》［1823―1899］、吉田松陰《しょういん》［1830―1859］といった幕末の重要人物が出ますが、象山は開国論や公武合体論を説き、尊王攘夷派に暗殺されてしまいました。

最後は開国論や公武合体の推進を説き、幕末に影響力をもった儒者・**横井小楠**《しょうなん》［1809―1869］です。新しい日本の姿を構想した彼ですが、甥《おい》の米国渡航に際して送った漢詩の中で「堯舜《ぎょうしゅん》孔子の道を明らかにし　西洋器械の術を尽くさば　何ぞ富国に止まらん　何ぞ強兵に止まらん　大儀を四海に布《し》かんのみ」*9と語っています。堯や舜は孔子［B.C.551―B.C.479］が崇めていた古代の聖人です。単なる「和魂洋才」に留まらず、彼は儒教精神の普遍性を世界に押し広げていく意志があったのです。その意味でも突出した思想家であったということができます。しかし現実は残酷なもので、明治維新を経て明治政府に出仕しましたが、保守派に暗殺されてしまいました。

水戸学の隆盛

明治維新というクーデターを下支えした幕末の儒教道徳についても触れておきましょう。徳川御三家《ごさんけ》の一つ、水戸藩でおこった**水戸学**です。水戸黄門のモデルとして知られる**徳川光圀**《みつくに》［1628―1701］による『**大日本史**《だいにほんし》』の編纂《へんさん》事業が学派成立の発端となりました。日本の正史は天皇の歴史である、といっても過言ではありません。日本における徳を備えた「天子」は、「将軍」ではなく「天皇」である……儒学を下敷きにして考えれば、自然な結論です。武士である「将軍」に代わり、「天皇」を国家の支柱に据え直そう……この**国体論**が水戸学の中で唱えられるのです。「国体《こくたい》（國體）」とは日本の国柄《くにがら》であるところの、万世一系《ばんせいいっけい》の天皇を中心とした「国」家「体」制のことです。国体は戦前戦後の日本では重要な意味合いを持った言葉です。日本は戦争末期、沖縄戦や本土空襲の犠牲があってもなお、米国に原爆を落とされるまで降伏しなかったのは、なぜだったのでしょうか。それは、軍部を中心とした政府が、何が何でも「国体護持《こくたいごじ》」を譲れなかったためです。「国体護持」とは簡単にいえば、天皇制を守ることです。天皇制を守りたいがために、多くの犠牲者を出してしまったということです。昭和天皇［1901―1989］自身による玉音《ぎょくおん》放送（1945年8月15日正午）にも「朕《ちん》ハ茲《ここ》ニ国体ヲ護持シ得テ」とありました。まことに涙ぐましいほどに、天皇制の体面を保とうとして、必死なんですね。「国体護持」がどれだけ重要事だったのかがうかがい知れます。

神国日本は太陽のさしのぼるところであり、万物を生成する元気の始まるところであり、日の神の御子孫たる天皇が世々皇位につきたもうて永久にかわることのない国柄である。（『新論』）*10

水戸学はロシアの脅威を背景とした「内憂外患《ないゆうがいかん》」の情勢の中で、**藤田幽谷《ゆうこく》**［１７７４—１８２６］によって実質的に形作られます（幕府・皇室への尊崇を説きました）。水戸藩9代・徳川斉昭《なりあき》［１８００—１８６０］の時代になると、**会沢正志斎《あいざわせいしさい》**（**会沢安《あいざわやすし》**）［１７８２—１８６３］や幽谷の子・**藤田東湖《とうこ》**［１８０６—１８５５］が国体論を論じ（例えば会沢の『**新論**』）、**尊王攘夷《そんのうじょうい》**（天皇を尊崇し、欧米の夷狄《いてき》を排斥する）が説かれました。彼らは儒教の大義名分論に基づき、士民は大名に、大名は将軍に、そして将軍は天皇に忠誠を誓うべきだと考えました。この思想が国学（平田篤胤《ひらたあつたね》［１７７６—１８４３］の復古神道《ふっこしんとう》など）と並び、明治維新という一大クーデターを支える思想となるのです。東湖の「死しては忠義の鬼となり、極天皇基《きょくてんこうき》を護らん」という言葉は維新志士の支えとなりました。それにしても外国船が次々に来航して開国を迫り、日本を脅かした幕末です。長らくバラバラの「藩」の集合体（幕藩体制）だった「日本」という国が、外国の存在によって相対化され、万世一系《ばんせいいっけい》の天孫が統治する神国、という意識をよりどころとしてまとまり、王政復古《おうせいふっこ》を成し遂げたことは必然だったようにも思えます。

万民が君（天皇）に忠誠を誓う

その水戸学の影響下にあったのが尊王倒幕運動《そんのうとうばくうんどう》（攘夷の不可能性を悟り、天皇を旗印に幕府を倒すことを企図しました）の理論的指導者だった**吉田松陰《しょういん》**です。彼は陽明学の影響も受けていますが（王陽明《おうようめい》［１４７２—１５２９］や大塩平八郎《おおしおへいはちろう》［１７９３—１８３７］の著書に触れています）、水戸学の会沢正志斎からの影響が少なくありません。松陰はペリーの黒船をじかに目撃し、西洋事情を知るために再来航した黒船に同行を直談判までしています。その後、その件を自首して蟄居《ちっきょ》となり（師の佐久間象山も密航を焚き付けたかどで蟄居となります）、その間、長州（山口県）の萩《はぎ》で叔父の作った松下村塾《しょうかそんじゅく》を受け継ぎ、高杉晋作《たかすぎしんさく》〔1839—1867〕、伊藤博文〔1841—1909〕、山県有朋《やまがたありとも》〔1838—1922〕、久坂玄瑞《くさかげんずい》〔1840—1864〕といった維新の志士を輩出しました。彼は藩の枠を超えて、大名・士庶民含めた万民が集結し、君（天皇）に忠誠を誓うという**一君万民論**《いっくんばんみんろん》を主張しました。アヘン戦争以降の対外的脅威の中にあって、一人一人の武士がある種、死の覚悟をもち、天皇を戴《いただ》く国に報いるために立ち上がることを促したのです。結果的には井伊直《いいなお》弼《すけ》〔1815—1860〕による安政の大獄で幕府に捕えられ首を落とされてしまいますが、「草莽掘起《そうもうくっき》」（在野の者が立ち上がる）を実践した明治維新は成功を収め、松陰は美化されるのです。松陰の、「天下は一人の天下」という「君主の地位を君主としての道や職分の履行によって条件づけられたもの」ではなく「血統にもとづく絶対的・永遠的なものとする観念」は、明治時代の天皇制国家に継承されています。[*11] ただ、「一君万民論」はクーデターを煽動する思想でもありますから、結果いかんによっては危険思想の喧伝者とみなされていた可能性もあるでしょう。明治に入り日清・日露戦争で国家主義の風潮が吹き荒れると、「革命家」「真誠の人」としての松陰イメージが「憂国忠君」の「改革者」に変容していった[*12]というのも、時代によっては評価が左右しうる思想家であることを示しています。

ただ、松陰の性善説に基づいて相手を信頼し、自らの理想を情熱的に追い求めた姿は実に人間らしく、日本人の心を打つものがあったのでしょう。孟子〔B.C. 372—B.C. 289〕を引用した松陰の座右の銘「至誠《しせい》にして動かざる者は、未《いま》だ之《こ》れ有らざるなり」（誠の心をもって尽くせば、動かない人はいない）がいまだに日本人に引用されることも理解できます。

注

＊1　杉田玄白『蘭学事始』（緒方富雄校註、岩波書店、1982年）。

＊2　菊池寛の小説『蘭学事始』にも登場するエピソードだが、『蘭学事始』の註によれば、「『フルヘッヘンドせしもの」に相当することばは、『ターヘル・アナトミア』の原文の「鼻」の相当部分にはない」。玄白の記憶が不正確だったのかもしれない（杉田玄白『蘭学事始』緒方富雄校註、岩波書店、1982年）。

＊3　渡辺崋山『慎機論』（『崋山・長英論集』）（佐藤昌介校注、岩波書店、1978年）。

＊4　高野長英『戊戌夢物語』（『崋山・長英論集』）（佐藤昌介校注、岩波書店、1978年）。

＊5　高野長英『西洋学師ノ説』（『崋山・長英論集』）（佐藤昌介校注、岩波書店、1978年）。

＊6〜7　新井白石『新訂　西洋紀聞』（宮崎道生校注、平凡社、1968年）。

＊8　佐久間象山『省諐録』（『日本の名著30』）（松浦玲訳、中央公論社、1970年）。

＊9　横井小楠『佐平太・太平二甥の洋行に際して』（『日本の名著30』）（松浦玲訳、中央公論社、1970年）。

＊10　会沢正志斎『新論』（『日本の名著29』）（橋川文三訳、中央公論社、1974年）。

＊11　松本三之介「思想家としての吉田松陰」（『日本の名著31』）（中央公論社、1973年）。

＊12　吉田松陰は忠君愛国精神の鼓舞者として、国定修身教科書に登場した（田中彰『吉田松陰像の変遷』）（『日本の名著31』中央公論社、1973年）。

15章　福沢諭吉

明治維新

1868年に明治維新が遂行され、江戸幕府による武家支配は15代でその歴史を終えました。明治時代に入ってからも旧幕府軍の抵抗（戊辰戦争《ぼしんせんそう》）は続きましたが、1869年に箱館《はこだて》・五稜郭《ごりょうかく》の闘いで陥落します。明治政府は、武家に代わり、天皇を国家の中心とした新政府でした。「王政復古《おうせいふっこ》」という言葉にその革命の意図が表されていますが、古代の律令国家の政治組織であった太政官制《だじょうかんせい》も復活します。中世・近世を経て、太政官の下に置かれた「省《しょう》」のしくみが復活し、いまだ日本の行政機関の名称として用いられているのは興味深いです。明治維新というクーデターは、江戸時代の封建制の下では出世が見込めなかった下級武士がその担い手でした。しかも、関ヶ原の戦い（1600年）以後に徳川氏の味方となった外様《とざま》の薩摩《さつま》（鹿児島県）・長州《ちょうしゅう》（山口県）・土佐《とさ》（高知県）・肥前《ひぜん》（佐賀県）藩出身の下級武士でした。関ヶ原以前は徳川の敵だった外様大名の「薩長土肥《さっちょうとひ》」ですから、それぞれ九州南部・本州・四国・九州北部の僻地《へきち》（端《はし》っこ）に配置されました（反乱をおこされては困るからです）。そんな彼らは約265年間、徳川氏の下で僻地に飛ばされながらも我慢を続けてきたわけですから、明治維新はその積年の恨みを晴らすものだったともいえるでしょう。

近代化の必要性

明治維新後の日本は、欧米に倣《なら》って近代化を進める必要に迫られます。すでに産業革命や市民革命を経て近代化を終えていた欧米列強がアヘン戦争以来、東アジアに進出して来ていたことへの焦りもあったはずです。文明《ぶんめい》開化《かいか》（福沢諭吉《ゆきち》［1835―1901］の訳語です）で西洋文明が押し寄せ、「富国強兵《ふこくきょうへい》・殖産興業《しょくさんこうぎょう》」のスローガンの下、政府・官僚主導で上からの近代化を推し進めるのです。その良い例が鹿鳴館《ろくめいかん》の舞踏会でしょう。連日、欧州の高官を招いて、似合わないスーツやシルクハットに身を固め、ダンスを踊るのです。少し前までちょん髷《まげ》を結《ゆ》っていた日本人ですから、それはそれは滑稽《こっけい》に見えたことでしょう。それでも、踊り子が足らず、芸者まで動員させられました。フランスの漫画家ジョルジュ・ビゴー（Georges Bigot）［1860―1927］の描いた風刺画[*1]からは、そのうわべの近代化を風刺する西洋人のまなざしが感じられます。しかし、近代化で上滑りする明治日本と、「グローバル人材」育成で上滑りする現代日本は写し絵のようなものです。オランダ語に代わってこれからは英語の時代だ……と英語を熱心に学び始める明治の日本人。これからはグローバル社会で活躍する人材を育てなければいけない、何はなくとも英語を勉強した方が有利だ、と考える現代の日本人……その変わり身の早さには驚かされるとしても、特に検証もなされぬまま国策に右往左往する滑稽さは今も昔も変わりません。近代化に伴う諸問題は現代もなお私たちを翻弄し続けているのです。

鹿鳴館に集う淑女（ビゴー画）

近代とは

そもそも「近代〔modern〕」とはどのような時代か……「近代」以降の私たちにとっての「当たり前」のしくみを簡単におさらいしておきましょう。理性をもった「個人」（デカルト〔1596─1650〕が明晰・判明に疑えないとした「考えるわれ」）が社会の主人公になったのが「近代」です。日本が近代化を果たしたのは明治時代でした。明治時代に入ると、めいめいが名字・名前をもたされて「個人」が特定され、生没年や家族関係を記した戸籍によって国家が「個人」を管理し始めるのです（「誕生日」が重要な意味をもつようになるのも「近代」以降です）。西洋では啓蒙《けいもう》思《し》想《そう》によって、生まれながらに自由・平等であるとされた主体的市民（個人）が市民革命を起こし、「民主主義」という合理的な政治のしくみがスタートします。また「個人」は、理性を使って「科学」的・合理的思考を育むようになりました。そして「産業革命」により工業化が進み、個人が自由競争によって利潤追求する「資本主義」という経済のしくみがスタートします（そのアンチテーゼとして「社会主義」経済も生まれました）。さらに、「領域・主権・国民」という三要素（ドイツの法学者ゲオルグ・イェリネック（Georg Jellinek）〔1851─1911〕が定義しました）を備えた「国民国家（nation state）」（いわゆる、現在私たちが想定するところの「国家」・「国《くに》」）という概念が西洋近代キリスト教文明で生み出され、レディメイドの（つまり既製服のような）一連の普遍システムとして、アジア・アフリカなど様々な地域に移植されていきました。こうした一連の過程が「近代化」です。

米国の政治学者ベネディクト・アンダーソン（Benedict Anderson）〔1936─2015〕は、「国民とはイメージとして心に描かれた想像の政治共同体（イマジンド・ポリティカル・コミュニティ）である」*2と述べました。国家やナショナリズムは既存・自明のものではなく、そう遠くはない近代18世紀末に創出された文化的人造物だったのです。知ることも会うこともない人々が、水平的な深い同志愛によって「国民《ネーション》」として結び付けられ、ある限られた国境内における、主権的な、一つの共同体として「想像」されました。それにより、互いに殺し合い、あるいは国家のために進んで死んでいくことにもなったのです。アンダーソンは「想像の共同体」としての国家創出に、同言語の人々を結びつける出版資本主義が影響した点について触れていますが、そのほかにも普通教育が大きな役割を果たしました。日本でも1872年の学制発布に始まり、1886年の学校令で「義務教育」制度が整えられています。

今でもそうですが、地理（社会科）の授業ではまず初めに日本地図を見せ、領土の範囲を念入りに示した上で、北海道にも沖縄にも、本州、四国、九州にも……同じ日本人が住んでいる、という空間的連続性を学ばせるんです。さらに歴史（社会科）の授業では、旧石器・縄文時代から現代に至るまで、「日本」という国は確固たるものとして存在し続けている……という時間的連続性を前提に学ばせます。こうしたある種の刷《す》り込みは、近代教育における「隠れたカリキュラム（ヒドゥン・カリキュラム）」です。[*3] 公共放送であるNHKでは、タレントが町の商店街をインタビューしたりといった、全国の人々の何気ない暮らしを紹介する番組がしばしば放送されますが、これなども多様な暮らしを営む全ての人々を「日本人」としてまとめ上げ、一体感を醸成する装置となっているわけです。さらに、強い国とは戦争に勝てる国のことですから、戦場で一斉指示を出せるよう、近代国家は「標準語」を整備します（学校の国語の授業がその学びの中心となりました）。そしてもちろん義務教育には、均一な知識を伝授して規律訓練させた労働者を社会に安定的に送り込み（動員し）、合理的に国を富ませる意図もありました。「近代」と「現代」はどちらも英語で「モダン［modern］」です。「現代」日本も「民主主義」「資本主義」「科学」そして「義務教育」制度で動いていることから考えると、私たちはいまだに、「近代」以降の「モダン」のしくみを使って日々生活していることがわかります。

日本の啓蒙思想家

明治政府による上からの近代化を支えた思想家に**福沢諭吉**がいます。かつての一万円札でおなじみの人物ですが、2004年に紙幣の肖像画が夏目漱石《なつめそうせき》［1867—1916］から野口英世《ひでよ》［1876—1928］に（千円札）、新渡戸稲造《にとべいなぞう》［1862—1933］から樋口一葉《ひぐちいちよう》［1872—1896］に（五千円札）変更された際、福沢だけは据え置きとなりました。当時首相だった小泉純一郎［1942—　］が福沢設立の慶応義塾大学出身だったことも据え置きの理由と噂されました。でも、一万円札の肖像画として残ったということは、良くも悪くも現代日本は「福沢諭吉イズム」で動いている、という意味合いにも受け取れました。ちなみに樋口一葉の起用は失礼ながら、男性中心だった紙幣の肖像画に女性を登場させる、という以上の積極的意味はないかもしれません。そして彼女の思想に極端な偏りがないことも起用の理由でしょう。また、多文化主義の流れの中で沖縄の守礼門《しゅれいもん》を登場させた二千円札（2000年〜）がほぼ流通しなかった実情も、邪推すれば政府の沖縄軽視のまなざしと通底するものに思えます。

福沢は啓蒙思想家でした。「啓蒙《けいもう》」とは「無知蒙昧《むちもうまい》な人々を理性の光で啓《ひら》く」という意味です。「農民である自分は、お武家様とは生まれが違う」と信じて疑わない無知な人々に「違いますよ、生まれながらにして人間は自由であり、平等なんですよ」と啓蒙し、「そうだったのか！」と気付かせる……これが「啓蒙」です。福沢は明治六年設立の**明六社**《めいろくしゃ》＊4という啓蒙思想団体の設立に加わりました。

福沢諭吉

福沢は豊前国《ぶぜんのくに》（大分県）中津藩《なかつはん》の下級武士の家に生まれました。父親は才覚のある人だったようですが、生まれがモノを言う封建社会では残念ながら出世できませんでした。それをよほど恨みに思っていたのでしょう、福沢は

「**門閥《もんばつ》制度《せいど》は親の敵《かたき》で御座《ござ》る**」*5と『福翁自伝《ふくおうじでん》』で言っています（「門閥」とは特定の門地《もんち》＝家柄の者からなる派閥のことです）。緒方洪庵《おがたこうあん》［１８１０―１８６３］の適塾《てきじゅく》で学び、１８６０年に勝海舟《かつかいしゅう》［１８２３―１８９９］と共に咸臨丸《かんりんまる》で渡米します。福沢25歳の時です。あのジョン万次郎《まんじろう》(John Manjirō)(中濱萬次郎《なかはままんじろう》)［１８２７―１８９８］*6も通訳として同乗していました。ゴールドラッシュで人口の増えたサンフランシスコでは、大きな建物やナイフとフォーク、女尊男卑の風習など風俗の違いにもカルチャーショックを受けたことでしょう。初代大統領のワシントンの子孫について誰も知らなかった……という『福翁自伝』のエピソードは、ワシントンにはそもそも子はいなかった、という事実を差し置いても、門閥に囚《とら》われない自由・平等の国アメリカを印象づけた出来事だったのではないでしょうか。福沢はウェブスターの英英辞典を買って帰途につき、帰りの船ではアメリカ人少女と撮ったツーショット写真を自慢します。近代の日本人男性の心理は現代のそれ（金髪の白人女性と仲良くしたがる）とあまり大差がありません。

「天は人の上に人を造らず、人の下に人を造らず」

福沢は家柄がモノを言う門閥制度を打破するためには、人権は天から与えられたとする「**天賦人権《てんぷじんけん》**」意識を広める必要があると考えました。『**学問のすゝめ**』初編の冒頭にある「「**天は人の上に人を造らず人の下に人を造らず**」と云《い》えり」*7という言葉は有名です。西洋で言う所の「神」のニュアンスを、中国思想の「天」と翻訳して表現したのが興味深いです。これは「云《い》えり」（言われています）と書かれている通り、福沢のオリジナル思想ではなく、アメリカ独立宣言（１７７６年）の「All men are created equal,…（すべての人は平等に造られ…）」を日本風に意訳したものです。この『学問のすゝめ』は１８７２年に出版されると、17分冊で計３４０万部のベストセラーになりました。幕末の日本の人口が約３３００万人ですから、ほぼ10人に１人が手に取った計算になります。手元に初編の復刻版*8がありますが、薄っぺらい32ページの本で、初編のみ福沢諭吉と小幡篤次郎《おばたあつじろう》［１８４２―１９０５］の共著という体裁を取っています。儒教精神に基づく封建思想しかもち合わせていなかった江戸の無知蒙昧な庶民を理性の光で啓くという、まさに「啓蒙」書であったわけです。ただ実は、「平等」という観念を日本人がこの時初めて知ったというわけではありません。日本は仏教に内在する「平等」思想（一切の生きとし生けるものは仏になりうる素質を悉《ことごと》く有している、という「一切衆生悉有仏性《いっさいしゅじょうしつうぶっしょう》」）を既に受け入れていたからです（そもそも「平等」は仏教用語でした）。

『学問のすゝめ』の影響力はそれだけに及びません。日本を学歴社会にした元凶でもあります。人間の生まれに貴賤《きせん》上下の差別はない、とした上で、学問を修めるか否《いな》かが賢人と愚人を分けるのだ、と言いました。また、学問に勤しんだ者は貴人・富人となり、無学な者は貧人・下人《げにん》となる、とも言っています。家を建てる鳶職《とびしょく》と六本木ヒルズのＩＴ企業で働くビジネスマンでは、後者がより貴《とうと》く、お金をもっている、という偏見が今なお存在するとしたら、これは福沢の価値観が定着したことによるものと言えるかもしれません。福沢は肉体労働（「手足を用うる力役《りきえき》」）を「やすき仕事」と表現してもいます。それに対して、「医者、学者、政府の役人……大いなる商売をする町人、あまたの奉公人を召し使う大百姓」*9は貴き者なんだそうです。これもまた聞き捨てならないな、と思ってしまいます。職業に貴賤なし、ではなかったのでしょうか。

　教育現場にいると、校長先生の講話を聞く機会が多くあります。その話のネタとして長年の定番になっているのは儒教のバイブル『論語』でしょう。「『論語』によると……」と話すだけで、何か意味深い話をしているような雰囲気になるからです。もっとも福沢は古い道に心を捧げ、人間社会を停滞させた儒教を厳しく断罪していましたが。一方、『学問のすゝめ』も講話では大人気です。個人主義・実力主義・功利主義を説いた福沢の著書はグローバル経済を生き抜く現代的な知恵が詰まっているとみなされているのでしょう。教育現場に新自由主義的な競争原理が持ち込まれた２０００年代、公立学校では民間人校長という施策が流行しました。民間企業の出世街道をわずかに外れた中間管理職を公募で募り、公立学校の校長として送り込んで、競争原理の働いていない教員の世界を活性化させよう、というシナリオです。これはノウハウを知らない八百屋に不動産屋をやらせるような乱暴な施策だったと今にして思います。そんなある民間出身の校長先生が、『学問のすゝめ』を引き合いに出し、「学問を修めないと単純労働者に成り下がってしまいますよ」と朝礼で生徒に話していたことは忘れられません。これも今に生きる福沢諭吉イズムの一つでしょう。

実学を重視する

人と人との……同等とは有様の等しきを云うにあらず、権理通義の等しきを云うなり……その権理通義とは、人々その命を重んじ、その身代所持の物を守り、その面目名誉を大切にするの大義なり。（『学問のすゝめ』二編）*10

いずれにしても福沢は、天から賦与《ふよ》された人権、つまり「権利」を互いに尊重するのが人としての正しい道だと考えました。福沢は「権利［right］」を「**権理通義**《けんりつうぎ》」と訳しています（「権」は「主張する資格」、「理」は「普遍の理（ことわり）」、「通義」は「世間一般に通用する正しさ」のことです）。「権利」は「利権」と言い直せばわかるように、「自らを利する」というニュアンスがあり、適当とは言い難い翻訳です（誤訳といってもいいかもしれません）。「権利を主張する人は自分勝手である」……という物言いは、言う人も言われる人も、誤訳によって「right」の真意を勘違いしていることに由来するのです。「right」に含まれている「道義的に正しい普遍的真理」というニュアンスを活かすには福沢の「権理通義」は名訳だと思われます。ちなみに英語の「right」には「正しい」「右」という意味もあります。これは一般的に左利きより右利きが多いことに由来しています。『新約聖書』にも「だれかがあなたの右の頬を打つなら、左の頬をも向けなさい」*11（『マタイによる福音書』）とあります。あくまでも右が先なんですね。右利きは正義、左利きは不正義……などと言ったら、左利きの人が怒ってしまいますが。

この「権理通義」の尊重は、「**独立自尊**《どくりつじそん》」の精神に欠かせません。「**一身独立して一国独立すること**」[12]という言葉があります。互いの権利を尊重した強い個人が、強い国家を作るのです。福沢自身、封建社会のように誰かの下で服従することを嫌がりました。明治政府の任官の誘いを断り、慶応義塾という私塾を作るなどして「独立自尊」を貫いたのです。

さらに西洋の文明主義と東洋の儒教主義を比較して、「東洋になきものは、有形において数理学と、無形において独立心と、この二点である」[13]と言いました。「**独立心**」とは「独立自尊」の精神のことで、「**数理学**」というのはいわゆる合理的な自然科学のことです。福沢は「実学《じつがく》」を強調してもいますが、そこには物理学（究理学）、経済学、地理学、歴史、脩身学《しゅうしんがく》、そして、いろは四十七文字、手紙の文言《もんごん》、算盤《そろばん》……[14]のような、近代の市民社会にとって役に立つ普通日用の学問が含まれていました。今に始まったことではありませんが、近年の高校生も実学志向の強まりから、理系志望が増え、文系でも経済学部など、就職に有利と思われる学部を選ぶ傾向が強く見られます。正直これは大いなる誤解です。「文学部、とりわけ哲学科などは就職できないぞ」などというデマも信憑性を帯びていますから、なかなか深刻です。もちろん就職活動では、企業の教育コストの外部化の流れの中で、即戦力重視の採用が行われていることは確かですが、企業は大学で勉強した内容にそれほどの期待はしていないと思います。さらに、日本の国自体が文系の研究にお金を出さなくなってきている現状も極めて深刻です（短期的な成果が出にくい理系の基礎研究も同様です）。ちなみに福沢は「実学」の反対は「虚学《きょがく》」だと言いました。「虚学」とみなされたのは、哲学のような学問というより、中国由来の儒教や漢学、詩作、そして和歌です。漢詩や和歌は長らく日本の知識人のたしなみとされてきましたが（漢文が学校教育に残っているのはその名残りです）、それをも、日本を野蛮から半開《はんかい》（半文明）[15]状態に発展させた点は評価できる、などと言い放っているんです。かなり文学や芸術を馬鹿にしくさった暴言だと思います。漢学者や和歌をたしなむ者に所帯のやりくり上手や商売上手はおらず、百姓や町人で学問を志せば身を持ち崩す……などと福沢は本当に好き放題言っていますが、現代の日本でも文芸の風流を解さない人は多く目につきます。長らく人間文化のトップランナーであり続けた文芸を経済合理性の名の下に軽視する……日本は今も福沢諭吉イズムで動いている、と思い知らされるのです。

脱亜入欧

晩年の福沢は、官民調和を説くイギリス流の啓蒙思想を血肉化させていたことから、自由民権運動を批判しました。また、「脱亜入欧《だつあにゅうおう》」のスローガンの下、（『時事新報』における無署名の社説上で）「**脱亜論**《だつあろん》」を唱えます。封建制度を脱することができないアジア（亜細亜）に見切りをつけて、日本は欧米列強と肩を並べ、帝国主義による中国分割に参加しよう……というわけです。これは、諸外国と対等な関係を保ち、国権を拡張しようという国権論の主張に繋がります。「法螺《ほら》を吹く沢、嘘を言う吉」というあだ名もあったようですが、個人の権利より国家の権利を重視する（「天賦人権」論は何だったのか、という話です）というこの主張は、時流に乗って主張を変えた福沢らしいものかもしれません。そもそもこの威勢の良い主張のきっかけは、条約改正（領事裁判権の撤廃）や大日本帝国憲法の成立に加え、アヘン戦争の後、欧米列強のパイの奪い合いによって虫の息だった中国と、日本が戦って大勝利を収めた（１８９４年の日清戦争）ことが大きいでしょう。近代国家になったばかりの日本は、勝利の報を受けて提灯行列《ちょうちんぎょうれつ》で沸き立ち、日本もこれで欧米列強の仲間入りを果たした、という大いなる勘違いが始まるのです。日清戦争は、長い間中国文化を摂取することで存続してきた日本と中国の力関係が逆転した出来事だったのです。福沢は中国や朝鮮を「悪友《あくゆう》」と評し、彼らとの「謝絶」を訴えてもいます。その後１９０４年の日露戦争を経て、日本は朝鮮半島を植民地化し（１９１０年の韓国併合）、ますますアジア諸国を一歩下に見るまなざしが定着しました。結果的に日本は、アジアを欧米列強の支配から解放し、西欧の秩序とは異なる大東亜共栄圏《だいとうあきょうえいけん》（東アジアが共に栄えるブロック経済圏）を創り上げる……という大義名分で満州国を建国するなど、侵略戦争に邁進《まいしん》していくことになるのです。日本はアジアの一等国で、その一方西欧とも一線を画した存在である…この傲慢なまなざしは現在の日本にも引き継がれており、福沢諭吉イズムの根深さを思い知らされます。福沢が長らくお札の肖像画であり続けたことには、理由があるのです。

一夫一婦制の主張

当時最新の啓蒙思想を広めた明六社の同人には、社会進化論の立場から国権論に傾斜し、当初主張していた天賦人権論を否定した**加藤弘之**［1836—1916］や、刑法などの制定にかかわった法学者の**津田真道**《つだまみち》［1829—1903］もいました。

同じく明六社の同人・**中村正直**《なかむらまさなお》（**敬宇**《けいう》）［1832—1891］も紹介しておきましょう。彼は昌平坂学問所の教授、幕府の儒官を経て、洋学を学んだ人物です。その後明治政府に出仕し、啓蒙思想の普及に努めました。英国の医師・作家サミュエル・スマイルズ（Samuel Smiles）［1812—1904］の自己啓発書『Self‐Help（自助論）』を『**西国立志編**《さいごくりっしへん》』として翻訳し、『学問のすゝめ』と並ぶ明治の大ベストセラーにしたことも特筆すべきです。第一編で引用されたことわざ「**天はみずからを助くるものを助く**（Heaven helps those who help themselves.）」[*16]は今でも座右の銘としている人がいるほどです。自助努力の重視は福沢の『学問のすゝめ』で説かれた実力主義とも重なり合う部分があります。さらに、質的功利主義を唱えたJ・S・ミル［1806—1873］の『On Liberty（自由論）』を『**自由之理**《じゆうのことわり》』として翻訳してもいます。これは他者危害原理（他者に害を及ぼさない限りは自由）という自由論の古典的図式を提供した本です。親や先生がしばしば使う「人に迷惑をかけない限り何をやってもいいから……」などという物言いも、この翻訳によって日本で知られることとなったのです。

中村と同じく明六社の同人・**西周**《にしあまね》［1829―1897］も儒者でしたが、幕末に榎本武揚《えのもとたけあき》［1836―1908］や津田真道とオランダに留学し、哲学・法学・経済学などを学びました。維新後は明治政府の役人となり軍人勅諭の起草などに関わっています。何といっても西洋の学術用語を翻訳した業績は偉大です。「哲学（希哲学）」「心理学」「芸術」「科学」「技術」「理性」「感性」「主観」「客観」「意識」「知識」「概念」「命題」「帰納」「演繹」「定義」「記号」「肯定」「否定」「総合」……漢学と外国語の素養を兼ね備えていたからこそ、西洋の概念にぴったり当てはまる漢字を探し当てることができたのだと思います。西周が存在しなければ、その後西洋の概念を使って日本語で学問を行うことは難しかったかもしれません。

　最後は明六社の発起人だった**森有礼**《ありのり》［1847―1889］です。森の作った商法講習所は一橋大学の前身となっています。森は伊藤博文［1841―1909］が「日本産西洋人」と称したほどの急進的な洋化主義者で、廃刀を訴えたり、英語国語化論を唱えたりとその主張は徹底していました。現代でもグローバル化の進展で社内公用語を英語にする企業がありますが、極端な英語国語化論の先駆は森でした。さらに、第一次伊藤博文内閣の下で初代文部大臣に指名され、学校令（1886年）を公布し、義務教育・中央集権的な近代学校教育の基礎を作りました。修身に見られる江戸時代以来の精神教育よりも、身体教育を強調した森は、軍隊式教育で国民を教化せんとし、兵式体操、運動会、修学旅行（当初は行軍旅行でした）などを教育に取り入れました。フーコー［1926―1984］言うところの、身体を規律・訓練により規格化する「生の権力」がこうして日本に導入されたのです。さらに、男女平等に立脚した女子教育の重要性も認識していました。

　ところで当時は、男性が正妻以外の女性である妾《めかけ》を囲う例が多く見られました。男系の長子が家（イエ）を継承するために維持されてきた一夫多妻の風習が残っていたためです。何しろ旧民法下の家（イエ）制度では、妻と妾は同じ二親等であるとして、妾に相続権があった時期もありました。何とも男尊女卑な風習です。[*17] しかし洋化主義者だった森は『**妻妾論**《さいしょうろん》』で、西洋のキリスト教社会の伝統である一夫一婦制を主張します。夫婦平等論者だった福沢諭吉も『日本婦人論』の中で、畠山と梶原が結婚すれば、山原という姓にすればよい、と主張していますが、これなどは新奇で面白い主張ですね。もっとも、うまくいかない苗字の組み合わせもあるとは思いますが。

ちなみに森は大日本帝国憲法発布の日に、伊勢神宮と関係のあった国粋主義者・西野文太郎《ぶんたろう》〔1865―1889〕に刺されてしまいます。森が伊勢神宮社殿の門の扉または御簾《みす》をステッキで高く掲げた、という報道を西野が聞いたことによるものでした。[*18] 開明的合理的な西欧思想と、その反動から生まれた国粋主義思想の対立を示す事件といえるでしょう。

注

＊1　清水勲編『ビゴー日本素描集』（岩波書店、1986年）、清水勲編『続ビゴー日本素描集』（岩波書店、1992年）。
＊2　ベネディクト・アンダーソン『想像の共同体――ナショナリズムの起源と流行――』（白石隆・白石さや訳、リブロポート、1987年）。
＊3　苅谷剛彦『学校って何だろう　教育の社会学入門』（筑摩書房、2005年）。
＊4　学会誌の先駆である明六雑誌を発行した。
＊5　福沢諭吉『新訂　福翁自伝』（富田正文校訂、岩波書店、2008年）。
＊6　ジョン万次郎が造った1859年の英会話本『英米対話《えいべいたいわ》捷径《しょうけい》』は早稲田大学のアーカイブ（http://www.wul.waseda.ac.jp/kotenseki/html/bunko08/bunko08_c0734/index.html）で読むことができるが、water を「ワラ」と表記するなど、発音に忠実で実用性が高い。
＊7　福沢諭吉『学問のすすめ　ほか』（中央公論新社、2002年）。
＊8　福沢諭吉『学問のすゝめ（初編）』（ほるぷ出版、1985年）。
＊9〜10　福沢諭吉『学問のすすめ　ほか』（中央公論新社、2002年）。
＊11　共同訳聖書実行委員会『聖書　新共同訳』（日本聖書協会、1987年）。
＊12　福沢諭吉『学問のすすめ　ほか』（中央公論新社、2002年）。
＊13　福沢諭吉『新訂　福翁自伝』（富田正文校訂、岩波書店、2008年）。
＊14　福沢諭吉『学問のすすめ　ほか』（中央公論新社、2002年）。

＊15　『文明論之概略』によれば、文明の段階を「文明」（ヨーロッパ諸国とアメリカ合衆国）・「半開」（トルコ、中国、日本などのアジア諸国）・「野蛮」（アフリカ諸国、オーストラリア）としている（福沢諭吉『文明論之概略』齋藤孝訳、筑摩書房、２０１３年）。

＊16　サミュエル・スマイルズ『西国立志編』（中村正直訳、講談社、１９８１年）。

＊17　戦前の旧刑法には姦通罪《かんつう》も存在した。妻がいる男性が正妻以外の女性と関係をもつことが罰せられない一方で、女性が正夫以外の男性と不倫関係になった場合、処罰された。

＊18　また、「一八八二（明治一五）年に神宮暦の作製権が内務省から文部省（東京帝国大学）に移管されたため、神宮暦の頒布による収入を絶たれるのではないかとおそれた伊勢神宮側の、文部省へのはげしい反感があった」（村上重良『国家神道』岩波書店、１９７０年）。

16章　中江兆民、植木枝盛

下からの近代化

自由や権利を説いた民権思想は二派に分けられます。福沢諭吉［1835―1901］に代表される啓蒙思想家が、官民調和を説く英国流（J・S・ミル［1806―1873］やスペンサー［1820―1903］の主張）だったのに対し、**中江兆民**《なかえちょうみん》［1847―1901］は急進的改革を訴えるフランス流（ルソー［1712―1778］の主張）の民権思想を唱えました。兆民は、憲法の制定や藩閥打破・国会開設を求める自由民権運動の理論的指導者となり、下からの近代化を支えたのです。

中江兆民は土佐《とさ》（高知県）の生まれです。この出身地も重要なポイントです。明治維新は西南雄藩《せいなんゆうはん》であるところの薩長土肥《さっちょうとひ》の下級武士が、天皇を担いで起こしたクーデターでした。よって明治政府は薩長土肥出身者（薩摩《さつま》の西郷隆盛［1828―1877］や大久保利通《としみち》［1830―1878］、長州の木戸孝允《たかよし》［1833―1877］、肥前《ひぜん》の大隈重信《おおくましげのぶ》［1838―1922］、土佐の板垣退助《いたがきたいすけ》［1837―1919］など）が要職を占める藩閥政府だったわけです。しかし、薩長の発言力が強まると、土肥は不遇を強いられ、土佐の板垣退助は征韓論《せいかんろん》に反対されたことで下野《げや》して（政府を去って民間に下って）しまいます（1873年・明治六年の政変）。また、英国型の議院内閣制の憲法導入を唱えた肥前の大隈重信も、明治十四年の政変（1881年）で、君主権の強いドイツ（プロイセン）型憲法の導入を唱えた伊藤博文《ひろぶみ》［1841―1909］や井上馨《かおる》［1836―1915］により追放され、下野します。とりわけ板垣は1874年に「民撰《みんせん》議院設立の建白書《けんぱくしょ》」を提出し、以後自由民権運動が展開されることになりました。土佐はその運動の根拠地となるのです。

恢復的民権《かいふくてきみんけん》に育てあげる

兆民は18歳の時に長崎でフランス語を学び、24歳でフランスに留学しました。そしてルソーの『社会契約論』を『民約訳解《みんやくやくかい》』として部分翻訳し、東洋のルソーと呼ばれました。「兆民」という号は、億「兆」の「民」の「一般意志」（ルソーが説いた公共の利益を求める全人民的意志）に由来します。自由民権運動は結局、大日本帝国憲法制定、国会開設を勝ち取ることができました。その立役者だった兆民は、当然１８９０年の第一回衆議院議員総選挙に当選し*1、帝国議会の衆議院議員となります（翌年、失望して辞職しましたが）。

ふつう民権とよばれているものにも、二種類あります。イギリスやフランスの民権は、回復の民権です。上から下からすすんで取ったものです。ところがまた、別に恩賜の民権とでも言うべきものがあります。上から恵み与えられるものです……恩賜の民権の分量がどんなに少なくとも、その実質は回復の民権とちっとも違わないのですから、われわれ人民たるものは、これをちゃんと守り、大切にあつかって、道徳という霊気、学問という滋養液で養ってやるならば、時勢がますます進歩し、歴史がますます展開してゆくにしたがって、次第に肥えふとり、背が高くなって、かの回復の民権と肩を並べるようになる、それはまさに進化の理法です。（『三酔人経綸問答《さんすいじんけいりんもんどう》』*2）

中江兆民

民主主義者（洋学紳士）、侵略主義者（豪傑君）、現実主義者（南海先生）の三人の酔っ払いが日本の独立・発展を論じる、兆民の**『三酔人経綸問答』**によれば、民権には**「恩賜的《おんしてき》民権」**と**「恢復的《かいふくてき》民権（回復的民権）」**の2つがあるといいます。東京の「恩賜《おんし》」上野公園は「天皇からお恵みで与えられた」上野公園、という意味です。つまり、日本の民権は天皇からお恵みで与えられた権利であるということです。一方、英国やフランスの民権は、市民革命を経て市民自らが勝ち取った「恢復的民権」でした。日本は西欧と異なり、被支配階級による市民革命を経験していない国です。明治維新も支配階級である武士（下級武士でしたが）によるクーデターにすぎず、まして自由を求める戦いであるはずがなく、ナショナリズムに基づく近代国民国家創設の運動でした。よって「恩賜的民権」は、兆民の理想とは到底かけ離れたものだったのです。とはいえ当時の世情では「恩賜的民権」にケチをつけることは許されません。そこで兆民は「恩賜的民権」を実質的に「恢復的民権」と肩を並べるまでに育てていこう、と説いたのです。

余命一年半

食道がんで余命一年半と宣告されてから書かれたベストセラー**『一年有半《いちねんゆうはん》』**、そしてさらにその続編**『続一年有半』**も有名な兆民の著書で、後者には**無神無霊魂《むしんむれいこん》**（「ナカエニスム」[*3]と自称しています）という唯物論思想が表明されています。さらに前者にある**「わが日本古《いにしえ》より今に至るまで哲学なし」**[*4]の一節も痛烈です。日本の学者は、儒学者にしても西洋思想の輸入者にしても、独創的思想が見て取れないというのです。確かに現代に至るまで、最も早く中国や西洋の思想を翻訳した者が「第一人者」として賞賛され、地位を得てきたのが日本です。ただ、軽薄かつ楽天的に外来思想を節操なく受け入れてきた部分にこそ日本の特質があるようにも思えるのですが、近代以降、民主主義・資本主義・科学といった西洋の枠組みを取り入れて生活している以上、主体的に思想する哲学という根底を欠いている状況は、いささか心許《こころもと》ないように思われます。兆民は、哲学がないため「政治において主義がなく、党派の論争を粘り強く持続することができない」*5とも言っています。誠に耳が痛い言葉です。「すみやかに教育の根本を改革して、死んだ学者よりも活きた人民を生み出すようにすべき」*6……現代日本にとっても耳を貸す価値のある言葉ではないでしょうか。

日清戦争後、福沢諭吉が国権論に傾斜する中、兆民は「**民権これ至理《しり》なり。自由平等これ大義なり**」(「民権は至理(根本原理)である。自由平等は大義(大原則)である。」)*7と一貫した信条を述べています。彼の思想は弟子の幸徳秋水《こうとくしゅうすい》［1871—1911］の社会主義思想に継承されました。

私擬《しぎ》憲法の作成

植木枝盛

自由民権運動の本拠地・土佐の**植木枝盛《うえきえもり》**［1857—1892］は明六社で福沢諭吉に学び、板垣退助に影響されて急進的民権思想家となった人物です。第一回衆議院議員総選挙にも当選しています。ちなみに写真で残されている肖像画がイケメンすぎる、というのは生徒からの評判です。彼は「**東洋大日本国国憲按《とうようだいにっぽんこくこっけんあん》**」という当時最も民主的だった私擬憲法(天賦人権や主権在民、抵抗権が盛り込まれていました)を起草しています。私擬憲法とは、大日本帝国憲法発布以前に民間で作成された憲法私案のことで、全国で五日市《いつかいち》憲法をはじめ約60余りが残されています。国の在り方はどのようにあるべきなのか……当時の日本人の関心の高さと熱気がうかがい知れます。現在日本では、国際情勢や東アジアの地勢図の変容に伴って憲法改正の議論が行われていますが、民間人の憲法草案が多く出てくる気配が感じられないのは寂しい限りです。

ここで現在の日本国憲法の成立史を簡単にひもといてみましょう。終戦後、大日本帝国憲法の改正を指示したのは、敗戦国日本に進駐した米国のGHQ（連合国軍総司令部）でした。1946年10月11日、GHQの最高司令官だったダグラス・マッカーサー（Douglas MacArthur）［1880—1964］は、当時の幣原喜重郎《しではらきじゅうろう》［1872—1951］首相に憲法改正を示唆します。そこで政府は同25日に松本丞治《じょうじ》［1877—1954］を委員長に憲法問題調査委員会を発足させます。しかし、そこでまとめられた松本草案は「天皇《てんのう》ハ至尊《しそん》ニシテ侵《おか》スヘカラス」と明記されていたように、天皇主権を残し「国体の護持」を企図するものだったのです。この松本草案が1946年2月1日、毎日新聞にスクープされると、マッカーサーはGHQ民政局に、マッカーサー三原則（天皇は国の最上位、*8 戦争の放棄、貴族などの封建的制度の廃止）に基づく草案作成を指示します。そして、わずか9日、チャールズ・ルイス・ケーディス（Charles Louis Kades）大佐［1906—1966］を中心に25人の人々で日本国憲法のひな型となったマッカーサー草案を作り上げたのです。2月8日に松本草案がGHQに提出されると、同13日にGHQは松本草案を拒否し、象徴天皇制や国民主権、戦争放棄、基本的人権の保障を謳ったGHQ草案を提示し、日本を慌てさせるのです。結局このGHQ草案をベースに憲法改正草案要綱が提示され、当時の多くの日本人はその民主的な内容を諸手を挙げて歓迎しました。結果的にこの憲法改正案が修正・可決され、日本国憲法として1946年11月3日に公布、翌1947年5月3日に施行されました。

米国政府がGHQ主導の憲法改正を急いだのは、天皇は戦争犯罪人であるとして天皇制廃止を目論んでいた極東委員会（連合国による日本の占領政策の最高決定機関）が1946年2月26日に設置され、憲法改正はその極東委員会の権限下に置かれることになっていたからです。しかしそのGHQ草案はわずか9日で急造されたにしては、完成度の高い仕上がりでした。米国でも実現できなかった戦争放棄や男女平等など、永年の人類の理想を新生日本に託そうとしたようにも感じられます。GHQ民政局において、22歳の若さで憲法改正草案作成に関わったベアテ・シロタ・ゴードン（Beate Sirota Gordon）〔１９２３―２０１２〕は、女性としての立場を活かし、画期的な男女平等の条文「両性の本質的平等」（第24条）を起草しましたが、彼女は民主主義国家の米国でさえ、当時女性差別が残存していたことを憂いていたのです。[*9] 結果的に戦後初の衆議院議員選挙において、当時の米国の女性国会議員数を上回る39名の女性国会議員が誕生しました。ちなみにベアテは父レオ・シロタ（Leo Sirota）〔１８８５―１９６５〕が東京音楽学校で教授を務めたピアニストだった縁で日本在住経験があった、ロシア統治下のユダヤ系ウクライナ人でした。ベアテが参考にしたのはソビエト憲法やワイマール憲法であったそうです。[*10]

日本の憲法改正論者はしばしば日本国憲法はＧＨＱの「押しつけ憲法」であり、日本人の手で憲法を作り直そう、と主張しています。１９５５年に結成された自由民主党はそもそも「自主憲法の制定」を党是としていますが、そこには象徴天皇制の重石を置かれ、真の意味での「国体の護持」を果たせなかった人々の怨念が感じられなくもありません。しかし一方で、歌手・美《み》輪《わ》明宏《あきひろ》〔１９３５― 〕の「何国人が作ったものであろうと、人間が作った法律で、すばらしければ、それでよいではありませんか」[*11] という言葉の方に真理があるようにも思えます。そもそも「押しつけ」と言われていますが、ＧＨＱ草案が全面的に米国人の手になるものであったかというと、そうではありません。世界の数多くの憲法や日本の民間の憲法研究会の「憲法草案要綱」を参考にして起草されたものでした。しかも「憲法草案要綱」には、国民主権の原則や天皇は儀礼にのみ関与し、国政は内閣が担うことが記されており、ＧＨＱ草案との共通点が見られるのです。その憲法研究会の草案の参考資料の中にはフランス憲法、アメリカ合衆国憲法、ワイマール憲法、プロイセン憲法、ソ連憲法（スターリン憲法）と共に、植木枝盛の「東洋大日本国国憲按」をはじめとした私擬憲法がありました。自由民権運動以来の民権思想が、日本国憲法に今も息づいているのです。

注

＊1　出馬時は、大阪の被差別部落に戸籍を移した。そして穢多と呼び慣らわされた人物を自称して、被差別部落の大きな支持を得て当選した。

＊2　中江兆民『三酔人経綸問答』（『日本の名著36』）（桑原武夫・島田虔次訳、中央公論社、1970年）。

＊3　中江兆民『続一年有半』（『日本の名著36』）（飛鳥井雅道訳、中央公論社、1970年）。

＊4～7　中江兆民『一年有半』（『日本の名著36』）（飛鳥井雅道訳、中央公論社、1970年）。

＊8　第二次世界大戦の連合国のうち、オーストラリアやニュージーランドは天皇を戦争犯罪人として処罰すべきであると主張したが、マッカーサーは日本国民の反発を招き、戦後のアメリカによる統治が困難になると考えた。戦後日本がアメリカに良い印象をもつようになったことからしても、この見立ては当たっていたと言えるだろう。

＊9　ベアテ・シロタ・ゴードンへのインタビューによれば、1947年3月4日の修正会議において、日本側代表団は「女性の権利」条項に驚愕して憤り、削除させようと試みたという。しかし、ケーディス大佐が「シロタさんは女性の権利に命をかけていますから、譲歩しないでしょう。この女性を悲しませるつもりですか」と懇願し、日本側はやむなく受け入れた（井上ひさし・樋口陽一編『『世界』憲法論文選 1946・2005』岩波書店、2006年）。

＊10　大塚英志『「彼女たち」の連合赤軍』（文藝春秋、1996年）。

＊11　『憲法を変えて戦争へ行こうという世の中にしないための18人の発言』（岩波書店、2005年）。

17章　キリスト教

クリスチャンの作った近代日本

ザビエル

ザビエル〔１５０６―１５５２〕によって１５４９年に伝来したキリスト教ですが、豊臣秀吉〔１５３６―１５９８〕の伴天連《バテレン》追放令（１５８７年）の頃にはキリシタン（切支丹＝キリスト教徒）が約23～24万人となり（改宗した「キリシタン大名」もいました）、徳川家康《いえやす》〔１５４２―１６１６〕が黙認すると約50万人（約37万人との説もある）にまで急増します。その後信仰が禁じられ、江戸時代に入ると弾圧も強まります。その理由は国内外のキリシタンによる幕府への反抗を恐れたことや、キリスト教の強引な布教、唯一神（デウス）信仰に基づく寺社の破壊、日本古来の祖先崇拝の否定などがありました。そして、キリシタンの蜂起であった島原《しまばら》・天草一揆《あまくさいっき》（１６３７～38年）が「鎖国《さこく》」政策をとる契機となり、人々は寺請《てらうけ》制度により寺院に所属させられたのです。とはいえ、隠れて細々と信仰を続けていた者もおり、幕末に長崎の大浦天主堂《おおうらてんしゅどう》が建設された際、「隠れキリシタン」が発見（「信徒発見」）されました。彼らはマリア観音などを作り、仏教徒としてカムフラージュしながら、ひたむきに信仰を守っていたのです。ちなみにキリシタンは「神の愛（アガペー）」を「（デウスの）御《ご》大切《たいせつ》」と表現しました。「愛」はもともと仏教用語で「執着心」を表す言葉です。

それよりも、神が我々を「大切」に思ってくれていること、そして我々が隣人を「大切」に思うこと……「神の愛」をこのように表現した方が、確かにしっくり来るようにも思います。

明治時代に入っても、明治政府は五榜《ごぼう》の掲示で禁教を継続しましたが、1873年に岩倉具視《いわくらともみ》［1825―1883］ら（岩倉使節団）が西欧の外遊から戻ると、条約改正（日本が結ばれていた不平等条約の改正）の条件にキリスト教の解禁があることを知って、同年ついに信仰が許されました。ところで、日本の近代化に奔走した知識人の中にキリスト者《しゃ》（クリスチャン）が多くいた、という事実はあまり強調されることがありません。西洋文明はキリスト教という基盤の上に成り立っており、クリスチャンとなることで、外面だけではなく内面も近代化できる、という考え方が存在したのです。

例えば、西洋音楽受容の本格的な始まりは、文部省が設置した音楽取調係《とりしらべがかり》（後の東京音楽学校＝現・東京藝術大学）の伊沢修二《いざわしゅうじ》［1851―1917］が、お雇い外国人だったルーサー・ホワイティング・メーソン（Luther Whiting Mason）［1818―1896］や目賀田種太郎《めがたたねたろう》［1853―1926］と共に唱歌の普及に努めたことによるものとされています。日本を近代国民国家として生まれ変わらせるため、その構成員である国民の身体を、唱歌や体操によって規律化させる必要性に迫られた時代です。私は小学生の時、音楽の時間に配布されたいわゆる「歌本」を熟読し、作詞作曲者をチェックするという地味な趣味があったのですが、唱歌に限って作詞・作曲者名が伏せられており、「文部省唱歌」とされていることを不思議に思っていました。興味をもって調べていくと、当然作者は実在していました。そのうち、「朧月夜《おぼろづきよ》」「故郷《ふるさと》」「春が来た」「春の小川」「紅葉《もみじ》」などの唱歌を作曲した岡野貞一《ていいち》［1878―1941］はクリスチャンだったことがわかりました。また、日本の音楽教科書の定番とも言える作品を作った瀧廉太郎《たきれんたろう》［1879―1903］（「荒城《こうじょう》の月《つき》」「お正月」「花」）や山田耕筰《こうさく》［1886―1965］（「赤とんぼ」「この道」「からたちの花」）もクリスチャンでした。実質国定《こくてい》の唱歌集として明治の終わりから大正にかけて発行された『尋常小学唱歌《じんじょうしょうがくしょうか》』において作者の名前は伏せられるようになるのですが、これには官製の色合いを強めるとともに、「天皇制下の中央集権を確立し国家権力によって国民の思想を絶対主義に統一しようとくわだてる」[*1]国情にあって、そこにクリスチャンの名を刻むのは都合が悪い、と考えられたのではないかと邪推します。ちなみに西洋音階やリズムに親しみのない当時の日本の人々にとって、西洋キリスト教の讃美歌《さんびか》はハードルが高いものでした。そこで、唱歌は讃美歌で歌われる西洋音階と日本古来の音階の折衷であるヨナ（4・7）抜き（「ドレミファソラシド」を「ヒフミヨイムナヒ」と表し、4番目の「ファ」と7番目の「シ」を抜いた）音階で作られています。[*2]この音階はニグロ・スピリチュアル（黒人霊歌）の音階と同じで、例えば黒人霊歌「Deep River」と唱歌「赤とんぼ」は雰囲気がよく似ていると思います。

その他にも、既に紹介した啓蒙思想家で明六社の同人だった森有礼《ありのり》［1847―1889］や中村正直《まさなお》（敬宇《けいう》）［1832―1891］、白樺派《しらかばは》の文学者・有島武郎《ありしまたけお》［1878―1923］や同じく文学者の北村透谷《とうこく》［1868―1894］、社会主義者の安部《あべ》磯雄《いそお》［1865―1949］、片山潜《せん》［1859―1933］などが明治・大正を代表するキリスト者です。足尾銅山鉱毒事件で天皇に直訴したことで知られる田中正造《しょうぞう》［1841―1913］もキリスト教に理解を示しており、遺品の信玄袋には『新約聖書』が含まれていました。

二つのJ

「少年よ大志を抱け（Boys, be ambitious.）」[*3]は札幌農学校（現・北海道大学）のお雇い外国人ウィリアム・スミス・クラーク（William Smith Clark）［1826―1886］の有名な言葉です。まだまだ発展途上の「少年」とは、クラーク博士[*4]の生徒たちであり、当時の日本そのもの、とも取れます。クラーク博士の影響色濃い札幌農学校で洗礼を受け、クリスチャンになったのが、内村鑑三《かんぞう》［1861―1930］と新渡戸稲造《にとべいなぞう》［1862―1933］です（2人の入学前にクラーク博士は帰国していたのですが）。

内村鑑三は高崎藩（群馬県）の武家に生まれました。英語を学んだ後、札幌農学校に入学しています。札幌農

内村鑑三

学校では上級生や同級生の強烈な勧めに対し、良心に反して「イエスを信ずる者の契約」に署名をし、キリスト教に改宗しました。英文で執筆された自伝『**余《よ》は如何《いか》にして基督《キリスト》信徒となりし乎《か》**（How I Became A Christian:Out of My Diary）』（教父アウグスティヌス［354—430］を思わせる告白文学です）にもその経緯が述べられています。首席で卒業した後は開拓使で役人として勤務し、23歳の時に米国に私費留学します。「高貴で信仰的な清教徒の国」*5 というイメージを抱いていた憧れの米国で目にしたのは拝金主義（「全能のドル神が崇められている」*6）と、人種差別の蔓延《まんえん》する実情でした。幻滅したものの、知的障害者施設で看護人となり、その後、**新島襄**《にいじまじょう》［1843—1890］の勧めでアーモスト大学総長のジュリアス・ホーリー・シーリー（Julius Hawley Seelye）［1824—1895］と出会って、真のピューリタニズムに目覚めました。ちなみに新島襄は安中藩《あんなかはん》（群馬県）の武家の生まれで、脱藩して米国・ボストンに密航した人です。新島は米国ではピューリタンとして洗礼を受け、神学や米国の自由主義を学びました。妻は会津出身の新島八重《にいじまやえ》［1845—1932］です。帰国後は仏教の聖地だった京都に同志社英学校（現・同志社大学）を設立し、山室軍平《やまむろぐんぺい》［1872—1940］（日本救世軍で活躍しました）や安部磯雄（社会主義者）、徳富蘇峰《とくとみそほう》［1863—1957］（ジャーナリスト）などが育ちました。

私共に取りましては愛すべき名とては天上天下唯二つあるのみであります、其一つはイエスでありまして、其他の者は日本であります、是れを英語で白《もう》しますれば其第一はJesusでありまして、其第二はJapanであります、二つともJの字を以て始まつて居りますから私は之を称してTwo J's即ち二つのジエーの字と申します、イエスキリストのためであります、日本国のためであります 私共は此二つの愛すべき名のために私共の生命を献げやうと欲《おも》ふ者であります。（『失望と希望（日本国の先途）』*7）（明治36年2月10日『聖書之研究』

33号「講演」）

武士道は日本国最善の産物である、然《しか》し乍《なが》ら武士道其物に日本国を救ふの能力《ちから》は無い、武士道の台木《だいぎ》に基督教を接《つ》いだ物、其物は世界最善の産物であつて、之に日本国のみならず全世界を救ふの能力《ちから》がある、今や基督教は欧洲に於て亡びつゝある、而《しか》して物質主義に囚《とら》はれたる米国に之を復活するの能力《ちから》が無い、茲《ここ》に於てか神は日本国に其最善を献《けん》じて彼の聖業を扶《たす》くべく要求《もと》め給ひつゝある、日本国の歴史に深い世界的の意義があつた、神は二千年の長きに渉《わた》り世界目下の状態に応ぜんがために日本国に於て武士道を完成し給ひつゝあつたのである、世界は畢竟《つまり》基督教に由て救はるゝのである、然かも武士道の上に接木《つぎき》されたる基督教に由て救はるゝのである。（『BUSHIDO AND CHRISTIANITY. 武士道と基督教』）*8（大正5年1月10日『聖書之研究』186号）

内村は無教会主義のプロテスタントでした。ルター〔1483―1546〕やカルヴァン〔1509―1564〕の説いたプロテスタンティズムのエートス（倫理）は「勤勉・禁欲」です。米国の拝金主義に失望していた彼は、武士道の「勤勉・禁欲」精神が浸透した日本でこそ真のプロテスタントが根付くと考え（「**武士道の上に接木《つぎき》されたる基督教《キリスト》**」）、「**二つのJ**（**Two J's**）」（Ｊｅｓｕｓ《ジーザス（イエス）》とJapan《ジャパン》）に生涯を捧げようと誓います。彼が携帯した聖書の扉に書いた「私は日本のために、日本は世界のために、世界はキリストのために、そしてすべては神のためにある（I for Japan, Japan for the World, The World for Christ, And All for God.）」という言葉にも彼の信条が表されています。

一方、内村と同じく札幌農学校で洗礼を受けた同期の**新渡戸稲造**は、『**武士道**《ぶしどう》（Bushido: The Soul of Japan）』を英文で執筆し、キリスト教と武士道の融合を図りました（「接木」ではなく「融合」です）。内村同様、武士道の「勤勉・

禁欲」の倫理はプロテスタンティズムの倫理と重なり合うものであったため、キリスト教を受け入れる下地となり得ると考えたのでしょう。「武士道《シヴァリー》はその表徴たる桜花と同じく、日本の土地に固有の花である」*9という一節で始まる『武士道』は「日本の魂」を描いた名著として今も国内外で参照されていますが、著者がプロテスタントのクリスチャンであったという事実は確認しておく必要があるでしょう。

ちなみに新渡戸は、札幌農学校に入る際の「太平洋の懸橋」たらんという言葉通り、戦前日本が常任理事国を務めていた国際連盟の事務次長（国連のナンバー2です）を務め、日本初の国際人となりました（国際結婚を経験してもいます）。樋口一葉《ひぐちいちよう》［１８７２―１８９６］にかわる前の五千円札の肖像としても、長らくおなじみでした。

内村の代表的著書『**代表的日本人**（Representative Men of Japan）』も興味深い一冊です。私は大学院のゼミでこの本に出会いました。ドイツ語版はヘルマン・ヘッセ（Hermann Hesse）［１８７７―１９６２］の父ヨハネス・ヘッセ（Johannes Hesse）［１８４７―１９１６］が翻訳しています。内村は西郷隆盛［１８２８―１８７７］、上杉鷹山《ようざん》［１７５１―１８２２］、二宮尊徳《にのみやそんとく》［１７８７―１８５６］、中江藤樹《なかえとうじゅ》［１６０８―１６４８］、日蓮上人《にちれんしょうにん》［１２２２―１２８２］という５人を代表的日本人として取り上げている*10のですが、そのいずれも武士道とプロテスタントに共通する「勤勉・禁欲」の倫理を貫いた人物です。その内の上杉鷹山は江戸中期の米沢《よねざわ》藩主で、藩の再生に力を尽くした名君です。「為せば成る、為さねば成らぬ何事も。成らぬは人の為さぬなりけり」という名言はご存じでしょう。歴代の米国大統領で一番人気のあるＪ・Ｆ・ケネディ（John Fitzgerald Kennedy）［１９１７―１９６３］が鷹山を尊敬していた、という話がありますが、これは出所がよくわからないのでおそらく都市伝説でしょう。ちなみに『代表的日本人』はこれまた英文で書かれた著書です。現代日本はグローバル化の進展に伴い、強迫的なほどに英語教育に力を入れていますが、英文で堂々と発信できる日本人がほとんどいないのは極めて不思議なことだと思います。かつての日本の、エリート知識人の知性や教養には圧倒されてしまいます。

不敬事件の衝撃

内村が巻き込まれた事件で、歴史の教科書にも掲載されているのが**不敬《ふけい》事件**（1891年）です。教育勅語《きょういくちょくご》（教育ニ関スル勅語）はご存じでしょうか。現在の教育基本法に相当するもので、皇祖皇宗《こうそこうそう》（歴代天皇）が立てた国における、臣民《しんみん》が尽くすべき儒教的徳目を掲げた天皇制国家のバイブルでした。戦前の学校では紀元節《きげんせつ》（2月11日・初代神武天皇の即位日）・天長節《てんちょうせつ》（天皇誕生日）・明治節《めいじせつ》（11月3日・明治天皇の誕生日）といった祝祭日に教育勅語の奉読式《ほうどくしき》がありました。校長先生は紫のふくさに包んだ教育勅語の謄本《とうほん》を張り詰めた空気の中、読み上げるんです。教員・生徒以下は、頭《こうべ》を垂れてその朗読を聞かなければなりませんでした。

小学校でさんざん聞かされていたからでしょうか、私の祖父が生前、教育勅語をすらすら暗誦していたのを覚えています。空襲の火事の際、生徒の命より先に、校長室にあった天皇皇后の御写真（御真影《ごしんえい》）[*11]を守ろうとして焼死した校長のエピソードもありました。それを受けて御写真は教育勅語の謄本と共に校内の奉安殿《ほうあんでん》（校舎は木造でしたが、奉安殿は耐火式でした）に納められ、生徒には敬礼が義務付けられることになるのです。[*12]

さて、話を戻すと、その奉読式の際、どう振る舞うべきか準備がなかった内村は天皇の署名に軽く頭を下げて、深く拝礼することを避けました。教育勅語は天照大神の子孫としての天皇のお言葉です。キリスト教の唯一神信仰を守る内村にとっては、他の神を信仰することはできず、これが精一杯の妥協点でした。しかし、この事件が報じられると社会問題化し、第一高等学校の教員職を追われる結果となりました。これは、現代におけるマスコミ主導の芸能人や政治家叩きともよく似た状況でした。国家主義の立場からの内村批判の急先鋒にあったのは、東京帝国大学教授だった哲学者・**井上哲次郎《てつじろう》**［1856―1944］です。体制側の御用学者だった井上は、キリスト教は反国家主義的である、として日本プロテスタントの中心的指導者だった**植村正久《うえむらまさひさ》**［1857―1925］（東京神学社＝現・

東京神学大学を作りました）や大西祝《はじめ》［1864―1900］との間で「教育と宗教の衝突」論争を繰り広げてもいます。また、国家神道《こっかしんとう》の形成に伴って存在感を失いかけていた仏教界も内村叩きに加わりました。

ちなみに現代の学校現場にも不敬事件と同様の構図が残存しています。いわゆる「日の丸・君が代（国旗・国歌）」問題です。私個人としては、戦前の軍国主義の日本を想起させる「日の丸・君が代」に不快感をもつ近隣アジア諸国の人々の気持ちを、当然理解することができます。その一方で、生徒にとって一生に一度しかない、入学式や卒業式という厳粛な式典の場をざわつかせるような自己主張は避けるべきであるようにも思います。私の勤務する自治体では式典直前になると校長から、「国歌斉唱にあたっては……会場の指定された席で国旗に向かって起立して国歌を斉唱すること」などと明記された職務命令書が職員に手渡されます。式典当日になると管理職は一層ピリピリし、生徒の着席指導も終わらぬ間に、定められた時間に教員を所定の位置に座らせます。そして国歌斉唱で不起立教員が出ないか、教育委員会ともどもチェックを行うのです。不起立教員が出ると管理職も含めて自治体から処分を受けますから、このような対応になるのでしょう。思想・信条上の問題からその場にいたくない教員は多くの場合、会場警備の仕事を行うなどの措置が取られています。2012年には大阪府教育委員会が起立斉唱を「口元チェック」で確認させたこともありました。上皇陛下［1933―　］が第125代天皇在位中の2004年に「やはり、強制になるということでないことが望ましいですね」とお言葉を述べられています。教育現場を取り巻くいくぶんか物騒な構図とそれを一方的に叩く同調圧力は、今も昔も変わっていません。

内村は日露戦争時に非戦論を唱えたことでも知られています。一方で当時の日本のムードを考えればわかりますが、日清戦争に際しては「義戦」として賛成を表明しています。しかし、日清戦争の悲惨さや多大なる影響を悟り、日露戦争ではキリスト者の立場からの非戦平和論に傾くのです。

彼の思想を受け継いだ弟子に、戦後東大総長を務めた**南原繁**《なんばらしげる》［1889―1974］と矢内原忠雄《やないはらただお》［1893―1961］*13がいました。2人は共にキリスト者であり、彼らの訴えた平和や民主主義は内村から継承されたものでしょう（新渡戸からの思想的影響もありました）。南原繁は教育勅語に代わる戦後の教育基本法の生みの親でもありますし、サンフランシスコ平和条約締結時に、ソ連・中国を含めた全連合国との全面講和論・永世中立を掲げ、資本主義陣営との単独（片面）講和論の吉田茂《しげる》［１８７８―１９６７］と論争し、「曲学阿世《きょくがくあせい》の徒の空論」*14と非難されたエピソードも知られています。*15「戦後民主主義」の理論的指導者・丸山眞男［１９１４―１９９６］の師として多大なる影響を与えてもいますね。

南原が戦後間もない日本で学生に訴えかけた言葉は一貫しています。その力強さは、フィヒテ［１７６２―１８１４］の講演『ドイツ国民に告ぐ』を思わせるものでした。日本の復興のためには「「臥薪嘗胆《がしんしょうたん》」というがごとき方法によっては……不可能」で、「公明正大で対者の顔色を窺うことなく……自らなすべきことをなすことである」「惨憺たる戦争の再発を防止し、人類を滅亡の淵から救うには、世界の理性と良心に基づく公正な輿論《よろん》と組織に求めるよりほかに途《みち》はない」「民族主義は……政治学の最終章ではあり得ない」*16……日本国憲法にも共通する普遍主義、理想主義、そして彼の国連中心主義がそこにはうかがえます。また、戦争の敗因は精神の頽廃であり、「教養《ビルヅング》」を身に付けることが学生の使命であると力説しています。また、戦後幅を利かせてきたアメリカニズムやマルキシズムについても積極的な評価をせず、自己本位的・享楽主張的な国民が心的「革命」を行わずして精神の頽廃は復興しない、と訴えています。国体思想*17に基づく国家神道に縛られていた日本国民が天皇の人間宣言によって解放され*18、その人間宣言が、普遍的な「世界市民として自らを形成し得る根拠」*19となったのが戦後日本だったとするならば、果たして現代の日本はそうした「心的」革命（南原は「宗教改革」とも呼んでいます）を成し遂げられたと言えるのでしょうか。西洋のように市民革命や宗教改革もなく、自ら権利を勝ち取る契機のなかった日本人にとって、戦後は主体的な精神革命をおこすことができる、初めての契機だったのかもしれません。しかし南原の理想に反して、（吉田茂の自由党と鳩山一郎《はとやまいちろう》［１８８３―１９５９］の日本民主党の保守合同により）自由民主党が結成され、55年体制が成立（１９５５年）したことにより、戦前復古の逆コース（戦後の民主化・非軍事化に逆行）をたどる改憲勢力が息を吹き返します。日本国憲法の改憲（自主憲法の制定）によって自衛隊を憲法上に位置づけ、再軍備化を図る動きがおこり、その前後で戦後教育も逆戻りしていくことになるのです（戦前の「修身」が「道徳」として復活したことや、教科書検定という検閲制度の復活、そして中学校1年生用教科書『あたらしい憲法のはなし』[*20]の廃止など）。南原の崇高な理想は、戦後10年すらもたなかった、ということでもあるわけです。日本人の主体的な精神革命の完遂については、今も胸を張って答えることはできません。

注

＊1　堀内敬三・井上武士編『日本唱歌集』（岩波書店、1958年）。
＊2　佐藤良明『J-POP進化論――「ヨサホイ節」から「Automatic」へ』（平凡社、1999年）。
＊3　実際は「少年よ大志を抱け、この老人のように（Boys, be ambitious like this old man.）」と言ったとされる。
＊4　札幌農学校で植物学を受け持っていたクラークについて内村は「第一等の植物学者」だと思っていたが、彼の本国で「大分化《ばけ》の皮が現われ」た。ただ、「植物学という学問のInterestを起す力を持っ」ており、先生として有能であったと述べている（内村鑑三『後世への最大遺物』）（『後世への最大遺物 デンマルク国の話』岩波書店、1976年）。
＊5〜6　内村鑑三『余はいかにしてキリスト信徒となりしか』（『日本の名著38』）（松沢弘陽訳、中央公論社、1984年）。
＊7　内村鑑三『失望と希望（日本国の先途）』（『内村鑑三全集11』）（岩波書店、1981年）。
＊8　内村鑑三『BUSHIDO AND CHRISTIANITY. 武士道と基督教』（『内村鑑三全集22』）（岩波書店、1982年）。
＊9　新渡戸稲造『武士道』（矢内原忠雄訳、岩波書店、1974年）。
＊10　内村鑑三『代表的日本人』（鈴木範久訳、岩波書店、1995年）。
＊11　御真影は肖像写真ではなく、画家のキヨッソーネが描いた肖像画を写真撮影したものだったという（佐藤弘夫編『概説日本思想史』ミネルヴァ書房、2005年）。
＊12　国民学校に通う戦時下の子どもたちは「少国民」と呼ばれていた。「校内の一定の場所には「奉安殿《ほうあんでん》」（または奉安庫）と二宮尊徳（金次郎）の銅像と国旗掲揚塔があるのがふつうであった。「奉安殿」とは下付された「教育勅語」の謄本と天皇・皇后の「御真影（写真）」とを最も鄭重に奉置する場所で、「少国民」は登下校のさいには必ず、この奉安殿に〝最敬礼〟をさせられた」（三國一朗『戦中用語集』岩波書店、1985年）。
＊13　矢内原は1937年に戦争批判の論文「国家の理想」を書き（『中央公論』に掲載）、さらに講演中に南京事件を非難する文脈で「先ずこの国を葬っ

て下さい」という発言をしたことが問題視され、教授職辞任に追い込まれた（矢内原事件）。

＊14 「学を曲げて世に阿《おもね》る」の意。

＊15 「日本の再軍備化をきらうアメリカの意をうけて自衛権を否定することから出発した吉田は、東西冷戦の激化のなかで再度アメリカの意向をうけいれて反共のための再軍備の道を選ぶ現実主義者に転じ」、「国家に固有のものとして自衛権を肯定することから出発した南原は、自衛のための兵力を「正義にもとづく平和」をめざす「国際共同の武力」にくりいれようとする構想力をもつことによって……憲法第九条の理念をまもろうとする理想主義の側に立ちつづけることになった」（加藤節『南原繁』岩波書店、１９９７年）。

＊16 南原繁『学徒の使命　その二』（立花隆編『南原繁の言葉』東京大学出版会、２００７年）。

＊17 姜尚中は『ナショナリズム』（岩波書店、２００１年）の中で、南原やオールド・リベラルな保守主義者としての和辻哲郎には「「国体」は、歴史的に決して断絶してはいなかったのであり、むしろ敗戦をくぐり抜けることでそれがより「成熟」したものに再生していくに違いない」という共通するエートスがあったと指摘している。

＊18 「南原の場合、天皇の神格性の否定は、自己の信仰に合致し、普遍的な国民精神の創造にむすびつくだけのものではなかった。南原にとって、天皇の人間宣言は、さらに、天皇と国民との「人間としての相互の信頼」のうえに天皇制を再建し、天皇制への彼自身の共感をつなぎとめるための不可欠な条件でもあった」。そして、「天皇の退位問題を天皇制の廃止につながるとしてタブー視する保守勢力とは反対に」、天皇に政治的な意味での戦争責任はないが、道徳的、精神的な責任があるとして、退位論を唱えた（加藤節『南原繁』岩波書店、１９９７年）。

＊19 南原繁『新日本文化の創造』（立花隆編『南原繁の言葉』東京大学出版会、２００７年）。

＊20 童話屋編集部編『あたらしい憲法のはなし』（童話屋、２００１年）。

18章　近代文学（1）（ロマン主義、自然主義）

一流の文学

学生時代には洋邦の文豪の作品を嗜《たしな》み、論壇誌に目を通す。さらにちょっと背伸びをしてデカルト〔1596―1650〕、カント〔1724―1804〕、ショーペンハウエル（ショーペンハウアー）〔1788―1860〕などの哲学書にも手を出し（旧制一高生が歌った「デカンショ節」には「デカンショデカンショで半年暮らすあとの半年寝て暮らす」とありました）、時に激論を交わす。その一方で恋や人生に苦悩し、煩悶《はんもん》する……これがカッコいい学生像だった時代がありました。その源泉は「大正教養主義」世代の旧制高校文化でしょう。デモクラシーに沸いたこの時代、自由に学問に取り組める気風がありました。ちなみに彼ら「大正教養主義」世代は、疑問を感じて葛藤しつつも、その後戦争に行きました。大正生まれは最も戦争で酷使された世代でしょう。ちなみに戦争で片腕を失った漫画家・水木しげる〔1922―2015〕もその時代のムードを一身に受けています。ラジオで軍艦マーチが流れ、夜間中学でも軍事教練、校長先生は先頭に立ってハチマキをしめて建国体操をし、祝日には天皇陛下に尽くした忠臣の話をする……そんな1940年代前半に、ニーチェ〔1844―1900〕やショーペンハウエル、スピノザ〔1637―1677〕『エティカ』にゲーテ〔1749―1832〕の『ファウスト』や教養小説『ウィルヘルム・マイステル』を読んだ……というエピソードが彼の自伝に登場します。*1

さて、そんな「大正教養主義」世代の必読書といえば、阿部次郎〔１８８３―１９５９〕『三太郎の日記』、倉田百三《ひゃくぞう》〔１８９１―１９４３〕『出家とその弟子』（浄土真宗の開祖・親鸞《しんらん》〔１１７３―１２６２〕とその弟子・唯円《ゆいえん》〔１２２２―１２８９〕を描いた戯曲です）、*2西田幾多郎《きたろう》〔１８７０―１９４５〕『善の研究』などが挙げられます。倉田百三は哲学を学び、西田幾多郎に会いに行ったこともありました（倉田が『愛と認識の出発』で好意的に紹介したことで『善の研究』は読まれるようになりました）。また倉田は聖書にも親しんでおり、『出家とその弟子』は浄土真宗を題材にしながらも、キリスト教色が濃厚でした（それゆえ海外でも評価され、ロマン・ロラン〔１８６６―１９４４〕が激賞しています）。

私の祖父母世代はこの「大正教養主義」世代にあたり、そうした本の一部を祖父の書棚に見つけたことがあります。彼らはそうして涵養した学問やヒューマニズムを背負いながら、不条理な戦地に赴いたのです（私の祖父にも召集令状が来ました）。一方、私の両親はいわゆる団塊《だんかい》前後の「戦争を知らない子どもたち」世代です。戦後の経済的繁栄を謳歌しつつも、教養への渇望を親世代から確かに受け継いでいました。その影響でしょう、ポスト団塊ジュニア世代の私も幼い頃から文学と言えば、ヘルマン・ヘッセ〔１８７７―１９６２〕やゲーテ、フョードル・ドストエフスキー（Fyodor Dostoyevsky）〔１８２１―１８８１〕にヴィクトル・ユゴー（Victor Hugo）〔１８０２―１８８５〕、ジュール・ルナール（Jules Renard）〔１８６４―１９１０〕の『にんじん』にパール・バック（Pearl Buck）〔１８９２―１９７３〕の『大地』、そして夏目漱石《なつめそうせき》〔１８６７―１９１６〕、森鷗外《もりおうがい》〔１８６２―１９２２〕、武者小路実篤《むしゃのこうじさねあつ》〔１８８５―１９７６〕などを読むもの（学校の先生が選ぶ推薦図書はこうしたものが多かった）……というイメージを強く抱いてきました。

一方、現代の中高生にはそうした文学作家はあまりピンと来ないようです。小説ならポップなイラストに彩られたライトノベルが一番人気です。出版不況の現状もあり、一冊の紙の本の世界に限って商売する時代でもありません。テレビドラマや漫画（アニメ）などと連動させたメディア・ミックス戦略を展開し、消費させるエンタテインメント作品が多くの若者を引き付けています。こうした現状を教養主義の没落*3や文芸作品の劣化と一面的に呼ぶこともできるかもしれません。ただ、現代の作品にも一流と呼べる優れた作品が存在しています。私個人が考える一流と二流の違いは、その作品を通じて「今・ここ」にある時代を描けているかという点です。優れた芸術作品は、優れた時代批評にもなっているのです。また、細部に至るまで様々な切り口による解釈の余地を含み込んでいる、という点も重要でしょう。文学に限らず、こうした点は音楽・映画・美術など芸術全般に言えることかもしれません。そのような作品こそが、時代の経年変化にも耐えうるのではないでしょうか。

ロマン主義

そのような観点で明治日本の文学作品を眺めてみればどうでしょう。「いま・ここ」を巧みに描いた作品が多く書かれていたことがわかります。ちょん髷《まげ》を結っていた江戸時代から程なくして、西洋化・近代化の波が激しく打ち寄せた激動の時代です。近代の主人公は自立した個人（近代的自我＝主体的自我）でしたが、集団主義の日本では家族や国、組織といった集団に縛られ、「近代的自我」を確立できずにいました。まだまだ子どもだった日本が、西洋を手本にして「近代的自我」を確立し大人になろうとしていたこの時期……文学という形をとって、今後の日本のあるべき姿を描こうと画策した作家がいたのです。

まずは**ロマン主義**の作家を紹介しましょう（「浪漫《ロマン》」は夏目漱石が考案した当て字でした）。封建社会の形式やルール（身分・家柄・性別）に縛られず、自由な感情を発露させ、自我の解放を説く文学・芸術運動がロマン主義です。もともとは18世紀後半から19世紀初頭にかけてヨーロッパで盛んになった運動で、理性偏重の近代にあって、個人の感情や恋愛などを重視していました。

島崎藤村《とうそん》［1872―1943］と共に『文学界』を創刊した**北村透谷《とうこく》**［1868―1894］[*4]は日本のロマン主義文学の中心人物です。透谷は現実世界の自由民権運動に挫折し、内面世界における自我の確立を目指しました。彼の挫折は、民権運動の活動家から資金調達のため強盗計画に誘われたものの、それを裏切って参加を断ったことに由来します。彼は『**内部生命論**』[*5]で、肉体的な「外部生命」に対する、精神的な「**内部生命**」を強調し、「**実世界**」（現実世界）での自由や幸福より、「**想世界**」（内面世界）、つまり文学や宗教の世界における自由や幸福を重視しました。透谷自身はクリスチャンとして、内面世界における信仰をもっていましたが、それは現実世界の挫折ののち、クリスチャンのミナと激しい恋に落ちてその危機を脱した影響です。そうしたことから、「恋愛は人世の秘鑰《ひやく》なり、恋愛ありて後《のち》人世あり」[*6]と述べ、恋愛の神秘を賛美する近代的な恋愛至上主義を唱えていますが、これは当時としては斬新な主張でした。また、山路愛山《やまじあいざん》〔1865―1917〕との論争における反論『人生に相渉《あいわた》るとは何の謂《いい》ぞ』において「文学は事業を目的とせざるなり、文学は人生に相渉ること……を必須とせざるなり」[*7]と述べ、人を利する事業だけが文学ではない、と激しい調子で述べています。愛山からすれば「想世界」に引きこもる透谷が、現実を見ていないように思えたのでしょうし、透谷からすれば文学を功利的に捉える愛山が我慢ならなかったはずです。さて、そんな透谷ですが、最後は理想と現実のギャップに悩んで27歳にして自殺してしまいます。個人の精神的自由より国家の価値に重きを置く日清戦争前のナショナリスティックな国情や、精神性を失わせるほどの物質文明の到来を思うと、現在の日本と重ね合わせつつ、その深い絶望は理解できるように思います。

官能を歌い上げる女性歌人

『君死にたまふこと勿《なか》れ』で日露戦争に出征する弟に「親は刃《やいば》をにぎらせて　人を殺せとをしへしや　人を殺して死ねよとて　二十四までをそだてしや」と激情的に歌い上げたことで知られる**与謝野晶子**《よさのあきこ》〔1878―1942〕は『**みだれ髪**』でデビューした女性詩人です。その処女歌集の出版を支えた夫は『明星《みょうじょう》』を創刊した歌人の与謝野鉄幹《よさのてっかん》〔1873―1935〕で、不倫の末に結婚しています。私の手元にある復刻版の『みだれ髪』[*8]は出版当時と同じ判型です。

縦長のサイズで、恋愛のハートを矢が打ち抜き、花が舞い散る素敵な装丁になっています。その舞い散る花に譬《たと》えられているのが晶子の歌なのです。当時の奥付を見ると著作者名は「鳳《ほう》昌子」となっています。「鳳」は当時の晶子の名字ですが「昌子」は「晶子」の誤植です。私の名前にある「昌」もよく「晶」と書き間違えられますから、よくある間違いです。それにしてもタイトル『みだれ髪』はどうでしょう。今聞くと「だから何？」という感覚でしょうが、当時としては衝撃的なタイトルです。女性の「乱れ髪」などというものを人前にさらしては、はしたない……という奥ゆかしい感覚があった時代です。封建道徳の中で、女性は感情を押し殺すのが美徳であるとされていたのです。

与謝野晶子

ちなみに日露戦争に反対する非戦の詩『君死にたまふこと勿《なか》れ』に歌われた弟ですが、戦場で死ぬことはなく、無事に帰国出来ました。

社会科教員を目指すことになった一冊

『若菜集』で知られる「ロマン主義」の詩人・**島崎藤村**は、後に**自然主義**の小説家となります。自然主義は日露戦争後の自由な気風の中で発展しました。もともとはフランスでおこった文学運動で、ギ・ド・モーパッサン（Guy de Maupassant）〔１８５０―１８９３〕の影響を受けた田山花袋《かたい》〔１８７２―１９３０〕（『蒲団』『田舎教師』で知られています）や短編集『武蔵野』で知られる国木田独歩《くにきだどっぽ》〔１８７１―１９０８〕、そして徳田秋声《しゅうせい》〔１８７２―１９４３〕、正宗白鳥《まさむねはくちょう》〔１８７９―１９６２〕らが代表的作家です。西洋の自然主義はキリスト教の神の支配からの解放という色彩をもっていたわけですが、日本には西洋同様の宗教的基盤は存在しませんでした。とはいえ日本の近代小説の形成には大変大きな役割を果たした文学運動で、その理由として文芸評論家の中村光夫〔１９１１―１９８８〕は、西欧文化の影響下にあったため前代の文学との間に断絶と革新があったこと、ロマン派運動の実質的完成型として人間一般の解放を目指す理想主義を根底にもっていたこと、科学思想の影響による権威に対する反抗精神をもっていたこと、そして私小説が主要な文学形式となり口語文という文体の改新が行われたことなどを挙げています。[*9]

　自然主義に見られたのは、現実のありのままの自然な生を描く作風です。藤村はまさに現実をリアルに、ありのままに描いた代表作『**破戒**《はかい》』を書き上げました。『破戒』は明治に入り、四民平等とされたにもかかわらず「新平民」として差別が温存された被差別部落の問題を扱っています。タイトルの『破戒』は、穢多《えた》の生まれを隠して生きろ、という父からの「戒《いまし》」めを「破」った、ということです。主人公の瀬川丑松《せがわうしまつ》は当初、父からの戒めを守り、生まれを隠したまま小学校教員の仕事を務めていました。「破戒――何という悲しい、壮《いさま》しい思想《かんがえ》だろう」[*10]……丑松は葛藤の末に、とうとう生徒の前で出自をカミングアウトするのです。そのシーンが何とも衝撃的でした。「穢多というものは、それ程卑賤《いや》しい階級としてあるのです。もしその穢多がこの教室にやって来て、皆さんに国語や地理を教えるとしましたら、その時皆さんはどう思いますか、皆さんの父親《おとっ》さんや母親《おっか》さんはどう思いましょうか――実は、私はその卑賤しい穢多の一人です……仮令《たとい》私は卑賤しい生れでも、すくなくも皆さんが立派な思想《かんがえ》を御持ちなさるように、毎日それを心掛けて教えて上げた積りです。せめてその骨折に免じて、今日《こんにち》までのことは何卒《どうか》許して下さい」[*11]……詫びたりないと思った丑松は最後、生徒を前にして板敷きの上に跪《ひざまず》くのです。戦前の小学校教員ですから、現在とは違って神様のようで、「先生はトイレになんか行くのかな」というほどに児童から尊敬される存在だったはずです。その教員が被差別部落出身だとわかれば、児童や保護者、同僚から蔑まれ、教壇に立ち続けることができない世情だったのです。大げさに土下座までしたのはそういった背景でしょう。児童は総立ちになり、椅子の上に立つ者や廊下に声をあげて出て行く者もおり、他の組の生徒や教員も波のように教室に押しあふれてきます。結局丑松は日本に居られなくなり、米国テキサス州に旅立つところで物語は終わります。当時の日本では米国に逃げるほか、為す術がなかったということです。ちなみにこうした結末や丑松を土下座させたストーリーは、当然弱腰であるとの批判にもさらされています。

実はこの本、私が社会科の教員を志すきっかけとなった、忘れられない一冊です。高校生の時に読み、大きく心を揺さぶられました。この本を読んだ後、「日本にはこんな差別があったのか……差別を許してはならない、社会科の教員になってあらゆる差別を無くしたい！」と固く心に誓ったことを思い出します。社会科の教員になって……と考えたのは、私の学生時代は社会変革意識の強い社会科の先生が学校に多かったこともあるでしょう。結局、紆余曲折を経て教職にありつきましたが、果たしてあの時誓ったような立派な教員になれているか、いつも自問自答しています。

注

＊1　水木しげる『ねぼけ人生〈新装版〉』（筑摩書房、１９９９年）。
＊2　倉田百三『出家とその弟子』（岩波書店、２００３年）。
＊3　竹内洋『教養主義の没落』（中央公論社、２００３年）によれば、大正末期になると「知的青年の文化は大正教養主義からマルクス主義へと変化」していった。よって、「戦後、旧制高校的教養主義はマルクス主義と同伴しながら復活」する。教養主義は西欧文化志向を核にし「勤勉を定礎にした鍛錬主義」「田舎式ハイカラ文化」であったため、農村と都市、日本と西洋の格差が消滅したことにより崩壊した。
＊4　東京・数寄屋橋《すきやばし》近くで生まれた北村は、そのペンネームを「すきや」にちなんで「透谷」とした。
＊5　北村透谷『内部生命論』（『北村透谷選集』）（岩波書店、１９７０年）。
＊6　北村透谷『厭世詩家と女性』（『北村透谷選集』）（岩波書店、１９７０年）。
＊7　北村透谷『人生に相渉《あいわた》るとは何の謂《いい》ぞ』（『北村透谷選集』）（岩波書店、１９７０年）。
＊8　与謝野晶子『みだれ髪』（ほるぷ出版、１９７４年）。
＊9　中村光夫『日本の近代小説』（岩波書店、１９６４年）。
＊10～11　島崎藤村『破戒』（新潮社、１９７１年）。

19章　近代文学（2）（森鷗外、夏目漱石、白樺派、宮沢賢治）

あきらめの文学

ありのままの現実を描く自然主義でしたが、ややもすると社会や自己の暗い側面を描きがちでした。その反発から生まれたのが**反自然主義**文学です。ここでは鷗外《おうがい》と漱石《そうせき》という明治の二大文豪を取り上げたいと思います。

まずは**森鷗外**《もりおうがい》［1862―1922］です。彼のお墓は東京・三鷹の禅林寺《ぜんりんじ》というお寺にあります。しかも三鷹の玉川上水で入水《じゅすい》自殺した太宰治《だざいおさむ》［1909―1948］の墓のはす向かいにあるのです。鷗外を尊敬していた太宰は遺言でその場所に眠ることを希望していたそうです。青春時代に太宰治ファンになった人は多いでしょう。ご多分にもれず私も影響されて、太宰の墓参りをしました。するとその墓の近くに「森林太郎之墓」と書かれた墓石を見つけました。「〝しんりんたろう〟って誰だろう？　面白い名前だな」とその時思ったのですが、後々調べると鷗外の本名は森林太郎（もり　りんたろう）だったんですね。無学を恥じるばかりです。

森鷗外

鷗外は津和野（島根県）で代々藩医を務めた家柄で、東京医学校予科（現・東京大学医学部）を19歳の若さで卒業しています。後に陸軍軍医総監となったいわゆるエリート官僚でもありました。国費留学でドイツに渡るのですが、その経験から書かれたのが『舞姫』です。国費留学でベルリンに派遣され、純粋な踊り子エリスと恋に落ちるのですが、結局は友人のすすめで帰国します（恋愛よりも官吏としての出世の道を選び取ったわけです）。それを知ったエリスは発狂してしまった……というのが大まかな筋書きです。鷗外自身もドイツ人エリーゼと恋に落ち、帰国後はエリーゼが鷗外を追って来日するのですが、鷗外は会おうとしなかったそうです。

鷗外がこの作品を通じて描こうとしたのは、外面（国家・社会・組織・家族から求められる社会的立場）と内面（個人的心情）の葛藤です。国家の代表として国費留学している以上、帰国しなければいけない現実（外面・社会的立場）……そして一方にある、エリスへの抑えきれない恋心（内面・個人的心情）……これは西洋に追いつけ追い越せと近代化に明け暮れる社会的立場と、時代の変化について行けず頭の中ではまだちょん髷《まげ》を結っているという個人的心情との葛藤——つまり、明治日本の写し絵——でもあったのです。

私の心持をなんということばでいいあらわしたらいいかというと、resignation だといってよろしいようです。私は文芸ばかりではない。世の中のどの方面においてもこの心持でいる。それでよその人が、私のことをさぞ苦痛をしているだろうと思っているときに、私は存外平気でいるのです。もちろん resignation の状態というものは意気地のないものかも知れない。その辺は私の方で別に弁解しようとも思いません。
（『予が立場』）*1

最終的に鷗外は、この葛藤・矛盾を**諦念**《ていねん》（**レジグナチオン**）によって甘受します。「レジグナチオン」は「resignation《レジグネーション》」（「諦《あきら》め」の意）のドイツ語読みです。エリスへの恋心に後ろ髪を引かれつつも帰国する……その現実を受け入れつつ、あきらめる……これを決して後ろ向き、とは言い切れないでしょう。

戦前のお札の肖像画になっている乃木希典《のぎまれすけ》［1849—1912］が、明治天皇［1852—1912］の崩御に際して殉死《じゅんし》た翌年に発表された『阿部一族』もあります。ここで描かれる葛藤も同様です。主人公の阿部弥一右衛門《あべやいちえもん》は主君の死に際して殉死を願い出るも、主君に許されませんでした。しかし命を惜しんでいる、との批判を聞いたため、武士の意地を見せつけるべく一族の面前で切腹します。しかし主君の命に背いたこの殉死は咎《とが》めを受けました。一族は武士の面目を立てるべく、屋敷に立てこもり、結局全員討ち死にするのです。

国体を否定する社会主義者を弾圧する大逆事件や南北朝問題[*2]がおこる時代になると、鷗外は小説『かのように』を通じて、天皇が現人神《あらひとがみ》であるというような神話を事実である「かのように」（ドイツの哲学者ハンス・ファイヒンガー(Hans Vaihinger)［１８５５―１９３３］に影響された思想です）仮定することで、現実の社会秩序と折り合いをつけようとします。

鷗外自身がそのような神話を信じていたはずはありませんが、高級官僚としての立場にありそれを否定することもできなかったのです。皆さんはこうした「諦念」を前向きに受け止めることはできるでしょうか。

その他にも安楽死の問題を扱った『高瀬舟《たかせぶね》』などが鷗外の代表作です。私は手塚治虫《てづかおさむ》［１９２８―１９８９］の漫画『ブラックジャック』で安楽死の問題に初めて出会いましたが、手塚も鷗外同様、医師免許をもっていました。また、『東京方眼図』[*3]はご存じでしょうか。「森林太郎立案」の縦長ハンディサイズの方眼地図です。復刻版が現在私の手元にありますが、地図がイロハ順で「い〜ち」、「一〜十二」の方眼に区切られており、アキハノハラ（秋葉原）なら「に　四」といったように瞬時に検索できる、優れものなんです。この古い地図を使いながら現代の東京を散歩するのも、また一興です。

「近代的自我」の確立

かつての千円札の図柄だった**夏目漱石《なつめそうせき》**［１８６７―１９１６］……この人こそが、日本の近代的自我（主体的自我）の確立に、近代「小説」という西洋の当時最新の文芸形式を用いて格闘した人物です。漱石没後１００年が過ぎて、

夏目漱石

漱石を再び読み直す機運が生まれているのは偶然ではないでしょう。一人の明治近代知識人の葛藤が、グローバル化というある種の外圧に右往左往する現代人の葛藤と重なり合うからです。個人的には『道楽と職業』*4（道楽と職業をいかに両立するか）で展開されている高等遊民の知的遊戯が、極めて現代性を帯びているように思います。

夏目漱石は幕末1867年の生まれです。本名は金之助《きんのすけ》で、*5「漱石」は中国の故事（『晋書』孫楚伝）に由来するペンネームです。晋の孫楚《そんそ》［?—293］は「石に枕《まくら》し流れに漱《くちすす》ぐ」（俗世を離れて暮らすこと）を「石に漱《くちすす》ぎ流れに枕《まくら》す」と言い間違えました。それを友人の王済《おうせい》［生没年不詳］から指摘されると、「歯を磨くために石に漱ぎ、汚れた耳を洗うために流れに枕するのだ」と負け惜しみを言ったというのです。この故事から雅号を選ぶとは、なかなかユーモアのセンスがありますね。ちなみに王済はこの孫楚の言い訳に「さすが」と感心したようで、ここから「さすが」に「流石」の字を当てるようになりました。中華文化圏の片隅に位置していた日本では、このように中国の故事や漢詩に通じていることが知識人の証だった時代がありました。漢文の素養を教養とみなす風潮が廃れてしまったのか、現代では漢文も人気が無くなり、受験科目になっているから辛うじて学ばれている、という状況です。哲学（倫理）も全く同様ですが。

東京帝国大学予備門では正岡子規《まさおかしき》［1867—1962］との出会いがありました。子規の代表句「柿くへば鐘が鳴るなり法隆寺」は、漱石の句「鐘つけば銀杏散るなり建長寺」を下敷きにしたものであるようです。一方、「漱石」というペンネームは子規から譲り受けたものでした。

「アイ・ラブ・ユー」が言えなくて

漱石は、東京帝国大学で英文学を専攻します。明治の最新の学問です。しかし、果たして日本人が欧米の文化・文学を理解することができるのか、懐疑的になり神経衰弱に陥ってしまいます。高等師範学校の教員職を辞して、子規の故郷・松山（愛媛県）の旧制中学校、さらに熊本の旧制高校の英語教師になるのですが、そこでこんなエピソードがありました。生徒が「I love you.」を「我君を愛す」と訳したのを見て、「月が綺麗ですね」とでも訳しておけばよい、と言ったというのです。欧米の最新学問である英文学を講じていた漱石といえど、頭の中は江戸時代の旧《ふる》い男性のままで「私はあなたを愛しています」などという愛の告白は、口が裂けてもできなかったということです。

１９００年、33歳で英国に国費留学しましたが、やはり日本人として英文学を研究することの違和感や、日本人として他者に迎合する生き方に苦しんだことで「発狂」してしまいます。グローバル人材が国家によって育成・強化される現代でも、留学などしてみれば、良いか悪いかはさておき、日本人特有の主体性のない有り様を、まざまざと認識させられることでしょう。「イエスかノーかハッキリしろ」と問われ、「ノーサンキュー」すら言えない日本人の有り様……といえば、思い当たる節もあるのではないでしょうか。漱石は神経衰弱――現在でいうところの抑うつ症状――に悩み、友人の娘が病死する間際に鯛《たい》を送る、というような奇行も見られました。

自己本位に基づく生き方

漱石は第一高等学校、東京帝国大学の教職に就いた後に、朝日新聞社に入社して職業作家に専念することになります。小説家としての代表作と言えば『こころ』『明暗』『吾輩は猫である』『坊ちゃん』が挙げられるでしょう。しかし漱石の思想という点では、『**私の個人主義**』が重要です。これは当時華族学校であった学習院の学生団体・輔仁会《ほじんかい》における、1914年の講演です。それによると漱石は、「根のない萍《うきぐさ》」のように他者に迎合する「**他人本位**」な生き方を改め、「**自己本位**」に基づく生き方をするよう説いています。[*6] 明治日本には、カタカナ語を並べて西洋人きどりになる人が沢山おり、それを「他人本位」なあり方だと痛烈に批判したのです。現代でも「エビデンス残しておいてもらえる？」などと、やたらとカタカナ語を使いたがる人がいますよね。「議事録」と言えば済む話です。

「個人」を主人公とする西洋「近代」という枠組を適合させた明治日本は、「**近代的自我**」の確立にもがき苦しんでいました。お上《かみ》に仕える意識の強い日本では、「個人」（自我）がなかなか育っていなかったのです。しかし「近代的自我」は、自分さえ良ければいい……と他人を犠牲にする「**自己中心主義（エゴイズム）**」とは異なります。漱石の『こころ』[*7]にはそうした「近代的自我」と「自己中心主義」の葛藤が描かれていました。語り手であるところの「先生」は、同じ下宿にいた友人――恋愛に不器用でした――が下宿の娘を好きであることを知りつつ、下宿の娘を奪い、それを知った友人が下宿の部屋で自殺してしまう……『こころ』はそんな衝撃的な筋書きの小説でした。今も現代文の教科書の定番で、私も高校生の時に読みました。「先生」が血しぶき飛び散る下宿部屋を発見するシーンは今でも脳裏に浮かんできます。この「先生」の有り様こそが「自己中心主義」でしょう。「自己本位」とは「自己中心主義」ではなく、自己の内面的欲求に基づきつつも、他人の個性を尊重するような有り様のことです。ちなみに、「自己本位」に基づく生き方を説いた当時の学習院は、現在とは違って華族・上流階級の学校でしたから、その生徒はいわゆる資本家になるような人々でした。金力や権力にモノを言わせてエゴイズムを貧乏人に押し付けるな、と軽妙に語る漱石は、やはりユーモアがありますね。

> 西洋の開化（即ち一般の開化）は内発的であって、日本の現代の開化は外発的である。ここに内発的というのは内から自然に出て発展するという意味で丁度《ちょうど》花が開くようにおのずから蕾《つぼみ》が破れて花弁が外に向かうのをいい、また外発的とは外からおっかぶさった他の力でやむをえず一種の形式を取るのを指したつもりなのです。（『現代日本の開花』[*8]）

『現代日本の開化』という１９１１年の講演においては、西洋の開化（近代化）が内発的（内から自然に出て発展する）であるのに対し（**内発的開化**）、日本は外発的である（**外発的開化**）と述べています。日本は外国により無理やり文明開化させられたため、自己を見失っている……と言うのです。その近代化の様子は「皮相上滑《ひそううわすべ》りの開化」[*9]、つまり上《うわ》っ面《つら》だけの表層的な近代化であったわけです。西洋と交際する以上は日本本位ではうまくいかず、かといって西洋と交際しないわけにもいかない……なんだか英語を勉強したくないけれど、しないわけにもいかない現代の日本人のようですね。そうした日本の現代開化の真相を知った漱石は「分らない昔の方が幸福であるという気にもなります」[*10]と言って将来を悲観してもいます。「外国人に対して乃公《おれ》の国には富士山があるというような馬鹿は今日は余りいわないようだが、戦争以後一等国になったんだという高慢な声は随所で聞くようである。なかなか気楽な見方をすればできるものだと思います」[*11]と当時の世情を皮肉りつつ、「出来るだけ神経衰弱に罹《かか》らない程度において、内発的に変化して行くが好《よ》かろう」[*12]と、この急場を当座切り抜けようとしたのです。

東洋的な境地

自己本位に基づく個人主義的な生き方……果たして漱石自身、実行するに至れたかが気にかかりますね。漱石自身は、自己本位に基づく生き方をすることで「たった一人ぼっちになって、淋しい心持がする」[*13]とも述べています。漱石が担任していた朝日新聞の文芸欄に国粋主義者・三宅雪嶺《みやけせつれい》〔1860—1945〕の悪口を述べる批評を載せてしまった時、党派主義で活動していると考えた国粋主義者の評論誌『日本及日本人』の連中は、記事の取り消しを要求してきたそうです（揚げ句、『日本及日本人』には漱石の悪口が掲載されました）。

漱石はそれを「時代後《おく》れ」で「封建時代の人間の団隊」*14のように思いました。漱石は金力や権力に動じず、個人主義に基づいて我が道を行ったまでなのですが、そこに潜む孤独にも気が付いていました。そんな漱石が最後弟子に語ったとされる言葉が「**則天去私**《そくてんきょし》」です。「天（＝自然）に即して、私（エゴ、自我）を去る」……普遍的な自然の命ずるままに生きる、という実に東洋的な態度です。西洋的な小説という最新の文芸形式を採用し、最新の西洋言語である英語を講じた漱石が、最終的に東洋的境地にたどり着いてしまったことで、「近代的自我の確立」という日本人に課せられた宿題は、永遠の宿題として棚上げされてしまったようにも思います。

白樺派《しらかばは》

先ほど学習院という華族学校が登場しましたが、その学習院の出身者による文学の一派が**白樺派**です。雑誌『白樺』を発刊し、大正デモクラシーの自由な気風と、上流階級出身者ならではと思える理想主義や人道主義がその特徴でした（その庶民感覚を離れた理想主義は、当時「ばからし」と揶揄《やゆ》されました）。白樺派を代表する作品では、志賀《しが》直哉《なおや》〔1883—1971〕の『城《き》の崎にて』『小僧の神様』、有島武郎《ありしまたけお》〔1878—1923〕の『或る女』『一房のぶどう』などが有名です。『一房のぶどう』や『小僧の神様』は私が小学生の頃、小学校の課題図書になった記憶があります。『戦争と平和』などで知られるロシアの文豪・ヒューマニスト（人道主義者）のトルストイ〔1828—1910〕に傾倒した**武者**《むしゃ》**小路**《のこうじ》**実篤**《さねあつ》〔1885—1976〕も白樺派の中心人物の一人です。『友情』『愛と死』は中学生の頃、周囲でもよく読まれていました。実篤はトルストイの影響から、理想主義的な自治的農業ユートピアを構想し、1918年に

「**新しき村**」を宮崎県児湯郡木城村に建設しました。１９３９年には埼玉県毛呂山町にも「東の村」が建設され、２０２２年現在では３人の村民が生活しているそうです。そんな実篤ですが、太平洋戦争時にトルストイ譲りの非暴力・反戦思想を放棄し、戦争協力した事実はさすがに教科書には掲載されていません。晩年実篤が住んでいたのは東京都の調布市で、その邸宅の隣接地には記念館があります。私は隣の三鷹市に住んでいるのですが、地元の古道具屋には実篤が野菜を描いた色紙がしばしば出てきます。地域の人に配ったりしていたからではないでしょうか。その温かみのある野菜の絵からも、実篤が「新しき村」という農業ユートピアの理想を持ち続けていたことが伝わってきます。

ヒューマニストとしての宮沢賢治

現代にも人気がある詩人・童話作家に**宮沢賢治**《けんじ》［１８９６―１９３３］がいます。その純粋な世界観の中には、不思議と若い世代を引き付ける何かがあるように思います。「妹萌《も》え」という要素から賢治に興味をもつ人もいるようです（妹・宮沢トシ［１８９８―１９２２］の死に際して書かれた「永訣《えいけつ》の朝」に心震えない人はいないでしょう）。賢治は花巻農学校（岩手県）の教諭を務めながら、１９２４年に詩集『**春と修羅**《しゅら》』を自費出版しました。その序文に記された「わたくしといふ現象は　假定された有機交流電燈の　ひとつの青い照明です」*15という一文を読んだとき、電気が走るような衝撃を受けたことを覚えています。賢治はその後、羅須地人《らすちじん》協会を組織して農業指導を行いながら創作活動に勤しみます。熱烈な法華経《ほけきょう》信仰があり（国柱会《こくちゅうかい》のメンバーでした）、動物と人間が違和感なく交流する世界観は、法華経で説かれた「一切衆生悉有仏性《いっさいしゅじょうしっうぶっしょう》」（一切の生きとし生けるものが、仏になりうる素質を悉《ことごと》く有している）から導

宮沢賢治

き出されたものでしょう。「岩手」を世界共通の人工語であるエスペラント風の「イーハトーボ」あるいは「イーハトーヴ」[*16]と表記して理想郷とみなしたのも、理想国の建設を訴える日蓮《にちれん》信仰の影響だと考えられます。『農業芸術概論綱要』における「世界がぜんたい幸福にならないうちは個人の幸福はあり得ない　自我の意識は個人から集団社会宇宙と次第に進化する　この方向は古い聖者の踏みまた教へた道ではないか」[*17]という言葉には、個人の幸福というものそれ自体は存在せず、世界の幸福が個々人の幸福であるとする賢治の仏教に由来する思想がうかがえます。それにしても『注文の多い料理店』にしろ、『風の又三郎《またさぶろう》』にしろ、その世界観は芸術家の感性を今も刺激しています。『銀河鉄道の夜』がなかったら、『銀河鉄道９９９』（松本零士《れいじ》［１９３８―２０２３］）も存在し得なかったわけです。そして、死後彼の革のトランクから発見された手帳に残された『雨ニモマケズ』に描かれる人間観……「慾《よく》ハナク　決シテ瞋《いか》ラズ　イツモシヅカニワラッテヰル……ホメラレモセズ　クニモサレズ　サウイフモノニ　ワタシハナリタイ」[*18]ここにも仏教的な世界観が充満しています（末尾には「南無妙法蓮華経」が記されていました）。生きていれば、誰しも心をざわつかせる様々な出来事に直面するのですが、私はいつもこの詩に立ち返り、「そういうものに私はなりたい」と思うのです。

注

＊１　森鷗外『予が立場』（『日本の文学２　森鷗外（一）』）（中央公論社、１９６６年）。
＊２　大逆事件に刺激される形で、文部省図書審査官だった歴史家・喜多貞吉の国定教科書における南北両朝並立の立場が非難され、学問的に裏付けられた史実を歪める形で水戸学以来の南朝正統論に決着した事件。
＊３　『森林太郎立案　東京方眼図』（ほるぷ出版、１９７９年）。
＊４　夏目漱石『道楽と職業』（『日本の名著42』）（中央公論社、１９８４年）。
＊５　干支（十干十二支）の六十通りの組み合わせの内、庚申（かのえさる、こうしん）は五十七番目の金性であり、この日に生まれた子どもが泥棒になる

という迷信があったため、「金之助」と名付けられた。庚申信仰は平安から明治時代頃までみられ、庚申の日には体内の三尸《さんし》の虫が、天帝に悪事を伝えに行くとされていた。よってその日は眠らずに過ごすという風習があり、庚申塔（塚）も作られた。

＊6　夏目漱石『私の個人主義』（『漱石文明論集』）（三宅行雄編、岩波書店、１９８６年）。
＊7　夏目漱石『こころ』（新潮社、１９６８年）。
＊8〜12　夏目漱石『現代日本の開花』（『漱石文明論集』）（三宅行雄編、岩波書店、１９８６年）。
＊13〜14　夏目漱石『私の個人主義』（『漱石文明論集』）（三宅行雄編、岩波書店、１９８６年）。
＊15　「岩手（いはて）」からヒントを得たと思われる。
＊16　宮沢賢治『春と修羅』（ほるぷ出版、１９８５年）。
＊17　宮沢賢治『農民芸術概論綱要』（『新修　宮沢賢治全集　第十五巻』）（筑摩書房、１９８０年）。
＊18　宮沢賢治『雨ニモマケズ手帳　五一頁・五二頁・五九頁・六〇頁』（『新修　宮沢賢治全集　第十五巻』）（筑摩書房、１９８０年）。

20章　社会主義

米国の日本占領

天皇を中心とした国家体制（国体）を護持したいがために、沖縄戦、東京大空襲……と深刻な被害を出しながらも降伏が延びた日本ですが、米国は1945年8月6日、人類史上初めて、そして唯一、人間が住む都市の真上——広島——に原子爆弾を落とします。もうこれで日本は息の根が止められたも同然でしたが、戦争終結を米国の手柄とされたくないソ連は同年8月8日に対日参戦を実行します。ちなみに同年2月、米英ソのヤルタ会談で、原爆開発成功前の米国は、ソ連が対日参戦に応じれば南樺太《みなみからふと》と千島列島《ちしまれっとう》をソ連領とするという秘密協定を結んでいました。ソ連は約束通り、対日参戦の見返りとして、南樺太と千島列島、そしてどさくさに紛れて北方領土を占拠してしまいました（これが北方領土問題の由来です）。

当時「悪の枢軸《すうじく》」とみなされていたのは日独伊です。イタリア（1943年9月）とドイツ（1945年5月）はすでに降伏していました（降伏したドイツの東半分はソ連の手に落ちます）。ソ連が参戦したことで日本が降伏した、となれば戦後の世界秩序におけるソ連の存在感が増すでしょう。そこで米国は、落とす必要のなかった原爆を8月9日、長崎に落としたのです。この時すでに米ソで世界の主導権争いが始まっていたのでした。

日本は8月14日にポツダム宣言受諾を決定し、8月15日に国民にそれが知らされます（9月2日に降伏文書に署名して、終戦を迎えます）。そして、米国の軍人ダグラス・マッカーサー（Douglas MacArthur）［1880―1964］が来日し、GHQ（連合国軍総司令部）に占領されて民主化が果たされます。そして日本は西側・資本主義陣営に取り込まれるのです。米国は日本の占領政策を有利に進めるべく、天皇を中心とした国家体制（国体）を残しました（もちろん日本国憲法第1章第1条において、天皇の政治権力を奪い、「日本国および日本国民統合の象徴」とすることも忘れませんでした）。日本の同盟国だったファシズム諸国をみると、ドイツのアドルフ・ヒトラー（Adolf Hitler）［1885―1945］は自殺し、イタリアのベニート・ムッソリーニ（Benito Mussolini）［1883―1945］は処刑されていました。普通に考えれば日本の戦争犯罪人は昭和天皇［1901―1989］です（英国で一番有名な日本人であるそうです）。しかしもし同様に戦争犯罪人として天皇を処刑すれば、戦前の軍国主義教育を受けた日本人は米国を大嫌いになってしまうでしょうし、天皇に付き従って集団自決する可能性もありました。そこで天皇ではなく、極東国際軍事裁判（東京裁判）において、平和に対する罪に問われた東条《とうじょう》英機《ひでき》［1884―1948］以下、A級戦犯7名を絞首刑とすることで決着させました（死刑が執行された東京の巣鴨プリズンは後に池袋の商業施設「サンシャインシティ」となり、負の記憶は意図的に抹消されました）。日本人は、まんまと「アメリカ大好き人間」になってしまうのです。戦前の軍国主義日本の復古を企図した保守派は、ソ連の影響で日本が共産主義化され、「国体の護持」（天皇制の温存）が果たせないことを異常なまでに恐れていました。結局、米国が国体（天皇制）を残してくれたため、そうした保守派は「アメリカ様」に尻尾を振りながら、現在まで亡霊のように生き延びることになるわけです。

冷戦の記憶

ご存知の通り、戦後は米国を中心とする西側諸国[*1]（資本主義国）とソ連を中心とする東側諸国（社会主義・共産主義国）の対立がありました。東西冷戦です。宇宙開発やオリンピックの金メダル獲得競争も、形を変えたある種の戦争でした。また、キューバ危機（1962年）では第三次世界大戦がおこってもおかしくない状況（ソ連とキューバが軍事協定を結び、キューバに核ミサイル基地が建設される計画が明るみに出ました）にまで発展し、その後は両国首脳の間に直通電話であるホットラインが引かれ、核戦争を未然に防ぐことができました。今となっては、現実離れしたハリウッド映画みたいな話としか思えないかもしれません（実際ハリウッドでは冷戦を反映して「スパイ映画」が数多く作られました）。学校のテストで「日米安全保障条約」を「日米修好通商条約」と間違えて回答する生徒も増えてきた昨今ですから、現代の中学生や高校生にとって遠い話に思えるのは無理もありません。

冷戦下において米ソ本土決戦（熱戦）はおこらなかったものの、アジアにおいて、朝鮮戦争（1950年に始まり、1953年に休戦しました）・ベトナム戦争（1965年に米国が介入し、1975年に終結しました）という代理戦争（米ソそれぞれの軍事援助により対立しました）がおこっています。戦後、日本の植民地支配から解放された朝鮮半島は、北をソ連が、南を米国が統治し、分断国家となってしまいました（北は金日成《キムイルソン》［1912—1994］建国の朝鮮民主主義人民共和国、南は李承晩《イスンマン》［1875—1965］を初代大統領とする大韓民国となりました）。1949年には中国共産党が国民党を台湾に追い出して中華人民共和国を建国し、社会主義・共産主義勢力が東アジアで勢力をもち始めるようになっていました。そうした中で東西陣営がせめぎ合う朝鮮半島で緊張感が高まったのです。その朝鮮戦争は結局休戦し、北緯38度線（イムジン川付近）に軍事境界線が設けられました（北緯38度線は韓国併合下の朝鮮半島で、中国東北部に置いた日本の関東軍の支配区域のラインでした）。

米国は朝鮮戦争中の1951年に日本と日米安全保障条約を結び、日本は米軍基地を日本に置かせてあげることになりました（米国から1972年に返還された後も、引き続き沖縄に米軍施設の74%を押しつけることで、多くの日本人の不満や不安をかわしています）。日本は米軍の駐留経費を肩代わりすることにもなったのですが、その代わり、日本の一大事には米軍が助けてくれるというのです。以後米国の核の傘の下で、日本はぬくぬくと、安定した経済成長を遂げることができました（朝鮮戦争時の「特需」は日本の高度経済成長の契機となりました）。米国としてはアジアで戦争があれば、日本からすぐに飛んで行けて大変便利です。とはいえ米軍が日本を離れてしまえば、逆に日本側が手薄になってしまいます。その隙に日本が攻められたらどうなるでしょう。日本は東アジアで勢力を増していた共産主義の防波堤になってもらわないと困るんです。そこで米国は言いました。「憲法第9条を作っておいて悪いけど、もう一度軍隊を作ってくれ」と……日本の再軍備化です。「第9条を作ったのは米国の方じゃないですか、急に言われても困ります」と困惑した日本ですが、結局「軍隊」では「戦力の不保持」を謳った日本国憲法と齟齬《そご》が出るので「警察予備隊」と名付け、「保安隊」さらには「自衛隊」と名を変えて現在に至るのです。

その後、自前の防衛力を増強させたい日本は1960年に国会議事堂を取り巻く激しい反対運動の中で日米共同防衛義務を明記した日米安全保障条約改定を行っています（A級戦犯で戦後の公職追放後に政界復帰した岸信介《きしのぶすけ》［1896—1987］内閣の時代で、東京大学の学生で活動家の樺《かんば》美智子《みちこ》［1937—1960］が警官隊と衝突し、国会議事堂の南通用門付近で亡くなりました）。自衛隊と憲法第9条に関しては、田中角栄《かくえい》［1918—1993］内閣が「「戦力」とは自衛のための必要最小限度を超えた実力」であり、必要最小限度以下の実力の保持は認められる……という見解を示しました。日本は自衛権をもっています。専守防衛を貫く日本も「個別的自衛権」は認められるので、あくまでも自衛隊は「自衛力」であって「戦力」ではない、という憲法「解釈」です。そしてもちろん他国の攻撃に際して日本が武力をもって参加する「集団的自衛権」は到底第9条で認められない（違憲である）という内閣法制局の見解がありました。しかし1960年の悪夢の日米安全保障条約改定を行った岸信介の孫・安倍《あべ》晋三《しんぞう》［1954—2022］内閣によって、2014年にとうとう「集団的自衛権」の行使までもが閣議決定で容認されました。それに伴い、「集団的自衛権」の行使を容認する安保関連法が2015年に強行採決され、国会議事堂を取り巻くデモは連日激しさを増していったのです。

左と右

話を戻しましょう。1989年のベルリンの壁崩壊の後、マルタ会談で冷戦終結が宣言され、1990年に東西ドイツが統一、1991年にはソ連が解体しました。冷戦の記憶も遠くなり国際情勢も変容し、「左・右」というよりもむしろ「上・下」の経済格差による対立軸が鮮明になってきた現代ですが、日本では社会主義・共産主義＝「左」翼（革新・リベラル）と資本主義＝「右」翼（保守・コンサバティブ）、という用語だけが、主義・主張より軽い「心性」として独り歩きしている感があります。メディアでいえば「テレ朝・朝日」と「フジ・産経」がそれぞれの立場の両極でしょうか（「毎日」は前者に近く、「日テレ・読売」「日経」は後者に近いと思います）。しかしこれは「何とかの一つ覚え」的な非常に単純化された二分法で、「レッテル張りをしないでくれ」と言っている政治家自身も単純なレッテル張りをしてしまっている、というどっちもどっちで極めて滑稽な状況が存在しています。

権利を訴えるばかりで自己中心的、反戦・平和・護憲思想・自虐史観・知性主義をもつ反体制のバタ臭い「左翼」と、新自由主義的（自由競争や企業・個人の努力重視）で経済成長を良しとし、GHQ押しつけ憲法の改正を主張し、反知性主義的・愛国的・民族主義的で日本の伝統的な家族の有り様を守ろうとする体制側のキナ臭い「右翼」……というのがステレオタイプでしょうか。このような分類はいかにして生まれたのでしょうか。

「左翼」「右翼」というラベリングは、絶対王政を打ちこわして自由・平等な近代社会がスタートする端緒であるフランス革命に由来します。教科書的に言えば王の権力を存続させたい保守派が議長席の「右」に陣取り、封建的特権を廃止したい急進派が「左」に陣取ったというエピソードによるものとされます。しかしここでも疑問が出てきます。フランス革命のスローガンは「自由」「平等」「友愛」でしたが、「友愛」は近代国家における愛国心・団結心といったナショナリズムのニュアンスがあります。これは現代では「右翼」と言われる人たちの専売特許です。また一般的に社会主義国は軍備増強に力を入れており、現代日本の「左翼」の平和主義とは相いれません。つまり「左翼」「右翼」とは、地域や時代によって様々な特性を帯びてきた用語であるようです。

ここで一応整理しておくと「左翼」（革新・リベラル）の根本は、理性に基づく自由・平等といった普遍理念を掲げて人々を啓蒙し、伝統的・封建的差別を革命的に改めようとする立場だと考えておけばよいでしょうか。もちろん彼ら「左翼」は、伝統的・封建的差別によって不遇な立場に置かれている人々に手を差し伸べたいと考えます。一方の「右翼」（保守・コンサバティブ）は、理性よりも感情を重視し、伝統的なしくみを基本的には保守して、時に漸進的に改善しようとする立場です。[*2] 人間は理性よりも感情に動かされる動物でもありますから（感情のコントロールはおおよそ、どの宗教でも説かれていた課題でした）、よほど置かれた環境が恵まれてでもいない限りは「左翼」の立場が主流派になることはなかなかあり得ないようにも思います。なぜならリベラル［liberal］の語には、「独立した資産と安定した社会的地位をもつ自由民（ラテン語で「liber」）は与えることにかけて気前がよい」という意味合いがあるのです。[*3] 恵まれていて、余裕がなければ「左翼」にはなれない、ということです。そして25章でも再度触れようと思うのですが、自由獲得というよりもナショナリズムに基づく近代化を経た日本の特殊的状況を考えると、そもそも中央集権的な国家主義的政府から下賜された自由に慣れ切っている日本の人々は（中江兆民［1847―1901］の「恩賜的民権」を思い出してみてください）、自ら進んでラディカルに自由を求めることはないのです。

もっとも厳密にいえば「リベラル」は「自由主義」という意味なのですが、現在では米国的な「社会自由主義」、つまり資本主義社会の中で政府による所得の再分配を良しとする「中道左派」の立場を指すようになっています。ちなみに学校現場において、反体制的な生徒はたいてい「左翼」（革新・リベラル）思想をもつもの……と相場が決まっていましたが、近年は「左翼」思想をもつ教員を叩く愛国的・「右翼」的な生徒が見受けられるご時勢になってきています。格差社会化がますます進展する中で、リベラルのある種「上から目線」の傲慢な立ち位置に感情的に反応する人々が増えていることや、貧困を自助努力の不足に帰する新自由主義の浸透によるものと推察します。

資本主義＝保守という図式ができたのは、資本主義が現在では伝統となったためでしょう（その資本主義にアンチテーゼを突き付けたのが社会主義＝革新です）。そう考えると、農家の営みを破壊しかねない保守政治家による自由貿易の推進に、真正保守を自称する学者が「保守がやることではない」などと批判するのも理解できます（米国のドナルド・トランプ［1946―　］大統領が、労働者の地に足をつけた生活を守るべく、自由貿易に反対しているのも理解できるでしょう）。その一方で、普遍理念を称揚する「左翼」が「自由」貿易に反対して、農家の暮らしを守ろう、と保護貿易的な主張を行っているのは、相当ねじれているわけです。「人間らしさ」を求める感情的な部分では、右も左も共通の「ポピュリズム」（大衆迎合主義）的基盤をもつのです。

話を戻すと、近現代の資本主義・社会主義はそれぞれ「自由」「平等」という理性に基づく普遍理念の表裏です。フランス革命の旗印になった「自由」「平等」は実は両立できず、相性が悪い概念なのです。「自由」競争をすれば貧富の差が生じ、「不平等」になってしまうのですから。それでも「自由」なり、「平等」なりにそれぞれ軸足を置き、理性を振りかざして人々を啓蒙し、集団を扇動していく……この近代的発想が資本主義・社会主義の本質ではないでしょうか。日本の「右翼」のシンボルである日の丸（白地に「赤」旗）と、「左翼」の社会（共産）主義のシンボル「赤」旗（フランス革命旗に由来します）のイメージが重なって見えてくるのは、偶然ながら不思議です。

ロック・ミュージックに興味がある私は、ヒッピーによる愛と平和の祭典で野外の夏フェスのルーツの一つとされる「ウッドストック・フェスティバル」（1969年）が大好きです。ミュージシャンや観客が共有する「ラブ&ピース」やベトナム反戦の思想（ステレオタイプ的には「左翼」思想ということになりますか）などにも共感するところがあります。その映像に陶酔しつつ、「できることならこの（集団の）中にいたかった……」と言った時、私の配偶者から「普段個人主義を尊重している割に、皆と同じ方向を向くのも好きなんだね」と言われたことが忘れられません。「左翼」も「右翼」も近代思想としての本質は一緒だということです。しかし、左翼でも何でもないのに護憲を唱える人だって沢山いるわけです。そういう人を想像できない「何とかのひとつ覚え」的な二項対立の思考停止を乗り越えるのが、現在の私たちの課題でしょう。

日本の産業革命とそのひずみ

日本の社会主義思想に触れる前に、日本の資本主義の成立史をおさらいしておきましょう。明治政府による「殖産興業《しょくさんこうぎょう》」のスローガンの下、富岡製糸場《とみおかせいしじょう》をはじめとした官営模範工場が作られ、それが1880年ごろから民間に払い下げられる形で財閥《ざいばつ》企業が形成されていきます。日清戦争前後になると、製糸・紡績業を中心に産業革命がおこりました。西洋からは100年ほど遅れて、日本にも資本主義経済が定着していくのです。資本主義につきものなのは貧富の差です。西洋同様、日本にも労働問題が発生しました。日本の繊維産業を支えていたのは女性の労働者、いわゆる女工《じょこう》（工女）です。資本主義勃興期の官営工場では士族の娘が高賃金で雇われていましたが、後の女工は農村からの出稼ぎで、低賃金・長時間労働を余儀なくされました。細井和喜蔵《ほそいわきぞう》［1897―1925］の『女工哀史《じょこうあいし》』*4の世界です。朝5時半に起き、6時までに朝食をとると、11時まで仕事です。15分の昼食を取ると再び17時まで働き、20分ほどの夕食を取ると、再び21時まで働きます。入浴した後、就寝するのは22時半……再び朝がやって来るのです。しかも工場と豚小屋のような寄宿舎を往復するのみで、寄宿舎の窓には逃亡させないための鉄格子《てつごうし》が嵌《は》められていました。それゆえ、火事の際に逃げられず焼け死んだという話が残っているほどです。戦後の日本国憲法に労働者の権利や、奴隷的拘束・苦役《くえき》からの自由が明記されている意味は大きいのです。1899年に出版された、毎日新聞記者・ジャーナリストの横山源之助《げんのすけ》［1871―1915］による東京の貧民のルポルタージュ『日本之下層社会《にほんのかそうしゃかい》』*5はそうした時代の貴重な証言です。職業別の賃金や暮らしぶり、収入と支出の内訳、さらに残飯《ざんぱん》の相場に至るまで詳細な数値データが掲載されています。1886年には日本で初めてのストライキである甲府雨宮製糸工場ストがおこるなど、待遇改善や賃金引き上げを要求する労働争議が頻発しました。

政府は１９００年に治安警察法を出し、それらを弾圧します。こうした労働争議を指導していたのは社会主義者たちでした。

キリスト教の立場から

片山潜《せん》［１８５９—１９３３］は、高野房太郎《ふさたろう》［１８６８—１９０４］と共に日本で初めての労働組合である労働組合期成会（１８９４年）を作りましたが、１９００年の治安警察法で解消を迫られます。片山は社会民主党や日本社会党の結成に加わった後、共産主義に転じ、社会主義者によるロシア革命が断行されたロシアに渡りました。そして、モスクワのコミンテルン（共産党の世界組織）で活躍しています。また、国外にあって日本共産党の結成を指導しました。片山は20代で訪れた米国でキリスト教徒となり、キリスト教の立場から社会主義者となった人物です。神の愛は無差別平等であるとするキリスト教と、社会主義の経済的平等の実現とは重なり合う部分があったのです。

同じく**安部《あべ》磯雄《いそお》**［１８６５—１９４９］もキリスト教人道主義の立場から社会主義者となった人物です。彼は同志社《どうししゃ》の出身で新島襄《にいじまじょう》［１８４３—１８９０］に洗礼を受け、幸徳秋水《こうとくしゅうすい》［１８７１—１９１１］や**木下尚江《きのしたなおえ》**［１８６９—１９３７］（キリスト教社会民主主義者）と共に日本初の社会主義政党である社会民主党（モデルはドイツ社会民主党）を結成しましたが（人類平等、軍備全廃、土地資本の公有化、治安警察法廃止、死刑廃止などを訴えました）、２日後に結社を禁じられています。国家公認の売春婦を廃止する廃娼運動にも関わり、日露戦争時には非戦論を唱えました。１９２４年には日本フェビアン協会を結成し、そこには文藝春秋社《ぶんげいしゅんじゅうしゃ》を作った菊池寛《きくちかん》［１８８８—１９４８］や平凡社を作った下中弥三郎《しもなかやさぶろう》［１８７８—１９６１］も加わりました。フェビアン協会は英国労働党の母体で、武力革命を否定し、議会制民主主義の下で漸進的に資本主義の弊害を改善していくという穏健な社会主義の立場です。ちなみに安部は野球を米国から持ち帰ったことでも知られており、早稲田大学野球部の初代部長にもなっています。

ワーキングプア問題を取り上げる

キリスト者・内村鑑三《かんぞう》［1861―1930］に感化された学者、**河上肇**《かわかみはじめ》［1879―1946］もいます。京都帝国大学教授となり、マルクス［1818―1883］の『資本論』の翻訳を行い、マルクス主義の経済学者として名を馳《は》せた彼ですが、大正デモクラシーの自由な気風の中、1916年に大阪朝日新聞に連載した『**貧乏物語**』が特に大きな話題を呼びました。格差社会化が進行する現代にも訴えかけるタイトルですが、実際そこで「はたらけど　はたらけど猶《なお》わが生活楽《くらしらく》にならざり　ぢっと手《て》を見《み》る」[6]（石川啄木《たくぼく》［1886―1912］）を引用しつつ、現代でいうところのワーキングプアの問題を扱っています。貧乏を「二十世紀における社会の大病」とした上で、河上は富者の奢侈《しゃし》ぜいたくを廃止する「人心の改造」（社会組織の改造よりも）を説いたのですが、[7] 資本主義を肯定した上で人道主義的解決を求めるこの立場は限界があるとみなされ、批判を受けることにもなりました。ただ、アダム・スミス［1723―1790］の『国富論』を引用しつつ、「自己の利益を追求するがままに放任し」「富の増加を計ることのみをもって……経済の使命」とするのは誤謬《ごびゅう》であると指摘し、現代経済組織が人心に及ぼす影響（個人主義、利己主義、拝金主義……）を説いた箇所などは現代でこそ説得力があります。[8] また、経済組織（下部構造）が思想精神（上部構造）を規定するというマルクスの論と似た東洋思想として、孟子［B.C.372―B.C.289］の「恒産《こうさん》なくして恒心《こうしん》なし」（衣食住が足りていなければ、道徳心もない）を紹介してもいます。[9] しかしそれは民衆の場合です。孟子は「恒産なくして恒心ある者は惟《ただ》士のみ能《よ》くするを為《な》す」（衣食住が足りていないのに道徳心があるものは、学問を修めた士である）とも言っていました。河上は「恒産なくして恒心ある」ところの「士」なるものを造り出して貧乏を解決しようとしたのです。[10]

『貧乏物語』は、36歳でシカゴ大学教授となり、ノーベル経済学賞の候補であったと目される宇沢弘文《うざわひろふみ》［1928—2014］[*11]を経済学に向かわせた一冊でもありました。シカゴ大学時代に新自由主義の経済学者フリードマン［1912—2006］と論争し、自由競争・市場原理の強調は格差の拡大を招くと批判したエピソードも知られていますが、国富の増大ではなく、一人一人を豊かにするための経済学を目指した宇沢と河上に、共通するものを感じずにはいられません。

天皇への直訴状を代筆する

日本の環境（公害）問題のルーツをたどると、足尾銅山《あしおどうざん》鉱毒事件に行き着きます。江戸時代までの日本に環境問題は存在しませんでした。しかし近代明治に入り、日本に資本主義経済が導入されると、過剰な生産活動の代償として、行き過ぎた自然破壊が始まるのです（理性をもった「個人」が社会の主人公となって自然を操作する、という機械論的自然観がもたらされたことが理由です）。公害問題のアクターは日本の産業革命の立役者だった財閥系企業です。1890年頃より古河《ふるかわ》財閥の足尾銅山の鉱毒が栃木県の渡良瀬川《わたらせがわ》流域に流れ出て、鮎《あゆ》が大量死し、木が枯れ、洪水が引き起こされました。そこで、栃木県選出の衆議院議員だった田中正造《しょうぞう》［1841—1913］が決死の覚悟で、明治天皇［1852—1912］の馬車に直訴《じきそ》しました。[*12] 結局警官に取り押さえられて失敗に終わるのですが、その後正造は無事に釈放されています。この直訴状を代筆したのが、当時、黒岩涙香《くろいわるいこう》［1862—1920］創刊のゴシップ誌・萬《よろず》朝報《ちょうほう》の記者で名文家だった**幸徳秋水**（本名・伝次郎《でんじろう》）です。ちなみに前述のキリスト教社会民主主義者の木下尚江は、天皇に慈悲を求める内容をよく思わなかったそうです。

幸徳秋水

幸徳は若くして自由民権運動に加わった後、18歳で中江兆民《なかえちょうみん》［１８４７―１９０１］の玄関番となり（「秋水」は『荘子』から兆民が取った号です）、兆民の説いた「恢復《かいふく》的民権」を継承して社会主義者となります。若い頃の2度の結婚は、2度とも結婚式の日に秋水の側から妓楼《ぎろう》に逃げ出す結末を迎えたようで、女中のような女や器量の悪い女を嫌がったためなのだといいます。これは全くもっていただけないエピソードです。

> わたくしはつぎのように断言するつもりである。今の社会問題解決の方法は、ただいっさいの生活機関を、地主・資本家の手からうばって、これを社会・人民の公有にうつすほかはない、と……地主・資本家なる徒手・遊食の階級を廃絶するのは、実に「近代社会主義」、一名「科学的社会主義」の骨髄とするところではないか。（『社会主義真髄』）*13

幸徳は「愛国心を経《たていと》とし、いわゆる軍国主義《ミリタリズム》を緯《よこいと》」*14とする帝国主義を批判する『**廿世紀《にじっせいき》之《の》怪物帝国主義**』（古代から世界史的にその害悪を指摘しています）、そして社会主義の理論書である『**社会主義神髄**』を著し、日露戦争時に非戦論を唱えました。萬朝報が日露戦争支持を打ち出すと、幸徳は**堺利彦《さかいとしひこ》**［１８７０―１９３３］や内村鑑三らと共に退社し、堺と共に平民社（『平民新聞』で非戦論を説きました）を設立しています。

ちなみに堺は日本初のマルクス主義者と言われており、１９０６年に日本社会党を結成し、１９２２年の日本共産党結成にも加わりました。その後山川均《ひとし》［１８８０―１９５８］や荒畑寒村《あらはたかんそん》［１８８７―１９８１］と共に雑誌『労農』を創刊しています。明治維新を不徹底なブルジョア革命とみなし、広範な民主主義的変革をともなう社会主義革命を目標とする彼ら労農派*15の立場は、戦後の日本社会党の源流になりました。

ところで、１９１１年におこった**大逆《たいぎゃく》事件**（**幸徳事件**）は、社会主義者弾圧がエスカレートする決定的な事件でした。天皇制*16に疑問をもった労働者・宮下《みやした》太吉《たきち》［１８７５―１９１１］が爆裂弾を作り、明治天皇暗殺計画を立てたのです。現人神《あらひとがみ》であるところの天皇に投げつけて血が流れれば、神ではなく人間であることが証明される……恐ろしいことを考えついたものです。宮下と共に疑いをかけられ逮捕された管野《かんの》スガ（スガ子）［1881―1911］（荒畑寒村の妻）は幸徳の愛人でした。宮下から暗殺計画を打ち明けられたものの当の幸徳は、自由思想（フリー・ソート）による天皇制の迷信からの解放を願っており、同意することはありませんでした。もっとも真剣な管野にほだされて、心が動いたことはあったようです。結局、宮下と共に計画に加わった管野や新村忠雄《にいむらただお》［1887―1911］（幸徳の書生）と同じ平民社を根城にしていた幸徳です。証拠は薄弱だったにも関わらず検挙され、大逆罪で起訴されたのちに死刑となってしまいました。この機に乗じて検挙された社会主義者・無政府主義者は数百人に及び、死刑になったのは幸徳含めて12名でした。

「時代閉塞の現状」

石川啄木

歌人の**石川啄木**は、1910年にこの不穏などんずまりを「時代閉塞の現状」（東京朝日新聞に掲載しようとして拒否された未発表の評論のタイトル）と表現しています。啄木は文学思潮としての自然主義が、強権を振りかざす国家と対峙せず、あいまいな態度に終始している現状に苛立ちを感じていました。文中に、「「未来」を奪はれたる現状に対して」、人々がすがろうとする「元禄時代《げんろくじだい》に対する回顧」*17をやめるよう説く箇所があります。江戸の元禄時代は経済的繁栄を謳歌した時代で、戦後の高度経済成長が「昭和元禄」と謳われたことなども思い起こしてしまうのです（高度経済成長やオリンピックに過剰なノスタルジーを抱き、それにすがろうとする現代の日本人の思考回路は20世紀初頭とあまり変わりがないということです）。これらは、評論執筆同年の韓国併合を「地図の上朝鮮国《てうせんこく》にくろぐろと墨《すみ》をぬりつゝ秋風を聴く」*18（日本は夏から秋、そして軍靴の響く冬の時代に入っていく、ということです）と文学的に表現した彼らしい、時代を察知する感覚の鋭さだと思います。その後、1923年の関東大震災の混乱に乗じた民間の自警団による朝鮮人の虐殺、憲兵隊によるアナーキスト大杉栄《さかえ》［1885—1923］と妻の伊藤野枝《のえ》［1895—1923］の虐殺事件（甘粕《あまかす》事件）なども起こりました。

英国のパンク・バンド、セックス・ピストルズに「アナーキー・イン・ザ・UK（Anarchy in the UK.）」という曲がありました。**アナーキズム**［anarchism］とは**無政府主義**のことです。岩波の『哲学・思想事典』には「人間の人間に対する一切の強制的権威を否認する思想的系譜」とあります。社会主義・共産主義とも共通項がありますが、自由を重んじている点が特徴的です。もともとアナーキズムには無秩序、といった否定的な意味合いがありましたが、近代に差し掛かると支配からの自由を目指すユートピア思想として訴えられるようになるのです。例えば**ピエール・ジョゼフ・プルードン**（Pierre-Joseph Proudhon）［1809—1865］は、私的所有権を否定しつつ、共産制も斥《しりぞ》けましたし、プルードンとマルクスに触れて、第一インターナショナルに参加したミハイル・バクーニン（Mikhail Bakunin）［1814—1876］はマルクスが主張するプロレタリア独裁の権威主義を批判し、国家の廃止を説いています。幸徳は米国亡命中にアメリカ社会党に入党し、労働者の直接行動を重んじる急進的なアナルコサンディカリスムの影響を受けました。選挙に労働者の代表を送り込むという穏健な目標に代わり、議会を否定し、労働者による直接行動を求めました。また**ピョートル・クロポトキン**（Pyotr Kropotkin）［1842—1921］の著書に触れて、社会主義のあとに無政府主義（アナーキズム）が到来すると考えていたようです。**大杉栄**もアナルコサンディカリスムに触れて幸徳を支持します。幸徳が大逆事件で処刑された後は、マルクス主義者との間でアナ・ボル（アナルコサンディカリスム／ボルシェビズム）論争――自由連合か、中央集権か――を繰り広げました。

大杉は子ども好きだったようで、子どもに「自由」と「生」を見ていたといわれます。彼の『自叙伝』は彼の文才や自己開示の妙もあって、抜群に面白いです。軍人の父に倣って陸軍幼年学校に入るも、男社会にあって稚《ち》児《ご》趣味《しゅみ》（男色《だんしょく》）に走って罰せられたことや、吃音《きつおん》のせいで不適応になり、放校になってしまったこと（以後、反軍思想は一貫していましたが、結局憲兵隊に虐殺されました）などが綴られています。[*19] 前述の足尾銅山鉱毒事件、そして萬朝報で幸徳秋水の社会主義思想に触れると平民社を訪ね、活動に加わっていったのです。

　現在までアナーキズムは様々なバリエーションを生んでいますが、資本主義や社会主義の欠点が明らかになった今、それらのオルタナティブとして見直される動きもあります。米国を代表する哲学者・言語学者のノーム・チョムスキー（Noam Chomsky）［1928— ］もアナーキストを自称している一人です。

注

＊1　1957年に世界初の人工衛星スプートニク1号をソ連が打ち上げると、米国もアポロ計画で1969年に月面着陸を成功させ、それに対抗した。費用に比してそれほど得るものがないため、1972年を最後に人類は月に行っていない。
＊2　英国の哲学者・政治家エドマンド・バークが保守思想の父といわれる。
＊3　レイモンド・ウィリアムズ『完訳キーワード辞典』（椎名美智・武田ちあき・越智博美・松井優子訳、平凡社、2002年）。
＊4　細井和喜蔵『女工哀史』（岩波書店、1954年）。
＊5　横山源之助『日本の下層社会』（岩波書店、1949年）。
＊6　石川啄木『一握の砂』（ほるぷ出版、1978年）。
＊7〜10　河上肇『貧乏物語』（岩波書店、1947年）。
＊11　宇沢は自然環境（大気・森林・河川・水・土壌など）、社会的インフラストラクチャー（道路・交通機関・上下水道・電力・ガスなど）、制度資本（教育・医療・司法・金融制度など）に大別される「一つの国ないし特定の地域に住むすべての人々が、ゆたかな経済生活を営み、すぐれた文化を展開し、人間的に魅力ある社会を持続的、安定的に維持することを可能にするような社会的装置」を社会的共通資本と定義し、それらを官僚的基準により適切に管理・維持せず、市場競争に任せることがあってはならない、とした（宇沢弘文『社会的共通資本』岩波書店、2000年）。
＊12　直訴した後に、渡良瀬川下流に村ごと沈める形で遊水地を作る対策がとられた。沈められることになった村は公害運動の拠点、谷中村だった。
＊13　幸徳秋水『社会主義真髄』（『日本の名著44』）（神崎清訳、中央公論社、1984年）。
＊14　幸徳秋水『二十世紀の怪物　帝国主義』（『日本の名著44』）（神崎清訳、中央公論社、1984年）。
＊15　日本共産党（第2次）を支えた講座派（岩波書店の『日本資本主義発達史講座』の執筆陣）と日本資本主義論争を展開し、戦前日本のマルクス主義者は二分された。講座派によれば明治維新は不十分な革命であり、封建的絶対主義の再編だとみなされた。よってブルジョア民主革命を起こした後に、

社会主義革命を起こすという二段階革命が必要だと考えられた。講座派の主張は戦後の日本共産党に引き継がれる。

＊16　「天皇制」はもともと、マルクス主義者が前近代的な身分制度として批判する文脈で用いた語である。マルクス主義者は唯物論者（精神より物質を根源的実在とする）であったため、人間の精神が生み出した神（例えば天皇の祖先である天照大神）を信じていなかった。また、前近代的な封建的身分である天皇は、社会の不平等の原因であるとみなされた。

＊17　石川啄木『時代閉塞の現状（強権、純粋自然主義の最後及び明日の考察）』（『石川啄木全集　第四巻　評論・感想』）（筑摩書房、1980年）。

＊18　石川啄木『創作　明治四十三年十月短歌号（第一巻第八号）』（『石川啄木全集　第一巻　歌集』）（筑摩書房、1978年）。

＊19　大杉栄『自叙伝・日本脱出記』（飛鳥井雅道校訂、岩波書店、1971年）。

21章　国粋主義

欧化政策への反動

江戸時代の朱子学・陽明学・古学派が中国思想に偏重していたことへの反動とされるのが国学です。一方、明治時代における極端な欧化政策・西洋思想への反動とされるのは**国粋主義**《こくすいしゅぎ》です。これもある種のナショナリズムでしょう。「国粋」とは「ナショナリティ［nationality］」の訳語です。国粋主義はややもすると、「日本はスゴイ」といったエスノセントリズム（自民族中心主義）や、「外国人を追い払え」といった排外・差別主義に傾斜する可能性をもち合わせています。長らく不況が続き、グローバル経済を生き残れるのか、その自信を失いかけた日本で「日本人のココがスゴイ」といったテレビ番組が氾濫している現状は少々気にかかります。

国粋主義の先駆は明六社《めいろくしゃ》の同人だった**西村茂樹**《しげき》［1828—1902］です。明六社というと西洋の啓蒙思想を普及させた学術団体、というイメージがあります。その明六社で漢字廃止を主張するほどの開明性をもっていた彼が国粋主義者になる、という思想の振れ幅は実に興味深い部分です。*1

少々話は逸れますが、西洋かぶれの日本のエリートが海外留学して、語学力や発音を馬鹿にされたり、一人でバーに入れなかったりすると、帰国後ナショナリストになる、という典型的なパターンがあります。*2 コンプレックスの裏返しでもありますが、海外に行くことで自らの国民性を過剰に意識させられるということでしょう。日本のポピュラー音楽シーンにおいて、シンガー・ソングライターの長渕剛《ながぶちつよし》［1956— ］が1990年代初頭に米ロサンゼルス・レコーディングを経験し、『JAPAN』というアルバムをリリースしたことや、フォークシンガーの岡林信康《おかばやしのぶやす》［1946— ］が海外で、「あなたの音楽はボブ・ディランの真似事だ」と指摘され、日本のダンス・ミュージックである「音頭《おんど》」に回帰していったことなども思い出されます。

教育勅語

西村茂樹は儒教を日本の伝統とし、そこに西洋思想を取り入れた**国民道徳**を主張しました（日本の伝統を殊更に強調する保守派が、今も儒教という中国道徳を賛美しているのは何だか不思議な気もします）。西村は戦前の学校の道徳にあたる修身科の設置にも力を尽くし、国民道徳の振興団体・日本弘道館を設立した人でもあります。国民道徳は戦前の教育基本法である**教育勅語**《ちょくご》（教育ニ関スル勅語）の発布《はっぷ》（1890年）を後押ししました。「朕惟《ちんおも》フニ我《わ》カ皇祖皇宗國《こうそこうそうくに》ヲ肇《はじ》ムルコト宏遠《こうえん》ニ……」と始まる教育勅語は、儒学者の元田永孚《もとだながざね》［1818—1891］と井上毅《こわし》［1844—1895］らの起草によるものです。大日本帝国憲法では天皇の統治権は「憲法《けんぽう》ノ条規《じょうき》ニ依《よ》リ之《これ》ヲ行《おこな》フ」（第4条）と規定されており、信教の自由（第28条）（ただし「安寧秩序《あんねいちつじょ》ヲ妨《さまた》ケス及臣民《およびしんみん》タルノ義務《ぎむ》ニ背《そむ》カサル限《かぎり》ニ於《おい》テ」）や言論の自由（第29条）（「法律《ほうりつ》ノ範囲内《はんいない》ニ於《おい》テ」という留保つき）といった臣民《しんみん》（「国民」ではなく「天皇にお仕えする民」）の権利も一部認められていました。そうなると大日本帝国憲法制定にも関わった井上は法制局長官として、立憲主義に基づき憲法との整合性を保ちつつ、臣民の良心の自由にいかに介入するかという点に苦慮することになります。そこで天皇が与えたお言葉（勅語）という形式を取り、臣民がその天皇のお言葉に自発的に共鳴するようにさせたのです。今でも教育勅語を単なる道徳だと信じて疑わない人がいて困ってしまうのですが（2017年に安倍晋三内閣は、戦後国会で失効が確認された教育勅語を憲法や教育基本法に反しない形で教材として使用することを認める閣議決定を行いました）[*3]、井上が一応立憲主義も考慮に入れつつ起草したという点は、記憶しておいてよいでしょう。

教育勅語には、儒教に基づく親孝行・兄弟仲・夫婦の和・朋友の信・学問修行・法令遵守といった天皇の忠臣として守るべき道徳が列挙されています。ここまでは儒教的・保守的であるにせよ、悪い徳目には思えないかもしれません。しかし徳目の最後には、「一旦緩急《いったんかんきゅう》アレハ義勇公《ぎゆうこう》ニ奉《ほう》シ以《もっ》テ天壌《てんじょう》無《む》窮《きゅう》ノ皇運《こううん》ヲ扶翼《ふよく》スヘシ」とあり、皇国の危機にはお国のために尽くせ（つまり、兵役の義務に従って国のために犠牲を省みない＝身を投げて死ね）…と説かれていたのです。何のための親孝行・兄弟仲・夫婦の和・朋友の信・学問修行・法令遵守だったのかは一目瞭然です。もちろん天皇や皇国に奉仕する「臣民」は、士農工商の区別なく平等であるとされました。庶民には心情的にもナショナリスティックな高揚感があったはずです。ここにはいわゆる水戸学由来の「**忠孝一致**」（忠と孝はどちらかが優先するのではなく同等）の思想（教育勅語において忠孝の道は「國體《こくたい》ノ《の》精華《せいか》（＝天皇中心の国家体制の優れた本質）」であり「教育ノ《の》淵源《えんげん》」であるとされました）や「**忠君愛国**」「一君万民」の精神が見て取れます。とりわけ忠という徳目は重要視されました。本来中国の儒教では忠よりも孝が重視されていたわけですが、日本ではそのバランスが変わり、帰らぬ主人の帰りを待ち続けた犬までもが「忠犬ハチ公」として美化されていくのです。家族より会社、育休は取りたいけれど取れない……という日本的発想はこの辺りに由来するといえます。

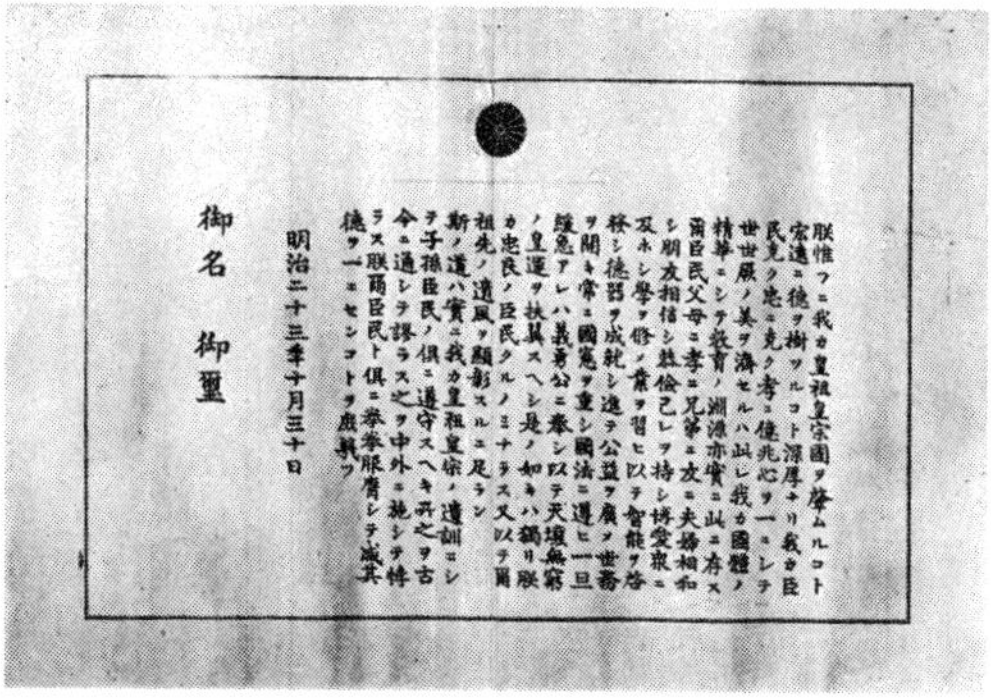
朕惟フニ我カ皇祖皇宗國ヲ肇ムルコト宏遠ニ德ヲ樹ツルコト深厚ナリ我カ臣民克ク忠ニ克ク孝ニ億兆心ヲ一ニシテ世世厥ノ美ヲ濟セルハ此レ我カ國體ノ精華ニシテ教育ノ淵源亦實ニ此ニ存ス爾臣民父母ニ孝ニ兄弟ニ友ニ夫婦相和シ朋友相信シ恭儉己レヲ持シ博愛衆ニ及ホシ學ヲ修メ業ヲ習ヒ以テ智能ヲ啓發シ德器ヲ成就シ進テ公益ヲ廣メ世務ヲ開キ常ニ國憲ヲ重シ國法ニ遵ヒ一旦緩急アレハ義勇公ニ奉シ以テ天壤無窮ノ皇運ヲ扶翼スヘシ是ノ如キハ獨リ朕カ忠良ノ臣民タルノミナラス又以テ爾祖先ノ遺風ヲ顯彰スルニ足ラン

斯ノ道ハ實ニ我カ皇祖皇宗ノ遺訓ニシテ子孫臣民ノ俱ニ遵守スヘキ所之ヲ古今ニ通シテ謬ラス之ヲ中外ニ施シテ悖ラス朕爾臣民ト俱ニ拳拳服膺シテ咸其德ヲ一ニセンコトヲ庶幾フ

明治二十三年十月三十日

御名　御璽

教育勅語

今手元に1918年文部省発行の国定修身教科書（『尋常小学修身書　巻一』）[*4]があるのですが、その中には「テンノウ　ヘイカ　バンザイ。」というページがあります。これで一体どんな授業をしていたのでしょうか。あるいは「キグチコヘイ　ハ　テキ　ノ　タマ　ニ　アタリマシタ　ガ、シンデモ　ラッパ　ヲ　クチ　カラ　ハナシマセン　デシタ。」という日清戦争時の英雄談も掲載されています。もう一冊『尋常小学修身書　巻四』[*5]には冒頭に教育勅語が印刷され、「明治天皇」「靖国神社」「皇室を尊べ」「孝行」「兄弟」「勉強」「克己」「忠実」「規律」「自立自営」「礼儀」「国旗」「祝日・大祭日」「法令を重んぜよ」「公益」「よい日本人」などの項目が並んでおり、おおよそ内容が想像できるのではないかと思います。すでに見てきた通り、大逆事件（幸徳事件）（1910～11年）に始まり天皇機関説事件（1935年）に至ると、それを排撃する国体明徴声明《こくたいめいちょうせいめい》に基づく運動がおこり、国家が国民の内面に侵入する思想統制が進みます。1937年には国体論の国定指導書である「国体の本義」が学校に配布されています。政治学者の姜尚中《カンサンジュン》〔1950―　〕によれば、1930年代には「聖旨《せいし》」「国体」「皇道」「御稜威《みいつ》」「大御心《おおみこころ》」といった空疎な国体語が氾濫し、「茫漠としたコノテーション」（「コノテーション」は松浦寿輝《ひさき》〔1954―　〕からの引用で「潜在的意味」の意）こそが国体の魔力でもあったとしています。[*6]しかしそれを用いた支配層も、「敗戦にいたるまで「国体」の究極的な「奥義」が皆目《かいもく》わからなかった」[*7]というのです。手元に、日本の植民地支配下にあった朝鮮の日本語雑誌「東洋之光《とうようのひかり》」があるのですが、1939年の創刊号には神道学者で当時國學院大學《こくがくいんだいがく》長だった河野省三《こうのせいぞう》〔1882―1963〕の『大和心《やまとごころ》の特色』という文章があります。河野は日本民族の信念を認識するには大和魂《やまとだましい》、大和心の理解が必要だ、としながらも、「大和心はどういふ心かと云《い》ふと、分《わか》つて居《い》るやうで、その實《じつ》わからない」と正直に書いています。本居宣長《もとおりのりなが》〔1730―1801〕の敷島の歌を引きながら何とか説明を試みるのですが、まことに要領を得ず、これがまさに「茫漠としたコノテーション」と言えるものでしょう。わからないくせに「富士山を見ると何時も大和心を思ひ《い》出す。大和心に富士山を以《もっ》て表象とし、富士山を思ふと自ら我が國《こく》體《たい》感が湧いて来る」と文章を締めくくっています。「美しい国、日本」にも共通する、空疎な言葉の用例です。

　国家総動員体制の国策プロパガンダの類も本当に衝撃です。「一億玉砕《ぎょくさい》」なんていう勇ましいものが特に有名ですが、「アメリカ人をぶち殺せ」という笑えないものやら、大日本帝国の勢力圏内で通用する英語は日本語の一方言……などと言う失笑必至の解釈まで飛び出す始末でした。*8 こうした戦前の軍国主義日本のムードや、国際連盟脱退後の日本（および同盟国のドイツとイタリア）が国際社会からどう見られていたのかを例えるならば、現在の北朝鮮のようだった、と言えばわかりやすいかもしれません。もちろん社会主義国の北朝鮮と当時の日本は経済体制も全く異なっていたわけですが、国営・朝鮮中央テレビのアナウンサーの気張った抑揚と、戦前日本の出《で》鱈目《たらめ》ばかりの「大本営発表《だいほんえいはっぴょう》」を重ね合わせてみてもいいでしょう。日本は朝鮮半島を1910年から1945年まで植民地支配していたことを思い出してみて下さい。現在の北朝鮮は、良くも悪くも、戦前日本をモデルにしている部分があるのです。*9

「日本」「日本人」

1888年に**志賀重昂**《しがしげたか》［1863―1927］（日本の自然・景観を讃美した『**日本風景論**』の著者）や妖怪研究で有名な哲学者・井上円了《えんりょう》［1858―1919］（東洋大学の前身・哲学館の創立者）、島地黙雷《しまじもくらい》［1838―1911］（浄土真宗の近代化に努めました）らと政教社を設立して、雑誌『**日本人**』を発行し、国粋主義を主張した**三宅雪嶺**《みやけせつれい》［1860―1945］もいます。著書『**真善美日本人**』はよく知られています（東洋哲学は西洋哲学に劣らない、と考えていた彼は、西洋人に比べて体躯《たいく》の劣る日本人には智力がある、などと述べています）。*10 夏目漱石《なつめそうせき》［1867―1916］も自身の講演で話題にした『日本及日本人』は雑誌『日本人』と**陸羯南**《くがかつなん》［1857―1907］が発行した新聞『**日本**』を経営難により合併したものです。陸羯南は条約改正のための欧化主義や天賦人権論を批判し、日本国家は臣民ではなく国民からなるとする**国民主義**（「天下は天下の天下なり」を引用し、国民統一と公共の利益を説きました）を唱えています。*11 ちなみに『日本人』は西欧輸入の産業資本主義により生じた労働弱者の問題を扱ってもいます。これが当時の国粋主義者の一般的立場です（しかしこうしたリベラリズムを内包したナショナリズムが、日清・日露戦争を通じて、外圧による被抑圧者としての意識から対外膨張主義・国家主義に転じていくのです）。

作家・徳冨蘆花《とくとみろか》［１８６８―１９２７］の兄だったジャーナリスト**徳富蘇峰**《とくとみそほう》（**猪一郎**《いいちろう》）［１８６３―１９５７］は「天保《てんぽう》ノ老人《ろうじん》」に代わる「明治《めいじ》ノ青年《せいねん》」の主張を雑誌**『国民《こくみん》之《の》友《とも》』**＊12を通じて訴えました。彼の説く**平民主義**は貴族的欧化主義ではなく、一般大衆（「田舎紳士」）からの平民的欧化主義を説くもので、国粋主義と共に思想の二大潮流をつくりました。蘇峰はこの時点では国外に対する平和主義を説いてもいました。そんな彼も日清戦争に勝利した後、三国干渉で遼東《リャオトン》半島の返還を余儀なくされると、その悔しさから国家主義・軍備増強による対外膨張主義者（『大日本膨張論』）に転じます（返還決定時に遼東半島に滞在していました）。平民主義者から帝国主義者へ……徳富蘇峰が「変節漢」として語られるゆえんです。新時代の新しい国民を創生するナショナリズムが、対外的な危機意識を背景に天皇制国家主義的ナショナリズムへと変容していった……日本のナショナリズムの有り様を振り返る上で示唆的です。徳富蘇峰は満州事変以後は軍部に全面協力したため、戦後はＡ級戦犯容疑者となり、公職追放を受けています。

アジアは一つ

茶の原理は普通いわれている意味でのたんなる審美主義ではない。というのは、茶道は、倫理や宗教とともに、人間と自然についてのわれわれのいっさいの見解をそこに表現しているからである。茶道は清潔をむねとするがゆえに衛生学であり、複雑でぜいたくなもののうちよりは簡素なもののうちに充足があると教えるがゆえに経済学であり、また宇宙空間にたいするわれわれの比例感を定義するがゆえに精神幾何学でもある。茶道は、すべての愛好家を趣味のうえで貴族にすることによって東洋民主主義の真髄《しんずい》をあらわしている。（『茶の本』）[13]

外国の方に日本文化を紹介する際にお勧めできるのが**『茶の本**（**The Book of Tea**）**』**です。美術評論家・思想家の**岡倉天心**《おかくらてんしん》（**覚三**《かくぞう》）［1862―1913］の著書です。岡倉は英語に堪能で、『茶の本』も英文で書かれました。ここには西洋に対する東洋、ないし日本の優越性や自信も読み取れるでしょう。岡倉は、海外で紋付羽織《もんつきはおり》の和装で通しながらも、「破調《ブロークン》の語学で和服を着て歩くことは、はなはだ賛成しがたい」[14]と話していたそうです。海外で意思疎通が自由になる位に英語を操れるようになってから、日本人としてのアイデンティティを主張するべきだ、と考えていたのでしょう。岡倉が米国で、「お前たちは何ニーズだ？ チャイニーズか、ジャパニーズか、ジャワニーズか？」とからかわれた際、「お前たちこそ何キーだ？ ヤンキーか、ドンキーか、モンキーか？」と英語ですかさず切り返した、というエピソードからも、日本人として対等に自己主張せんという意識がうかがえます。

岡倉天心

岡倉はお雇い外国人**アーネスト・フェノロサ**（Ernest Fenollosa）［1853―1908］と共に日本の仏教美術の調査を行っています。極端な欧化政策や廃仏毀釈《はいぶつきしゃく》により二束三文《にそくさんもん》の扱いを受けていた日本の美術品を評価した功績は大きいでしょう。法隆寺夢殿《ほうりゅうじゆめどの》の秘仏・救世観音像《ぐぜかんのんぞう》を開扉《かいひ》した際は、祟《たた》りを怖れた僧が逃げ出したという話もありました。また岡倉は、東京美術学校（東京芸術大学の前身）の設立にも関わっています。

それにしても、現在に至るまで日本の美術・アート作品が西欧で独自の評価を得ているのは興味深いところです。今まで見てきたように、中国の影響下にある東アジア文化圏の片隅に位置してきた日本文化全般は、オリジナルと呼べるレベルの個性をもたないものも正直多いのですが、浮世絵からマンガ、アニメーション、フィギュアなどの造形に至るアート作品はジャポニズムとして括《くく》られる圧倒的な個性や美学を持ち得ているように思います。とはいえ日本のオタク文化を構成するアニメーション、ＳＦ、コンピューターゲームなどは戦後のアメリカニゼーションの産物であるというねじれもあるのですが[*15]。

> アジアは一つである。ヒマラヤ山脈は、二つの偉大な文明――孔子の共産主義（コミュニズム）をもつ中国文明と『ヴェーダ』の個人主義をもつインド文明を、ただきわだたせるためにのみ、分かっている。しかし、雪をいただくこの障壁でさえも、究極と普遍をもとめるあの愛のひろがりを一瞬といえどもさえぎることはできない。この愛こそは、アジアのすべての民族の共通の思想的遺産であり、彼らに世界のすべての大宗教をうみだすことを可能にさせ、また彼らを、地中海やバルト海の沿海諸民族――特殊的なものに執着し、人生の目的ではなく手段をさがしもとめることを好む民族――から区別しているものである。（『東洋の理想――とくに日本美術について』）[*16]

岡倉はインド旅行中に、詩人タゴール〔1861―1941〕の次兄の家でインドの革命青年と交流し、彼らへのシンパシーから1902年に『**東洋の目覚め**（The Awakening of the East）』を書き上げます。それは欧州の帝国主義に対して、アジアが一丸となって立ち上がることを説く内容でした。さらに1903年に『**東洋の理想――とくに日本美術について**（**The Ideals of the East, with Special Reference to the Art of Japan.**）』を書き、冒頭で「**アジアは一つである**（**Asia is one.**）」と謳い、この言葉がインドの革命家を鼓舞することになります。しかし、アジアの様々な文化を吸収し、それが最良の形で保持されているのが日本だとするその主張は、1930年代になり軍国主義の風潮が強まると、日本のアジアの植民地化を聖戦として正当化する大東《だいとう》亜《あ》共栄圏《きょうえいけん》（東アジアが共に栄えるブロック経済圏）のスローガンとして利用されることになってしまいました。これは、岡倉の本意ではなかったと思います。

国家主義

国家主義は、国家は個人に優越するとする思想です。これは近代国家にみられるナショナリズムの一つの形です。幕末水戸学の国体論に始まり、明治初期には**国権論**（**民権論**）が主張され、日清・日露戦争で定着します。すでに紹介した国粋主義はそうした国家の特質を万世一系《ばんせいいっけい》の天皇を戴く国柄《くにがら》（国の成り立ち・文化）に求めていました。

ところで、日清戦争に勝利して国家主義の傾向が強まると、若者の中で個人の内省が始まります。人生の意味とは、自己とは何だろうか、立身出世に何の意味があるのか……そうした煩悶《はんもん》青年の代表格が藤村操《みさお》［1886―1903］です。旧制一高の学生だった藤村が日光・華厳《けごん》の滝に身を投げた事件は世間に衝撃を与えました。当時一高で教鞭《きょうべん》を執っていた夏目漱石に叱責された直後であったという話もあります（漱石は以後、神経衰弱に悩まされました）。岩波書店の創業者・岩波茂雄《いわなみしげお》［1881―1946］も年上ではありましたが、直近の友人として精神的な大打撃を受けています（創業の翌年に漱石の『こころ』を刊行し、以後多くの哲学書を世に送り出しています）。藤村の遺書「巌《がん》頭之感《とうのかん》」には「……ホレーショの哲學《てつがく》竟《つい》に何等《なんら》のオーソリチィーを價《あたい》するものぞ、萬有《ばんゆう》の眞相《しんそう》は唯《た》だ一言にして悉《つく》す、曰《いわ》く「不可解」……」とありました。いまだに年配の高校教員で、哲学科を志望する生徒を前にして、「華厳の滝みたいにならないように注意しろよ」なんてことを言う人がいますが（もちろん「冗談」ですから目くじらを立てないでください）、「哲学をやると精神的に思い詰める」……という誤った偏見を形成したエピソードでもあるように思います。

大正時代になると、盛んになった社会主義運動に対し、国家の力で資本主義の弊害を改善し、社会主義を実現させようとする反共の国家社会主義が登場します。1932年の五・一五事件に武器や資金を提供することになる大川周明《しゅうめい》［1886―1957］がその代表格です。この大川のエピソードからもわかる通り、昭和の時代に入ると、万世一系の天皇を戴く皇国日本が世界を支配するという**超国家主義**（**ウルトラナショナリズム**）が発展していきます。対内的には個人の自由を蔑《さげす》み、国家への忠誠を求める全体主義をしき、対外的には自民族中心主義・排外・侵略主義を取る……という、いわゆる日本のファシズム思想です。

北一輝《きたいっき》［1883―1937］は1923年に『**日本改造法案大綱**《にほんかいぞうほうあんたいこう》』を著して、憲法の停止（「天皇大権の発動によりて三年間憲法を停止し両院を解散し全国に戒厳令を布く」）[17]や天皇と国民を隔てている華族制、そして西洋直輸入のデモクラシーの解体をもくろみます（「華族制を廃止し、天皇と国民を阻隔し来《きた》れる藩屏《はんぺい》を撤去して明治維新の精神を明《あきらか》にす」「「デモクラシー」はまったく科学的根拠なし……国家の元首が売名的多弁を弄《ろう》し下級俳優のごとき身振を晒《さら》して当選を争う制度は、沈黙は金なりを信条とし謙遜《けんそん》の美徳を教養せられたる日本民族にとりては一に奇異なる風俗として傍観すれば足る」）[18]。その他にも、国民の普通選挙、労働者の権利、国民の生活権利を認め、財閥解体や農地改革といった戦後GHQの経済の民主化の先を行く提言も含まれていました。その一方で、国民一家の私有財産を「一百万円」に限り、超過分は国有とされ、もし違反した場合は死刑に処すとも言いました。これらは北の「天皇は国民の総代表」[19]という考えによるものです。国民は天皇と共に一体となり、国家を構成するのです。

この国家社会主義的思想は、昭和維新を旗印に天皇親政を実現するクーデターを引き起こしました。1936年の二・二六事件です。これは今でいえば、自衛隊の一部が武器をもって暴走し、首相官邸から順に閣僚を襲撃していった……とでもいうような、恐ろしい事件でした。陸軍の青年将校[20]は企図した通り、天皇と国民を隔てているとされた政党内閣の閣僚を襲い、大蔵大臣の高橋是清《これきよ》［1854―1936］ら4人が殺されます。北は理論的指導者としての責任を問われて銃殺刑に処されますが、日本は以後完全に軍国主義へと舵《かじ》を切っていくことになります。[21]

日本主義・東洋主義乃至アジア主義・其他々の「ニッポン」イデオロギーが……大量的に生産され、夫が言論界や文学や科学の世界にまで浸み渡り始めたのは、確かにこの二三年来である。ドイツに於けるヒトラー独裁の確立、オーストリアに於ける国粋運動、ムッソリーニのオーストリアに対する働きかけ、アメリカ独自のローズヴェルト産業国家統制、それから満州国建国と皇帝の登極、そしてわが愛する大日本帝国に於ける陸続として断えない国粋強力諸運動。こうした国際的一般情勢の下に立つことによって初めて、日本は最近特に国粋的に扇情的になったわけであった。（『日本イデオロギー論』*22）

治安維持法違反で特別高等警察（特高《とっこう》）に捕らえられ、栄養失調により終戦直前に獄死した哲学者で唯物論者の**戸坂潤**《とさかじゅん》［1900―1945］、そして治安維持法容疑者をかくまったかどで終戦直後に獄死した**三木清**《みききよし》［1897―1945］はそうしたファシズム国家に抵抗した人物です。

戸坂潤は1935年に著した『日本イデオロギー論』で、おおよそ科学的とは言えない唯心論的な歴史認識に基づく国粋主義的「ニッポンイデオロギー」の大氾濫を、同時代的な世界情勢と連動するものとして捉えていました。さらに、「ニッポンイデオロギー」は「如何にももっと尤もらしく意味ありそうなポーズを示す、処が実はその内容に這入って見ると殆ど全くガラクタで充ちているのである」*23と、その浅薄な本性を見破ってもいたのです。日本の通ってきた道を知れば知るほど、2000年代半ばに突如として蘇った「ニッポンイデオロギー」の氾濫に既視感を覚えずにはいられませんでした。

ハイデッガー［1889―1976］にも学んだ三木清の本は『人生論ノート』をはじめ戦後もよく読まれました。ちなみに私の祖父は太平洋戦争末期に召集令状が来て、訓練中に終戦を迎えました。「人を殺さずに帰って来られて良かった」と幼い私にしばしば話してくれたのを覚えています。私が教員になって間もない頃は、「戦争体験を聞いたことがありますか」と生徒に尋ねると「曾祖父母から聞いたことがあります」という答えが結構多く返ってきました。それでも年を追うごとに少なくなり、今年は学年全体でたったの2人でした。戦争体験者も90代になり、日本社会そのものがもつ「戦争の記憶」がおぼろげになりつつあることに、大きな危機感を覚えています。

数年前に亡くなった祖父の本棚に、三木清の本があったことなども忘れられないのです。

注

＊1　同じく明六社の同人だった加藤弘之（東京帝国大学の初代学長だった）も初期は天賦人権論を唱えていたが、社会進化論の影響で民権思想を批判し、国権論に傾斜した。
＊2　姜尚中・森巣博『ナショナリズムの克服』（集英社、2002年）。
＊3　神話上の人物である神武天皇の即位日・紀元節が1968年に「建国記念の日」として復活したことを受けて、1968年告示（1971年度実施）の小学校社会科学習指導要領に神話の教育的活用が盛り込まれた前例もある。
＊4　文部省『復刻版　尋常小学修身書　巻一』（ノーベル書房、1970年）。
＊5　文部省『復刻版　尋常小学修身書　巻四』（ノーベル書房、1970年）。
＊6〜7　姜尚中『ナショナリズム』（岩波書店、2001年）。
＊8　早川タダノリ『神国日本のトンデモ決戦生活』（筑摩書房、2014年）。
＊9　宮塚利雄・宮塚寿美子『北朝鮮・驚愕の教科書』（文藝春秋、2007年）に掲載されている北朝鮮の教科書を見ると、明らかに戦前日本の修身教科書を下敷きに作られていることがわかる。
＊10　三宅雪嶺『真善美日本人』（『日本の名著37』）（中央公論社、1971年）。
＊11　鹿野政直は弘前出身の陸羯南《くがかつなん》と金沢出身の三宅雪嶺を「〝裏日本〟の思想」と評した。彼らは中央・藩閥本位の近代化の陰で弱者が自立して生きられる近代化を構想したのであり、世界史上でいえば「のしかかってくる欧米列強ないし欧米資本主義にたいし、日本ないしアジアの自立性をまもりつつ、それを近代世界に生かし発展させてゆくみちをさぐる」所に羯南の国民主義の原点があった（鹿野政直『ナショナリストたちの肖像』）（『日本の名著37』中央公論社、1971年）。
＊12　中江兆民、植木枝盛から新渡戸稲造、内村鑑三、片山潜、森鷗外、二葉亭四迷、坪内逍遥、尾崎行雄……などの執筆陣を抱え、明治20年はじめには一万部を超える発行部数を誇った（鹿野政直『近代思想案内』岩波書店、1999年）（『日本の名著40』中央公論社、1971年）。
＊13　岡倉天心『茶の本』（『日本の名著39』）（森才子訳、中央公論社、1970年）。

＊14　色川大吉『東洋の告知者天心――その生涯のドラマ』（『日本の名著39』）（中央公論社、1970年）。
＊15　東浩紀『動物化するポストモダン』（講談社、2001年）。
＊16　岡倉天心『東洋の理想――とくに日本美術について』（夏野広・森才子訳、中央公論社、1970年）。
＊17〜19　北一輝『日本改造法案大綱』（中央公論新社、2014年）。
＊20　北は「天皇＝国家の明治国体論に対し、国民＝国家の国体論を構築」しようとしており、青年将校の思想と完全に重なり合うものではなかった。北は「明治の「維新革命」によって生まれた国家体制を、儒学における公民をふまえた「公民国家」すなわち国民国家と捉えて」いたが、華族制によって国家の総代表である天皇と国民を隔てられてしまっていた。そんな現状を前に北が掲げた「「日本ハ天皇ヲ政治的中心トシタル近代的民主国」といった真正国体論に対し、「天皇の国家」、「天皇の国民」といった国体論者たちが、はげしい反撥というより嫌悪感をいだいた」のは当然のことであった」（松本健一『評伝　北一輝　Ⅰ若き北一輝』（中央公論新社、2014年）。
＊21　天皇を頂点として大衆を吸い上げるという伊藤博文が作った伝統的国家主義は「天皇の国民」「天皇の日本」を創り上げるものだった。伊藤の死後、「国民の天皇」「国民の日本」を新しい統合の原理にしようと考えたのが吉野作造であり、北一輝であった。しかし吉野の民本主義や近代主義、社会主義が挫折すると、「外来的近代思想は、日本では見こみがないのではないかという疑心をいだかせるにいた」り、「天皇を土着的思想のシンボルとして、もう一度ふり返らせるにいた」り、「超国家主義は、表面に爆発してきた」。しかし二・二六事件によって、再び明治以来の伝統的国家主義に屈服することになるのである（久野収・鶴見俊輔『現代日本の思想―その五つの渦―』岩波書店、1956年）。
＊22〜23　戸坂潤『日本イデオロギー論』（岩波書店、1977年）。

22章　大正期の思想

大正デモクラシーの思想

大正天皇［1879―1926］は日本の歴史上、少々影が薄い天皇です。病弱で知的障がいがあったとされ、帝国議会で詔勅《しょうちょく》の勅書を丸めて議場を見渡したという「遠眼鏡《とおめがね》事件」の印象で語られることも多くあります。しかしそうした印象操作には大正天皇を排除する政治的意図があったようで、現在では親王時代に日本各地を行啓するなどのアクティブな側面があったことが指摘されています。*1 ところで現在、小学生が使っているランドセルは軍隊の背嚢《はいのう》が起源です。そのランドセルが小学生の鞄《かばん》として普及したのは、伊藤博文［1841―1909］が皇太子時代の大正天皇にプレゼントしたことがきっかけだったそうです。ランドセルは現代、日本の「カワイイ」文化の文脈で、オシャレな鞄として海外にもファンがいるようです。ちなみに小学生のランドセル着用は「義務」ではなく、あくまで「任意」だということはご存じでしたか。そうはいっても、ランドセル以外の鞄を着用する小学生がほぼ見受けられないことからすると、日本の集団主義的な同調圧力というものは、ただごとではないと思います(笑)。

大正時代は明治45年と比べても、15年間という短い時代でした。人類は大正時代に、第一次世界大戦（1914～1918年）という大量破壊兵器が初登場した世界戦争を経験しています。それに勝利したのは民主主義を布《し》いた連合国（英米仏ロ）です。日本は日英同盟を理由に連合国側に加わっていました。民主主義国家の勝利は、日本にも民主主義（デモクラシー）・自由主義を花開かせることになりました。

民本主義という文字は、日本語としてはきわめて新しい用例である。従来は民主主義という語をもって普通に唱えられておったようだ……しかし民主主義といえば……「国家の主権は人民にあり」という危険なる学説と混同されやすい……デモクラシーなる言葉は、いわゆる民本主義という言義のほかにさらに他の意味にも用いらるることがある……一つは「国家の主権は法理上人民にあり」という意味に、また、も一つは「国家の主権の活動の基本的の目標は政治上人民にあるべし」という意味に用いらるる。この第二の意味に用いらるるときに、われわれはこれを民本主義と訳するのである……従来通用の民主主義という訳語は、この第一の意味を表わすにあたかも適当であると考える。（『憲政の本義を説いてその有終の美を済すの途を論ず』*2）

大正デモクラシーの理論的指導者は東京帝国大学教授だった政治学者の**吉野作造**《さくぞう》［1878―1933］です。直接国税を納めていなくても投票権が与えられる普通選挙、そして、薩摩・長州出身者による藩閥政府ではなく、国民の意見を反映した政党内閣の実現がその趣意でした。彼の唱えた「**民本主義**《みんぽんしゅぎ》」は「デモクラシー［democracy］」の訳語でしたが、民衆本位、つまり国民の利福を実現する「人民のための政治」を意味します。民主主義の本質はエイブラハム・リンカーン（Abraham Lincoln）［1809―1865］の言葉を借りれば「人民の、人民による、人民のための政治」*3でした。しかし、大日本帝国憲法（明治憲法）において、天皇は統治権の総攬者《そうらんしゃ》（一手に掌握する者）の意とされており、実質上の天皇主権が布かれていました。「人民による政治」を謳えば人民主権の意となり、天皇主権とぶつかってしまいます。そこで主権の所在には触れず、「人民のための政治」の部分を取って「民本主義」とした上で、「民主主義」を「デモクラシー」と表現してごまかしたのです。日本人は今も、英語やカタカナに

吉野作造

すると、元の意味がわからなくなってしまう、という傾向があります。ちなみに吉野は、日本のウッドロウ・ウィルソン（Woodrow Wilson）〔1856―1924〕（米国大統領として民族自決を主張し、国際連盟の設立を呼びかけた理想主義者です）主義者として、デモクラシー（民本主義）による社会改良を、中国や朝鮮の革命運動の中にも目撃しています。吉野は中華民国・初代大総統の袁世凱《ユワンシーカイ》〔1859―1916〕の長男の家庭教師を務めたこともありました。二高時代にはクリスチャンの洗礼を受けており、熊本バンド（日本プロテスタントの三大源流の一つ）の海老名《えびな》弾正《だんじょう》〔1856―1937〕を通じてヘーゲル〔1770―1831〕哲学に触れています。吉野は、自由を具現化するものとしての「民本主義」の到来を歴史の必然と考えていたのではないでしょうか。

吉野と同じく東京帝国大学教授だった憲法学者の**美濃部《みのべ》達吉《たつきち》**〔1873―1948〕[*4]は**天皇《てんのう》機《き》関説《かんせつ》**を唱えて、政党政治を理論的に下支えしました。これは天皇主権説に対し、国家を一種の法人（法律上の権利・義務の主体）であるとした上で（イェリネック〔1851―1911〕の国家法人説に基づく）、天皇を「国家という法人の最高機関」と位置づける解釈でした。

大正デモクラシーは、1925年に普通選挙法（25歳以上の男子の普通選挙）が制定され、政党内閣が組織される（憲政の常道）という一定の成果を出しますが、国体を否定する社会主義者弾圧法である治安維持法が同年セットで制定されたことを忘れてはいけません。まさに「アメとムチ」です。社会主義者の嫌疑をかけられただけで検挙され、場合によっては膝の間に丸太棒を挟んだまま上から体重をかけられ（骨が折れることもありました）、裸にされて煙草の火を押し付けられる……といった拷問を受けて、最後はなぶり殺されるという恐ろしい法律でした。

世界恐慌後の社会不安の中、1932年の五・一五事件で犬養毅《いぬかいつよし》〔1855―1932〕首相が海軍の青年将校に銃殺され、政党内閣は終わりを告げます。そして軍国主義のムードが高まった1935年に天皇機関説事件が起こります。当時貴族院議員だった美濃部は、議会で「学匪《がくひ》」（「学者に非《あら》ず」の意）の誹《そし》りを受け、以降右翼や軍部の猛攻を受けることになりました。政府も黙っておられず、天皇機関説は「國體《こくたい》の本義を愆《あやま》るもの」であるとする国体明徴声明を出し、統治権の所在が天皇にあることをはっきりさせます。結局、美濃部の天皇機関説は公から排除され、著書4冊も発禁処分となりました。同年、美濃部は貴族院議員を辞職し、翌年には右翼からの銃撃を受けて重傷を負っています。ちなみに戦後の美濃部は新憲法制定に関わる中で、日本国憲法制定の手続きに反対し、大日本帝国憲法下でも主権を制限することで民主主義が実現できると考え、オールド・リベラリストの限界との*5評価を免れえませんでした。ただしこれは、大日本帝国憲法は天皇主権を制限しさえすれば民主的で出来が良く、日本国憲法に変える必要はなかった、などという話ではありません。8月のポツダム宣言受諾で天皇から国民へと主権が移り、主権者としての国民が新憲法を制定した（大日本帝国憲法の改正ではない）という八月革命説（政治学者の丸山眞男〔1914—1996〕が構想し、憲法学者・宮沢俊義《としよし》〔1899—1976〕が提唱しました）のからくりに学問的疑義を呈したものでした。

女性解放運動

大正時代の自由な気風からは、不遇な立場に置かれている人々の解放運動もおこりました。その一つは女性（婦人）解放運動です。明治の旧民法で「妻ハ婚姻《こんいん》ニ因《よ》リテ夫ノ家ニ入ル」（第788条）、「夫ハ妻ノ財産ヲ管理ス」（第801条）とされており、女性は結婚すると夫の家に入り、財産権を奪われていました。

ちなみに当時は「女性」よりも「婦人」という名称が一般的に用いられましたが、日本では戦後1990年代あたりからでしょうか、文化・社会的な性差を告発するジェンダー論の高まりから、「帚《ほうき》の女」（「女性は家の中にいて掃除でもしていろ」という意味合いです）を意味する「婦人」はあまり用いられなくなり、「女性」と表記されることが増えました。

まずはじめに、近代の女性の歩みをひもといてみましょう。明治初期には津田梅子［1864—1929］や山川捨松《すてまつ》［1869—1919］（大山巌《いわお》［1842—1916］の妻となる）が女性として米国へ留学しています。山川の改名された名前「捨松」の由来は、母が10年間会えぬ娘に「一度捨てたと思って待つ（松）」だったといいます。梅子はまだ6歳でしたが、かけがえのない経験ができたはずです。後に女子教育・女性の地位向上に尽力し、女子英学塾（現在の津田塾大学）を作りました。今でも私立の女子校は、家父長制の下で男性の家庭外労働を支える良妻賢母系（いわゆる家政系）と自立した女性を育てる教養系に大分できますが、津田の志向は後者でしょう。もっとも、男女共同参画が進んだ現在では前者も方向転換を余儀なくされています。

資本主義勃興期における女性労働者もいました。いわゆる女工（工女）です。明治政府は富岡製糸場に代表される官営工場を造り、それらの工場を民間の財閥に払い下げることで資本主義を軌道に乗せていきます。当初の官営工場で働いた伝習工女は士族の娘が多かったといいます。

大正時代の女性解放運動の先駆は、演説「函入娘《はこいりむすめ》」で投獄された**岸田俊子**（**中島湘煙《しょうえん》**）［1863—1901］や自伝『妾《めかけ》の半生涯』で有名な**景山《かげやま》**（**福田**）**英子《ひでこ》**［1865—1927］です。彼女らは自由民権運動に参加した運動家でもあり、江戸時代以来の「三従の教え」に基づく良妻賢母主義に抗い、男女同権を説きました。さらに、キリスト教矯《きょう》風会《ふうかい》を創設した**矢島楫子《かじこ》**［1833—1925］も忘れてはなりません。一夫一婦制を説き、芸娼妓《げいしょうぎ》解放令後も残った公娼制廃止（廃娼）運動にも関わりました。売春を合法化する遊郭ですが、戦後も1956年の売春防止法制定まで存続し、いわゆる「赤線」地帯で国家公認の売春が許されます。

女性解放運動から戦後のベトナム反戦運動まで、平和・女性運動のシンボル的存在だったのは「新しい女」・**平塚らいてう**（**雷鳥《らいちょう》**）［1886—1971］（本名は奥村明《おくむらはる》）です。奴隷のように男性に隷従する女性のあり方の根源を家父長制に求めていた彼女は、入籍せずに子どもを産んでいます。

平塚らいてう（雷鳥）

1911年に雑誌『青鞜《せいとう》』（女性のみの文学者団体・青鞜社《せいとうしゃ》発行）を発刊し、「元始《げんし》、女性はじつに太陽であった。真正の人であった。今、女性は月である」[*6]と述べたことは有名です。当時の女性は、男性と言う太陽がなければ輝けない、「病人のような蒼白《あおじろ》い顔の月」[*7]に成り下がっていました。これは、女性は男性に依存する月ではなく太陽である、という高らかな宣言だったのです。『青鞜』はもともと、18世紀半ばの英国で進歩的な女性たちが文芸・学問について語り合ったサロン、ブルーストッキングが語源です。正装としての黒い絹の靴下に代わり、普段使いの青い靴下を履いた女性たちがいたのだといいます。ちなみに『青鞜』が創刊された年、ノルウェーの劇作家ヘンリック・イプセン（Henrik Ibsen）［1828―1906］の『人形の家』が日本でも上演され、夫の人形を脱して家出したノラを演ずる松井須磨子《すまこ》［1886―1919］が「新しい女」の存在を世に知らしめました。

『青鞜』には与謝野晶子も賛助会員として加わっていました。その与謝野晶子と交わされた**母性保護論争**は注目に値します。依存的な立場にあった女性の経済的自立を訴え（「男子の財力をあてにして結婚し……分娩する女子は……男子の奴隷となり……」）[*8]、母性愛のみならず父性愛も必要だと述べた[*9]晶子に対し（晶子は生涯12人の子どもを出産しています）、らいてうは、母は生命の源泉であり、子を産み育てるには国庫補助が必要であるとして、母性の保護を訴えました。与謝野晶子が批判したスウェーデンのフェミニスト、エレン・ケイ（Ellen Key）［1849―1926］[*10]を擁護する形で、「何故《なにゆえ》彼女は母性を特に主張したか……いわゆる旧き女権論者等の主張の中に含まれている婦人問題が「女よ、人たれ」と言うことだとすれば、更に進化し発展した今日の婦人問題は「人たる女よ、真の女たれ」ということではないでしょうか」[*11]と述べたように、らいてうは一律の男女平等というよりも男性とは違った女性としての真の自立を目指した人だったと言えるでしょう。とはいえ、らいてうは働いて経済的自立を図ることと母性の発揮は両立できないと考えていたわけで、男女共働きが定着した現代には異論もあるでしょう。らいてうは、1920年に新婦人協会を市川房枝《ふさえ》［1893—1981］、奥《おく》むめお［1895—1997］らと結成し、治安警察法第5条の女性の政治結社加入・政治演説会参加禁止の撤廃を勝ち取ります。同様に進めた婦人参政権獲得は、戦後の民主化の中でやっと果たされることになります。

部落解放運動

> 全国に散在する我が特殊部落民よ団結せよ……陋劣《ろうれつ》なる階級政策の犠牲者であり、男らしき産業的殉教者であつたのだ。ケモノの皮剥《は》ぐ報酬として、生々しき人間の皮を剥取られ、ケモノの心臓を裂く代価として、暖い人間の心臓を引裂かれ、そこへ下らない嘲笑の唾《つば》まで吐きかけられた呪《のろ》はれの夜の悪夢のうちにも、なほ誇り得る人間の血は、涸《か》れずにあった……我々がエタである事を誇り得る時が来たのだ……人の世に熱あれ、人間に光あれ（『水平社宣言』）*12

初めて読んだ時の衝撃は忘れられません。被差別部落の人々が、古来よりケガレ（穢《けが》れ）概念の下で、死に関わる職能民として認識されていたことについては既に触れました。「ケモノの皮剥《かわは》ぐ」とありますが、ゆえに皮革業に従事する者が多かったことも知られています。江戸時代の身分制度の埒外《らちがい》に置かれた被差別部落の人々は、士農工商が「四民平等」とされた1871年の解放令後も、新たに「新平民」とみなされ、その差別は温存されました。そもそも解放は、被差別部落の土地の売買を可能にし、死んだ牛馬の処理を特別視する必要がなくなったことによるものであるようです（明治時代に入ると、牛鍋やステーキなどの食文化が入ってきます）。肉食の禁忌は殺生を禁ずる仏教由来であるとも言われてきましたが、牛馬に限って許されなかった理由を考えてみると、天皇を中心とする中央集権国家の中で生産力として大切にされていた牛馬を殺すことを許さなかったからでしょう。よって、皮製品は死んだ牛馬から製造されるようになり、ケガレに携わる職能民がその作業にあたったのです。江戸時代になって穢多として身分が固定化したのは、鎖国化により武具馬具用の皮革が欠乏し、各藩で皮革の安定的生産が要求されたからだと考えられています。[13]

西光万吉《さいこうまんきち》［1895―1970］らは1922年に**全国水平社**（戦後の部落解放同盟の前身です）を設立し、被差別部落の解放を目指します。全国の部落民の団結を呼びかける文面から、天皇制を問題視していたマルクス主義の影響を読み取ることは容易です。[14] 実際、被差別部落の問題は天皇制と表裏一体でした。天皇をその頂点とする貴賤の概念と浄穢《じょうえ》の概念が絡み合って差別が形成されてきたからです。西光は日本共産党の指導者として知られる佐野学《まなぶ》［1892―1953］の『特殊部落民解放論』に影響され、部落民自らが解放に向けて立ち上がるよう訴え始めます。『水平社宣言』が「日本初の人権宣言」であるとみなされるのは、そうした西光の気概によるものです。

佐野学は鍋山貞親《なべやまさだちか》［1901―1979］と共に1933年、獄中で「共同被告同志に告ぐる書」を起草し、社会主義・共産主義思想の放棄、いわゆる「転向」を表明します。軍国主義に舵を切る1930年代の日本でコミンテルンの天皇制打倒は誤りであるとし、天皇制の下での一国社会主義を提唱するのです。これを、近代日本の主流を成して社会主義と対立してきた国家主義が自由主義を断ち切り、社会主義と結託した（国家社会主義）とみることもできるでしょう。佐野・鍋山の獄中転向を受けて、『特殊部落一千年史』[15]を19歳で書いた高橋貞樹《さだき》［1905―1935］や、三・一五事件[16]で服役していた西光も転向します。西光には転向後、日本神話の世界観である高天原《たかまがはら(たかまのはら)》での祭政一致の社会を原始共産制社会として理想視する国粋主義者になる（『高次的タカマノハラの展開』）という思想の振れ幅がありました。終戦後、その自身の有り様を直視せざるを得なくなった西光はピストル自殺を図りますが、旧知の人物がピストルに細工をしたことで未遂に終わります。そして戦後は「高次的タカマノハラ」を理想とながら、戦後の不戦憲法を支持していました。

注

＊1　原武史『大正天皇』（朝日新聞社、2000年）。
＊2　吉野作造『憲政の本義を説いてその有終の美を済すの途を論ず』（『日本の名著48』）（中央公論社、1972年）。
＊3　「八十七年前、われわれの父祖たちは、自由の精神にはぐくまれ、すべての人は平等につくられているという信条に献げられた、新しい国家を、この大陸に打ち建てました。現在《いま》われわれは一大国内戦争のさなかにあり、これによりこの国家が、あるいはまた、このような精神にはぐくまれ、このように献げられたあらゆる国家が、永続できるか否《いな》かの試練を受けているわけであります……これらの名誉の戦死者が最後の全力を尽《つく》して身命を捧げた、偉大な主義《コーズ》に対して、彼らの後をうけ継いで、われわれが一層の献身を決意するため、これら戦死者の死をむだに終らしめないように、われらがここで堅く決心をするため、またこの国家をして、神のもとに、新しく自由の誕生をなさしめるため、そして人民の、人民による、人民のための、政治を地上から絶滅させないため、であります」（『ゲティスバーグ演説（一八六三年十一月十九日）』）（『リンカーン演説集』高木八尺・斎藤光訳、岩波書店、2011年）。
＊4　1960〜70年代の革新都政を引っ張った東京都知事、美濃部亮吉の父。
＊5　家永三郎『美濃部達吉の思想史的研究』（岩波書店、1964年）。
＊6〜7　平塚らいてう「原始女性太陽であった――『青鞜』発刊に際して――」（『平塚らいてう評論集』）（小林登美枝・米田佐代子編、岩波書店、1987年）。
＊8　山川菊栄『母性保護と経済的独立』（『山川菊栄評論集』）（鈴木裕子編、岩波書店、1990年）。
＊9　与謝野晶子『母性偏重を排す』（『日本近代文学評論選』）（千葉俊二・坪内祐三編、岩波書店、2003年）。
＊10　ルソーの『エミール』に学んだエレン・ケイに対し、イギリスのフェミニズムの先駆メアリー・ウルストンクラフトは、男女に同様の教育を施すべきと考え、ルソーを批判した。女性解放運動家の山川菊栄（配偶者は山川均）は、エレン・ケイとウルストンクラフトをそれぞれ平塚と与謝野と重ね合わせ、平塚が依拠したエレン・ケイ一派の母権運動は「ともすれば婦人の個性発揮を邪悪視する旧き賢母良妻主義と同一誤謬に陥りやすい」として、その不徹底と危険を指摘し、与謝野の批評に対しては「ブルジョワジーに出発してブルジョワジーに終っている」と述べた。青鞜社のロマンティックで貴族的な匂いに違和感を感じていた山川は、無産階級の女工に連帯感を感じ、社会主義革命による男女平等を目指した。（山川菊栄『母性保護と経済的独立』（『山川菊栄評論集』鈴木裕子編、岩波書店、1990年）。
＊11　平塚らいてう『母性の主張について与謝野晶子氏に与う』（『平塚らいてう評論集』）（小林登美枝・米田佐代子編、岩波書店、1987年）。
＊12　師岡佑行『人と思想　西光万吉』（清水書院、1992年）。
＊13　塩見鮮一郎『部落史入門』（河出書房新社、2016年）。
＊14　塩見鮮一郎（『部落史入門』、河出書房新社、2016年）は、高橋貞樹『特殊部落一千年史』に代表されるマルクス主義の唯物史観に基づく部落史が、

差別者には地主や資本家だけでなく小作農民が含まれているという視点が欠落している点を指摘する。

*15 高橋貞樹『特殊部落一千年史』（岩波書店、1992年）。

*16 1928年3月15日におこった共産党員弾圧事件。普通選挙法と引き換えに成立した治安維持法によって、第1回普通選挙後に約1600名を検挙した。獄中で転向した日本共産党労働者派の水野《みずの》成夫《しげお》は戦後フジ・テレビジョンを設立し、さらに産経新聞社を買収することで、日本を代表する保守メディアであるフジサンケイグループの礎を築いた。

23章　日本の独創的思想（和辻哲郎、西田幾多郎、九鬼周造）

間柄的存在

明治時代の後半になると、あくまでも西洋哲学をベースにしながらも、日本独自と呼べるような哲学が主張されます（ただこれらが果たして本当に「日本的」と言えるかどうかは吟味が必要です）。まずは倫理学者の**和辻哲郎**《わつじてつろう》［1889—1960］です。奈良の古刹《こさつ》の仏像をはじめとした仏教美術について書かれた『古寺巡礼《こじじゅんれい》』は代表作として今も読み継がれています。私が古本にフェティシズムを感じ始めた高校生の頃は、学校が終わるとたいてい高田馬場の古本屋か中古レコード屋に何時間となく居座っていたものですが、『古寺巡礼』はそんな時に出会い（どこの古本屋にもありました）、日本史が好きだったこともあって味わって読みました。和辻がニーチェ［1844—1900］やキルケゴール［1813—1855］の研究を経て、西欧文化と同等の古代日本文化に傾斜したこと（インドや中国、西欧文化を消化しつつ、日本の個性を発揮しようと考えていました）*1や、後に天皇制国家（ヘーゲル［1770—1831］に倣《なら》い、国家を人倫の最高形態と捉えました）を下支えし、尊皇思想を戦後も貫いたことは当時全く知り得ませんでしたが。

既に4章で触れましたが、自然環境とそこで暮らす人間の態度を論じた『風土——人間学的考察』（風土と人間精神の関係をモンスーン型・沙《さ》漠（砂漠）型・牧場型の3つに類型化しました）も和辻の代表的な著書です。これは国費留学したドイツでハイデッガー［1889—1976］の『存在と時間』に学んだ影響から作り上げた独創的思想です。ハイデッガーは、人間は「死への存在」であると言いました。いつか死ぬという未来、つまり時間性によって人間は自らの存在の意味を問う存在（現存在《ダーザイン》）になる、というわけです。しかし和辻は、人間をハイデッガーが捉えたようなただの個人的存在ではなく、社会的存在でもあると考えました。したがって、人間を人間たらしめているのは時間性のみならず空間性でもあるとし、風土に着目したのです。「寒さ」は人間と切り離された客観的な「寒さ」ではなく、我々は「寒さ」の中に自己を見出している、つまり風土は人間の自己了解の仕方なのです。

和辻は、個人や自我（デカルト〔1596—1650〕の「考えるわれ」）を中心とする西洋思想を批判しました。自我を押し通し、孤立してしまうことがあるからです。一方で東洋は、日本の集団主義の例を俟《ま》たず、社会性を重視します。しかし、それは和が保たれる一方で、個人は社会に埋もれて、場合によっては共同体が個人を抑圧することになります。この個人（正《テーゼ》）と社会（反《アンチテーゼ》）の対立・相互否定を止揚《アウフヘーベン》し、人間は**間柄的存在《あいだがらてきそんざい》**（合《ジンテーゼ》）であると考えました。ここで弁証法を持ち出したのは、もちろんヘーゲルの影響です。「人間」は元来仏教用語で「世界・世の中」を意味する言葉でしたが、日本ではこれを「人」の意として誤用してきました。しかしそれは「「世の中」を意味する「人間」という言葉が、単に「人」の意にも解せられ得るということを実証して」*2もいます。つまり、人間の本質は個人的存在でありつつ、ただの孤立した「ひと」ではなく、社会（共同体）的存在（人の間）でもある、ということです。和辻は「この弁証法的な構造を見ずしては人間の本質は理解されない」*3と言っています。そう考えると、著書のタイトルになっている「人間の学としての倫理」は、個人だけの倫理でも、社会だけの倫理でもありません。相互否定する個人と社会（仏教の「空」のように縁起に基づいて存在します）の運動において成り立つのです。個人と社会は相対的です。個別性（個人）は全体性（社会）の否定として成り立ち、全体性（社会）は個別性（個人）の否定として成り立つ……人間存在は否定の運動であり（絶対的

和辻哲郎

否定性）、個人も社会も「空」（絶対的全体性）であるというわけです。そして、「「空」を実現することは、すなわち道徳的当為としての「慈悲」の実行なので」あり、「善」なのでした[*4]。つまり、「空」を実現することで、自分は万物に支えられていることを知り、慈悲が生まれるということです。これが和辻倫理学の根本原理です。

一方で和辻の「人間存在ないし倫理の根本構造・根本倫理には、なんとしても全体性の個に対する優位がうかがわれ」[*5]ました。デカルト的な個を中心とするゲゼルシャフト（利益社会）を嫌い（ヘーゲルが市民社会を「人倫の喪失態」とみなしたことと重なります）、ゲマインシャフト（共同社会）的な共同体に還《かえ》ろうとするのです。共同性実現の第一段階が「家」であり、その最後の段階が「大家《おおやけ》」（公）としての国家でした。国家こそが間柄（人倫）の根本である、というわけです。

西田哲学

和辻の『人間の学としての倫理学』にインスピレーションを与えたのが**西田幾《き》多《た》郎《ろう》**［1870—1945］です。日本を代表する哲学者で、西洋哲学と禅の教えを融合した「西田哲学」は今も世界で人気があります。手元にある『Oxford Dictionary of Philosophy』[*6]にも西田の項があり、日本初の独創的な現代哲学者であること、京都学派の祖であること、ベルクソン［1859—1941］とジェームズ［1842—1910］に仏教的な主客二元論の否定を結びつけたことなどが説明されています。ちなみに西田が京都帝国大学教授時代に哲学的思索に耽《ふけ》ったと伝えられる琵琶湖《びわこ》疏水《そすい》沿いの銀閣に至る道は「哲学の道」として知られています。彼の著書『**善の研究**』[*7]が大正教養主義世代の必読書だったことは既に触れました。『善の研究』を開いてみればわかりますが、彼の著書は専門用語、文体ともになかなか難解です。読めば確実に3分で眠れる睡眠導入剤、などと言われることもありますが。

冗談はさておき、その思想を見てみましょう。西田はデカルトの物心（心身）二元論に見られる、**われ**（**主観**）

が**もの（客観）**を分析することで、事物の本質を認識できるとする西洋哲学の図式を批判しました。「われ（主観）」は、デカルトが明晰判明に疑いえないと考えた「考えるわれ」のことで、西洋近代の主人公となった自我・個人の成立基盤です。しかし西田によれば、事物の本質はわれ（主観）がもの（客観）を意識した時に、すでにどこかに去ってしまっているといいます。では事物の本質はどこにあるのか……というと、われ（主観）ともの（客観）が分化する前の「**主客未分**《しゅかくみぶん》」の「**純粋経験**《じゅんすいけいけん》」にあるというのです。思慮分別を加えない、経験そのままの状態――「色を見、音を聞く刹那《せつな》」[*8]――これが「純粋経験」（ジェームズの「pure experience」[*9]の訳語）です。これこそが実在の根本実相だというのです。

> 純粋経験においてはいまだ知情意の分離なく唯一の活動であるように、またいまだ主観客観の対立もない……見る主観もなければ見らるる客観もない。あたかもわれわれが美妙なる音楽に心奪われ、物我相忘れ、天地ただ嚠喨《りゅうりょう》たる一楽声のみなるがごとく、この刹那いわゆる真実在が現前している。（『善の研究』[*10]）

西田幾多郎

例を挙げましょう。あなたがサッカーをしているとすれば、サッカーの本質は一体どこにあるのでしょうか。あなた（われ＝主観）がボール（もの＝客観）を意識しているとき、すでにサッカーの本質は消え去ってしまっています。ボールを蹴っている、との意識が生まれる前の忘我の境地、自分なのかサッカーボールなのかわからないぐらいに「無我《むが》」夢中で競技に打ち込んでいるとき、それが「主客未分」の「純粋経験」です。しかも「純粋経験」は科学が取り出そうとする知識や単なる存在としての「知」のみならず、情（感情）と意（意志）によって意味づけられた境地です。別の例でいえば、ブランコに乗っていて、自分（われ＝主観）がブランコ（もの＝客観）を漕《こ》いでいる、と意識しなくなった瞬間、あるいは坂道を自転車で滑走しているときでもいいでしょう……自分がブランコや自転車そのものになったような経験があるのではないでしょうか。これが「純粋経験」であり、ブランコや自転車に乗ることの本質なのです。芸術に携わることが好きな人なら、一心不乱に絵を描いている時や、演奏が乗りに乗って音の波と一体化した時を思い浮かべてみてもいいかもしれません。

では、真の自己の本質は一体どこにあるのでしょうか……もちろん、「純粋経験」の中にあります。そして、われ（主観）が自分（もの・客観）を意識しない「純粋経験」において「善《ぜん》」（主観と客観を合一する力である人格の実現）が完成するのです。ではいかにして「善」なる自己を作り上げることができるのでしょうか……坐禅を行えばよいのです。坐禅により宇宙（神）と一体化し、主観と客観の合一（**主客合一**《しゅかくごういつ》）を体得できるのです。

「絶対無」の場所

西洋哲学の基礎のひとつにロゴス中心主義があります。これ以上分割不可能なロゴス（＝究極の起源）に真理を基礎付け、その真理は言葉で言い表せる、という考え方です。そうした言葉を使うことで、私たちは合理的に世界の様相や感情を把握することができます。しかし、私（主観）はうれしい（客観）と言った時に、特殊・具体的な**客観**は**私**（**主観**）によって、**うれしい**という一般・抽象的な言葉によって概念化されてしまいます。でも実際は、「嬉しい」などという言葉には単純に回収され得ない、複雑な感情の様相があったはずなのですが。つまり西田は、**主観**（**主語**）ではなく**客観**（**述語**）に迫ることで、その本質にたどり着こうとしたのです。これは「考えるわれ（主観・主語）」を主人公とする西洋哲学からは出てきづらい着想で、西田が、時に主語のない日本語（「昨日映画に行ってきました」でも意味が通じます）を母語としていたこととも関係しています。

さて、西田は主観（主語）ではなく客観（述語）に迫ることから「場所の論理」にたどり着きました。ヒントになったのはプラトン〔B.C.427―B.C.347〕とアリストテレス〔B.C.384―B.C.322〕です。普遍的なイデア（述語）を「実体」と考えたプラトンに対し、アリストテレスは**個物**（主語）を**実体**（ウーシア［ousia］）だと考えました（『範疇論《はんちゅうろん》＝カテゴリー論』）。ちなみにアリストテレスの『形《けい》而《じ》上学《じょうがく》』では一歩進んで、「個物」は「質料・ヒュレー」（素材）に「形相・エイドス」（本質）が内在することで存在する、[*11]という話になっていたと思います。例えば「ソクラテスは人間だ」と言ったときに、「ソクラテス」という「個物・特殊」（第一実体）は「人間」という「普遍・一般概念」（第二実体）に包摂《ほうせつ》されます。「石浦は人間だ」という文章も成り立つわけですから、「ソクラテス」や「石浦」という「個物」は「主語」となり、それを包み込む「人間」は「述語」となるわけです。アリストテレスは、決して「主語」にはなるが「述語」にはならない極限の「個物」を「実体」だと考えました。この「ウーシア」をラテン語で訳し分けた「エッセンティア［essentia］」と「サブスタンティア［substantia］」は、それぞれ「本質［essence］」と「実体［substance］」の語源となっています。

一方、西田は真逆の発想です。「述語」にはなるが「主語」にはならないものに着目しました。「私は石浦である」→「石浦は人間である」→「人間は……である」と無限の述語（超越的述語面）にまで遡っていくのです。そこまでいくと、極限の個物と無限の述語との間にはもはや包摂関係はありません。そして、包摂関係を成り立たせている「場所」という概念がそこに立ち現れるのです。

このように西田は「主語」（個物・特殊・**実体**）を実在とするアリストテレスと、「述語」（普遍・一般・**イデア**）を実在とするプラトンの矛盾を弁証法的に統合したとみることもできますが、ヘーゲルの弁証法が形ある実在（有の場所）を前提とした考え方を批判し、有と（相対的な）無を包み込んでいる場所とは何か、を考えました。これが「**絶対無**《ぜったいむ》」[*12]の場所です。つまりこの「絶対無」こそが世界の根源的な姿であるというわけなのです。これは、禅の悟りの境地「心身脱落」（道元《どうげん》〔1200―1253〕の『身心脱落《しんじんだつらく》』）や「色即是空《しきそくぜくう》」（『般若心経《はんにゃしんぎょう》』）になぞらえられる宗教的境地でした。[*13]これが西田が立脚した哲学の第一原理となるのです。時代背景を鑑《かんが》みると、唯物弁証法のマルクス主義の広まりを受け、自身の観念論を理論化する仕事を行った人だと見ることもできるでしょう。

> 現実の世界とは物と物との相働く世界でなければならない……しかし物が働くということは、物が自己自身を否定することでなければならない、物というものがなくなって行くことでなければならない。物と物とが相働くことによって一つの世界を形成するということは、逆に物が一つの世界の部分と考えられることでなければならない……現実の世界は何処までも多の一でなければならない、個物と個物との相互限定の世界でなければならない。故に私は現実の世界は絶対矛盾的自己同一というのである。（『絶対矛盾的自己同一』）*14

西田はここから、自己の意識を取り巻き、自身が行動する世界に着目していきます。それによると、真の実在である世界は「我々が之に於て生れ之に於て死にゆく世界」*15です。世界は、私たちの主観の認識対象（客観）である世界、私たちの外にある世界ではないということです。さらに、現実世界は「**絶対《ぜったい》矛《む》盾《じゅん》的《てき》自《じ》己《こ》同一《どういつ》**」であるとの結論に達します。何やら難解な言い回しです。つまり、具体的な世界は直線的な無限の時の流れの中で弁証法的に統合された一点でありながらも、無限の過去や未来と切り離せない現実の世界である……両者は絶対的に矛盾しながらも同一だ、というのです（『善の研究』にも「統一があるから矛盾があり、矛盾があるから統一がある」「一なるとともに多、多なるとともに一」*16とあります）。

西田は後述する柳宗悦《やなぎむねよし》［1889—1961］と同様、東洋と西洋の狭間で思索を深めた人です。ややもすると「西洋に伍《ご》する哲学を生んだ」といった風に、東洋や日本の思索の優位性を強調する文脈で西田や京都学派が取り上げられることが多いのですが（確かに西洋でも西田哲学は確固たる地位を築いています）、西田自身は東洋に勝る西洋でもなく、西洋に勝る東洋でもない、自身や東洋の思想を個物（特殊）でありながらも、普遍（一般）であるように捉えていたと思います。これを仏教の「空」になぞらえてもいいでしょう。何やら、和辻が人間は人でもあり、人の間でもある、と言ったことや、夏目漱石がエゴイズムではなく「自己本位」（自己の内面的欲求に基づきつつも、他人の個性を尊重する）に基づく生き方を主張したこととも重なり合う気がします。東洋と西洋の狭間で折り合いを付けようともがいた近代日本思想は最後「空」にたどり着くのです。しかし、「空」はそもそも中国経由で伝来したインド思想でした。日本的なるものとはいったい何なのか……千年にわたり定着すれば十分日本的ではないか、という声も聞こえてきそうですが、最後まで疑問が残ります。

西田は鎌倉・円覚寺《えんがくじ》で参禅修行中だった仏教哲学者の**鈴木大拙《だいせつ》**［1870―1966］を訪ねたことがありました。[*17] 西田は旧制高校を退学させられ（薩摩《さつま》出身の森有礼《ありのり》［1847―1889］による学制改革は、家族的な地方の学校を規則ずくめの武断的な学校に変えるものであったようで、それに激しく反発しました）、東京帝国大学の専科へ進むというエリートコース脱落者だったのです。その苦悩が彼を参禅に駆り立てたのでしょう（また、家庭生活と学問の両立に悩み、子どもを連れて妻が家を出るという事件もありました）。[*18]

大拙は西田と同郷（石川県）・同窓で互いに影響を与え合いました。鈴木は8章で紹介した禅の入門書『禅と日本文化』（序文は西田）の著者です。『**禅と日本文化**』は『日本的霊性』と同様英文で書かれた本で、ワールドワイドな禅の啓蒙者として活躍した彼の面目躍如といったところでしょう。海外ではユング［1875―1961］やハイデッガーとも交流しました。大拙の唱えた「即非《そくひ》の論理」[*19] は西田の「絶対矛盾的自己同一」と同じ境地です。西田の思想のオリジナリティの大半は大拙によるものである、ともいえるのです。

「いき」の構造

九鬼周造《くきしゅうぞう》［1881―1941］にも触れておきましょう。ドイツではハイデッガーやフッサール［1859―1938］に、フランスではベルクソンに学んだ哲学者で、ハイデッガーにも認められていました。フランス語の家庭教師はサルトル［1905―1980］だったという話もありますから、大変恵まれた学習環境だったはずです。母は京都祇園《ぎおん》の芸者で、岡倉天心《おかくらてんしん》（覚三《かくぞう》）［1862―1913］（父の九鬼隆一《くきりゅういち》［1852―1931］は天心のパトロンでした）と恋に落ちたという複雑な生い立ちもありました。さらには、周造自身も祇園通いをし、そこから大学に通勤していたというエピソードまであります。そんな彼は西洋哲学の素地をもちながら江戸の美意識に着目し、それを**『「いき」の構造』**にまとめています。「粋だねぇ」という「**いき**」です。それによると「いき」には「垢抜《あかぬ》けして（諦）、張のある（意気地《いくじ》）、色っぽさ（媚態《びたい》）」[20]という3つの要素があります。「媚態は異性の征服を仮想的目的とし、目的の実現とともに消滅の運命」をもっています。男女はつかず離れずのすれすれの感じが「いき」なんです。さらに生粋《きっすい》の江戸児《えどっこ》は「意気地なし」と言われることを何よりも嫌がります。どんなに寒くても鳶《とび》は裸足《はだし》です。そして叶わぬ恋はきれいさっぱり諦《あきら》める……これは、執着を離れた仏教的な諦めの境地です。振り向いてくれない相手を追いかけるのは「野暮《やぼ》」であり「無粋《ぶすい》」ということになるのです。その他、文化・文政時代に登場した縦縞の方が、横縞よりも「いき」であるとも言っています。それは縦縞の方が、平行線として二元性（永遠に交わることがない）が際立つからです。

　私は学部の心理学科で卒業論文を作成する際、日本独特だと思えた「懐かしさ」（ノスタルジアとは異なる）という感情について書きたいと思ったのですが、心理学の範疇で指導してもらうことができず、断念した覚えがあります。心理学では科学的・普遍的な人間心理の探求と言う側面があり、文化的な差異を比較検討する方法論はもち合わせていませんでした。これは今思えば、九鬼のスタイルでトライすべきだったのかもしれません。和歌を題材に情緒の系図を図示した『情緒の系図』*21では「懐かしい」という過去的感情についての指摘もありました。プラトンのエロース（イデア界に恋い焦がれる）が想起《アナムネーシス》（魂がかつての住処だったイデア界を想い出す）によって成立しているのは、過去を愛する「懐かしさ」によって媒介された「恋しさ」（対象の欠如）にほかならないと言っています。「懐かしさ」という感情になぜだか一番心動かされる私が、プラトンのイデア論にそれこそ恋焦がれてきた理由も、これを読んでわかったような気持ちになったのです。

注

＊1　とはいえ和辻は、日本文化をことさらに絶対視して異文化を排斥する思想の持ち主ではなかった。日本文化の特色を、外来文化を排斥せず共存させる「重層性」としたのもその現れである。

＊2　和辻哲郎『人間の学としての倫理学』（岩波書店、2007年）。

＊3　和辻哲郎『倫理学（一）』（岩波書店、2007年）。

＊4　苅部直『光の領国　和辻哲郎』（岩波書店、2010年）。

＊5　小牧治『人と思想　和辻哲郎』（清水書院、1986年）。

＊6　S.Blackburn『Oxford Dictionary of Philosophy』（Oxford、2005年）。

＊7　「善」が冠せられたタイトルながら、倫理思想史的な章は著書の中核になっていない。『純粋経験と実在』が当初のタイトルだったと聞けば納得できる（藤田正勝『西田幾多郎——生きることと哲学』岩波書店、2007年）。

＊8　西田幾多郎『善の研究』（『日本の名著47』）（中央公論社、1970年）。

＊9　「常識や通俗的な哲学の考え方は、徹頭徹尾、二元論的である。われわれはごく自然に、思考はひとつの種類の実体からできており、物は別種の実体からできていると考える……わたしはこうした二元論に反対して、最近の論文「「意識」は存在するのか」のなかで、思考と物とはその素材にかんして完全に同質のものであり、それらの相違はもっぱら関係や機能にかんしてのみ存在する、ということを示そうと努めた。わたしは、物—素材と異質な思考—素材など存在せず、ただ同じ自己同一的な「純粋経験」（これが一切の事物の「第一質料」にたいしてわたしがつけた名前である）が、ある文脈において捉えられるか別の文脈において捉えられるかに応じて、それぞれ「意識の事実」となったり物理的実在となったりするのである、と述べた」（W・ジェイムズ『純粋経験の哲学』伊藤邦武編訳、岩波書店、2004年）。

＊10　西田幾多郎『善の研究』（『日本の名著47』）（中央公論社、1970年）。
＊11　アリストテレス『形而上学（上）』（出隆訳、岩波書店、1959年）。
＊12　ドイツ観念論の哲学者フィヒテの「絶対者」の思想に負うところが大きい。
＊13　西田は「科学的真実をその哲学思索のよりどころ」とせず、「哲学の真実は科学の真実よりも深いところで道徳や宗教の真実とめぐりあい、そこに理論と実践の不可分のかかわりが成立する」と考えていた（上山春平『絶対無の探究』）（『日本の名著47』中央公論社、1970年）。
＊14　西田幾多郎『絶対矛盾的自己同一』（『西田幾多郎哲学論集Ⅲ――自覚について　他四篇』）（上田閑照編、岩波書店、1989年）。
＊15　西田幾多郎『哲学の根本問題　続編』（岩波書店、1934年）。
＊16　西田幾多郎『善の研究』（『日本の名著47』）（中央公論社、1970年）。
＊17　西田はその後本格的に禅修行に取り組み、1903年に京都大徳寺で広州禅師より「無字の公案」の透過を認められたが、それでも得心が行かず、関心を哲学に移していったのだという（藤田正勝『西田幾多郎――生きることと哲学』岩波書店、2007年）。
＊18　上山春平『絶対無の探究』（『日本の名著47』）（中央公論社、1970年）。
＊19　『金剛般若経』に見られる「Aは非Aである。故にAである」という論理のこと。「空」の概念を当てはめると、Aは存在していないようで存在している（有にして無）と言えることが理解できる。
＊20　九鬼周造『「いき」の構造』（『「いき」の構造　他二篇』岩波書店、1979年）。
＊21　九鬼周造『情緒の系図』（『「いき」の構造　他二篇』岩波書店、1979年）。

24章　日本の民俗学（柳田国男、折口信夫、南方熊楠、柳宗悦）

日本の民俗学

民間伝承や風俗・習慣などを通じて、民俗文化や信仰を明らかにする学問を**民俗学**（フォークロア〔folklore〕）といいます。３章で触れましたが、「日本民俗学の父」として知られるのは**柳田国男**《やなぎたくにお》〔1875―1962〕です。松岡家に生まれ（父は儒者・医師でした）、若い頃は詩を書いていましたが、農商務省の役人となって、柳田家の養子に入りました。

柳田は無名の民衆を**常民**《じょうみん》と呼び、その生活をフィールドワークによって調査し、積み重ねられた外来文化の根底にある日本の基層文化を見出そうとしました（自身はその学問を「新国学」と形容していました）。「常民」は「folk」の訳語です。例えば「フォーク・ソング」はもともと民謡という意味で、地域の名も無き人々が耳で覚えて代々歌い継いできたパブリック・ドメインの歌を指しています。ちなみに歴史学は、常民ではなく、知識人の書いた文献資料を手がかりにする点で民俗学とは異なっています。*1 このように柳田は古来より日本に脈々と受け継がれてきた消えゆく基層文化を、加速する近代化の中で残そうと企図したのです。

彼の代表作『**遠野物語**《とおのものがたり》』は岩手県遠野市の民間伝承を、遠野出身の佐々木喜善《きぜん》〔1886―1933〕から聞き書きしたものを中心に構成したものです。馬と人間が共に同じ家屋で暮らす曲家《まがりや》や家の神（オシラサマ、ザシキワラシなど）、山の神、天狗《てんぐ》、雪女、人間に化けた狐《きつね》、河童《かっぱ》、山姥《やまうば》の伝説などが計119、記されています（後に「拾遺《しゅうい》」も出版されています）。

黄昏《たそがれ》に女や子供の家の外に出てゐる者はよく神隠しにあふことは他《よそ》の国々と同じ。松崎村の寒戸《さむと》といふ所の民家にて、若き娘梨の樹の下に草履《ざうり》を脱ぎおきたるまま行方を知らずなり、三十年あまり過ぎたりしに、ある日親類知音の人々その家に集まりてありし処へ、きはめて老いさらぼひてその女帰り来たれり。いかにして帰つて来たかと問へば、人々に逢ひたかりしゆゑ帰りしなり。さらばまた行かんとて、ふたたび跡を留めず行き失せたり。その日は風の烈しく吹く日なりき。されば遠野郷の人は、今でも風の騒がしき日には、けふはサムトの婆が帰つて来さうな日なりといふ。（『遠野物語』＊2）

少々長く引用しました。「神隠し」でハッと気づいた人もいるかもしれません。『千《せん》と千尋《ちひろ》の神隠《かみかく》し』をはじめ、宮崎駿《はやお》［1941―　］のジブリ作品のモチーフと思えるエピソードが見受けられるのです。一つ一つのエピソードの中に、生と死（殺人のエピソードも多くあります）、現世とあの世、過去と現在……の重層性と深み、奥行きが感じられてドラマ性があり、読むたびに失われた時の流れの中に投げ込まれたような気分になります。

柳田国男

こうした民俗文化は、近代以降の都市化のなかで急速に失われていきます。とりわけ柳田の死後、高度経済成長期（1960年代前後）を経ると、民俗文化はブルドーザーで一掃され、消えてしまったような感覚もあります。『忘れられた日本人』を1960年に発表した民俗学者の宮本常一《つねいち》〔1907―1980〕は、柳田から大きな影響を受けています。『忘れられた日本人』[3]に描かれる老人の生々しい経験談は性のテーマも含めて衝撃的で（妾《めかけ》の家に通う旦那衆の妻と関係をもつプレイボーイの博労《ばくろう》の話など）、とりわけ都市部に住んでいると見えなくなってしまう、教科書に書かれていない日本に出会えます。宮本が在籍したアチック・ミューゼアム・ソサエティは、神奈川大学内に日本常民文化研究所として迎えられ、歴史学者の網野善彦《あみのよしひこ》〔1928―2004〕が活躍しました。網野が『「日本」とは何か』で提示した富山県作成の逆さ日本地図（環日本海諸国図）を、私は高校の日本史の授業で紹介されて衝撃を受けました。日本地図を逆さにすることで、目に焼き付けられた日本の領土という刷り込みから自由になり、「「日本海」は大きな「内海」だった」[4]という事実に気が付くのです。日本は神武天皇以来存在する国だという皇国史観《こうこくしかん》、均質な単一民族国家論、そして日本は古来稲作に従事してきた瑞穂国《みずほのくに》……などの神話をときほぐし（百姓は農民だけではなく、山の民や海の民も含まれる）、多様な日本像に光を当てる網野の著書はいまだにスリリングです。賤業《せんぎょう》にも光を当てた中世史像は宮崎駿の『もののけ姫』にも影響を与えました（共にマルクス主義的な色を感じる部分が見て取れます）。

ちなみに私が幼い時によく見ていたテレビ番組に「まんが日本むかし話」（1975年より放送）がありました。これも高度経済成長期を経て、消えつつあった日本の民俗文化を、民話という素材を通じてノスタルジックに描く効果があったように思います。民話といえば、児童文学作家の松谷《まつたに》みよ子〔1926―2015〕がまとめた『現代民話考』[5]シリーズも興味深いです。現代に伝わる奇譚《きたん》・都市伝説といいますか、名も無き人々から集めた様々なお話を数多く集めたシリーズで、現代の『遠野物語』と呼べる仕上がりです。どこから読んでも飽きません。

柳田が晩年に書いた『海上の道』[6]では、三河《みかわ》（愛知県）の伊良湖岬《いらごみさき》の浜辺に漂着した椰子《やし》の実にアイデアを得て、稲作技術を伝えた日本民族の祖先は南方の海上の道を北上し、沖縄から渡ってきたという仮説を披露します。ちなみに柳田の友人だったロマン主義の詩人・作家の島崎藤村《とうそん》〔1872―1943〕は、柳田のエピソードにインスピレーションを受けて、「名も知らぬ遠き島より　流れ寄る椰子《やし》の実一つ　故郷《ふるさと》の岸を離れて　汝《なれ》はそも波に幾月」[*7]で知られるでお馴染みの詩『椰子の実』を書き上げたのでした。

放浪芸能者＝神

柳田の弟子に、民俗学者・国文学者の**折口信夫**《おりくちしのぶ》［1887―1953］がいます。歌人としては釈迢空《しゃくちょうくう》という号で知られ、同性愛の性的指向があった人でもありました。折口と柳田が異なる見解をもったのは、日本人の神の捉え方です。柳田は、祖先の霊は死後、祖霊（神）となり、近くの山などで子孫（生者）を見守ると考えました。生者はお盆などの時期に死者と交流するのです。それに対して折口は、日本の神を「**まれびと**」と捉えました。「まれびと」とは稀《まれ》に来る神に扮《ふん》した人、つまり「とこよ」（常世《とこよ》）の国（異界・他界）から来訪する客人です。[*8] 彼らは村落の人々と血縁関係があるとは限りません。折口は南西諸島でニライカナイ（他界）などの来訪神信仰に触れ、面を付けて神に扮装する姿などを目にし、この姿こそが日本の神であると捉えるに至りました。[*9] しかも、放浪する宗教芸能者も神と捉えていた、と考えたのです。

折口信夫

放浪する宗教芸能者、といってもイメージが湧かないかもしれません。例えば越後を中心に活躍した女性盲人芸能者・瞽女《ごぜ》がいました。私の両親は日本海側・北陸の石川県の出身ですが、まだ小さい頃は瞽女がどこからともなく現れて、門の前に立ち、家人が玄関に出ていくと芸を披露し、薄謝を受け取ってまたどこかに消えていったのを覚えているそうです。これはいわゆる門付《かどづ》けの芸能です。俳優・小沢昭一《しょういち》［1929―2012］の『ドキュメント　日本の放浪芸』は、大道芸、琵琶《びわ》法師《ほうし》、香具師《テキヤ》からストリップまで、消えゆく民衆芸能をフィールドワークを通じて採集した民俗学的仕事でした。その音源や書籍[10]は日本の芸能史を理解するには欠かせない資料ですが、そこには萬歳《まんざい》をはじめとした多くの門付け芸が収録されています。萬歳は太夫《たゆう》と才蔵《さいぞう》の二人が装束《しょうぞく》を着て、めでたい歌・踊りを披露するという言祝《ことほ》ぎの芸能ですが、これが2人組の掛け合い話芸「漫才」となって関西で発展するのです（西洋における一人きりの話芸であるスタンダップ・コメディとはまた異なったスタイルです）。この才蔵を折口は、「神に扮し、神を代表したものであらう」[11]……つまり「まれびと」であると考えたのです。

ちなみに、瞽女や萬歳のような日本の民衆芸能ですが、明治以降は急速に廃れていきます。そもそも明治政府の欧化政策で日本の芸能は軽んじられるのですが、ある時西洋人から迫られたんですね。「お前の国の誇れる芸能は何だ、西洋にはオペラもクラシックもあるぞ」……と。そこで明治政府は日本の誇れる芸能を頑張って探したんです。「歌舞伎はどうだろう、化粧の隈取《くまどり》や装束も実に外国人好みだ。ただ、男性が女装して男同士でいちゃいちゃするのは少々下品だが、まあいいか……」と言ったかどうかわかりませんが、歌舞伎は日本の「伝統」（「伝統」が近代に創出されたものであることは既に触れました。）芸能として国家的支援を受けることになるのです。能《のう》・狂言《きょうげん》・文楽《ぶんらく》（人間浄瑠璃《にんげんじょうるり》）も同様です。そうした芸能に従事する人々は、江戸時代には士農工商の下に置かれた身分であったわけですが（芸能の底辺性の問題――社会の底辺・境界にいる者の芸だからこそ、笑える――が関連しています）、国家の庇護の下で、むしろ高貴な血筋の家柄とみなされるようにもなってくるのです。

一方、国家の庇護を受けられないことで消えた芸能もありました。瞽女芸も、萬歳も、そして琵琶法師の門付け芸も、国家の支援なくして生き残ることはできませんでした。前述の小沢昭一は、高度経済成長期にあって辛うじて生き残っていた最後の消えゆく芸能を、記録する使命感があったのだと思います。琵琶法師はラフカディオ・ハーン（Lafcadio Hearn）（小泉八雲《こいずみやくも》）［1850―1904］の『怪談』にある「耳なし芳一《ほういち》」にも登場するのでご存知の方も多いでしょう。あるいは歴史の授業で習った記憶があるかもしれません。百人一首の坊主めくりでお馴染みの蝉丸《せみまる》［生没年不詳］も琵琶法師でした。琵琶法師は、シルクロード由来の弦楽器・琵琶（琵琶湖は形が琵琶に似ていることからそう名付けられました）の伴奏で物語を語る芸人です。「祇園精舎《ぎおんしょうじゃ》の鐘の声……」でおなじみの『平家物語』も琵琶法師によって語り継がれてきた物語でした。この琵琶法師を生業とする演者は、なんと1990年代までは実在していました。最後の琵琶法師とされているのは1996年に95歳で亡くなった盲目の山鹿良之《やましかよしゆき》〔1901―1996〕です。前述の書籍『日本の放浪芸』にも登場しています。『琵琶法師』*12という本には88歳（1989年）の時の実演を収めた映像が付属しています。山鹿は4～10段以上（1段約40～60分）の演目を50種近く語れた、という名人です。すさまじい記憶力ですね。これを小さい時から盲人の師匠に弟子入りし、耳で一から覚えたのです。映画も本もない時代、人々はこうした壮大な語りを街角の琵琶法師から聞き、想像力を膨らませ、感情を震わせていたのでしょう。最後の琵琶法師の映像を見てみると、演者の語りには強弱があり、しかもここぞ、というタイミングで「べベベン！」と琵琶を力強く鳴らすんです。ザーザー降りの雷雨を表現したり、琵琶が語りを盛り上げるＢＧＭの役割を果たしていたことがわかります。次第に演じ手の魂が登場人物に憑依していくこともわかる段になると、こうした優れた芸能が失われてしまったことを思い、全く切ない気持ちになってしまいます。

和歌山出身の奇才

18か国語に堪能《たんのう》だったという博覧強記の在野の民俗学者・博物学者もいました。和歌山出身の**南方熊楠**《みなかたくまぐす》〔1867―1941〕です。東大予備門を中退後、北米・キューバ・英国を放浪する中で粘菌類の研究が認められ、科学雑誌『ネイチャー』に多くの論文が掲載されました。同じく生物学者として粘菌の研究を行っていた昭和天皇〔1901―1989〕は南紀を行幸した際に熊楠と会っていますが、献上品の動植物の標本はキャラメル箱に入っていたそうです。それでも印象深かったのでしょう、「雨にけふる神島《かしま》を見て紀伊の国の生みし南方熊楠を思ふ」という歌を残されました。

熊楠は1906年に始まる明治政府の**神社合祀令**《じんじゃごうしれい》に反対しました。国家神道確立のために、全国の神社が1町村に1つの神社として強制的に統合させられ、1914年までに約7万の神社が取り壊されました。その際、熊楠は天然の風景や生態系の破壊を危惧して、神社の森（鎮守《ちんじゅ》の森《もり》）の保護運動をおこしたのです（これは日本初のエコロジー運動として評価されています）[*13]。熊楠は神社合祀によって「第一に敬神思想を薄うし、第二、民の和融を妨げ、第三、地方の凋落を来たし、第四、人情風俗を害し、第五、愛郷心と愛国心を滅じ、第六、治安、民利を損じ、第七、史蹟、古伝を亡ぼし、第八、学術上貴重の天然紀念物を滅却」[*14]してしまうと述べます。最後の自然保護の観点以外にも多くの問題点があったことがわかります。確かに人々が代々信仰を守ってきた地域の神社を、中央政府の権力で一方的に破壊する、というのは極めて乱暴でおぞましいことだったと思います。神社というと古来から変わらず今もあるもの、という認識が存在しますが、このような明治の国家権力の下で統合されたのが、現在の神社組織だということは知っておくべきでしょう。「古い古いと自国を自慢するが常なる日本人ほど旧物を破壊する民なしとは、建国わずか百三十余年の米国人の口よりすら毎々嗤笑《ししょう》の態度をもって言わるるを聞くなり」[*15]という南方の言葉もあります。東京オリンピックのためだ、と日本橋の上に急造の首都高速を通し、東京から土の匂いを消し去った高度経済成長期（21世紀の東京オリンピックでも新たな競技施設が建設されます）、経済合理性の名の下で文人の旧館などの保存に全く積極的でない自治体……それでいて都合よく創作された日本の「伝統」とやらを空々しく語る姿は、今も昔も変わらぬ、明治日本の生き写しだということです。

ちなみに東京大学の本郷キャンパス近くの古本屋で熊楠の本を買った際、店主が裏からゴソゴソと出してきました。何かと思うと、意中の古本を探してくれた先代の店主に宛てられた熊楠直筆のお礼状でした。達筆とは言い難かったのですが、何やら奇人と語られる熊楠の律儀な一面を見るようで、心が温まりました。

民芸の美

鈴木大拙《だいせつ》〔1870―1966〕の教え子だった思想家・**柳宗悦**《やなぎむねよし》は武者小路実篤《むしゃのこうじさねあつ》〔1885―1976〕らと『白樺《しらかば》』の創刊に加わりました。柔道の父・嘉納治五郎《かのうじごろう》〔1860―1938〕は柳の叔父にあたります。柳は日本統治下にあった朝鮮の芸術を高く評価していました（「私は久しい間、朝鮮の藝術に対して心からの敬念と親密の情とを抱いているのである……藝術の美はいつも国境を超える」）[16]。朝鮮芸術への愛はそれを生み出した朝鮮と民族への愛につながります。1919年の三・一独立運動では、鎮圧する朝鮮総督府を非難し、その運動を支持しています（「まさに日本にとっての兄弟である朝鮮は、日本の奴隷であってはならぬ」[17]と述べました）。彼は、朝鮮の芸術や宗教によって日本の文明が生まれたことへの感謝と敬意あってこそ、国と国との距離が近づくと考えていたのです。そもそも、日本の陶磁器は朝鮮半島に由来するものでした。豊臣秀吉〔1537―1598〕の朝鮮出兵（文禄・慶長の役）の際に高い技術をもつ多くの朝鮮陶工が日本に連行されました。彼らの開いた窯《かま》が有田焼《ありたやき》・伊万里焼《いまりやき》・唐津焼《からつやき》・萩焼《はぎやき》のルーツとなったのです。これも日本の「伝統」工芸、であると現在ではみなされているのですが。

柳宗悦

そうした陶磁器の例からもわかりますが、日本文化は模倣である、としてその独自性に疑問を抱いた柳は、名も無き職人の手作りの実用工芸品（衣服、家具、食器、文房具など）・「**民芸**《みんげい》」（「民衆の工芸」の意）を発見し（マルクス主義者だった英国の芸術家・デザイナー・詩人・思想家のウィリアム・モリス（William Morris）〔1834―1896〕のアーツ・アンド・クラフツ運動の影響もありました）[18]、その日用の美（**用の美**）を評価します。柳は民芸には民族の心が表れていると考えました。確かに編み籠にしても箒《ほうき》にしても、職人が手作りした日用品には、贅沢品や大量生産品からは感じられない、凛とした美しさや機能美があるように思われます。

東洋と西洋の狭間でアイデンティティ確立にもがきながら（キリスト教思想に始まり、詩人ウィリアム・ブレイク（William Blake）［1757—1827］や神秘主義の研究、そして浄土真宗へ）[19]、ガンディー［1869—1948］に惹かれた柳の非暴力・非戦の思想、そして多文化主義的な「複合の美」（世界を一色にしない）の思想は、現代文化を捉える上でのアクチュアルな問題意識と共鳴するものがあります。[20] 戦前にあって、沖縄（沖縄学の父・伊波普猷《いはふゆう》［1876—1947］[21]にも着目していました）やアイヌ、東北の文化に等しい価値を認めていたのは、誠に先見の明があったと言うべきでしょう。

注

＊1　1931年に刊行された『明治大正史　世相篇』（講談社、1993年）は、英雄史になることを意図的に避け、固有名詞を使わず常人（常民の語はまだ出てきていない）のまなざしで記述されており、文化史的にも見るべきものがある。

＊2　柳田国男『新版　遠野物語　付・遠野物語拾遺』（角川書店、2004年）。

＊3　宮本常一『忘れられた日本人』（岩波書店、1984年）。

＊4　網野善彦『「日本」とは何か』（『日本の歴史00』）（講談社、2000年）。この本は1999年の国旗・国歌法制定に際し、提案者も賛成者も反対者も日本とは何かを知らないか、あるいは日本の成立についての歴史を意識的に隠蔽している、という問題意識から書かれたものである。

＊5　松谷みよ子『現代民話考［1］～［12］』（筑摩書房、2003～2004年）。

＊6　柳田国男『海上の道』（岩波書店、1978年）。

＊7　島崎藤村『藤村詩集』（新潮社、1968年）。

＊8　折口信夫『古代研究（国文学篇）　国文学の発生（第三稿）』（『折口信夫全集　第一巻』）（中央公論社、1965年）。

＊9　「八重山諸島では、村の祭りや、家々の祭りに臨む神人・神事役は、顔其他を芭蕉や蒲葵《クバ》の葉で包んで、目ばかり出し、神の声色や身ぶりを使うて、神の叙事詩に連れて躍る……沖縄本島の半分には、まだ行はれて居る夏の海神祭りに、海のあなたの浄土にらいかないから神が渡つて来る。其を国の神なる山の神が迎へに出る」（折口信夫『古代研究（国文学篇）　国文学の発生（第二稿）』）（『折口信夫全集　第一巻』中央公論社、1965年）。

＊10　小沢昭一『日本の放浪芸』（岩波書店、2006年）。

＊11　折口信夫『古代研究（国文学篇）　国文学の発生（第二稿）』）（『折口信夫全集　第一巻』）（中央公論社、1965年）。

＊12　兵藤裕巳『琵琶法師――〈異界〉を語る人びと』（岩波書店、2009年）。

＊13　鶴見和子は『南方熊楠』（講談社、1981年）において、南方自身もエコロジー（ecology、エコロギー）という言葉を使っていたと指摘する。また、南方を「二十世紀の日本のソローとよびたい」と述べている。ソローはアウトドア思想のバイブル『ウォールデン 森の生活』で知られるアメリカの思想家。

＊14〜15　南方熊楠「神社合祀に関する意見（白井光太郎宛書簡）」（中沢新一編『南方熊楠コレクション』第五巻　森の思想）河出書房新社、1992年）。

＊16〜17　柳宗悦『朝鮮の友に贈る書』（『民藝四十年』岩波書店、1984年）。

＊18　モリスは美しく整い、民衆的な東洋の芸術が西洋文明の征服により消滅しつつあることなどを述べた上で、古い時代の普通の家具類について語る。「日用品であって、珍しい品物ではなかった……だが、われわれはこれを「素晴らしい」と呼ぶのである……これは所謂《いわゆる》「民衆」が平凡な日々の労働のうちに作ったのである」。さらに続けてこのように言う。「文明社会によってなされる労働は大部分は不誠実な労働だということである。文明があるものをよく作る……これらのものは主として、あやまって商業とよばれている売買の競争を遂行するための機械である。そして、また、それは生命を破壊する機械でもある」「民衆により、民衆のために作られるべき芸術の種をまくに際して……二つの徳は絶対に必要である……それは誠実と簡素な生活である」（ウィリアム・モリス『民衆の芸術』中橋一夫訳、岩波書店、1953年）。

＊19　柳は民芸品について、浄土真宗の悪人正機説を引き、「自力の天才によいものが出来るなら、他力の凡人にはなおさら出来ると、そういい直しても、決して無理ではなくなるのである」と述べている（柳宗悦『南無阿弥陀仏』岩波書店、1986年）。

＊20　中見真理『柳宗悦』（岩波書店、2013年）は新鮮な柳像を照射する。それによると、ダーウィニズムに対抗したアナーキスト・クロポトキンの互いに助け合う相互扶助の思想（互いを互いが助けること）から「複合の美」の思想が生まれたのだという。

＊21　伊波は日本人と琉球人は同一民族とする日琉同祖論を唱えた。柳田国男も同様の視野をもっていた。

25章　戦後日本の思想（丸山眞男、加藤周一、大江健三郎、坂口安吾、吉本隆明、村上春樹）

戦後も遠くなりにけり

いよいよ戦後の思想です。1979年生まれの私は昭和の終わりも経験しましたし、戦後史もそれなりの実感をもって理解することができます。しかし現代の中高生に例えば高度経済成長期の話をすると、バブル景気（平成景気）と混同している生徒も多くいます。21世紀生まれの高校生がいる時代ですから、生まれるはるか昔の話を時を追って理解することは意外と難しいのかもしれません。

本書では過去の日本思想と現代との接点を意識していることもあり、既に戦後日本の様々な問題点について触れてきたつもりです。1980年代以降の日本の現代思想の概要に関しては『集中講義！　日本の現代思想　ポストモダンとは何だったのか』[*1]や『ニッポンの思想』[*2]といった優れた概説書を参考にして頂きたいと思います。戦後日本について語るべき論点は多々あるのですが、ここではあえて日本的余白を残し（笑）、個人的に注目したい点に絞ってお話していきたいと思います（しばしば1章のタイトル「日本とは」という問いに戻っていくことにもなるでしょう）。

一つは16章で紹介した中江兆民［1847―1901］の「わが日本古《いにしえ》より今に至るまで哲学なし」[*3]という言葉とも関連しますが、戦後の日本人は主体的に行動し、思想できているのかという問題です。「そもそも西洋思想である哲学が日本にないなんて、当り前じゃないか」と言う人もいるでしょう。しかし頭の中の半分が西洋人化している現代日本人が依然として主体性をもち得ないことの心もとなさは、どうにもいたたまれない気がするのです。「思想」は元来「思想する」という動詞でした。それが「思想」という名詞となって権威から下賜《かし》され、人々が有り難く称揚している現状と、西周《にしあまね》［1829―1897］が「希哲学」（知を希求すること）と正確に翻訳した「フィロソフィー［philosophy］」がその主体的・動的ニュアンスを失い、「哲学」として下賜・称揚されている現状は相似形だと思えます。自分の頭で考えず、受動的にお上《かみ》の言うことに付き従うのが日本人性である、と悲しい哉《かな》、思えなくもないのです。ここまで数々の日本の思想家を紹介してきましたが、ハッキリ言ってしまいましょう……正直オリジナリティはさほどありません。中心と周縁の図式が残存し、その中心が中国から西洋に変わっても、中国古典の注釈学だった訓詁《くんこ》学の伝統がいまだに生きているんです。有り難い原典をキャノン（聖典）化して崇《あが》め奉り、それを時間的・空間的に一番早く入手し理解できた者が第一人者となる……というパターンです。ですからオリジナリティといっても、その原典をちょっと独自に解釈した程度のものです。現代日本の哲学者が「カント」「ウィトゲンシュタイン」「ハイデッガー」の専門家だとか「ドゥルーズ」や「スピノザ」の研究者ばかりなのはなぜでしょう。ただこれは哲学に限った話ではありません。私が好きな音楽の世界でも「日本のボブ・ディラン」「日本のビートルズ」「日本のエアロスミス」みたいに、米国や英国の「ホンモノ」をいかに正確にコピーできるかが競われた時代が確かにありました。

そしてもう一つ注目したい点は米国によってもたらされた戦後民主主義の行く末です。21世紀に入り、日米関係の風向きがちょっと変わってきています。今思えば1990年代の「Jリーグ」や「Jポップ」に見られるJ回帰[*4]もその兆候だったのだと思いますが、戦後民主主義の礎を築いた米国の地位が相対的に低下してきているのです（米国の植民地スポーツである「野球」と欧州のスポーツである「サッカー」の人気が逆転したのはその現れです）。日本人の米国への憧れは、日本テレビの人気クイズ番組「アメリカ横断ウルトラクイズ」が1992年に終了した（1998

年には特番で復活した）ことからすると、少なくも１９９０年代までは確かに生きていました。しかし２００１年９月11日に米・同時多発テロが勃発すると、テロの首謀者をかくまったアフガニスタンを空爆し、イラク戦争を始めた米国の正義への疑念が生まれます。その後は「呪縛を解かれた」という表現が適切かどうかわかりませんが、元あった日本の姿に戻りつつあるというのが実感です。一面的には戦前回帰が危惧される動向ももちろんあるわけですが、米国の重石が外れたとするならば参照枠はただ一つ、近代日本しかないのでしょう（江戸時代に戻ろうとはさすがにしないでしょう）。しかし参照枠とする近代日本は市民革命も経ずにスタートし、闘争による自由獲得の経験はついぞないままでした（結局ＧＨＱ主導の改革ですんなりと「他力的」に女性参政権を含む民主化に至ったため、戦前からの女性解放運動家・平塚らいてう（雷鳥《らいちょう》）［１８８６―１９７１］は困惑し、「すなおに、朗らかによろこびきれない」と述べたそうです）。[5] しかも戦前の軍国主義日本は国家統制を重視する「国家社会主義」を経ています。現代の自由民主党が自由競争を称揚しているようで、官僚主導の国家統制的・社会主義的な経済政策を重視するのはそうしたわけです。１９９０～２０００年代にかけて学問の世界では近代日本を振り返る機運が高まった感があるのですが、その検証が曖昧なまま近代回帰になだれ込もうとしている状況には危機感を覚えています。

21世紀に入り２度にわたって政権を取った安倍政権が「戦後レジームからの脱却」[6]をうたった点も思い出してみるべきです。日本は１９４５年８月14日にポツダム宣言を受諾して翌15日に終戦を迎え、ＧＨＱが進駐して新憲法の制定がなされ、大日本帝国から民主主義国家・新生日本として生まれ変わりました。よく考えてみれば太平洋戦争や日中戦争から70年以上を経て、いまだに「戦後」と称するのは不思議な気もします。「戦後」とは米国によってもたらされた戦後民主主義体制のことです。したがって「戦後レジームからの脱却」とは保守派による新生日本の戦後民主主義の全否定を意味するわけです。米国のもたらした戦後民主主義体制を認めるか否かが、保守と革新という対立軸として今も存在しているのです。

日本のねじれ

私はＧＨＱが戦後創設した社会科（戦後民主主義を教えるための教科です）の教員として歴史の授業を担当したこともあります。教科書を読めば、さすがにアメリカが作らせた教科であるだけにアメリカが投下した原爆の残虐さはさほど強調されていません。ファシズム・軍国主義国家・悪の枢軸とされた（現在の北朝鮮のような存在だった）戦前日本をこらしめるためには致し方なかった……というストーリーになっていることは確かです（その一方、アジア諸国と戦争し――例えば日中戦争――、それに敗北した事実は巧みに隠蔽されていると感じます）。もちろん教員はそうした教科書を膨らませて沢山の教材を作り、多面的・多角的に教えているわけではありますが。しかし、侵略国家日本は戦争責任を一生胸に抱き、加害者としてアジアに謝罪し続けるべきである……とするこのＧＨＱ史観・東京裁判史観に基づいた社会科教科書に対し、「いつまで謝り続ければいいんだ！　愛国心を封じ込めた自虐史観だ！」と噛み付く保守政治家が登場するようになります。１９９６年に「新しい歴史教科書をつくる会」運動が始まり、その流れをくむ教科書が保守派の自治体（東京都など）で採択されるに至りました。２００６年の第１次安倍内閣で教育基本法が改正され（道徳心・公共心・愛国心が明記されました）、じわじわと社会科全体が「新しい歴史教科書」化していることにも注目すべきです。２０１８・２０１９年度からそれぞれ小・中の道徳が教科化され、新学習指導要領ではＧＨＱが作った社会科そのものを再編する事態となりました（公民科では「倫理」が選択科目となり新科目「公共」が必修となったことは既に触れた通りです）。

とはいえ戦後民主主義を否定する保守政治家も、経済的繁栄を得るために米国の顔色をうかがい（「主義・主張」より「現世利益」を取る発想はかなり日本的です）、ご機嫌を取ってきました。いわゆる「対米従属」という奇妙な矛盾・ねじれです。こうした日本の矛盾は他にも沢山あります。平和国家日本を誇りつつ、沖縄に基地の大半を押し付けてきたこと。日本の平和を守るためという名目で米軍基地をほぼ無償貸与し、全世界が反対したベトナム戦争でベトナムに兵隊を送っていたこと。米国の呪縛を脱し、アジア共同体の中で新たな関係性を模索する時代に入っているのに、中国や韓国と諍《いさか》いをおこしていること。いずれも首を傾《かし》げたくなる矛盾です。

そして矛盾といえば天皇の存在です。米国は戦後、戦前の天皇制を残しつつ、天皇から政治的権力を剥奪して日本の象徴とするウルトラCレベルの日本国憲法を作り上げました。そうした中で昭和天皇［１９０１―１９８９］や上皇陛下［１９３３―］は新憲法に基づく戦後民主主義の体現者として象徴天皇制のあり方を模索してきたのです。「鳩は平和の象徴」といいますが、これは「鳩を見ると平和だと感じられる」という意味です。そう考えると「天皇は日本国および日本国民統合の象徴」ですから、そのお姿を見て日本国民が日本という平和・民主国家に生きていることを実感できなければいけないわけです。戦後の天皇が毎年様々な国内施設を訪問し、先の戦争の慰霊のために戦地を訪問するなど世界平和と友好に努めてきたのはそういうわけです。上皇陛下はおそらく民主主義と天皇制の矛盾を日本で一番わかっていた方だと思います。前近代的な封建制下では、例えば地主のように努力をしなくても豊かな生活を営める者がいました。その一方で「長男」なら家を継がなくてはならず、別の仕事に就きたくても就けないという不自由さもあったわけです。同様に天皇は生まれながらに都心の超一等地にお住まいになっていますが、たとえミュージシャンや弁護士になりたいと思っても、なれないわけです。自由・平等の民主社会にあって人権無視、最も不自由で不平等な前近代性を生きているのが天皇なのです。そのようなことから２０１６年、ご高齢となり、象徴としての務めを果たすことが難しくなったことから異例の生前退位のご意向を示された際、多くの国民が心から賛同しました。しかし上皇が望む恒久法の制定（皇室典範《てんぱん》改正）は安倍政権によって選ばれた保守派の有識者によって却下され、一代限りの特例法で退位が認められることになりました。戦後民主主義・象徴天皇制の体現者として日本国憲法を遵守《じゅんしゅ》する天皇（ときに保守論陣を牽制するお言葉を述べられています）と、戦後の日本国憲法を否定し軽んじる安倍政権の意向の対立が図らずも浮き彫りになったわけです。これが江戸期の（お飾りとしての）ミカド（天皇）と（実質的な政治的指導者としての）大君（将軍）の二重統治の構図、あるいは天皇を後ろ盾に摂関政治を布いた藤原氏のように見えてくるのは気のせいでしょうか。

戦後民主主義の理論的指導者

そう考えると、いつまでも続くかに思われた戦後民主主義なるものは、実は戦後80年ほど、経済的繁栄を背景に辛うじて続いた日本史上の「奇跡」だったのかもしれない、とすら思えてきます。哲学がなく能天気で主体性の薄いべったりとしたムラ社会のニッポンが、軍国主義のもたらした戦争で財産や家族を失うという痛みのリアリティに支えられ、ひとまず80年間は眩《まぶ》しいほどに輝く戦後民主主義を支えてこられたのです。ですから、立憲主義や三権分立すら覚束《おぼつか》ない惨憺《さんたん》たる現在にあって、悲観するというよりも皮肉抜きで「よくぞ持ちこたえた」という気持ちが先んじます。そもそも日本人は良くも悪くも、主体的に一途な信念をもつことがあまりなく、ある種の楽観性（現世利益・ノリ重視）を背景に、集団主義的に激しい振れ幅で揺れ動いてきた人々であるように思えます。ですから今、ある一方に偏っているとしても、また必ずその反動が来るとも思っているのですが（とはいえそれがまた長続きするかは、わかりません）。

戦後民主主義が虚妄だとか、平和憲法なんてつまらんということを公然と主張できること、そのこと自体が、戦後民主主義がかつての大日本帝国に対して持っている道徳的優越性を示すものではないでしょうか……私は八・一五というものの意味は……いちばんおくれて欧米の帝国主義に追随したという意味で、帝国主義の最後進国であった日本が、敗戦を契機として、平和主義の最先進国になった。これこそ二十世紀の最大のパラドックスである——そういわせることにあると思います。そういわせるように私達は努力したいものであります。（『二十世紀最大のパラドックス』）*7

私は米国的な戦後民主主義を体現する自由の気風をもった「戦争を知らない子どもたち」であるところの団塊（前後）ジュニアとして偶然この世に生を享《う》けました。私はそれを幸運だったと思っています。日本に生まれながらにして戦後民主主義が機能した奇跡の時代に自由な教育を享受し、世界的な視野をもつこと・理想をもつことの大切さを学ぶことができたのですから。

その戦後民主主義の理論的指導者だったのが**丸山眞男**［1914—1996］です。既に著書『日本の思想』をはじめ、何度も名前が出てきている政治学者です。2章と3章では横のつながりが希薄な「タコツボ型」という日本文化の型（西洋の枝分かれする「ササラ型」に対し）や、日本の歴史意識の古層をなし、執拗《バッソ》な持続低音《オスティナート》としてひびきつづけて来た思考様式である「なりゆき」を紹介しました。

丸山眞男

丸山に大きな影響を与えたのは大学時代の先生である南原繁《なんばらしげる》［1889—1974］やジャーナリスト・作家の長谷川如是閑《にょぜかん》［1875—1969］でした。長谷川は最も早い時期にファシズム批判を行った人です。丸山は学生時代の1933年に、マルクス主義者の戸坂潤［1900—1945］らが作った唯物論研究会（長谷川が会長を務めました）の講演会に参加したかどで検挙され、特高警察の取り調べを受けるという経験をしています。左翼活動に加わっていなかった丸山ですが、「如是閑は父の友人で……」と言っただけで殴られたりもしたそうです。*8 保守論客の福田恆存《つねあり》［1912—1994］が戦後民主主義を虚妄と批判した際に、戦後民主主義を敢然と擁護したのは、こうした内面的思想統制の恐怖を思い知っていたからでした。さらに東京帝国大学助教授在職中には召集され、原子爆弾が投下された広島では被爆体験を得ています。

丸山は終戦直後の１９４６年に『超国家主義の論理と心理』を著し、超国家主義《ウルトラナショナリズム》という日本型ファシズムの思想構造や心理的基盤を分析しました。ヒトラー〔１８８９—１９４５〕の『我が闘争』やヒトラーの腹心アルフレート・ローゼンベルク（Alfred Rosenberg）〔１８９３—１９４６〕の『二十世紀の神話』に見られるナチス・ドイツの体系的世界観と比べると「八紘《はっこう》為《い》宇《う》」「天業恢弘《かいこう》」といった叫喚的スローガンに支えられた日本の超国家主義は明白な理論的裏付けがなかったにもかかわらず、なぜ人々の心の深くにまで入り込んだのでしょうか。丸山は、既存の現実がいかなるものかをつかみ取る努力なしには「国民精神の真の変革はついに行われぬ」*9と述べていますから……ひとまずこの議論に向き合ってみましょう。

超国家主義《ウルトラ・ナショナリズム》をもたらしたもの

国家主権が精神的権力と政治的権力を一元的に占有する結果は、国家活動はその内容的正当性の規準を自らのうちに（国体として）持っており、従って国家の体内及び対外活動はなんら国家を超えた一つの道義的規準には服しないということになる。（『超国家主義の論理と心理』）*10

封建的・前近代的な近世儒教批判を行っている丸山です。一言でいえば「近代的自我＝主体的自我」が未成熟であることが超国家主義という日本型ファシズムをもたらした、と考えていました（「国家秩序によって捕捉されない私的領域というものは本来一切存在しない……我が国では私的なものが端的に私的なものとして承認されたことが未だ嘗てないのである」）。[*11] 丸山は内村鑑三〔1861―1930〕の不敬事件や美濃部《みのべ》達吉《たつきち》〔1873―1948〕の天皇機関説事件についても触れています。戦前は「近代的自我」をもっていた彼ら一部のキリスト教徒や学者だけが自らの倫理観に基づいた主張を行いましたが、絶対的価値をもつ国家にその内面的倫理の無力を突きつけられてしまいました。芸術や学問は国家的実用性によって要請され、何が国家のためかという内容的な決定は忠勤義務を持つ官吏が決定する……[*12]という丸山の指摘にも、現代日本が再び舞い戻ろうとしている地平を見るようで震えが止まりません。

そんな日本という国家を動かしている絶対的価値体は天皇でした。その「天皇を中心として、連鎖的に構成され、上から下への支配の根拠が天皇からの距離に比例」[*13]していたのです。確かに今も天皇が住む東京を中心とするタテの序列は歴然として存在します（かつて天皇が住んでいた畿内にお住まいの方は反論されると思いますが）。東京都内では皇居を中心として「近くに住んでいるほどエライ」という意味不明の優越意識がいまだに残存しているんです（笑）。さらに「法は抽象的一般者として治者と被治者を共に制約するとは考えられないで、むしろ天皇を長とする権威のヒエラルヒーに於ける具体的支配の手段にすぎ」[*14]ませんでした。この辺りの法に関する日本人（および日本の政治家の）意識は現代まで変わっていないように思えます。この調子ですから授業で立憲主義や法治主義を教えても、なかなかリアリティを伴ってのみ込んでもらえないのです（これには毎年苦労します）。

一は「神輿《みこし》」であり、二は「役人」であり三は「無法者」（或は「浪人」）である。神輿は「権威」を、役人は「権力」を、浪人は「暴力」をそれぞれ代表する。国家秩序における地位と合法的権力からいえば「神

> 輿」は最上に位し、「無法者」は最下位に位置する。しかしこの体系の行動の端緒は最下位の「無法者」から発して漸次上昇する。「神輿」はしばしば単なるロボットであり、「無為にして化する」。「神輿」を直接「擁」して実権をふるうのは文武の役人であり、彼等は「神輿」から下降する正当性を権力の基礎として無力な人民を支配するが、他方無法者に対してはどこか尻尾をつかまえられていて引きまわされる。しかし「無法者」もべつに本気で「権力への意志」を持っているのではない。彼はただ下にいて無責任に暴れて世間を驚かせ快哉を叫べば満足するのである。（『軍国主義者の精神形態』）[15]

天皇という神輿を担いでいた戦前の軍部官僚の中には天皇を「天ちゃん」と呼んでいた不敬な者すらいたようなのですが、今考えられているほど役人にとっての天皇は絶大な権力者という風なものではなかった部分があります。まさにお飾りのお神輿のようなものだったのでしょう（もちろん天皇の絶対性を信じた妄信的な皇国少年もいたわけですが）。

日本の社会体制には上位者からの抑圧を下位者に順次委譲して行くことによって全体の精神的なバランスが保持されているような「**抑圧委譲の原理**」も存在しました。[16] これは丸山が福沢諭吉［1834―1901］の『文明論之概略』を読み（『「文明論之概略」を読む』[17] という名著もあります）、武士の間の権力の偏重を指摘した箇所からアイデアを得たものです。[18] 福沢が批判したように儒教的な封建意識が染み付いた日本です。現在も大企業や官僚組織などに容易に見て取れる原理だと思います。最も下位に置かれた者は抑圧のはけ口がないわけですから、戦時中はそれが排外主義につながり、末端の兵士は皇運を背負って戦地で人を殺したのです。そして興味深いのが、国家秩序の価値が天皇からの距離に比例して薄まっていく中において、責任の自覚と結びついた独裁は生まれ得なかったという点です。戦時中の日本は誰一人として責任を負うことのない「**無責任の体系**」[19] でした。軍部も官僚も主体的・内面的良心を働かせず、何物かに突き動かされながらズルズルと戦争へと邁進していったのです。だから戦後の戦犯たちは「本当は反対だったんだけれど」……と情けない弁解をしたんです。これは偽らざる心境だったのだと思います。

この調子ですから戦争が終わっても、その戦争責任の所在は曖昧なままになってしまいました。手のひらを返したように人間宣言をしてマッカーサー〔1880―1964〕と肩を並べた天皇の姿に、熱烈な皇国少年はやるせない気持ちにさせられたことでしょう。それでも無責任で一途さのない日本人はコロっと米国に寝返り、民主主義を下支えしたのです。こうした日本人の無責任なありようは今も昔も全く変わっていません。東日本大震災に伴う津波による福島の原発事故や東京・築地市場の豊洲移転問題、政治家を介した役人の便宜の疑惑、高度成長期型の企業組織の風土にしても、責任の所在は大抵うやむやにされてしまうのです。謎の同調圧力でワッショイワッショイ神輿を担いでしまう節操の無い日本人、多様性を認めず長いものに巻かれる日本人……私自身たばこは吸わないのですが、嫌煙ムードの高まる中、愛煙家がアッという間に嫌煙包囲網に取り囲まれ、一網打尽にされてしまった風景を見た時に「何とも不気味な国だな……」と正直思いました。

「である」ことと「する」こと

身分社会を打破し、概念実在論を唯名論に転回させ、あらゆるドグマを実験のふるいにかけ、政治・経済・文化などいろいろな領域で「先天的」に通用していた権威にたいして、現実的な機能と効用を「問う」近代精神のダイナミックスは……「である」論理・「である」価値から「する」論理・「する」価値への相対的な重点の移動によって生まれたものです。もしハムレット時代の人間にとって"to be or not to be"が最大の問題であったとするならば、近代社会の人間はむしろ"to do or not to do"という問いがますます大きな関心事になってきたといえるでしょう。
日々自由になろうとすることによって、はじめて自由でありうるということなのです。
（『「である」ことと「する」こと』[*20]）

「である」論理から「する」論理への価値の転倒を丸山が画策したのは、「民主主義というのものは、人民が本来制度の自己目的化――物神化――を不断に警戒し、制度の現実の働き方を絶えず監視し批判する姿勢によって、はじめて生きたものとなり得る」[*21]と考えていたからです。日本は長らく儒教道徳に支えられた「である」社会でした。それぞれの分に応じて「らしく」振る舞うことで、討議のルールや手続きを作らなくても話し合いが成立してしまうんです。その一方で西洋から移植された「公共（パブリック）」空間はついぞ発達しませんでした。また、結果が重視される経済の領域においては、「株主である」ことと「経営する」ことが分離したように（所有と経営の分離）、「する」論理への変化が早く現れたのに対し、政治の領域では「する」こと、つまりパフォーマンスの質というよりも、派閥のボス「である」ことが重要視されました。

そう考えると、「である」ことに安住して思考停止してしまうのが日本人の悪い癖であるように思えてきます。先ほど取り上げた『軍国主義者の精神形態』でも「「現実」というものは常に作り出されつつあるもの或は作り出され行くものと考えられないで、作り出されてしまったこと……どこからか起って来たものと考えられている」[*22]と述べています。

「現実」といえば、現在も憲法9条に自衛隊を位置づけるという憲法改正論議があります（あろうことか２０１７

年には憲法が縛る対象である内閣主導で憲法改正の議論が飛び出しました）。改正論者は現行憲法との矛盾を指摘し反対する声に対して、北朝鮮の脅威や自衛隊の国際協力、米国の要請などをもち出して「現実的でない」というわけです（改正の理由として一番大きかったのは米国の要請ですが、集団的自衛権行使容認が閣議決定という裏技で達成されてしまった今、実は憲法改正をする積極的理由はもはや存在しません）。丸山は1952年の自衛隊につながる日本の再軍備（警察予備隊創設と保安隊への改組）に反対を述べた『「現実」主義の陥穽《かんせい》』の中で、そうした人々の言う「現実」は「既成事実」（つまり「である」こと）であり、「現実だから仕方がない」「既成事実に屈服せよ」[*23]という意味に他ならないとしています。戦前の天皇制（国体）も戦後の民主主義も「現実だから仕方がない」「既成事実に屈服せよ」ということ――実際の「現実」は多面的であり、日々造られて行くものであるにも関わらず――です。そして「その時々の支配権力が選択する方向が、すぐれて「現実的」と考えられ、それに対する反対派の選択する方向は容易に「観念的」「非現実的」というレッテルを貼られがち」[*24]なのです。これが65年前の文章とは到底思えません。日本という国の「変わらなさ」が逆に怖ろしく思えてきます。日本はマクロにもミクロにも、こうした心理構造にベッタリと覆われた国なのです。

政治学者の杉田敦《あつし》［1959―　］はこのように言っています。「丸山はマルクス主義者であったわけではない。むしろ彼の中に強かったのは、反共主義こそを自由な社会の最大の敵と見なし、それに対抗しようとする志向であった。日本社会は、少し手をゆるめれば戦前型の超国家主義者やその類似物へと逆もどりしかねない、右バネが強い社会であり、左側に相当大きな錘をつけておかなければならないということであろう」[*25]……こうした丸山のバランス感覚が大切だと思える昨今なのです。

丸山は1964年の『現代政治の思想と行動』の「増補版への後記」の中で「大日本帝国の「実在」よりも戦後民主主義の「虚妄」の方に賭ける」[*26]という名台詞を残しました。「政界・財界・官界から論壇に至るまで、のどもと過ぎて熱さを忘れた人々、もしくは忘れることに利益をもつ人々によって放送されるこうした神話（たとえば戦後民主主義を「占領民主主義」の名において一括して「虚妄」とする言説）は、戦争と戦争直後の精神的空気を直接に経験しない世代の増加とともに、存外無批判的に受容される可能性がある」[*27]のです。丸山がこう指摘してから50年あまりを経て、歴史社会学者の小熊《おぐま》英二〔1962―　〕は[*28]「現代っ子」が展開する保守運動を的確に批判し、「「大日本帝国の虚妄」に賭けるよりも、「戦後民主主義の実在」に立脚する方を選びたい」（朝日新聞「論壇時評　現代の保守「大日本帝国の虚妄」でなく」2017年5月25日付朝刊））と述べています。基本右ぶれする日本にあって、丸山眞男を傍らに置いておくべきと思われてなりません。[*29]

雑種文化

> ほんとうのものは、たとえ焼け跡であっても、嘘でかためた宮殿より、美しいだろう。私はそのとき希望にあふれていた。私はそのときほど日本国の将来について、楽天的であり、みずから何ごとかをなさんとする勇気にみちていたことはなかった……足りなかったのは、食糧である。しかし人はパンのみにて生くるものではない。（『羊の歌――わが回想――』[*30]）

加藤周一〔1919―2008〕は医師でありながら文学を志し、多彩な評論活動を展開した人物です。ここに引用した、羊の年に生まれた加藤のエッセイ『羊の歌――わが回想――』[*31]の末尾「八月十五日」は忘れられない印象があります。

1960年のカナダのブリティッシュコロンビア大学での講義を元にした『日本文学史序説』の冒頭では「各時代の日本人は、抽象的な思弁哲学のなかでよりも主として具体的な文学作品のなかで、その思想を表現してきた……日本の文化の争うべからざる傾向は、抽象的・体系的・理性的な言葉の秩序を建設することよりも、具体的・非体系的・感情的な人生の特殊の場面に即して、言葉を用いることにあったようである」[*32]と述べています。実生活に密着した美術が日本文化において重要な位置を占めてきたことは疑い得ないでしょうし、文学が哲学を代行する伝統があったということです。逆にいえば、西洋に伍する哲学的著作がないように思えても、それを補って余りある芳醇な文学の世界があるということです[*33]。

加藤は1955年に日本文化を「**雑種文化**」と規定する卓抜な日本文化論を書いています。雑種的とは「日本の文化の枝葉に西洋の影響があるということではなく、今の日本の文化の根本がぬきさしならぬ形で伝統的な文化と外来の文化との双方から養われているということ」[*34]です。加藤に言わせれば、西洋種の文化は日常生活、政治、教育、その他の制度において日本に深く根を養っています。ですから、「日本から西洋種をぬきとろうとする日本主義者」は例外なしに、精神と文学芸術に特化した「極端な精神主義者」にならざるを得ません（純日本風の電車や選挙を説きようがないからです）[*35]。従って、「日本的伝統にかえろうとする日本主義者の精神」は「すでにほんやくの概念によって養われた雑種」であり、「日本の伝統的文化を外国の影響から区別して拾い出すなどということは、今の日本では到底できるものではない」[*36]というのです。

さらに英仏の文化を純粋種とした上で、「日本の文化問題は、日本の文化が雑種的であるという事実をみとめることに始まり、その事実に積極的な意味をみつけることで終る」[*37]と言い切ってます。純粋種にも雑種にも、よい点・わるい点があります。その上で日本の雑種性を認めない限りは、西洋文化に対する劣等感をもち、西洋の猿真似が氾濫してしまうでしょう。そうすれば、「みるにみかねて「日本的」なものをもち出す人」があらわれ、いわゆる「回顧的な日本文化の讃美に耽って」[*38]終わってしまうのです。

ちなみに加藤はプラグマティズムの紹介者だった鶴見俊輔［1922―2015］（『思想の科学』を創刊し、「ベトナムに平和を！　市民連合（べ平連）」結成にも加わりました）や小説家の**大江健三郎**《けんざぶろう》［1935―2023］、井上ひさし［1934―2010］

らと2004年に「九条の会」を結成しています。歌手の沢田研二〔1948―　〕が風刺したように（2008年に「我が窮状」を発表しました）憲法「九条」の「窮状《きゅうじょう》」にあって、護憲を訴える彼らの活動は強い印象を与えました。

サルトル〔1905―1980〕の実存主義に影響を受けた大江健三郎は東京大学在学中に『飼育』で芥川賞を受賞した才人です。1994年にノーベル文学賞を受賞した際は、天皇から授与される文化勲章の辞退を貫き、民主主義・平和主義を訴える左翼文化人としての矜持《きょうじ》を知らしめました。広島の原子爆弾投下をテーマにした『ヒロシマ・ノート』[39]、沖縄戦の集団自決（一説では「生きて虜囚《りょしゅう》の辱《はずかしめ》を受けず」という戦陣訓によるものとされます）の問題を扱った『沖縄ノート』[40]も知られていますが、後者は集団自決の是非を問う裁判に発展しています。大江の勝訴に終わりましたが、日本軍の指示の有無を巡る論争は今も絶えません。

堕落論

戦争に負けたから堕ちるのではないのだ。人間だから堕ちるのであり、生きているから堕ちるだけだ。だが人間は永遠に堕ちぬくことはできないだろう。なぜなら人間の心は苦難に対して鋼鉄のごとくでは有り得ない。人間は可憐《かれん》であり脆弱《ぜいじゃく》であり、それ故愚《ゆえおろ》かなものであるが、堕ちぬくためには弱すぎる。人間は結局処女を刺殺せずにはいられず、武士道をあみださずにはいられず、天皇を担ぎださずにはいられなくなるだろう。だが他人の処女でなしに自分自身の処女を刺殺し、自分自身の武士道、自分自身の天皇をあみだすためには、人は正しく堕ちる道を堕ちきることが必要なのだ。そして人のごとくに日本もまた堕ちることが必要であろう。堕ちる道を堕ちきることによって、自分自身を発見し、救わなければならない。政治による救いなどは上皮だけの愚《ぐ》にもつかない物である。（『堕落論』[41]）

戦後太宰治《だざいおさむ》〔1909―1948〕らと共に旧来の既成の文学を批判する無頼《ぶらい》派と称されたのが**坂口安吾**《あんご》〔1906―1955〕です。新潟県に生まれ、アテネ・フランセでフランス語を学び、東洋大学の印度哲学科を出ています。『白痴』や『肝臓先生』などが代表作で、後年は鬱に悩まされヒロポン中毒になるなどデカダン（頽廃）を地で行ったようなところがあります。

安吾の立ち位置は右や左と単純に割り切れない部分があるのが面白いです。例えば戦時中1942年に発表した『日本文化私観』は挙国一致の時代にありながら、古いものはいいものだ式が蔓延する日本の変わらぬ本質を捉えています。外国人が賞賛する桂離宮や和服の日本と上野から銀座のネオン・サインを愛する安吾の日本、講談に登場する復讐心の強い日本のサムライと「昨日の敵は今日の友」という憎悪心の薄い楽天的な今日の日本人……果たしてどれが日本の伝統であり国民性なのでしょうか。「京都の寺や奈良の仏像が全滅しても困らないが、電車が動かなくては困るのだ」[*42]……なかなか辛辣ではありますが、そうした実用性・必要性重視の日本人像を浮き彫りにし、日本文化を知った顔をして実は何も知らない（日本美を再発見したブルーノ・タウト（Bruno Taut）〔1880―1938〕の来日講演を聞きにいこうともしない）日本の文化人を揶揄《やゆ》するのです。確かに日本が大好きだと自負する日本人のどれだけが能や歌舞伎の真髄を理解しているかは甚《はなは》だ疑問です。しかし安吾は、そうした物真似日本を憫笑《びんしょう》する欧米人を浅薄だとし、「彎曲《わんきょく》した短い足にズボンをはき、安物の椅子テーブルにふんぞり返って気取って」いたとしても「日本人の生活が健康でありさえすれば、日本そのものが健康である」[*43]というのです。

戦後まもなく発表された『**堕落論**』にもそうした視座が見て取れます。「欲しがりません勝つまでは」の戦前の倫理観が、戦後米国に占領された後に堕落した……という議論を踏まえての「堕落論」です。天皇の楯となって戦った日本兵が闇屋となり、戦死した夫の位牌に涙した女たちが新たな面影を胸に宿すことを堕落と呼ぶのであれば、むしろ堕落しようではないか、ということです。こうした堕落が人間の本性なのです。日本の政治家（貴族や武士）はその自我の本性を知った上で忠君の道や武士道を説き、天皇制を案出しました。安吾は天皇制を「極めて日本的な（従ってあるいは独創的な）政治的作品」*[44]と呼んでいます。天皇制は天皇が生み出したものではなく、天皇は陰謀はなくもなかったにせよ概して何もせず、政治家（貴族や武士）の要求によって担ぎ出されてきたというわけです。確かに藤原氏の時代や豊臣秀吉［１５３７―１５９８］、明治維新や軍部に操られた戦中だってそうでした。天皇を上に置き、拝賀することで自分の権威が保障されるわけですから、手段・道具としてそうしていたに過ぎないわけです（「自分自らを神と称し絶対の尊厳を人民に要求することは不可能」*[45]だったからです）。

　つまり武士道を説いてみせるような振る舞いは、美しいものを美しいままに、処女の純潔を守るために刺殺するような振る舞いなのです。「忠臣は二君に仕えず」のような規約を作ってみたところで人間の堕落は防げません。「人間の歴史は闇屋となるところから始まる……天皇もただ幻影であるにすぎず、ただの人間になるところから真実の天皇の歴史が始まるのかもしれない」*[46]……ただ生きている人間を肯定するという安吾のメッセージです。自由であることへの不安を不自由に身を委ねることで解決するようであってはいけません。

人間の、また人性の正しい姿とは何ぞや。欲するところを素直に欲し、厭な物を厭だと言う、要はただそれだけのことだ。好きなものを好きだという、好きな女を好きだという、大義名分だの、不義は御法度《ごはっと》だの、義理人情というニセの着物をぬぎさり、赤裸々《せきらら》な心になろう、この赤裸々な姿を突きとめ見つめることがまず人間の復活の第一の条件だ……日本国民諸君、私は諸君に、日本人及び日本自体の堕落を叫ぶ。日本及び日本人は堕落しなければならぬと叫ぶ。（『続堕落論』*[47]）

『続堕落論』では「戦前の「健全」なる道義に復すること」という過去への賛美を否定し、耐え忍ぶ精神よりも進歩的発明の精神を説くと共に、世界聯邦《れんぽう》論（衆議院議員を務めた安吾の父と親しかった尾崎行雄（咢堂《がくどう》）［1858—1954］が唱えていました）のようなコスモポリタニズムやその流れをくむ共産主義を批判しています。なぜなら、そうした政治や新たな社会制度は人間の実相を無視し、網にかからぬ魚であるところの人間を捉えようとする網・カラクリに過ぎないからです。人間という「ベラボーなオプチミストでトンチンカンなわけの分らぬオッチョコチョイの存在」*[48]を厳しく直視するリアリズム……戦争を知らぬ21世紀になって跋扈《ばっこ》する戦前復古の妄想も、実は社会主義・共産主義の理想主義と相似形であると気付かされる昨今、安吾の言葉が胸に突き刺さるのです。

廃人の歌

> ぼくが真実を口にするとほとんど全世界を凍らせるだろうという妄想によって　ぼくは廃人であるそうだ。（『廃人の歌』*[49]）

前述の丸山眞男とは対照的な反権力の立場で、在野を貫き戦後思想を牽引したのは詩人・思想家・評論家の**吉本隆明《たかあき》**［1924—2012］です（次女は作家の吉本ばなな［1964—　］です）。東京・月島の船大工の家に生まれ、米沢高等工業高校を経て東京工業大学を卒業、工場勤めも経験した（労働組合活動で失職してもいます）……という異色の経歴は東京帝国大学出身でそのまま大学教授となったエリート主義的な丸山とは相容れない気がします。文章を読んでいても縄文的下町気質といいますか、反骨的・攻撃的な物言いが痛快です。

吉本は科学的思考を詩人らしく言葉で語った思想家で、「現実の社会で口に出せば全世界を凍らせるかもしれないほんとのことを、かくという行為で口に出すことである」[50]という詩の定義は、彼の思想の営為を説明しています。ところで吉本が自らの生活に影響を与えた本は『新約聖書』『資本論』『昆虫記』の3冊であったそうです。[51]私もジャン・アンリ・ファーブル（Jean-Henri Fabre）［1823―1915］の『昆虫記』が大好きで、小学生の頃「何かに好きなことに凝って生きて行けたらいいな」と夢想したことを思い出します。

戦中派の吉本は戦後、共産主義者が戦時中に国家主義に同調した「転向」を追及する『転向論』を発表します。これは鶴見俊輔らの思想の科学研究会による『共同研究　転向』と並び称される仕事です。吉本によれば22章で触れた佐野学［1892―1953］や鍋山貞親《なべやまさだちか》［1901―1979］の転向は「権力の強制、圧迫」というよりも「大衆からの孤立（感）が最大の条件」[52]でした。つまり彼らのような日本インテリゲンチャは「近代的要素と封建的な要素が矛盾したまま複雑に包含している」[53]日本社会をつまらぬものとして一旦離脱し、後にそれなりに自足した社会だと思い、転向に至ったのだというのです。そうした日本知識人のもう一つの思考変換のパターンは、現実の社会構造と対応しない論理的記号として論じようとする日本版近代主義（モデルニスムス）です。吉本は最後にプロレタリア詩人・小説家の中野重治《しげはる》［1902―1979］を例に出し、彼は転向を通じて日本封建制の錯綜に向き合おうとしたと述べています。

> 「私」的利害の優先原理の滲透を、わたしは真性の「民主」（ブルジョア民主）とし、丸山真男のいう「民主」を擬制「民主」であるとかんがえざるをえない。（『擬制の終焉』）[54]

吉本は1960年の国会を取り巻く安保闘争に加わり、共産主義者同盟（ブント）・全学連（全日本学生自治会総連合）主流派が警官隊を突破して国会に突入した際、国会内集会で演説を行い、逮捕されています（1960年代後半から1970年代初頭にかけての全共闘世代の学生[55]は吉本を読みました）。その直後に発表された『擬制の終焉』では前衛が知識人を率いて大衆を導くという啓蒙的視座をもつ旧来の日本共産党、そして私的利害を優先する戦後の政治的無関心派を否定する丸山眞男を[*56]「擬制」、つまり大衆から乖離《かいり》した見せかけだと喝破しました。丸山は、戦前の大日本帝国臣民の滅私奉公的な公益重視の性質が戦後左翼の革新運動に継承され、戦後の私的利害を重視する政治的無関心派がその足を引っ張っていると考えました。しかしそれでは個人を国家や民族に従属させる戦前の公益重視の幻想を認めてしまうことになります。そもそも吉本が全学連に同調したのは、安保闘争が戦後の独占資本による社会体制の打倒ではなく、日本人の民族の独立か従属か、戦争か平和かという問題として提起されたことにあったのでした。そうした後者の視座では、どうしても個が軽んじられてしまいます。

大衆の原像は、つねに〈まだ〉国家や社会になりきらない過渡的な存在であるとともに、すでに国家や社会もこえた何ものかである。（『情況とは何か』[*57]）

吉本は「資本主義」と「社会主義」の対立という1966年当時の情況認識を否定し、戦後民主主義と自由民主主義（これは現代の保守と革新の図式と重なります）の違いを「話せばわかる」程度の微差であるとしました。今にして読むと慧眼《けいがん》だと思います。つまり理性的な前衛が理念を振りかざしてアトム（原子）的な大衆を啓蒙していくという近代的な思考回路という意味で両者は同類であると見抜いていたのです。そうした思考回路をもつ知識人やその政治的集団とっての大衆とは「平和を愛好するはずだ」「未来の担い手であるはずだ」といった「かくあらねばならぬ」あるいは「かくなりうるはずだ」という大衆です。しかし基本的に多くの大衆は子どもを産み育て、会社で仕事をし、幸せな日常であってほしいと願うくらいのもので、安保闘争にはさほどの関心を抱いていないのです。よって、「知識人の政治的集団としての前衛が、大衆的な課題に接近しようとするとき、大衆の社会生活としての存在と逆立し、しかも大衆の幻想の共同体的な鏡である国家と必然的に衝突」[*58]するのです。[*59]そこで吉本は、大衆性から乖離し党派性を帯びた借り物の空疎な言葉、むりやり何かに還元しようとする発想からの「自立」を目指し、「あるがままに現に存在する大衆を、あるがままにとらえるために、幻想として大衆の名を語」ろうと考えます。[*60]ただそこでいう大衆とは何を意味するのでしょうか。知識人ではなく大衆の立場に立脚するにしても、大衆的な言葉に固執する思想は「世捨て人の思想」となり、先端的な言葉に固執する思想は「モダニズムの思想」となってしまう[*61]……吉本は大衆を形成する共同の幻想に着目しました。

国家は共同の幻想である

> 国家は共同の幻想である。風俗や宗教や法もまた共同の幻想である。もっと名づけようもない形で、習慣や民俗や、土俗的信仰がからんで長い年月つくりあげた精神の慣性も、共同の幻想である。（『改訂新版　共同幻想論』）[*62]

「国家は共同の幻想である」……これは1968年の『**共同幻想論**』の一節で、ベネディクト・アンダーソン〔1936—2015〕が『想像の共同体』において指摘したフィクションとしての国家という視座に先んじています。国家を「幻想」[*63]とみなす視点は吉本自身が種明かししているようにマルクス〔1818—1883〕の（下部構造という土台に規定される）上部構造に対応するものです。ここまで読んでお気付きかもしれませんが、吉本は自明の近代的理念を疑った日本におけるポスト・モダン思想の先駆でした。そういう意味では個を全体に収斂《しゅうれん》させていくマルクス主義に懐疑的だったフランスの哲学者フーコー〔1926—1984〕の立ち位置とも重なります（実際フーコーも吉本を認めていました）。フーコーは『言葉と物』（あるいは『知の考古学』）で物の秩序を認識する枠組み・知の構造をエピステーメーと呼び、それが歴史的に変化していることを指摘しました。一方の吉本も言語によって概念化される領域を幻想と呼び、民俗学・古代史学を援用しつつ（柳田国男［1875―1962］の『遠野物語』と『古事記』が登場します）社会科学的なアプローチで俎板に載せたのです。吉本は幻想には国家・法・宗教などの**共同幻想**、家族や男女・セックスの問題である**対幻想**《つい》（「個個の男または女の自己幻想を基制にすることができず、一対の男と女のあいだからしかうまれない」）*64、そして芸術・文学の問題である**自己幻想**（『心的現象論序説』*65で論じました）があると述べました。ちなみに対幻想のうち（アマテラスとスサノヲのような）兄弟姉妹の関係は前世代が消滅しても永続し、共同幻想としての国家の根底となります。皆さんも自分について考えてみると、文章を書いたり絵を書いたりする領域（自己幻想）と家族やカップルとしての領域（対幻想）、そして会社や日本国民としての領域（共同幻想）を使い分けていると思います。しかしこの3つのレベルを混同して「国民は平和を愛好するはずだ」などと語ろうとするとおかしくなるわけです。あるいは「音楽が世界を変える」といいますが、「世界」という言葉の捉え方によるにしても、共同幻想の領域である「世界」を自己幻想の領域である「音楽」で変えるのはおのずと限界があるということになります。政治の右傾化を糾弾する現代日本の左翼的論調がいまだに空回りするのは、吉本が明らかにしようとした共同幻想としての（日本という）国家を捉えられていないことによるものなのかもしれません。「宗教の最終形態」*66でもある国家は極めて強固ですし、そもそも左翼が目覚めさせようとしている日本の土着の大衆は古代以来の共同幻想に根ざしており、それほど自由を欲しているわけではないのです。従って、擬制「民主」を振りかざすやり方は大衆の心を広く打つことはないのです。

共同幻想である国家や会社の領域においては個が虚像として現れざるを得なくなるのに対し、家族やカップルという対幻想の領域においては国家という共同幻想に回収されず、個を否定しつつも個の本質を失うことはありません。また自己幻想の領域である文学や芸術も同様、国家という共同幻想には回収され得ません。対幻想や自己幻想は共同幻想に逆立（対立）します。つまり会社や国家や友人グループにたとえ見放されたとしても、大好きな人と一緒につながっていられれば幸せですし、文学や芸術の営みに携わっていれば公・国家という共同幻想に取り込まれることはまずないのです。

１９８０年代に入ると吉本が依拠した対幻想や自己幻想に基づく大衆消費社会が到来します。もはや「知識人／大衆」という二項対立図式は崩れ、大衆としての自覚の薄い人々が溢れかえっていました。そんな１９８４年に吉本は『ａｎ《アン》・ａｎ《アン》』（マガジンハウス）誌上でコム・デ・ギャルソンを着てみせ、それこそ資本主義に身を売った「転向」であると批判を浴びてしまうのですが、時代は吉本が予言した方向に進んでいたことがわかります。吉本は同年の『マス・イメージ論』[*67]において日本のサブカルチャー（テレビＣＭ、少女マンガ、歌謡曲）分析を行ってもいます。晩年は東日本大震災を経験し、反原発運動批判を展開するなどしましたが、『共同幻想論』の「科学というものは一般に逆戻りすることはありえない」[*68]という言葉に見られるように、これは原発問題という部分だけで科学全体を否定する還元主義を斥《しりぞ》けたものだと思われます。

常に卵の側に立つ

文学者が思想家を兼ねるという日本におけるある種の伝統・文学の正史の最終章に思えるのは**村上春樹**《はるき》［１９４９－］です。吉本隆明が先取りした均質化した都市住民・大衆の感覚をまさに体現した作家（隆明の娘・吉本ばななと同様）だと思います。ただ評論家の大塚英志［１９５８－］の言葉を借りれば、「村上春樹は大江が自らの文学史から排除したのにも拘わらず、日本文学史に帰属する作家として受けとられる特性をもち、一方ばななは、奇しくも父親・吉本隆明が「マクドナルドのハンバーガー」と形容したように、徹底して無国籍なの」でした。[*69]「翻訳小説ふうの文体も含め、徹底して非〈歴史〉的であろうとした村上春樹は、しかし、その根拠として〈歴史〉への焦燥を強く隠しもっている気がしてならなかった」[*70]……学生運動という「大きな物語＝歴史」が機能していた時代に生き、その挫折から執筆活動を始めた村上は、非〈歴史〉的であろうとしつつも常に〈歴史〉を参照せざるを得ないのです。

彼はジャズ（ジャズ喫茶を経営しながらデビュー作『風の歌を聴け』を書きました）やロックをはじめ、音楽への造詣も深い人です。代表作『ノルウェイの森』はザ・ビートルズの楽曲"Norwegian Wood (This Bird Has Flown)"の邦題でした。原題「Norwegian Wood」は「ノルウェイ産の木材」というような意味なんですが、それをレコード会社の担当者が誤って「ノルウェイの森」と訳してしまいました。結果的にそちらの方が不思議にイマジネーションを喚起させる邦題となりました。だから村上はそちらを小説のタイトルに選んだのでしょう。一方で英訳された村上の小説のタイトルはもちろん『Norwegian Wood』ですから、全世界で最も人口の多いベビーブーマー世代（いわゆるビートルズ世代・日本でいう団塊世代）の共通体験が刺激されたのです。この辺りがノーベル文学賞候補に今なおノミネートされるなど国際的評価が高い一因だと思います。もちろんエンタテインメント性が高い上に、村上は〈歴史〉を参照し、「いま・ここ」にある時代をしっかり料理しているんです。時代を料理しないアーティストは消費されて終わる「二流」だと個人的には思っています。彼が２００９年に文学賞「エルサレム賞」を受賞した際の記念スピーチは特に印象深いものでした。

"Between a high, solid wall and an egg that breaks against it, I will always stand on the side of the egg."
（高くて硬い壁とそれにぶつかって壊されてしまう卵の間にあって、私は常に卵の側に立つでしょう）
（『Always on the side of the egg』）

村上はパレスチナ問題を抱えるイスラエルで文学賞をもらうことに自覚的でした。そうした中で政治的にも思えるステートメントを行うことは少し意外に思えましたが（「個人的メッセージ」であると前置きしていますが）、不寛容な方向に動いていく世界の状況を考えると適切なバランス感覚だったと思います。彼は言葉を選びながら、弱い「卵」の立場に立つことが文学の意義であると訴えました。「卵」と表現されたのは私たち人間のことです。そんな私たちを壊してしまうあまりにも強く高い「壁」とは国家・民族・宗教といったシステムです。しかしそのシステムによって私たちが作られたわけではありません。私たちがそのシステムを作ったのです。村上はこのシステムに打ち勝つ希望は、自身や他人の魂（ソウル）のかけがえのない唯一性を信じること、共に魂を結びつけて温かさを得ることによってもたらされる、と述べています。村上の有する文化的背景から考えて、公民権運動に見られた米国的理想主義の色を感じ取ったのですが、皆さんはどのように受け止められたでしょうか。個としての人間を尊重しつつもそれを破壊し得る力になり得るのが、人間が作り上げた国家・民族・宗教です。国家・民族・宗教に殺されないためにも個人の魂の尊厳に光を当てる文学の営みは重要であると再認識させられました。

注

＊1　仲正昌樹『集中講義！　日本の現代思想　ポストモダンとは何だったのか』（ＮＨＫ出版、２００６年）。

＊2　佐々木敦『ニッポンの思想』（講談社、２００９年）。

＊3　中江兆民『一年有半』（『日本の名著36』）（飛鳥井雅道訳、中央公論社、１９７０年）。

＊4　「日本」という「悪い場所」に「外部」を認め（られ）ないという「九〇年代の思想」は、たとえ「外部」を持ちたくても「現実」としてどうにも無理なのだという諦念から出発していたのだとしても、それはしかし、あるねじれた形で、やがて「日本」と、その「現在＝現実」を、実質的に肯定してゆく振る舞いを導き出すことになりました。筆者が思うに、これはナショナリズムというよりも、一種の素朴な心情的パトリオティズム（愛国主義）というべきです。それはたとえば、どうしようもなくヒドい父親のことを嫌悪しながらも、しかしそれでも「父親だから」愛さなくてはならない、と思ってしまう子の気持ちに近いものだと思います」（佐々木敦『ニッポンの思想』講談社、２００９年）。

＊5　大塚英志『「彼女たち」の連合赤軍』（文藝春秋、１９９６年）。

＊6　白井聡は戦後日本の支配体制の「対米関係での敗北を骨の髄まで内面化すると同時に、同じコインの裏面としてアジアに対する敗北を否認している」本質を指摘し、「あの戦争での負けを正面から認めていないがゆえに、新たな敗北を招き寄せる、という事態」を「永続敗戦」と呼んだ。従属するア

メリカによってもたらされた戦後民主主義を否定する「戦後レジームからの脱却」はそうした敗戦（「終戦と呼び換える欺瞞」も指摘している）の否認にほかならない。しかし中国の経済成長や冷戦後、アメリカの対日関係の温度差が生じたこともあり、永続敗戦は維持不可能なものとなっている（白井聡『永続敗戦論――戦後日本の核心』講談社、２０１６年）。

＊7 丸山眞男『二十世紀最大のパラドックス』（『丸山眞男セレクション』）（杉田敦編、平凡社、２０１０年）。

＊8 苅部直『丸山眞男――リベラリストの肖像』（岩波書店、２００６年）。

＊9〜14 丸山眞男『超国家主義の論理と心理』（『丸山眞男セレクション』）（杉田敦編、平凡社、２０１０年）。

＊15〜16 丸山眞男『軍国主義者の精神形態』（『丸山眞男セレクション』）（杉田敦編、平凡社、２０１０年）。

＊17 丸山眞男『「文明論之概略」を読む　上・中・下』（岩波書店、１９８６年）。

＊18 苅部直『丸山眞男――リベラリストの肖像』（岩波書店、２００６年）。

＊19 丸山眞男『軍国主義者の精神形態』（『丸山眞男セレクション』）（杉田敦編、平凡社、２０１０年）。

＊20〜21 丸山眞男『「である」ことと「する」こと』（『日本の思想』）（岩波書店、１９６１年）。

＊22 丸山眞男『軍国主義者の精神形態』（『丸山眞男セレクション』）（杉田敦編、平凡社、２０１０年）。

＊23〜24 丸山眞男『「現実」主義の陥穽』（『丸山眞男セレクション』）（杉田敦編、平凡社、２０１０年）。

＊25 杉田敦『解説――丸山眞男という多面体』（『丸山眞男セレクション』）（杉田敦編、平凡社、２０１０年）。

＊26〜27 丸山眞男『増補版　現代政治の思想と行動』（未来社、１９６４年）。

＊28 戦後日本を思索する際に小熊の著作は欠かせない。『単一民族神話の起源――〈日本人〉の自画像の系譜』（新曜社、１９９５年）、『〈民主〉と〈愛国〉――戦後日本のナショナリズムと公共性』（新曜社、２００２年）、『１９６８ 上・下』（新曜社、２００９年）と共に『日本という国』（理論社、２００６年）をお薦めしたい。

＊29 仲正昌樹『《日本の思想》講義――ネット時代に、丸山眞男を熟読する』（作品社、２０１２年）も傍らに置いておきたい。

＊30 加藤周一『羊の歌――わが回想――』（岩波書店、１９６８年）。

＊31 「どういう心の動きから自伝執筆に向かったのか。その動機は、サルトルの自伝『言葉』を読んだこと、と私は推測している（海老坂武『加藤周一――二十世紀を問う』岩波書店、２０１３年）。

＊32 加藤周一『日本文学史序説　上』（筑摩書房、１９７５年）。

＊33 ちなみに現代日本では、批評家や評論家も哲学者・思想家同様の地位を占めている。旧来、批評や評論は小説と比べると一段下に見られてきたが、その批評の地位を高め、近代批評を確立したのは『無常といふ事』などで知られる文芸評論家の小林秀雄である。『様々なる意匠』においてはマルクス主義文学や新感覚派文学を「意匠」をまとったものとし、「軽蔑しようとしたのでは決してな」く、公平・等間隔で俎上に上げている（小林秀雄『様々なる意匠』）（『小林秀雄初期文芸評論集』岩波書店、１９８０年）。

＊34 加藤周一『雑種的日本文化の希望』（『雑種文化　日本の小さな希望』）（講談社、１９７４年）参照。

＊35〜36 加藤周一『日本文化の雑種性』（『雑種文化　日本の小さな希望』）（講談社、１９７４年）参照。

＊37〜38 加藤周一『雑種的日本文化の希望』（『雑種文化　日本の小さな希望』）（講談社、１９７４年）参照。

＊39 大江健三郎『ヒロシマ・ノート』（岩波書店、１９６５年）。

＊40 大江健三郎『沖縄ノート』（岩波書店、１９７０年）。

＊41　坂口安吾『堕落論』（『坂口安吾〈ちくま日本文学全集〉』）（筑摩書房、1991年）。
＊42〜43　坂口安吾『日本文化私観』（『坂口安吾〈ちくま日本文学全集〉』）（筑摩書房、1991年）。
＊44　坂口安吾『堕落論』（『坂口安吾〈ちくま日本文学全集〉』）（筑摩書房、1991年）。
＊45　坂口安吾『続堕落論』（『坂口安吾〈ちくま日本文学全集〉』）（筑摩書房、1991年）。
＊46　坂口安吾『堕落論』（『坂口安吾〈ちくま日本文学全集〉』）（筑摩書房、1991年）。
＊47〜48　坂口安吾『続堕落論』（『坂口安吾〈ちくま日本文学全集〉』）（筑摩書房、1991年）。
＊49　吉本隆明『転位のための十篇』（『吉本隆明詩集』）（思潮社、1968年）。
＊50　吉本隆明『詩とはなにか』（『吉本隆明全集6　一九五九−一九六一』）（晶文社、2014年）。
＊51　吉田和明『吉本隆明』（現代書館、1984年）。
＊52〜53　吉本隆明『転向論』（『吉本隆明全著作集13　政治思想評論集』）（勁草書房、1969年）。
＊54　吉本隆明『擬制の終焉』（『吉本隆明全著作集13　政治思想評論集』）（勁草書房、1969年）。
＊55　東大紛争の際に丸山眞男は学生達によって研究室から追われ「君たちのような暴挙はナチスも日本の軍国主義もやらなかった」と吐き捨てた。丸山が育てた草の根の戦後民主主義とその理論的指導者がこうして対峙する結末を迎えたのである。
＊56　「全共闘世代の学生たちに、吉本氏の著作がなぜあれほど熱心に読まれ、圧倒的な影響力をもったのか。その理由はこうだろう。全共闘に集まった学生たちは、日本共産党にも、新左翼のセクトにも懐疑的で、得体の知れない前衛（革命の司令部）みたいなものに「召喚」されたくないと思っていた。吉本氏の著作を読むと、マルクス主義（ないし、シンパ）でも、そんな前衛の言うことを聞かなくてよい、と納得できる。こういう吉本氏のはたらきは、「無教会派の祭司」だったのだ（橋爪大三郎『永遠の吉本隆明［増補版］』洋泉社、2012年）。
＊57〜58　吉本隆明『情況とは何か』（『吉本隆明全著作集13　政治思想評論集』）（勁草書房、1969年）。
＊59　「革命的な政治思想が大衆の感性や意識をくりこむということは、すなわち多数決原理（デモクラシー）を主張することでもなく、特権的なエリートが貧しい階級に同情することでもないとすれば、いったいどのようにして可能なのか。この問題は現代世界にまで引き伸ばされている」（宇野邦一『吉本隆明　煉獄の作法』みすず書房、2013年）。
＊60　吉本隆明『情況とは何か』（『吉本隆明全著作集13　政治思想評論集』）（勁草書房、1969年）。
＊61　吉本隆明『自立の思想的拠点』（『吉本隆明全著作集13　政治思想評論集』）（勁草書房、1969年）。
＊62　吉本隆明『改訂新版　共同幻想論』（角川書店、1981年）。
＊63　「幻想という言葉は、虚偽・架空という意味での「イルージョン Illusion」と解されてはならない……幻想性は人間存在の物質性や客観性には最終的に還元することの出来ない領域として存在するのだ。この逸脱・過剰領域は、人間の存在感覚に根ざした全心的世界の根源であり、同時に固有な領域として自立的に存在している……この領域においてはじめて心的な次元における自己と他者の出会いが、さらにはその出会いを起点とする自他相互関係の形成が可能となる。つまりは幻想的な共同性の形成が可能となるのである」（高橋順一『吉本隆明と共同幻想』社会評論社、2011年）。
＊64　吉本隆明『改訂新版　共同幻想論』（角川書店、1981年）。
＊65　吉本隆明『改訂新版　心的現象論序説』（角川書店、1983年）。
＊66　吉本隆明『批評は現在をつらぬけるか』（『吉本隆明の世界』）（中央公論編集部編、中央公論新社、2012年）。
＊67　吉本隆明『マス・イメージ論』（講談社、2013年）。

＊68　吉本隆明『改訂新版　共同幻想論』（角川書店、１９８１年）。
＊69〜70　大塚英志『「彼女たち」の連合赤軍』（文藝春秋、１９９６年）。

26章　バラモン教

カースト制度

ここからは東洋の源流思想に入ります。まず取り上げるのはインド起源の「バラモン教」と「仏教」です。インドの2011年の国勢調査によれば、ヒンドゥー教徒は79・8%、イスラム教徒は14・2%であるのに対し、仏教徒はたったの0・7%しかいません。仏教発祥の地としては寂しい限りですが、これはヒンドゥー教の台頭と、イスラーム王朝成立時に仏教が弾圧されて衰退した結果です。ちなみに、チベット仏教の最高指導者ダライ・ラマ14世（14th Dalai Lama）［1935— ］が中国政府の弾圧でインドに亡命し、亡命政府を置いているため、チベット仏教の本拠地はインドにあることになります。

インドといえば古代インダス文明の発祥地です。紀元前2300年頃、インダス川下流域にハラッパ、モヘンジョ・ダロなど約60の都市国家が形成されました。下水道や沐浴《もくよく》場も完備した高度な都市文明です。彼らインダス文明人はいまだ未解読のインダス文字をもち、現在のインドに受け継がれるリンガ（男根）崇拝やヒンドゥー教の三神の一つであるシヴァ神の起源もそこにありました。[*1] 紀元前1500年頃になると、遊牧民族アーリア人[*2]がパンジャブ地方（現パキスタン）に侵入してインドを征服し、農耕定住します。抵抗したのはインダス文明人とつなが

インドのハリ・キ・パイリー沐浴場

りがあったとされる先住のドラヴィダ族です。アーリア人はインド・ヨーロッパ語族です。日本ではしばしばインドの男性は男前で女性は魅惑的な美しさをもつというイメージが語られますが、これはそもそも美の基準が西洋にあり、その欧州人とつながったアーリア系がインドを支配したという言説によるものでしょう。[*3]

彼らアーリア人は**カースト**〔caste〕制度という身分制度を取り入れて、自らをバラモンという最高位の祭司階級とし（「アーリア」は「高貴な」という意味です）、被征服民だった先住民を下層のシュードラ（奴隷）以下に配置して、はっきりと区別しました。ただシュードラには、アーリア人も含まれていたようではあります。カーストは皮膚の色（**ヴァルナ**）[*4]と出自（**ジャーティ**）による身分制度で、大きく分けると「**バラモン**（祭司）」「**クシャトリヤ**（貴族・王族）」「**ヴァイシャ**（農民・商工業者）」「**シュードラ**（奴隷）」、さらにその下には「不可触賤民（アンタッチャブル、アウトカースト、ダリット）」が置かれ、細かく分けると約4000以上の階級が存在しました。ちなみにブッダ（仏陀）〔B.C.463?—B.C.383?〕やガンディー〔1869—1948〕はクシャトリヤ出身でした。身分や職業を表すカーストは親から受け継いだまま変更は許されず、カーストが異なる者同士の結婚や食事もままなりませんでした。1950年にインド憲法で禁止されましたが、今も農村部を中心に人々の意識の中に生きており、インドの近代化を遅らせる一因になりました。

バラモンは神々の働きであるところの自然現象を司《つかさど》る祭司階級で、地上の神と崇められました。農業国だったインドでは日本と同様、多神教の伝統があり、太陽神スールヤ、水神ヴァルナ、火神アグニ、[*5]雷神インドラ（日本では寅さんでおなじみの柴又の帝釈天《たいしゃくてん》）、世界の維持神ヴァルナ、[*6]弁舌・学問の女神サラスヴァティー（日本では七福神の紅一点の弁才天《べんざいてん》（弁財天、弁天）……などと自然現象を擬人化し、神に見立てていたのです。

バラモン教

このカースト制度を基盤とした信仰が**バラモン教**［Brahmanism］です。聖典は『**ヴェーダ**［Veda］』（サンスクリット語で「知識」の意）で、『リグ』『サーマ』『ヤジュル』『アタルヴァ』の4つがあります。哲学的に重要なのはその付属書*7である『**ウパニシャッド**［Upanishads］』です。『**奥義書**《おうぎしょ》』とも訳され、「Upa（近くに）」「nishad（下に坐る）」という意味からもわかるように、バラモンの師から弟子へと伝承され、至高のバラモン（ブラフマン）との同一化を目指すものでした。紀元前7世紀から紀元前4世紀の間に断続的に編集されたといいます。

このウパニシャッド**哲学**は人類最古の哲学です。ちなみに人類の歴史の中で哲学と呼べる思想は、古代ギリシア、インド、中国、そしてゾロアスター教を生んだペルシア（イラン）でのみ、ほぼ同時期に成立しています*8（ソクラテス［B.C.470?—B.C.399?］、プラトン［B.C.427—B.C.347］、孔子［B.C.551—B.C.479］など）。「日本に哲学なし」という言葉がありますが、日本は農耕社会の後に、自由な思想空間をもたらす都市国家の成熟を見ることなく中央集権国家が成立したため、哲学が生まれる余地がなかったとみるべきでしょう。

輪廻転生と解脱の教え

ウパニシャッド哲学で説かれたのは、**輪廻転生**《りんねてんしょう》と**解脱**《げだつ》に関する教えです。後の仏教でも説かれている輪廻*9です。前世での行い（業《ごう》＝カルマ［karma］）により現世が決定し、現世での行いにより来世が決定する……これは原「因」により結「果」（「果」は果実の「果」で「みのり」のことです）が決まるという因果応報《いんがおうほう》観です。仏教にも「自業自得《じごうじとく》」「善因善果《ぜんいんぜんか》」「悪因悪果《あくいんあっか》」という言葉があります。バラモン教によると、シュードラになったのは前世の業のせい……ということになります。霊魂は不滅で、前世の報いでウジ虫として生まれ変わることもあるのです。このようにして生と死を繰り返すことを、古代インド人は恐ろしいことだと考えました。何とかして輪廻の苦悩から解脱し、永遠の幸福を手に入れたい、と考えたのです。ちなみにブッダはバラモン教とは別の方法によって、同じく輪廻からの解脱を目指した人物でした。死んだら遺産はどうなるだろうか、自分の子どもたちは幸せでいられるだろうか、あいつに馬鹿にされたまま死んでいくのは悔しい……この世に未練を残せば、輪廻の悪循環に陥ります。ブッダは自らのそうした欲望（煩悩《ぼんのう》）を滅することで解脱できると説いたのです。

「梵我一如」を悟る

> たとえば、刺繍《ししゅう》をする女が、刺繍の一部分をほぐして、別の、いっそう新しく、いっそうすばらしい模様を縫いとるのとまさに同じように、このアートマンも、この世の身体を捨てて無知にしたのち、別の、いっそう新しく、いっそうすばらしい形——祖霊の、あるいはガンダルヴァの、あるいは神の、あるいは造物主の、あるいはブラフマン（の世界の住人）の、あるいは他の生物の——をとるのです。このアートマンは、まさに、ブラフマンであります。（『ウパニシャッド——自己の探求』）*10

ではバラモン教ではどのようにして解脱を目指したのでしょうか。それは**梵《ぼん》我《が》一如《いちにょ》**の真理を悟ることでした。

梵《ぼん》（ブラフマン［brahman］）とは宇宙の根源にある「万物の本体」のことです。英語の綴《つづ》りを見るとわかりますが、「ブラフマン」とは「バラモン［brahman］」*11 のことであり、その「ブラフマン」から授かった言葉が**梵語《ぼんご》**（**サンスク**

リット語＝祭式で唱えられた祈祷句）です。それに対して**我**《が》（**アートマン**［atman］）とは「自己の本質」のことです。日本語の「自我《じが》」は、近代に「エゴ［ego］」の訳語として定着するまでは「アートマン」の訳語でした。自己の本質である「我」も、一なる実在である万物の本体・「梵」の一部なのです。その梵我一如《ぼんがいちにょ》の真理を悟れば、個物（輪廻の主体）としての苦悩から解脱できる、というのです。

ところで、この梵我一如をイメージすることはできますでしょうか。例を挙げると、沖の方まで泳いで行って、海にプカプカ浮かんでいると、自己が万物の本体と一体化したような気分になる……とか、坐禅を行って、自分が次第に宇宙のリズムと一体化している感覚を得る……とか。仏教の坐禅修行も実はこの梵我一如に限りなく近いものがあるのです。例えば密教における大日如来《だいにちにょらい》（毘盧遮那仏《びるしゃなぶつ》）は万物の本体である梵（ブラフマン）のことでした（大日如来が梵語《ぼんご》で語った仏の真言《しんごん》を三密《さんみつ》の実践で体得するのが真言密教でした）。「阿字観《あじかん》」という瞑想トレーニングでは、大日如来であるところの梵字の「阿《あ》」字《じ》を眺め、自己の本質と宇宙万物の本体が一つであるという悟りを目指すのです。そもそも仏教における坐禅のルーツは、アーリア人侵入以前からインドに存在していた**ヨーガ**（**ヨガ**）［yoga］という瞑想法です。「yoga」は「牛馬を制御するように自身の心を制御する」という意味の言葉で、この瞑想法はバラモン教だけではなく、ヒンドゥー教、ジャイナ教、そして仏教に取り入れられました。

六師外道《ろくしげどう》の登場

バラモン教はその後、地上の神と崇められて威張り散らすバラモンに驕《おご》りの気持ちが出てきたことから衰退し、一方で商業の発展で力をつけたヴァイシャや、戦乱の世で発言権が増したクシャトリヤが台頭します。そうした中で、６人の自由思想家が登場しました。彼らは仏教の世界では異端とされたため**六師外道**《ろくしげどう》と呼ばれています。仏教の道から外れているから「外道《げどう》」というわけですが、実のところは仏教の祖ブッダ同様、バラモン教と違う方法で輪廻からの解脱を目指した者たちでした。

六師外道で一番有名なのは**ジャイナ教**[12]［Jainism］の開祖**ヴァルダマーナ**［Vardhamāna］（ニガンタ＝ナータプッタ）〔B.C.549?—B.C.477?〕です。**マハーヴィーラ**［Mahavira］（偉大なる勇者）という尊称もありますが、彼は同世代だったブッダ同様、クシャトリヤの出身で、30歳で出家した後、12年間にも及ぶ厳しい苦行（ブッダは苦行をよしとしませんでした）を経て真理を悟り、輪廻に勝利した者（ジナ［Jina］）となるのです。彼はバラモン教のカースト制度を批判し、「不殺生《ふせっしょう》（アヒンサー）」「真実語（サティヤー）」「不盗《ふとう》（アスティーヤ）」「不淫《ふいん》（ブラフマチャリヤー）」「無所有（アパリグラハ）」の**五戒**を説きました。ちなみにインド建国の父であるガンディーは虫一匹殺さないという不殺生から「非暴力」という発想を得ました。とはいえ不殺生は、ジャイナ教独自の思想というより、仏教やヒンドゥー教でも説かれたインドの伝統的な思想の一つです。その他の六師外道には無道徳論を説くプーラナ・カッサパ（Purana Kassapa）〔B.C.5C?／4C?〕、自由意思を否定した宿命論者マッカリ・ゴーサーラ（Makkhali Gosala）〔B.C.484?〕、真理認識は不可能であるという懐疑論を説いたサンジャヤ・ベーラッティプッタ（Sanjaya Belatthiputta）〔B.C.6C?／5C?〕、「輪廻」を否定した唯物論者で地・水・火・風の四元素論を説いたアジタ・ケーサカンバリン（Ajita Kesakambalin）〔B.C.6C〕、地・水・火・風・苦・楽・命の七要素説を説いたパクダ・カッチャーナ（Pakudha Kaccayana）〔B.C.5C?／4C?〕がいました。とりわけアジタの説いた四元素論は、古代ギリシアの自然哲学の大成者・エンペドクレス〔B.C.493?—B.C.433?〕の四元素論（火・水・空気・土）と全く一致していることに驚かされます。世界同時多発的に高度な哲学思想が生み出されたのです。

ヒンドゥーの語源

バラモン教は紀元前2〜3世紀に人々の間に定着しましたが、その後仏教が隆盛する中で、紀元前5世紀頃にバラモン教のカースト制度を引き継ぎ、民間信仰を吸収する形で**ヒンドゥー教**［Hinduism］が成立します。現代インドで最も信仰されている宗教です。宇宙の原理の三側面を表す三大神は「創造神ブラフマー」「維持神ヴィシュヌ」「破壊神シヴァ」です。ヒンドゥー教に特定の教義・聖典はありませんが、業に基づく輪廻とそこからの解脱が説かれています。聖地ベナレスのガンジス河畔での沐浴《もくよく》のイメージも流布しています。生死は一つの循環であり、死期を悟ったヒンドゥー教徒の中には、ガンジス河畔で死を待ち、遺体を荼毘《だび》に付した後は遺骨をガンジス川（ガンガー）に流すのです。

ところで「ヒンドゥー［Hindu］」の語源は、サンスクリットで「川」（インダス川）を意味する「sindhu」のことです。インダス川もインダスも「sindhu」を語源としていますから、「インダス川」は「川川」という意味になってしまいますね（西洋地理学の命名に由来する地名にこのパターンは多く見られます）。ペルシャの人々は、インダス川流域の人々を「ヒンドフ」[13]と呼び始め、それがインドに「ヒンドゥー」として逆輸入されます。さらにムスリムの流入により、自身を「ヒンドゥー」とみなす自己認識が生まれました。ここから西欧の「インディア［India］」、日本ではさらになまって「インド」という呼び名が生まれたわけです。

ヒンドゥー教（ヒンドゥーイズム）という名称は、かつて植民地の宗主国であった英国がインドの生活文化全体を総称して定義したことによるものです。西洋の「宗教［religion］」という言葉の語源が「原罪を負った人間がキリストの十字架を媒介して再び神と結びつくこと」であったことを踏まえると[14]、ヒンドゥー教を「宗教」というカテゴリーで論じることはなかなか難しいことなのかもしれません（日本の神道《しんとう》も同様です）。そもそも多様性をもつ不思議なこの国を「インド」という一つの言葉で括ること自体に無理があるのかもしれません。インドといえば「カレー」というイメージがありますが、インドに「カレー」という料理はそもそも存在せず、マサラというスパイスを使った料理を英国人が「カレー」と総称したことに始まります。こうした命名も西洋特有で、理性で事物を分析し、概念化していくという西洋の学問的伝統によるものです。

現代のインドには、西洋化されて経済発展著しい都市部が存在する一方で、いまだに理性の支配を拒むような、地方都市の混沌も存在しています。アジア諸国のうち、歴史的に見て西洋人がキリスト教国化させることに失敗した国には日本とインドが挙げられます。インドは、植民地宗主国の英国が、英語を公用語にすることまでは成功したものの、土着の思想が強く残っていたためでしょう、キリスト教徒を増やすことはできなかったのです。そんなインド思想は、近代以降の西洋文化の行き詰まりを打破する思想・文化として受け入れられてもいます。哲学の世界で言えばショーペンハウアー［1788―1860］は自らの思想の多くをインド思想に負っており、満たされない欲望を追い続ける盲目的な生存への意志（ニーチェ［1844―1900］の「力（権力）への意志」にアイデアを与えました）を滅却することを説きました。また、ザ・ビートルズのメンバーだったジョージ・ハリソン（George Harrison）［1943―2001］は、戦後の世界にインドの魅力を再び知らしめた一人でしょう。1968年にメンバーと共にインドの導師（グル）だったマハリシ・マヘーシュ・ヨギ[*15]（Maharishi Mahesh Yogi）［1918―2008］を訪問して弟子となり、シタール奏者のラヴィ・シャンカール（Ravi Shankar）［1920―2012］（ジャズ・シンガーのノラ・ジョーンズ（Norah Jones）［1979―　］は彼の娘です）とも深いつながりを得ました。西洋ロックの文脈には無かった、インドの旋律を取り入れた斬新な楽曲、そして瞑想体験で得られた深い精神性がロック・ミュージックの世界に一石を投じることになったのです。

注

＊1　ヴェーダを作ったアーリア人は先住の非アーリア人の信仰を拒否したが、その信仰は民間レベルで生き続け、仏教やジャイナ教、ヒンドゥー教の興起として姿を現した。インダス文明にはヨーガ修行や沐浴場、牛の崇拝など、ヒンドゥー教との関連性が存在している（針貝邦夫『ヴェーダからウパニシャッドへ』清水書院、2000年）。

＊2　インドのアーリア人は紀元前1500年頃にペルシア（イラン）から来たと考えられている。ちなみに「イラン」は「アーリア人の国」という意味である。

＊3　もともと言語学上の分類であった「アーリア人」は優生学に基づく生物学的な人種として曲解された。ナチス・ドイツのヒトラーなどはアーリア人種を優越人種とし、とりわけゲルマン民族を理想視した。

＊4　「白色のアーリア人が、自らを黒色の先住民……から色によって区別し、血の純潔を保とうとしたことに由来すると考えられる」。また、『リグ・ヴェーダ』には肌が黒く鼻が低い原住民がダーサという悪魔として描かれ、アーリア人を投影した雷神インドラによって退治される（長尾雅人・服部正明『インド思想の源流』）（『世界の名著 1』中央公論社、1969年）。

＊5　今から3000年以上前のヴェーダ時代の祭祀の中心は火（アグニ）であり、智慧の火で災いを除去し、福をもたらす「ホーマ」は漢訳されて仏教の「護摩《ごま》」となった。これはアーリア系に共通する点で、同じくペルシア（イラン）のゾロアスター教も火を崇めた。また、西に向かったヨーロッパ諸民族のうち、ローマ人は炉の女神を公共広場で祀っている。英語の「focus」（中心・焦点）の語源は、ローマ時代の炉（focus）に由来している（森本達雄『ヒンドゥー教——インドの聖と俗』中央公論新社、2003年）。

＊6　ヴァルナはインド・アーリア人のルーツであるペルシア（イラン）のゾロアスター教の最高神アフラ・マズダーと対応する。ゾロアスター教は拝火教とも呼ばれ、イスラム教以前に信仰されていた善悪二元論の宗教である。アフラ・マズダーは日本の自動車メーカーであるマツダの英語表記（MAZDA）の由来にもなっている。神的存在であるアフラと対立するものとされた悪魔ダエーワはインドにおけるアスラ（阿修羅）とデーヴァ（天）と対応しているが、インドではデーヴァが神々、アスラが悪魔的存在となった（岡田明憲『ゾロアスター教——神々への讃歌——』平河出版社、1982年）。

＊7　ヴェーダの本集には、その説明部分である『ブラーフマナ（祭儀書梵書）』、『アーラヌヤカ（森林書）』、そして哲学を収めた『ウパニシャッド（奥義書）』があった。

＊8　ドイツの実存哲学者ヤスパースは「枢軸時代」と呼んでいる。

＊9　バラモン教で説かれた「我（アートマン）」を否定し、「無我（アナートマン）」を説いた仏教では、「我（アートマン）」が「輪廻」するのではなく、「業（カルマ）」が「輪廻」すると考えた。

＊10　『ウパニシャッド』（『世界の名著1』）（服部正明訳、中央公論社、1969年）。

＊11　原語は「ブラーフマナ」。

＊12　2011年のインドの国勢調査によると、信者は0・4％である。

＊13　英語と共にインドの公用語になっているヒンディー語のヒンディー［Hindi］はヒンドゥーの形容詞形である。

＊14　森本達雄『ヒンドゥー教－インドの聖と俗』（中央公論新社、2003年）。

＊15　ヒンドゥー教に由来する超越瞑想（トランセンデンタル・メディテーション［TM］）を実践し、多くの信者を得た。

27章　仏教（1）

真理を覚《さと》った者

続いて**仏教**［Buddhism］です。現在のインドでは衰退してしまったものの、東南アジア、チベットで盛んになり、日本には中国・朝鮮半島経由で伝来し、幅広い信仰を得ています。その一つの証左は、日本語のほとんどが仏教用語であるという事実です。明治以来の西洋の学術用語を従来の仏教用語を使って翻訳した例も多くありますから（［consciousness＝意識］［law＝法］など）、私たちはいまだに仏教用語を概念として用いているわけです。

仏教の開祖は**ブッダ**（**仏陀**）［**Buddha**］ですが、これは「真理を悟《さと》った（覚《さと》った）者」[*1]という意味で、元々はバラモン教とは違う方法で解脱した者のことを指しました。大乗仏教では全ての生きとし生けるものがブッダになれる、と考えます。初めてブッダとなった人物の本名は**ゴータマ・シッダールタ**（Siddhārtha Gautama）［B.C.463?―B.C.383?］です。ゴータマが修行を始めた当時、先述したようにバラモンたちには驕《おご》りが見られるようになり、腐敗しきっていました。ゴータマは、「生れによってバラモンとなるのではない。行為によって賤しい人ともなり、行為によってバラモンともなる」[*2]と原始仏典『スッタニパータ』で述べています。真のバラモン、理想のバラモンのあるべき姿を追求しようとしたのがゴータマです。ちなみに手塚治虫《てづかおさむ》［1928―1989］が長編マンガ『ブッダ』でその一生を描いているので、一読をお奨めしたいです。

ゴータマはインド北部・ルンビニのカピラヴァストゥ（現在のネパール）でシャカ（釈迦）族の支族ゴータマ家の王子として生を享《う》けました。そこからブッダを「お釈迦《しゃか》様」、あるいはシャカ族の聖者「釈迦牟尼《しゃかむに》」と称するようになりました。生まれてすぐに7歩歩いて「天上天下唯我独尊《てんじょうてんげゆいがどくそん》」と言った、という伝説も残っています。さて、そのゴータマは生後7日で母が亡くなって叔母に育てられたものの、王子として衣食住に困らぬ何不自由ない生活を送ります。16歳の時にはいとこのヤショーダラと結婚し、ラーフラという子をもうけました。そんな順風満帆《じゅんぷうまんぱん》な生活であったにもかかわらず、ゴータマは妻子を捨てて出家するのです。当時クシャトリヤ（貴族・王族）の出家はさほど珍しいことではなかったとはいえ、この決意こそが、イエス［B. C. 4？―A. D. 29？］やムハンマド［570？―632］にも共通する崇高な人間性であるように思います。満ち足りた暮らしの中で、自らがそれ以上多くを望むのではなく、他人の苦しみを自分の苦しみとし、全身全霊を注ぎ込んで利他的な実践を行う……これはマザー・テレサ［1910―1997］にも見られる道徳的規範を超えた崇高な振る舞いであり、なかなか誰にもできるものではありません。だからこそ多くの人々を導き、惹きつける教えとなっているのです。

出家の理由

ではゴータマが出家を決意した理由は何だったのでしょうか。**四門出遊《しもんしゅつゆう》**というエピソードがあります。父は幼いゴータマを純粋培養し、この世の苦しみから遠ざけていたわけですが、ある時、酒池肉林《しゅちにくりん》の園《その》に向かう途中でゴータマは見てしまうのです……この世の苦しみを。まず城の東門で腰が曲がった白髪の老人に出会います。「あれは何者か」「あれは老人です。いつかあなたもあのようになるでしょう」……次に南門で病人に出会います。「あれは何者か」「あれは病に苦しむ人です。人間は誰しもいつかは病気になるものです」……西門では地面に横たわる死人を見ます。「あれは何者か」「あれは死人です。人間は最後は冷たくなり、固くなって死んでしまいます。あなたもいつかそうなるでしょう」……衝撃的ともいえるこの世の苦しみを目撃したゴータマにとって、見《み》目《め》麗《うるわ》しい女性が手招きする酒池肉林の園に行ったとしても、それはただただ虚しいだけでした。

釈迦立像

そんな時、北門で出家を目撃するのです。バラモン教と違う方法で解脱を目指すそのシュラマナ（沙門《しゃもん》・比丘《びく》）の姿は気高く、人間の苦しみを乗り越えようとするものでした。その姿に心打たれたゴータマは、王の引き留めにも応じず、とうとう29歳で出家し、シュラマナの一人となるのです。

ゴータマは出家後、1日にゴマ1粒、米1粒の苦行に勤《いそ》しみます。しかし、ガリガリに痩《や》せこけて、あばら骨が見えるほどに修行をしても、一向に悟りを得られません。自らの欲望であるところの悪魔の誘惑を退けた後に、ゴータマは苦行の無意味さに気付き、それを中止します。そして村娘スジャータのミルク粥《がゆ》で復活し、坐禅瞑想を始めるのです。ブッダガヤの菩《ぼ》提樹《だいじゅ》の下で悟りを得た……つまり解脱してブッダとなったのは、それから6年後、35歳の時でした。この年齢は個人的に重要だと思っています。精神の成熟と肉体の成熟が反比例し始める時、とでもいいましょうか。私も35歳になった時に、世の中の仕組みが半分はわかったようでいて、あとの半分はわかっていない……そんな気持ちになったのを覚えています。無論、いまだに悟りを開けそうにはありません。

ブッダの悟りのエッセンス

たとえためになることを少ししか語らないにしても、理法にしたがって実践し、情欲と怒りと迷妄とを捨てて、正しく気をつけていて、心が解脱して、執著することの無い人は、修行者の部類に入る。（『真理のことば（ダンマパダ）』）[*3]

「ヴァッカリよ、ものは、永遠に不変のものなのか、それとも無常なのか、おまえはこのことをどう考えるか」「師よ、無常です」「感受、想念、因果的存在、心は永遠に不変なのか、それとも無常なのか」「師よ、（それらはすべて）無常なものです」「こういうわけだから、このように（すべてのものが無常であることを）みて、再びこの（苦の）世界に生をうけることはないと知るのである」（『短篇の経典――病あつきヴァッカリ』）[*4]

では、ブッダが6年かけて悟った真理……これを一言でお話ししてしまいましょう。それは、私たちを苦しませている原因とそれを滅する方法です。具体的にいうと、我々を苦しめている原因は「**煩悩**《ぼんのう》」であり、「万物は**無常**《むじょう》**・無我**《むが》」であるという真理を知ることで「煩悩」を滅却できる、ということなのです。「煩悩」とは「欲望」、もっと言えば「執着心・こだわり」のことです。仏教用語としての「愛」[*5]は「執着心・こだわり」の意味ですから、あまり良い言葉とみなされません（ブッダは「愛する人をつくるな」[*6]と透徹にも説いています）。「いつまでも若くいたい」「ずっと夫婦や友達でいたい」「一生豊かな暮らしを送りたい」……これらはいずれも「若さ」「愛情」「友情」「金銭」への「執着心・こだわり」です。でもよくよく考えてみれば、万物に常なるものはありません（**無常**）。結婚したばかりで今は幸せかもしれませんが、1年後には離婚しているかもしれないのです。大親友とは来月喧嘩《けんか》別れするかもしれないのです。縁起でもない、と思われるかもしれませんが（ごめんなさい）。そして皆、歳をとれば、皺《しわ》くちゃのおじいちゃん、おばあちゃんになって目も見えなくなり、耳を聞こえなくなるのです。その「無常」

の真理を悟れず、煩悩に囚《とら》われた状態（**無明**《むみょう》）に陥ってしまうと、若さや愛情、友情、金銭が失われてしまった時、苦しむことになるのです。ちなみに最も強い煩悩は**三毒**（**貪**《どん》**・瞋**《じん》**・癡**《ち》）と言われています。「貪」は「むさぼり」、「瞋」は「いかり」、「癡」は仏の真理を知らない「無知」のことです。「癡」は「愚痴《ぐち》（愚癡）」ともいわれます。「無常」の真理を知らない人は、心変わりした恋人に執着して、グチグチこぼすことになるのです。

そうはいっても失われた愛情を、ブッダのように透徹なまでの「無常観」で受け止めるのは、かなりレベルが高いことのようにも思えます（ブッダは「戦場において百万人に勝つよりも、唯だ一つ自己に克つ者こそ、じつに最上の勝利者である」[*7]と言っています）。そんなこともあってか、日本では「無常観」が「無常感」という個人的心情として体得されました。私もしばしばこの「無常感」を味わっています。仕事で人間関係を含めて良いチームだと思っていても、1年間同じメンバーのまま続けば良い方でしょうし、飲み会で盛り上がって何度も集まった仲間も、家庭の事情や子育てで疎遠になってしまったりすることはよくあります。日々生きていると、「常なるものは無し」を痛感するのです。

キサーゴータミーの説話

このようにブッダは、世にも素晴らしい真理を悟ったわけですが、それを人々に説いて回ったわけではありません。『ダンマパダ・アッタカター』[*8]に見られるキサーゴータミー（痩せこけたゴータミー）の説話をご存知でしょうか。ゴータミーは貧しい家柄に生まれた若い母親で、ある時幼い一人息子を失います。現代でも、赤ちゃんが病気やうつぶせ寝などにより、不幸にも亡くなってしまうことがあります。私が高校の時の先生がそんな辛い経験を話してくれたことがありました。それは想像するだけで胸が痛む状況でした。もちろんそんなゴータミーは狂ったように、冷たくなったわが子を抱え、どうにか治してもらえないかと薬を探し求め、方々《ほうぼう》で看てもらうのですが、良い返事はもらえません。そこで最後に、藁《わら》にもすがる気持ちでブッダの所へやって来たというわけです。ブッダはじっとゴータミーの話を聞くと、「一人も死者の出たことのない家を探して、ケシの実をもらって来なさい」と言いました。ゴータミーは「死者の出ていない家を探せば、息子は生き返る！」と思い、必死の思いで一軒一軒の家を訪ね歩きます。しかしある家に行けば「ばあちゃんは昨年亡くなったよ」、またある家に行けば「私の弟は先月40歳の若さで亡くなりましてね」……と、そんな感じで。つまり、死者の出たことのない家はどこにも無かったのです。

　ゴータミーはここでやっと、今を生きている人よりも、今までに死んだ人の方が多いことに気が付きました。そしてゴータミーは自らの体験を通じて、「人間はいつか死ぬものだ」という仏の無常の真理を悟り、息子の死を受け入れられたのです。これは、現代の心理療法でいえば、認識の枠組みを変える認知療法に近いものです。「息子の死」という変わらぬ事実を、「生は常である」というカテゴリの中に「息子の死」を収めている限り、辛くて仕方がありません。そこで「生は無常である」というカテゴリに収めることで、その死が受け入れられるようになるのです。しかもそれを口で説得するのではなく、本人の体験を通して自ら気づかせる……私のような凡人なら、本人に気付かせる前に、間違いなく「人間の生は無常なものでして…」などと解説してしまうことでしょう。ここが比類なきブッダの凄さなのです。ゴータミーはこの無常の真理を悟った後、出家して尼《あま》になりました。ちなみにこの説話の前段を補足しておくと、ゴータミーは財産を一晩の火事で失った富豪と出会い、炭となった財産を黄金に変えた、という話がありました。そしてその富豪の息子と結婚し、授かったのが大切な一人息子だったのでした。その一人息子を失うのですから、まさに諸行無常《しょぎょうむじょう》の説話です。良いことの次には悪いことがやって来る、人生は差し引きゼロ……歌手・俳優の美輪明宏《みわあきひろ》［1935―］がしばしば語っている「正負の法則」[*9]としても理解できそうです。

四つの悟りのしるし

ブッダが悟った内容を改めて整理してみましょう。**四法印**《しほういん》という4つの悟りのしるしがあります。「四法印」の「法＝ダルマ」（ダルマさんのダルマです）は「保つもの」、つまり「法則・真理」のことです。まずは「**一切皆苦**《いっさいかいく》」。迷いの生の全ては苦であるという現状認識です。その理由は**諸行無常**と**諸法無我**《しょほうむが》の真理を知らないことによるものでした。「無常」は先ほど説明した通りですので、「諸法無我」の方を説明しましょう。「諸法」とは我々の認識の対象となる存在のこと、「無我」とは「我＝アートマン」は存在しない、ということです。バラモン教で説かれた不変の「自己の本質」などない、というわけです。確かに不変の自己だと思っている自分も、玉ねぎの皮の様に剥いてみれば違う自分に出会えるかもしれませんし、1年後には全く別のキャラになっているかもしれません。夏目漱石は近代的自我（主体的自我）の確立に取り組んだ、とよくいわれますが、そもそも「自我」なんてものは見ることも聞くこともできないわけで、存在するかどうかもわからないわけです。「私という存在（自我）がある」と思い込めば、他者との比較が始まり、そこから煩悩が生まれます。近代人の「自我」をめぐる心理的な悩みもここに起因するのです。このように私たちが自明のものとする、西洋近現代社会の主人公であるところの「自我」（考えるわれ、個人）を仏教が否定している点は何とも興味深く思えます。*10

諸行無常と諸法無我……この二つの真理を悟れば「**涅槃寂静**《ねはんじゃくじょう》」、つまり煩悩の火は消え、心穏やかな解脱の境地である所の涅槃（ニルヴァーナ [nirvana]）にたどり着くというわけです。1990年代のアメリカでブレイクしたニルヴァーナという伝説的ロック・バンドがいたことなども思い出されます。

「ありがとう」の意味

これあるとき、かれあり、これの生じることによって、かれが生じる。これなきとき、かれなく、これの滅することによって、かれが滅する。（『中篇の経典――種々の界』）*11

ところで、不変の「自己の本質」である「我＝アートマン」はない、と言いましたが、私がいまここに存在しているのは一体なにゆえでしょうか。仏教ではこれを**縁起**の法で説明します。「縁起がいい」「縁起をかつぐ」なんて言葉もありますが、もともとは「因縁生起《いんねんしょうき》」あるいは「縁《よ》りて起《お》こる」の略で、何らかの因縁があって相互依存的に万物は存在している、ということです。例を挙げれば、「あなた」がいるのは「私」がいるから、「女」がいるのは「男」がいるから、「教員」がいるのは「生徒」がいるから……「女」がいなければ「男」もいなくなるでしょうし（そのまた逆も）、授業中に「生徒」の皆さんがいないのに、「私（教員）」が教室でひたすら一人で喋っていたら、教員どころかただの変な人、ということになってしまいます。ですから、自分がここに存在していられるのは、この世の全ての生きとし生けるもの（一切衆生《いっさいしゅじょう》）のお陰様《かげさま》……ということになるのです。日本語の「ありがとう（有《あ》り難《がた》し）」も自分が生きていられるのは、一切衆生のお陰で、「なかなかない（有り難い）」ことである、というニュアンスを帯びているのです。そう思うと日々の「ありがとう」は結構深い言葉です。筆箱を忘れた日、隣の席の友達がシャーペンを貸してくれた……「ありがとう！」……こんなことって、「なかなかない」ことなのです。

この「縁起」の法を知ると、**慈悲《じひ》**の心が宿ります。「慈悲」は「mercy」の訳語になったためか、キリスト教の言葉のようなイメージがありますが、元来仏教用語です。「**慈**（**マイトリー**）」は他者に利益・安楽を与える「慈《いつく》しみ」、「**悲**（**カルナー**）」は他者の苦しみに同情する「思いやり」のことで、合わせて**与《よ》楽《らく》抜《ばっ》苦《く》**ともいわれます。相手に楽を与え、苦しみを取り除いてあげるということです。自分にこだわる我欲（いわゆる「自己中」です）は「無明」になり苦しみを生みます。煩悩の火を消して、自分の存在が食物連鎖のイメージで万物に支えられていることを知る……するとどうでしょう、自分を支えてくれている万物への慈しみ、思いやりが生まれるのです。仏教が実に平和[*12]で、普遍的な教えだということが理解できると思います。

注

＊1　「悟り」は英語で「awakening」と訳されるが、その訳からもわかる通り、「覚り」と表現した方が適切である。しかしここでは通例にならって「悟り」と表記することにする。ちなみに「悟り」は英語の「understanding」のことで、哲学用語の「悟性」も「understanding」の訳語である。「覚り（悟り）」の対義語は、真実を知らない（無明の）「迷い」である。「迷い」は「迷妄」「迷惑」とも言い、「欲」「煩悩」とも同一視される。

＊2　『ブッダのことば　スッタニパータ』（中村元訳、岩波書店、1984年）。

＊3　『真理のことば（ダンマパダ）』（『ブッダの真理のことば　感興のことば』）（中村元訳、岩波書店、1978年）。

＊4　『短篇の経典――病あつきヴァッカリ』（『世界の名著1』）（長尾雅人・桜部建・工藤成樹訳、中央公論社、1969年）。

＊5　喉が渇いた人が水を欲するたとえから渇愛とも言われる人間の根源的欲望。広義では煩悩の意。

＊6～7　『真理のことば（ダンマパダ）』（『ブッダの真理のことば　感興のことば』）（中村元訳、岩波書店、1978年）。

＊8　赤松孝章（2000）　キサーゴータミー説話の系譜　高松大学紀要,No.34,1-15.

＊9　美輪明宏『ああ正負の法則』（PARCO出版、2002年）。

＊10　近代以降の仏教の苦境は、近代的自我を否定している点に由来すると考えられる。しかし、近代の行き詰まりが指摘される現代にあって、逆に仏教は近代思想のオルタナティブにもなり得るだろう。

＊11　『中篇の経典――種々の界』（『世界の名著1』）（長尾雅人・桜部建・工藤成樹訳、中央公論社、1969年）。

＊12　原始仏典の『真理のことば（ダンマパダ）』によれば、「実にこの世においては、怨みに報いるに怨みを以てしたならば、ついに怨みの息《や》むことがない。怨みをすててこそ息む。これは永遠の真理である」（『真理のことば（ダンマパダ）』）（『ブッダの真理のことば　感興のことば』中村元訳、岩波書店、1978年）。

28章　仏教（2）

ブッダ最初の説法

比丘たち、とうとい真実としての苦（苦諦《くたい》）とはこれである。つまり、生まれることも苦であり、老いることも苦であり、病むことも苦である。悲しみ・嘆き・苦しみ・憂い・悩みも苦である。憎いものに会うのも苦であり、愛しいものと別れるのも苦である。欲求するものを得られないのも苦である。要するに、人生のすべてのもの……それがそのまま苦である。比丘たち、とうとい真実としての苦の生起の原因（集《じっ》諦《たい》）とはこれである。つまり、迷いの生涯を繰り返すもととなり、喜悦と欲情とを伴って、いたるところの対象に愛着する渇欲である……比丘たち、とうとい真実としての苦の消滅（滅諦《めったい》）とはこれである。つまり、その渇欲をすっかり離れること、すなわちそれの止滅である……比丘たち、とうとい真実としての苦の消滅に進む道（道諦《どうたい》）とはこれである。つまり、八項目から成るとうとい道、すなわち、正しい見解・正しい思考・正しいことば・正しい行為・正しい暮らしぶり・正しい努力・正しい心くばり・正しい精神統一である。（『短篇の経典――はじめての説法』）*1

ブッダ（仏陀）［B.C.463?―B.C.383?］はベナレス郊外のサールナート（現インド）の鹿野苑《ろくやおん》*2で、かつて共に苦行をした5人の修行者を前に、最初の説法「**初転法輪**《しょてんぽうりん》」を行います（鹿も聞いていたそうです）。苦行をあきらめたブッダを5人の修行者はけなしていたのですが、結局彼らもブッダの悟った真理に大いに引き付けられました。そこで語られた4つの明らかにされた真実……これが**四諦**《したい》です。「諦」は本来「明らかにされたこと」という意味です。「諦《あきら》める」という言葉は、我執《がしゅう》（自我の実在に執着すること）を捨てられず真理を明らかにできないことを「諦めが悪い」と言ったことに由来するものです。

はじめの真理は人生の苦しみである、**四苦**《しく》・**八苦**《はっく》の認識です（四諦の第1・**苦諦**）。「四苦」は「**生**《せい》・**老**《ろう》・**病**《びょう》・**死**《し》」というゴータマが四門出遊《しもんしゅつゆう》で目撃した苦しみです。きっと誰もが感じているのは生きる苦しみでしょう。「なぜ私を生んだのか」という悲痛な問いもあります。生まれてくること自体が苦しみでもあるのです。そして病の苦しみは、若くして経験している人もいるでしょう。さらに歳をとれば、老いや死の苦しみがのしかかってきます。「四苦」の他にも、「**愛別離苦**《あいべつりく》」（愛する者と別れる苦）、「**怨憎会苦**《おんぞうえく》」（恨み憎む者に会う苦）、「**求不得苦**《ぐふとくく》」（求めるものが得られぬ苦）、「**五蘊盛苦**《ごうんじょうく》*3」（肉体と精神の苦）があり、「四苦」にこの4つを加えると「八苦」になります。祖父母や両親の死、卒業や転校、クラスメイトに毎日嫌味を言われたり、大嫌いな上司の部下になったり……志望企業からエントリーシートの落選通知が届いたり、働き盛りのお父さんが突然がん宣告されたり……おおよその苦しみはこれらに含まれるのではないでしょうか。我々は文字通り、四苦八苦して生きているのです。

これらの苦の原因を突き詰めると、永遠の生や友情、良好な人間関係に執着するという、尽きせぬ煩悩の集積（四諦の第2・**集諦**《じったい》）であり、それを滅すること（四諦の第3・**滅諦**）ができた理想の境地が涅槃《ねはん》（ニルヴァーナ）です。涅槃に至るには正しい修行法が必要となります（四諦の第4・**道諦**）。

涅槃に至る正しい修行法は、**八正道**《はっしょうどう》（**八聖道**《はっしょうどう》、**八支聖道**《はっししょうどう》）と呼ばれています。「正見《しょうけん》」（正しい見方）、「正思《しょうし》」（正しい思惟）、「正語《しょうご》」（正しい言葉）、「正業《しょうごう》」（正しい行い）、「正命《しょうみょう》」（正しい生活）、「正精進《しょうしょうじん》」（正しい努力）、「正念《しょうねん》」（正しい見方を念じる)、「正定《しょうじょう》」（正しい瞑想）の8つです。中でも、現実のありのままの姿である実相《じっそう》を正しく認識する「正見」が基本となります。言葉遣いに着目した「正語」というのも興味深いです。汚い言葉遣いや嘘をつくことはやはりいけない、ということなのです。この八正道は**中道《ちゅうどう》**の具体的実践でもあります。

> 比丘たち、出家した者はこの二つの極端に近づいてはならない。二つとは何か。第一にさまざまの対象に向かって愛欲快楽を追い求めるということ、これは低劣で、卑しく、世俗の者のしわざであり、とうとい道を求める者のすることではなく、真の目的にかなわない。比丘たち、如来《にょらい》はそれら両極端を避けた中道をはっきりとさとった。これは、人の眼を開き、理解を生じさせ、心の静けさ・すぐれた知恵・正しいさとり・涅槃《ねはん》のために役だつものである。（『短篇の経典——はじめての説法』*4）

中道はアリストテレス［B.C.384—B.C.322］が説いた中庸《ちゅうよう》とも似ていますが、ブッダの王子時代の快楽でもなく、修行時代の苦行でもない、極端を離れた正しい修行態度のことです。

八正道は出家向けの修行法です。一方、世俗にいて仏道に帰依する在家信者はいかにして中道を実践すればよいのでしょうか。その一つは**三宝《さんぽう》**（**仏《ぶっ》・法《ぽう》・僧《そう》**）*5に帰依する**三帰《さんき》**です。これは聖徳太子［574—622］の十七条の憲法の二条にも見られました（「篤《あつ》く三宝を敬え」）*6。もう一つは「不殺生戒《ふせっしょうかい》」（殺さない）、「不偸盗戒《ふちゅうとうかい》」（盗まない）、「不邪婬戒《ふじゃいんかい》」（淫らなことはしない）、「不妄語戒《ふもうごかい》」（嘘をつかない）、「不飲酒戒《ふおんじゅかい》」（酒を飲まない）という**五戒《ごかい》**です。最後の飲酒の戒めに関しては、現代のお坊さんではプライベートで守っている人は少ないかもしれません。私もお坊さんの友人とプライベートでお酒を飲むことがありますし。それにしても驚かされるのは、他宗教の戒めと共通している部分がある点です。例えばユダヤ教における「モーセの十戒《じっかい》」の中にも「殺してはならない」「姦淫《かんいん》してはならない」「盗んではならない」「隣人に関して偽証してはならない」*7とありました。これらは人類普遍の真理なのでしょう。

入滅後の仏教

ブッダは悟りに達したのち、40年以上の布教生活を送り、旅の途中にあって80歳で亡くなりました。その理由は食中毒だったとか、赤痢《せきり》だったなどといわれています。ブッダといえど、諸行無常の真理から逃れることはできなかったということです。クシナガラ（現インド）で、沙羅双樹《さらそうじゅ》の間に横たわり、最後に弟子との間で、今まで説いてきた教えの内容を確認し、「もろもろの事象は過ぎ去るものである。怠ることなく修行を完成なさい」*8と言って息を引き取ったと伝えられています。最後までブッダは諸行無常の真理を説いたのです。この入滅《にゅうめつ》の様子は涅槃像（涅槃図）にも伝えられています。この時、頭を北に、顔を西に向けたことから、日本では死者の遺体を北枕《きたまくら》にして安置する風習が生まれました。

ブッダが入滅すると火葬され（日本で主に行われる仏式の火葬もそれに基づくものです）、その遺骨である仏舎利《ぶっしゃり》は8つの部族が分け合い、舎利塔《しゃりとう》*9を建設して供養《くよう》しました。白米を「銀シャリ」と言ったりしますが、それは白米が舎利の形と似ていたからです。日本の寺にも舎利を収める塔や舎利殿が存在しますが、多くは代用品を収めています。1900年にタイから寄贈されたという本物のブッダの遺骨・真舎利を収めているのは、愛知県名古屋市の日泰寺《にったいじ》です。超宗派の寺院でその名からして「日」本と「タイ」の友好の象徴になっています。

ブッダの死を受けて、弟子たちはその教えを口に出しながら記憶を呼び起こして、確認し合います。これを結《けっ》

集《じゅう》といい、そこで「経《きょう》（仏の教え）・律《りつ》（戒律）・論《ろん》（経の注釈）」の**三蔵《さんぞう》**[*10]がまとめられました。ブッダの死後すぐに500人を集めて第1回の結集が、100年後に第2回が、仏教最大の保護者だったアショーカ王（Ashoka）［B.C.304―B.C.232］の治世だった200年後に第3回が、2世紀ごろには第4回が開かれ、近代以降を含めて計6回の結集が行われました。

　ブッダ入滅から100年たった頃、教団は**上座部《じょうざぶ》**（テーラワーダ）と**大衆部《だいしゅぶ》**（マハーサンギカ）の二つに分裂します。その後は多くの部派に分かれ、**部派仏教**と呼ばれました（北伝では上座部系11部と大衆部系9部の計20部）。長老（上座）の多かった上座部は保守的で、ブッダの言行・戒律を重視し、出家による自己の解脱を目指しました。一方、大衆部は慈悲に基づく衆生救済（**利他行《りたぎょう》**）を目指し、戒律よりもブッダの精神を重視しました。大衆部は在家信者も含めた、進歩的な仏教の革新運動となり、**大乗仏教**と自称するようになります。「大乗（マハーヤーナ）［Mahayana］」とは「大きな乗り物」の意味です。「一切衆生悉有仏性《いっさいしゅじょうしつうぶっしょう》」（一切の生きとし生けるものが、仏になりうる素質を悉《ことごと》く有している）……簡単にいえば「誰でもブッダになれる」という大乗仏教ですから、全ての人間、動物、植物、場合によっては山や木さえも大きな乗り物に乗って、みんなで悟りの彼岸《ひがん》へ行こう、と誘うのです。

　それに対して上座部は自己の解脱を目指します。この独り善《よ》がりの**自利行《じりぎょう》**（自分の利益だけを求める修行）を非難した大乗仏教側からの蔑称が**小乗**（**上座部**）**仏教**です。自分一人しか乗れない小さな乗り物で彼岸へと向かうのか、自分さえ良ければいいのか……というわけです。世界仏教徒会議において「小乗（ヒーナヤーナ）［Hinayana］」という侮蔑的な呼称は禁じられているのですが、日本の教科書に載っているのはちょっと不思議です（大乗仏教の国だからでしょう）。上座部仏教は修行完成者としての**阿羅漢《あらかん》**（羅漢ともいう）を理想視します。仏の弟子が修行を行い、達しうる最高位のことです。上座部仏教は東南アジアのスリランカ、ミャンマー、タイ、カンボジ

弥勒菩薩半跏像

ア、ラオスに広まったため、**南伝仏教**とも呼ばれます。ミャンマーでは黄衣をまとった出家僧は人々から尊敬されており、バスの乗車時にも優先されます。また、未成年の時と成人の時に1回ずつ、1週間ほどの出家をする男性も多いようです。

お地蔵さんは何者か

一方、大乗仏教はインドから中国・朝鮮半島を経由して日本に伝播したため、**北伝仏教**ともいわれます。日本で定着した仏教は、もともとのブッダの教えからかなり隔絶した部分があるのですが、これはそもそも新興の仏教運動であるところの大乗仏教が伝播したためです（インドでは上座部が優勢でした）。ちなみにチベット仏教も大乗系とみなされますが、インド仏教の特色を色濃く残しているのが特徴です。両手両足と額を地面につける五体《ごたい》投地《とうち》の礼拝も見られます。仏の化身とされるのがラマ（師）で、ラマが亡くなると、自分の前世を記憶しているとされる新たなラマが選ばれます。政治的指導者でもあるラマはチベットのラサにあるポタラ宮殿に住みますが、現在のダライ・ラマ14世[*11]［1935―］は中国政府の過酷なチベット弾圧で1959年に宮殿を追われ、インドに亡命しています。

大乗仏教で理想視されるのは**菩薩**《ぼさつ》（ボーディ・サットヴァ［Bodhisattva］）です。菩薩は悟りを開いてブッダになる一歩手前の状態です。自己のための修行を良しとした上座部仏教と差別化するべく、一切衆生を救うために修行中の身である菩薩が信仰対象となり、様々な菩薩像が作られました。例えば元南インドのバラモンで、ゴータマの次（入滅後56億7000万年後）に成仏するとされたのは弥勒《みろく》（マイトレーヤ［Maitreya］）［270?―350?／350?―430?］菩薩《ぼさつ》です。広隆寺《こうりゅうじ》の弥勒菩薩半跏像《みろくぼさつはんかぞう》は「日本一美しい仏像だ」と私の高校の時の日本史の先生が熱く語っていました。確かにうっとりするような容姿です。ちなみにその先生、根っからの仏像マニアで、毎日仏像の写真集を見ながら寝るのが何よりの楽しみだったそうです。その他の菩薩では、一切衆生を救うためどこへでも駆けつけてくれるスーパースター・観音菩薩《かんのんぼさつ》や、後に阿弥陀《あみだ》仏となる法蔵菩薩《ほうぞうぼさつ》、三人寄れば……でおなじみの、智慧《ちえ》を司る文殊《もんじゅ》菩薩などが有名です。

では全国でも一番菩薩像の数が多いのは何菩薩か……といえば、地蔵菩薩《じぞうぼさつ》でしょう。いわゆる「お地蔵さん」です。昔は乳幼児期に亡くなってしまう子どもが多くいました。子どもにとって最大の親不孝である早死は、それだけで地獄行き決定なんです。三途《さんず》の川の手前の、賽《さい》の河原《かわら》で石積みをさせられ、せっかく積んだ石を獄卒《ごくそつ》（地獄の番人）であるところの鬼に突き崩される……それを救ってくれるとされたのが地蔵菩薩なのです。幼くして子を失った親は、地獄に行ってもなお、無間《むげん》の苦しみを味わう我が子を救うため、お地蔵さんを作って、毎日お供《そな》え物を欠かさなかったのです。皆さんの家の近くにもお地蔵さんがあるでしょうか。今でもお供えを欠かしてはいないでしょうか。私の住む東京の多摩地域は、かつて水が少なく、人の少ない地域でしたが、江戸幕府の8代将軍・徳川吉宗《よしむね》［1684―1751］の時代、水量の多い多摩川から玉川上水が引かれたことで新田開発が始まり、多くの人が移り住んできました。ですから、近所のお地蔵さんは古いものだとその頃のものだと推測できます。近所のお地蔵さんには今でも赤い前掛けが掛けられ、毎日お供えが欠かされていません。子を失った親の想いは時代を超えても変わらないのだと思い知らされます。

空《くう》＝ゼロ

ものが他によって存在することが空性の意味であると、われわれは言うのである。他による存在には本性はない。(『論争の超越(廻諍論)』)[*12]

六 有《う》(もの)が存在しないとき、何ものの無が存在するだろうか。有とも異なり、無とも異なる何人《なんびと》があって有無を知るのであろうか。

七 それ故に、虚空は有(もの)でもなく、非有(無)でもなく、特質づけられるものでもなく、また特質でもない。(『中論』第五章 要素(界)の考察)[*13]

一八 どんな縁起でも、それをわれわれは空と説く。それは仮に設けられたものであって、それはすなわち中道である。

一九 何であろうと縁起して起こったのではないものは存在しないから、いかなる不空なるものも存在しない。(『中論』第二四章 四つのすぐれた真理の考察)[*14]

最後に大乗仏教を代表する重要思想を紹介します。「空《くう》」と「唯識《ゆいしき》」です。まずは「空」からいきましょう。[*15]「空」は「無にして有、有にして無」(有るようで無い、無いようで有る)という相互依存的な万物のあり方で、縁起と同義です。バラモン出身だった**龍樹**《りゅうじゅ》(**ナーガールジュナ**[Nagarjuna])[150?—250?]という大乗仏教の理論家が『**中論**《ちゅうろん》(**中観論**《ちゅうがんろん》)』(日本では鳩摩羅什《くまらじゅう》(Kumārajīva)[350—409]の漢訳で知られるようになりました)の中で説きました。「中観」とは、「空」のあり方を悟ることで「中」道の「観」点が生まれるという意味です。以前説明したように、ブッダの諸法無我の真理に基づくと、この世の中に、いつまでも変わらぬ自己の本質(我=アートマン)などありませんでした。これを**無自性**《むじしょう》（「自」立的存在「性」の否定）といいます。それなのに、この世の中に「男」という存在があるのは「女」という存在があるから……つまり「縁起」の真理に基づいているのでした。つまり、それ自体で不変の絶対的な実体などこの世にはないけれど、様々な因縁が和合して相対的に万物は成立しているのです。だから「有るようで無い、無いようで有る」……これが「空」の真理です。

舎利子《しゃりし》**。色不異空**《しきふいくう》**。空不異色**《くうふいしき》**。色即是空**《しきそくぜくう》**。空即是色**《くうそくぜしき》**。受想行識亦復如是**《じゅそうぎょうしきやくぶにょぜ》**。**
（シャーリプトラよ、この世においては、物質的現象には実体がないのであり、実体がないからこそ、物質的現象で（あり得るので）ある。実体がないといっても、それは物質的現象を離れてはいない。また、物質的現象は、実体がないことを離れて物質的現象であるのではない。（このようにして、）およそ物質的現象というものは、すべて、実体がないことである。およそ実体がないということは、物質的現象なのである。これと同じように、感覚も、表象も、意志も、知識も、すべて実体がないのである。）（『般若心経（般若波羅蜜多心経）』*16）

大乗経典『般若経《はんにゃきょう》』の核「心」は日本で長らく愛好され、写経でも用いられる「般若心経《はんにゃしんぎょう》」です。おなじみの漢訳はインドから経典を持ち帰った玄奘《げんじょう》［602—664］（『西遊記』の三蔵法師のモデル）によるものです。ここに「色《しき》即是空《そくぜくう》　空即是色《くうそくぜしき》」とあるのは「色《しき》（物質・もの）即《すなわ》ち是《こ》れ空《くう》、空即《くうすなわ》ち是《こ》れ色《しき》（物質・もの）」という意味で、大乗仏教の核心的思想である「空」を説いたものです。幼い頃、私は「般若心経」を祖母から毎朝暗誦させられましたので、今でも諳《そら》んじることができます。その中身は300字弱と短いのですが、仏の教えのエッセンスが詰まっていると感じます。

ちなみに「空」はサンスクリット語では「シューニャ〔śūnya〕」と言い、これは「ゼロ」を意味します。「ゼロ」の概念は無名のインド人が発見し、これがアラビア数学を経由して西洋に伝わったと言われていますが、もともとは仏教の「空」を指す言葉だったのです。私たちが日常用いる算用数字はアラビア数字と呼ばれますが、もとはといえばインド数字が起源です。「1×0＝0」……この「ゼロ」無しには十進法やマイナスの概念も生まれ得ず、近代科学も発展し得ませんでした。「ゼロ」はまさに「有るようで無い、無いようで有る」インド的発明の一つなのです。

西洋と東洋の狭間で

大乗において、三種の領域からなるこの世界はただ表象にすぎないものである、と教えられる。経典（『華厳経』）に、勝者の子息たち（仏陀の弟子の呼称）よ、実に、この三界は心のみのものである、と言われているからである。心、意、意識、表象というのはみな同義異語である。ここに心と言われているのは、（それに伴って起こる心作用と）連合している心のことである。「のみ」というのは外界の対象の存在を否定するためである。このすべてのものは表象のみのものである。実在しない対象が、（そこに）あらわれるがゆえに。あたかも眼病者が、実在しない網のような毛を見るように。（『二十詩篇の唯識論（唯識二十論）』）*17

大乗仏教のもう一つの重要思想は、弥勒《みろく》が唱え、その教えを受けたとされる**無着**《むじゃく》（**アサンガ**［Asanga］）［310?―390?］とその弟・**世親**《せしん》（**ヴァスバンドゥ**［Vasubandhu］）［320?―400?］が体系化した「**唯識**」です。二人は大乗仏教の理論家で、2人の名前は鎌倉時代に仏師・運慶《うんけい》［?―1223］の指導で作られた興福寺の国宝「無着・世親像」でも知られています。「唯識」とは「万物に実体はなく、ただ心の働き（識）によって生み出された」という説です。そもそも原始仏典『真理のことば（ダンマパダ）』の冒頭の句に「ものごとは心にもとづき、心を主とし、心によってつくり出される」*18とありました。

心（識）の働きは8つ（眼識《げんしき》・耳識《にしき》・鼻識《びしき》・舌識《ぜっしき》・身識《しんしき》・意識《いしき》・末那識《まなしき》・阿頼耶識《あらやしき》の八識）あります。現在も使われる「意識」と言う言葉はこのように仏教用語だったものです。その「意識」までの六識を除く末那識・阿頼耶識は、フロイト［1856―1939］がいうところの「無意識」にあたる深層心理で、ヨーガ（ヨガ）による瞑想修行で見出されたものでした。フロイトによる「無意識」の発見は西洋近代に衝撃を与えたわけですが、東洋ではとうの昔に見出されていたというわけです。阿頼耶識は万物を生み出している個人存在の根本です。苦しみや煩悩はそもそも、自らの阿頼耶識に縁《よ》って起《お》こったものなのです。苦しみを苦しみだと認識している主体は自らの阿頼耶識にあるわけですから、瞑想によってその心のありようを変えることで、迷妄は消え去るのです。

これを西洋哲学と比較してみると、アイルランドの哲学者バークリー［1685―1753］の「存在するとは知覚されることである」*19と実によく似た発想だと気付きます。バークリーの考えは、心の外に事物的存在があることを否定し、心のみが実在だと考える唯心論《ゆいしんろん》（スピリチュアリズム）です。ただし唯識の場合、心（識）の存在すら「縁起」の法に基き、その実在性を否定していますから、厳密には唯心論とも異なっているといえるでしょう。とはいえこうした仏教の、西洋近代を軽く飛び越えて現代とも親和性がある哲学があまり語られていないのは残念でなりません。*20

ところで、紀元前2世紀に仏教に帰依したギリシア人の王がいたのはご存知でしょうか。パーリ語の経典（『ミリンダ王の問い』）が残されているミリンダ王（メナンドロス1世［Menander I］）［在位B.C.155?―B.C.130?］です[*21]（彼は北インドの一部を治めていました）。当時ギリシア人の仏教徒は王以外にも多くおり、彼らはバラモン教のカーストによって野蛮人として差別されることを避け、平等思想を有する仏教に帰依したようです。ギリシアとインドの交流はガンダーラ美術を生んでもいます。さて、そのミリンダ王は確固たる自分、という存在を信じていました。いわゆる「近代的自我（主体的自我）」の存在を信じる、まるで西洋思想に染まった私たちのようなものです。しかしナーガセーナ長老［B.C.2C?］は「人格的な主体は存在しない」と延々主張します。髪の毛も、爪も、五蘊《ごうん》もナーガセーナではない、ナーガセーナは名前にすぎない……縁起の法を知らないミリンダ王はそれでもなかなか理解できず、延々質問を繰り返すのです。確かに「会社」という実体は存在するか、と問われても、それは社員のことなのか、会社の建物のことなのか、敷地のことなのか……わからないわけです。たくさんの社員がいろいろな仕事をしながら一つの建物に集まり、場合によってはインターネットや電話で取引先とつながっているという現象そのものが「会社」である、ということはできるかもしれません。でも、「会社」という固定的な実体は存在しないわけです。こうした仏教思想に価値観を揺さぶられる衝撃と感動を『ミリンダ王の問い』で追体験することができます。

注

＊1　『短篇の経典――はじめての説法』（『世界の名著1』）（長尾雅人・桜部建・工藤成樹訳、中央公論社、1969年）。
＊2　金閣で有名な京都の鹿苑寺はそこから名付けられた。また、奈良公園の「鹿」もそれに由来する。
＊3　五蘊《ごうん》とは色（身体・物質）・受（感受作用）・想（表象作用）・行（意志作用）・識（認識作用）のこと。
＊4　『短篇の経典――はじめての説法』（『世界の名著1』）（長尾雅人・桜部建・工藤成樹訳、中央公論社、1969年）。

＊5 僧（僧伽《ぎゃ》、僧侶《りょ》）はサンスクリットのサンガに由来し、仏教の教団のことである。日本では仏教教団の出家者を僧と呼んでいる。ちなみに仏教の聖地である京都のサッカークラブの名称（京都サンガF．C．）にもなっている。

＊6 聖徳太子『十七条憲法』（『日本の名著2』）（中村元・瀧藤尊教訳、中央公論社、1970年）。

＊7 共同訳聖書実行委員会『聖書　新共同訳』（日本聖書協会、1987年）。

＊8 『ブッダ最後の旅――大パリニッバーナ経――』（中村元訳、岩波書店、2010年）。

＊9 舎利塔は仏塔とも言われ、日本でも五重塔などが作られた。日本語の卒塔婆《そとば》はこの舎利塔（ストゥーパ［Stupa］）を音訳したもの。そもそも日本語の「塔」は舎利塔を意味する。ストゥーパは英語のタワー［tower］の語源にもなっている。

＊10 三蔵法師とされた玄奘は三蔵に通じた者だった。

＊11 「そもそも〝ダライ〟とはモンゴル語で〝大海原〟を意味し、〝ラマ〟は、〝教師〟を指すインド語の〝グル〟に相応するチベット語である。〝ダライ〟〝ラマ〟という言葉は往々にして〝智慧《ちえ》の大海〟というふうにおおまかに解されているが、わたしはこれは誤解だと思う。元来、〝ダライ〟は三世ダライ・ラマ、ソナム・ギャツォの略称であり、ギャツォはチベット語で〝大海原〟を意味する。さらにラマに〝活仏〟を表す中国語の〝フオフォー〟という語を当てるという不幸な過ちを犯してしまった。これは明らかに間違いである……チベット仏教ではある存在――ダライ・ラマもその一人である――が何かの〝生れ変り〟の姿をとりうることを認めているにすぎない。このような人々をわれわれは〝トゥルク（化身）〟と呼んでいる」（ダライ・ラマ『ダライ・ラマ自伝』山際素男訳、文藝春秋、2001年）。

＊12 龍樹（ナーガールジュナ）『論争の超越（廻諍論）』（『世界の名著2』）（梶山雄一訳、中央公論社、1967年）。

＊13〜14 龍樹『中論』（『龍樹』）（中村元訳、講談社、2002年）。

＊15 「空（śūnya）とは、その語源は「膨れあがった」「うつろな」という意味である（中村元『龍樹』講談社、2002年）。

＊16 中村元・紀野一義訳註『般若心経』（『般若心経・金剛般若経』）（岩波書店、2001年）。

＊17 世親（ヴァスバンドゥ）『二十詩篇の唯識論（唯識二十論）』（『世界の名著2』）（梶山雄一訳、中央公論社、1967年）。

＊18 『真理のことば（ダンマパダ）』（『ブッダの真理《しんり》のことば　感興《かんきょう》のことば』）（中村元訳、岩波書店、1978年）。

＊19 山本巍・今井知正・宮本久雄・藤本隆志・門脇俊介・野矢茂樹・高橋哲哉『哲学原典資料集』（東京大学出版会、1993年）。

＊20 竹村牧男『入門　哲学としての仏教』（講談社、2009年）は、現代のエコロジーやフラクタルとも関連する仏教哲学の「超モダン」な関係主義的世界観について論じている稀有な一冊である。

＊21 森祖道・浪花宣明『ミリンダ王――仏教に帰依したギリシャ人』（清水書院、2016年）。

29章　中国思想（1）（孔子）

中華（華夷《かい》）秩序の片隅で

日本思想に多大な影響を与えてきたのは中国思想です。近代以降の合理的な科学を受け入れる基盤を作ったのは新儒学の一つ、朱子学でしたし、明治に入るとその朱子学が教育勅語という形で国民道徳を形成するに至りました。今まで日本思想の歩みを見てきた通り、固有の「日本思想」と胸を張って呼べるものはなかなか見つかりません。様々な異文化を受け入れ共存させる多神教由来の神道精神という入れ物の特性はあったにせよ、入れる中身はインド思想（仏教）、中国思想（儒教・道教など）であり、西洋思想（哲学・科学・キリスト教など）であったということです。日本は近代以降、国威発揚のため、「日本は東アジアで独自の文化圏を築き上げてきた国である！」と高らかに宣言するわけですが、知れば知るほど、なかなか無理がある主張だとわかります。ここはひとつ謙虚に近代国家のナショナリズムの重石《おもし》を取っ払い、日本と中国の関わりをフラットに眺めてみたいと思います。

そもそも日本語の書き言葉は中国語です。よって私たちは日々中国語（現代中国語ではありません）を使って抽象的思考を行っている、ということになります（漢文が「国語」の授業に含まれているくらいです）。日本の先住民族であるアイヌ民族がそうであったように、現在「日本」と呼ばれている領域は、無文字文化でした。飛鳥時代になると、百済《くだら》（朝鮮半島）からの渡来人が中国の文字である「漢字」をもたらし（日本の天皇家も百済に一つのルーツをもっています）、ヤマト王権の文書記述を担いました。平安時代になると、平仮名《ひらがな》・片仮名《カタカナ》という崩し字が独自に生まれますが、それも元はといえば漢字です。戦後には漢字廃止論が出て（アルファベットに比べ画数も多く、戦前の軍国主義復古につながると考えられたため）、ＧＨＱ（連合国軍総司令部）は廃止までに「当《とう》」座《ざ》の間、使《し》「用《よう》」する「当用漢字」（漢字の数を減らしたのです）を制定しました。「國體《こくたい》」→「国体《こくたい》」のように旧字も新字に改められ、日本国憲法も「当用漢字」で書かれました。漢字廃止論はその後消滅しましたが、「当用漢字」は「常用漢字」として残存することになりました。他方、ベトナムでは13世紀に漢字を基にした文字チュノム（字喃）が作られ、漢字の本家・中国でも１９５０年代に簡体字が導入される（「中華」は「中华」に）など、漢字はそれぞれの国で独自の進化を遂げています。

　日本の書き言葉が中国語であることからもわかる通り、日本は東アジアで唯一の文明（四大文明のひとつ、中国文明）を生んだ「中華」文化圏の片隅にひっそりと位置してきた地域です（日本列島はユーラシア大陸にへばりついた島です）。２０２３年時点で世界最大の14億を超える人口（一人っ子政策を布《し》いていた影響で戸籍登録されていない人々が加えて約1億人いるともいわれます）、世界4位の総面積約９６０万平方キロメートルを誇る中国は、今も昔も東アジア最大の国家です。そんな中国では、中国を世界の中心・華であるとして、その周縁を野蛮とみなす中華《ちゅうか》（華《か》夷《い》）思想がおこりました。これはある種のエスノセントリズム（自民族中心主義）で、現在の国名（中華人民共和国）にもそれが見て取れます。中華思想において、日本は東夷《とうい》（東の夷《えびす》）、欧州は西戎《せいじゅう》（西の戎《えびす》）、インド・東南アジアは南蛮《なんばん》（南の野蛮人）、モンゴルやトルコは北狄《ほくてき》（北の狄《えびす》）であるとされ、中国（中心・華）周辺の異民族は侮蔑的に捉えられました。中国は驕《おご》っている……と感じる人がいるかもしれませんが、これほどの国土と文明をもち合わせて東アジアに君臨していた大国ですから、当然のことです。周縁にあった日本はその中華思想を内在化させ、後に日本の南方から海を渡ってやってきた欧州人を「南蛮人」と呼んだりもするわけです。[*1] ちなみに日本と中国の力関係が逆転したきっかけは、１８９４年の日清戦争での勝利でしょう。アヘン戦争後に欧米列強の食い物にされた中国が弱った隙に一気に攻め込んだわけです。日本の永年の中国コンプレックスがここに爆発し、現在に至るのです。

また、中国を中心として、北は玄（黒）、南は赤（朱）、東は青、そして西は白とされ、それぞれに四神の玄武《げんぶ》（蛇が巻きついた黒い亀）、朱雀《すざく》（赤い孔雀）、青龍《せいりゅう》（青い龍）、白虎《びゃっこ》（白い虎）が配置されました（中心には黄砂に由来する黄、そして黄龍・麒麟《きりん》が置かれました）。*2 奈良の平城京や京都の平安京は、唐の都・長安をモデルとした都城でしたが、南には朱雀《すざく》門が置かれています（朱雀門から宮城を結ぶ中央のメインストリートが朱雀大路《すざくおおじ》です）。ちなみに幕末から明治にかけての戊辰《ぼしん》戦争で会津《あいづ》・白虎《びゃっこ》隊の戦いがあったことはご存知でしょうか。会津藩の10代の若い武士の命が散った悲劇です。彼ら西方を守護する「白虎」隊は、南西方向から攻めてくる明治新政府軍（西軍）を城の「西」で迎え撃ちました。50代の老齢武士たちの「玄武」隊は「北」を守っていたのでした。

敬天思想

日本は目上の人を敬う敬語を使い、礼節を重んじる国であるとよく言われます。また、親孝行も尊ばれています。その「孝《こう》」や「敬《けい》」「仁《じん》」「礼《れい》」などは全て、中国の儒教の徳目です（人名にもよく使われます）。**儒教**《じゅきょう》（Confucianism）といえば、中国のソクラテス［B.C.470?—B.C.399?］といってもよい**孔子**《こうし》（Confucius）［B.C.551—B.C.479］が体系化した教えです。儒教の祖が孔子であることは間違いありませんが、その教えは中国古代の**周**《しゅう》王朝（B.C.11C?）で説かれていた礼法を復活させたものでした。これを孔子は「故《ふる》きを温《あたた》めて新しきを知る。以《もっ》て師《し》為《た》る可《べ》し」（古人の書物に習熟して、そこから現代に応用できるものを知る。そういう人こそ人々の師となる資格がある）*3 と表現したのです。この「温故知新《おんこちしん》」（『中庸』第十五章にも同じ言葉があります）は歴史を学ぶ意義を説明する際にも、よくもち出されます。儒教の教学である儒学は、孔子以降の孟子《もうし》［B.C.372—B.C.289］や荀子《じゅんし》［B.C.320?—B.C.230?］、後世の朱子《しゅし》（朱《しゅ》熹《き》）［1130―1200］や王陽明《おうようめい》［1472―1528］の新儒学も含めて、**儒家**《じゅか》の思想と総称されています。

中国の長い歴史を遡ると、古代王朝とされているのは伝説の王朝「夏《か》」、確認される最古の王朝で都の遺跡・殷墟《いんきょ》が知られる「殷《いん》」、そして「周《しゅう》」です。「夏」以前には儒家が聖人と崇める堯《ぎょう》・舜《しゅん》の治世があったとされています。「殷」が占い（卜占《ぼくせん》）による政治を行ったのに対し、「周」が採用したのは封建《ほうけん》制度でした。封建制度とは世襲《せしゅう》の諸侯（男系血縁者や功臣）に領地を与え、領地支配を認める代わりに軍役と貢納の義務を課すという社会のしくみです。日本の中世・鎌倉時代における、将軍と御家人《ごけにん》の「御恩《ごおん》と奉公《ほうこう》」を思い出せばわかりやすいかもしれません。

周の人々は「天《てん》」を信仰していました（「**敬天思想**《けいてんしそう》」といいます）。「**天**」とは中国版の「神」と言い換えることもできるでしょう。*4「天」が人格化されたものが「**天帝**《てんてい》」で、「天」および「天帝」の意志は「**天命**《てんめい》」です（「人事を尽くして天命を待つ」という諺《ことわざ》があります）。政治は、「天命」が下った有徳の「**天子**《てんし》」（「天帝」の子）が「天命」を代行し、実行するべきものとされました。これは西洋の王権神授説とよく似た発想です。ちなみに日本はこの敬天思想を真似し、小野妹子《おののいもこ》［生没年不詳］が隋《ずい》の皇帝・煬帝《ようだい》［569―618］の下へ派遣された際（遣隋使《けんずいし》）、「日《ひ》出《い》づる処《ところ》の天子、書を日没《ひぼっ》する処の天子《てんし》に致す」という国書を手渡すのでした。*5 有徳の天帝の子にだけ与えられる「天子」という名称を、野蛮な倭《わ》国（日本）が用いたことは、煬帝の逆鱗《げきりん》に触れました。以後日本は、「天子」に代わり「天皇」の呼称を用い、現在に至るのです。

易姓革命とは

もし「天子」が「天命」に背く政治を行えばどうなるか……といえば、**易姓革命**《えきせいかくめい》がおこります。「易姓革命」とは「天命が革《あらた》まり、国王の姓《せい》が易《か》わる」という意味です。易姓革命は後に孟子が王道政治《おうどうせいじ》として理論化しました。日本では「革命」を「revolution」の訳語にあてていますが、ニュアンスは少し違います。西洋の「revolution」の動詞形「revolve」は「re（再び・後ろに）」・「volve（回転させる）」という意味です。下から上を（前を後ろに）引っかき回すような主体的・能動的ニュアンスがそこには感じられます。一方「革命」には、あるがままの「天」という、人間が委ねた自然の力によって引き起こされる客体的・受動的ニュアンスが感じ取れないでしょうか。「個人主義」の「西洋」に対し、個人が育たない「集団主義」の「東洋」という文化的差異の図式も見えてきます。

周はさらに、ピラミッド型の社会の上下秩序を整えるべく、礼法を重視しました。礼学《れいがく》は周の武王《ぶおう》［？—B.C.1021］の弟の**周公旦**《しゅうこうたん》（**周公**）［生没年不詳］が整えたとされ、孔子は周公旦（周公）を聖人として崇めています。礼はもともと、祖先を祀《まつ》る祭祀《さいし》において血縁共同体を支える礼法を社会規範化したもので、「主君／親／目上」に対する「家臣／子／目下」の振る舞いを定めたものです。[*6] 世の隅々にまで礼法を行き渡らせれば、世の中は中央集権的に丸く収まると考えられたのです。

しかしその後、周は衰退し、春秋《しゅんじゅう》・戦国時代（「春秋」は歴史書の名で「一年」といった意味です）に突入します。春秋時代は周の幽王《ゆうおう》［？—B.C.771］が殺された紀元前７７１年から晋が分裂する紀元前４０３年までを、戦国時代はその後、紀元前２２１年に秦の始皇帝《しこうてい》［B.C.259—B.C.210］が全国統一を果たすまでを指します。日本でいえば、封建制度が機能していた鎌倉・室町時代を経て、室町末期に下剋上《げこくじょう》・群雄割拠《ぐんゆうかっきょ》の戦国時代が到来した流れと似た状況でしょう（世襲制は、有能な王の跡をボンクラ息子が継ぐ場合も少なくないのです）。戦国時代にあって、諸侯たちは優秀な策士・アドバイザーを求めるようになります。そうした策士・アドバイザーたちが**諸子百家**《しょしひゃっか》（「数多くの学派の諸先生」の意）です。互いに意見を言い合い、論争する様子は「百家争鳴《ひゃっかそうめい》」と形容されました。諸子百家は独自の思想を売り込み、諸侯に採用されることを願いました。ちなみに前述したように世界で哲学と呼ぶことができる思想が生まれた場所は限られており、ギリシア、ペルシア、インド、そして中国ぐらいしかないのですが。

そうした思想は世界史上、同時多発的に生まれました。ドイツの実存主義哲学者ヤスパース［1883—1969］は、その時代を枢軸時代《すうじくじだい》と呼んでいます。西洋思想のエッセンスすら丸ごと含まれているほどの、ありとあらゆる思想の全てが諸子百家の思想の中に出尽くしているわけですから、驚かされるばかりです。

儒教という「宗教」

儒家の祖とされるのは孔子です。「孔子」とは「孔先生」という意味です。姓は孔、名は丘《きゅう》といいました。司馬遷《しばせん》〔B.C.145／135―B.C.87／86〕の『史記《しき》』によると、孔子は「長人」、つまり大男だったと伝えられています。武士の父をもっていましたが、孔子は正妻の子ではなく（いわゆる庶子《しょし》）、貧しさの中で苦労をしたようです。その文章を読めば、苦労した人の言葉だということが伝わってくるでしょう。

孔子を育てた母（孔子が17歳の時に亡くなります）は、死に際して招魂儀礼を司る集団「儒」に属する巫祝《ふしゅく》（シャーマン）*7だったようです。儒教は祖先・祖霊崇拝を基にしたれっきとした宗教でした。日本の葬儀は多くの場合仏式ですが、式場では本尊ではなく故人の写真や柩《ひつぎ》を拝む風習があります。これは、元はと言えば儒教の風習です。日本の仏教は儒教や神道と習合しているんです。儒教では亡くなってから土葬するまで、遺体を安置する殯《もがり》（皇室はこの葬送儀礼を今も残しています）が続けられますが、これはお通夜《つや》・告別式までに遺体を安置する習慣にその名残りを見て取れます。儒教では土葬してからも儀式が続くのですが、それを儒教で「喪《も》」と呼んでいるのです。一方、遺体の火葬は仏教の風習で、清めの塩は神道の風習になります。なかなかややこしい日本独特の仏式葬儀です。ちなみに後述する儒教の徳目「孝」は、両親への愛情（親孝行）だけではなく、祖先の祭祀や子孫を生むことをも意味していました。「孝の行ないを通じて、自己の生命が永遠であるこ

先師孔子行教像

との可能性に触れうる」ことが、「現世の快楽を肯定する現実的感覚の中国人が最も望むものであった」*8のでした。

孔子の言行録は儒教の聖典『論語《ろんご》』です。これは、世界一読まれている本である『聖書』に匹敵する書物と言っても過言ではないでしょう。全部で492章から成り、孔子の死後長らく経た2世紀（後漢後期）に完成したとされています。『日本書紀』によると、応神《おうじん》天皇［生没年不詳］の治世に、百済から王仁《わに》［生没年不詳］が『論語』と『千字文《せんじもん》』（儒教と漢字）を日本に伝えたとされていますが、事実であるかはわかりません。

実は孔子、リアルタイムではそれほど高い評価を得られなかった人で、13世紀に朱子（朱熹）が改めて着目したことで、再び重んじられるようになりました。『論語』の中には弟子の顔回《がんかい》（顔淵《がんえん》）［B.C.521―B.C.481］、子貢《しこう》［B.C.520―B.C.446］、子路《しろ》（季路《きろ》）［B.C.543―B.C.481］という3人の弟子も登場します（孔子は愛する弟子のうち、顔回と子路を生前に失っています）。先ほど述べた儒教の祖先・祖霊崇拝の宗教性や中国思想の特色である現実主義について、まずは『論語』の本文を読んで確認してみたいと思います。

季路《きろ》 鬼神《きしん》に事《つか》うるを問う。子曰《しいわ》く、未《いま》だ人に事《つか》うる能《あた》わずんば、焉《いずく》んぞ能《よ》く鬼《き》に事《つか》えん、と。曰《いわ》く、敢《あ》えて死を問う、と。曰《いわ》く、未《いま》だ生《せい》を知らずんば、焉《いずく》んぞ死を知らんや、と。

（老先生はこう教えられた。「もしまだ人（在世の親）にお事《つか》えすることがちゃんとできないでいるならば、どうして鬼（死没の親）にお事えすることができようか」と。すると季路《きろ》（子路《しろ》）は踏み込んで、「では死とは何でしょうか」とおたずねした。老先生はこうおっしゃられた。「もしまだ在世の親（生）の意味・意義についてちゃんと理解できないでいるならば、どうして御霊《みたま》（死）の意味・意義についてきちんと理解することができようか」と。）（『論語』先進 第十一）*9

子《し》は怪力《かいりき》・乱神《らんしん》を語らず。

（老先生は、怪力や乱神（怪しげな超常現象）についてはお話にならなかった。）（『論語』述而 第七）*10

吾《わ》れ十有五《じゅうゆうご》にして学《がく》に志《こころざ》す

今度は『論語』為政第二*11の記述に基づき、孔子の一生を簡単に振り返ってみましょう。「吾《われ》十有五《じゅうゆうご》にして学《がく》に志《こころざ》す」（私は十五歳になったとき、学事に心が向かうようになった）〈志学《しがく》〉……家庭教師を雇う環境にもなく、15歳という遅咲きで学問を志し、20代で田舎の小国であった魯《ろ》の役人になりました。「三十にして立つ」（三十歳に至って独りで立つことができた）〈而立《じりつ》〉……30代半ばで魯の君主・昭公《しょうこう》［?―B.C.510］を追い、斉《せい》に亡命しますが、斉の景公《けいこう》［?―B.C.490］は宰相に反対されて、孔子の採用を断念します。その後は魯に戻り、自ら弟子を取って教育に励みました。「四十《しじゅう》にして惑《まど》わず」（やがて四十歳のとき、自身が揺るがず、もう惑うことがなくなった）〈不惑《ふわく》〉……30代から40代にかけては在野で目立たないものの多くの弟子を持ちました。ちなみに私も「不惑」ですが、惑ってばかりの毎日です。「五十にして天命を知る」（五十歳を迎えたとき、天が私に与えた使命を自覚し奮闘することとなった）〈知命《ちめい》〉……魯の君主・定公《ていこう》［?―B.C.495］からとうとう中都（魯の邑）の宰《さい》（長官）として招かれます。さらに、司空《しくう》（土地・人民の長官）から大司寇《だいしこう》（最高裁判官）の地位にまで上り詰めますが、国政に失望して衛《えい》・陳《ちん》・蔡《さい》・楚《そ》・また衛と14年間放浪の旅に出ました。「六十にして耳順《したが》う」（〔その後、苦難の道を歩んだ経験からか、〕六十歳ともなると、他人のことばを聞くとその細かい気持ちまで分かるようになった）〈耳順《じじゅん》〉……哀公《あいこう》［?―B.C467］の招きで69歳にして魯に戻りますが、現実の政治を離れ、学問の世界に浸ります。「七十《しちじゅう》にして心《こころ》の欲《ほっ》するところに従《したが》いて、矩《のり》を踰《こ》えず」（そして、七十のこの歳、自分のこころの求めるままに行動しても、規定・規範から外れるというようなことがなくなった）〈踰矩《ゆく》・従心〉……これはちょっとした老年の悟りの境地ですね。晩年は相次ぐ弟子の非業《ひごう》の死に心を痛め、74歳でこの世を去りました。孔子は「朝に道を聞かば、夕べに死すとも可なり」[12]とも言っています。この言葉の解釈は色々ありますが、あるべき人間の道を内面的・外面的に、現実と折り合いをつけながら探求した一生だったのではないでしょうか。

「仁《じん》」と「礼」

孔子の理想が周王朝の封建制度であったことは既に述べました。孔子は、「周時代の礼法が廃れてしまったから、世の中が乱れてしまった」と考え、徳の高い君子が国を治めるべきであるとする**徳治主義**《とくちしゅぎ》を説きました。これは、プラトン［B.C.427—B.C.347］のエリート主義的な理想国家論とも重なり合うものがあります。日本のリーダーは不祥事の際に、「不徳の致すところ……」という言い回しを使いますから、徳治主義の伝統は今も生きているといえます。ちなみに儒教のバイブルである四書の一つ、『大学』には「修身《しゅうしん》・斉家《せいか》・治国《ちこく》・平天下《へいてんか》」[13]という言葉があります。「修身」は戦前日本の道徳教科の名称でした。「わが身を修《おさ》め、家を斉《ととの》え（和合させ）、国を治めることで、天下が平らかになる」……これは己《おのれ》を治め、人を治めるという**修己治人**《しゅうこちじん》の思想です。己を治めた有徳の者こそが、家をととのえ、国を治めることができるのです（儒教は道徳と政治の思想なのです）。

それではいよいよ儒教道徳の核心に移りましょう。孔子が徳の中心に据えたのは「仁《じん》」でした。漢字で書くと「二人の人」という意味合いになるように、「仁」とは二人の間で交わされる人間愛のことです。現在日本国の象徴となっている天皇の諱《いみな》も、清和《せいわ》天皇［850—881］以来、「仁」の字が選ばれるようになり、戦中・戦後も裕仁《ひろひと》・明仁《あきひと》・徳仁《なるひと》と「仁」の字が使われています。天皇の諱《いみな》になるほどに、「仁」は日本で最も大切な徳目と考えられて来たのです。孔子は、どうせ愛を注ぐなら、全人類への愛……などと大風呂敷を広げずに、まずは身近な人を愛すべきだと考えました。この辺りも極めて現実主義的ですし、先に述べた祖先・祖霊崇拝を基盤にもつ儒教の宗教性から来るものです。

皆さんにとって一番身近な人……といったら、誰を思い浮かべるでしょうか。おそらく見知らぬ他人よりは友人でしょうし、友人よりは両親、兄弟を思い浮かべることと思います。孔子は、子が親に注ぐ「仁」（人間愛）を「**孝**《こう》」、弟が兄に注ぐ「仁」を「**悌**《てい》」と言いました。「孝」を行うことは「孝行《こうこう》」、つまり「親孝行」のことです。葉公《しょうこう》（葉の君主）が、「父親の盗みを告発した正直者の息子がいた」と誇らしげに言った際、孔子は、「我が郷里のまっすぐな者は……父は子の悪事を隠し、子は父の悪事を隠します」[14]と言いました。これが孔子の考える「親孝行」であり、親子の情なのです。ちなみに「**悌**」を、妹が姉に注ぐ人間愛……としないのは、女は男に付き従うべきとされた、儒教の男尊女卑に基づくものです。儒教の教えは本当に素晴らしいのですが、個人的にここだけは少々いただけません。このような孝悌《こうてい》の強調はピラミッド型の上下秩序を社会の隅々に行き渡らせる意図もありました。

では、「仁」を実践する心構えはどうでしょう。孔子は自分を偽らないまごころ（「**忠**《ちゅう》」）と、思いやりの心（「**恕**《じょ》」）が必要だと考えました。「忠」は「忠実」「忠臣」「忠告」といった言葉でもお馴染みの徳目です。さらに「恕」に関して、弟子の子貢《しこう》が「生涯で行うべきことを一文字で表せますか」と質問したのに対し、孔子は「其《そ》れ恕《じょ》か。己《おのれ》の欲《ほっ》せざる所《ところ》は、人に施《ほどこ》すこと勿《なか》れ」（それは〈恕《じょ》〉だな。自分が他人から受けたくないことは、他人にもしないことだ）[15]と答えたのでした。生涯で大切なのは「思いやり」であり、自分がされたくないことは人にはしない……これはまさにイエス［B. C. 4?—A. D. 29?］の黄金律《おうごんりつ》（「人にしてもらいたいと思うことは何でも、あなたがたも人にしなさい」[16]）とも重なる人間社会の真理です。

とはいえ、心の中で思っていても、行動に移さなければ意味がありません。内面的な規範が「仁」だとすれば、外面的な規範は「**礼**」です。「礼」とは「礼儀」「礼法」といったときの「礼」のことで、感謝の気持ちがあるならば、心持ち・心掛けに留まらず、頭を下げ、外面的にその気持ちを示しなさい、ということです。それができない者は「無礼者《ぶれいもの》」になります。学校でお馴染みの「起立・気を付け・礼」という号令も、戦前の儒教道徳に基づく習慣でした。以前キリスト教系の学校に勤務したことがありますが、「起立・気を付け・礼」の号令は存在しませんでした。教員が教室に入り、おもむろに両手を広げ、下から上に上げて合図をすると、生徒がサッと起立し、絶妙のタイミングで「ごきげんよう」とやるんですね。ちなみに「起立・気を付け・礼」の根底には、分《ぶ》を弁《わきま》える「けじめ」の意味合いがあります。「休み時間のお喋りはやめて、今から授業に集中します」という気持ちを外面的に身体で示しているのです。さらに、先生（これも「先に生まれた目上の人」を敬う儒教に基づく言葉です）への尊敬の念をお辞儀で示す、という意味合いもあります。もしそんな意味だと知ったら、号令をかける気すらおこらないかもしれませんが（笑）。そんなわけで、「先生」が権力を振りかざす、という日本の学校教育における典型的構図は儒教に根ざしているといえなくもないのですが、個人的には「三人行《さんにんゆ》けば必ず我が師《し》有《あ》り」（自分を含めて三人が同行するとき、必ず自分にとって師となる人がいる）[17]という孔子の謙虚な言葉の方に惹かれます。

「仁」と「礼」の関係について孔子は、顔回（顔淵）に答える形で「己《おのれ》に克《か》ちて礼《れい》に復《ふく》するを、仁《じん》と為《な》す」[18]（**克己**《こっき》**復礼**《ふくれい》）と述べました。つまり己の私欲を抑制して（「克己《かつみ》」は人名にもなっています）、忠恕《ちゅうじょ》（まごころと思いやり）の心構えをもち、社会の規範である「礼」に従うことこそが「仁」なのです。こうした「仁」と「礼」という内面的・外面的規範を修得できた人は「**君子**《くんし》」と呼ばれます。俗に、「君子危うきに近寄らず」などというところの「君子」です。ちなみに究極の「君子」とされたのは「**聖人**《せいじん》」で、堯《ぎょう》・舜《しゅん》・周公旦《しゅうこうたん》（周公）がその代表格でした（一方、「聖人・君子」の対極とされたのは「小人《しょうじん》」です）。

孔子のことば

生徒が選んでくれた、心に残る孔子の言葉をいくつか紹介したいと思います。「朋《とも》遠方《えんぽう》自《よ》り来《き》たる」は大学入学後、実家を離れて一人暮らしでホームシックになった時……心から実感できるかもしれません。もちろんこれを機に改めて『論語』そのものを手にとってみることも是非おすすめしたいです。文庫で何種類も出版されていますが、異なる版で訳者の解釈の違いを楽しみながら読むのも一興です。

子曰《しいわ》く、学《まな》びて時《つね》に之《これ》を習《なら》う。亦説《またよろこ》（悦）ばしからずや。朋《とも》遠方《えんぽう》自《よ》り来《き》たる有《あ》り。亦楽《たの》しからずや。人《ひと》知《し》らずして慍《いか》らず。亦君子《くんし》ならずや。
（老先生は、晩年に心境をこう表された。〔たとい不遇なときであっても〕学ぶことを続け、〔いつでもそれが活用できるように〕常に復習する。そのようにして自分の身についているのは、なんと愉快ではないか。突然、友人が遠い遠いところから〔私を忘れないで〕訪ねてきてくれる。懐かしくて心が温かくなるではないか。世間に私の能力を見る目がないとしても、耐えて怒らない。それが教養人というものだ、と。）（『論語』学而第一[*19]）

子曰《しいわ》く、巧言令色《こうげんれいしょく》（言を巧みにし色を令《よ》くするは）、鮮《すく》なし仁《じん》。
（老先生の教え。〔他人に対して人当たりよく〕ことばを巧みに飾りたてたり、外見を善人らしく装うのは〔実は自分のためというのが本心であり〕、〈仁〉すなわち他者を愛する気持ちは少ない。）（『論語』学而第一[*20]）

子《し》曰《いわ》く、君子《くんし》は器《うつわ》ならず。

（老先生の教え。教養人は一技・一芸の人ではない。〔大局を見ることのできる者である。〕）（『論語』為政 第二）*21

子《し》曰《いわ》く、学《まな》びて思《おも》わざれば、則《すなわ》ち罔《くら》し。思いて学ばざれば、則ち殆《あやう》し。

（老先生の教え。知識や情報を〔たくさん〕得ても思考しなければ〔まとまらず〕、どうして生かせばいいのか分からない。逆に、思考するばかりで知識や情報がなければ〔一方的になり〕、独善的になってしまう。）（『論語』為政 第二）*22

子貢《しこう》問《と》いて曰《いわ》く、師《し》と商《しょう》と孰《いず》れか賢《まさ》れる、と。子《し》曰く、師や過《す》ぎたり。商や及《およ》ばず、と。曰く、然《しか》らば則《すなわ》ち師愈《まさ》れるか、と。子曰く、過ぎたるは猶《なお》及ばざるがごとし、と。

（子貢《しこう》が「師（子張《しちょう》の名）と商（子夏《しか》の名）と、どちらがすぐれていますか」とおたずねしたところ、老先生はこうお答えになった。「師は多いな、商は少ないな」と。子貢は「では師のほうがすぐれているのですか」とおたずねしたが、老先生はこう教えられた。「〔どちらも均衡がとれていないので、ころあいではないという点では、〕多いも少ないも同じことだ」と。）（『論語』先進 第十一）*23

子《し》曰《いわ》く、君子《くんし》は和《わ》して同《どう》ぜず、小人《しょうじん》は同じて和せず。

（老先生の教え。教養人は、和合はするが雷同はしない。知識人は、雷同はするが和合はしない。）（『論語』子路 第十三）*24

子曰《しいわ》く、我を知る莫《な》きか、と。子貢曰《しこう》く、何為《なんす》れぞ其《そ》れ子を知る莫《な》し、と。子曰く、天《てん》を怨《うら》みず、人《ひと》を尤《とが》めず、下学《かがく》して上達《じょうたつ》す。我を知る者《もの》は其《そ》れ天か。

（老先生がおっしゃった。「私の価値を知る者はいないなあ」と。子貢は「どうして先生の価値を知る人はいないと言えましょうや」と述べたところ、老先生はこうお話しになられた。「天が悪いのでもなければ、人が悪いのでもない。私は知識の学習に始まり、道徳の修養にまで至り、最善を尽くしてきた。私のことを最もよく知っているのは、天であろうぞ」と。）（『論語』憲問　第十四）*25

注

＊1　「近世日本は「華」になるという目標をもっていたがゆえに、学問、思想、産業技術に至るまで見事な発展を遂げた。しかしその目標が他にずれてしまえば、さらに別のものを追いかけるしかない。今日までの日本は、中国、欧州、米国という、観念上の華に同一化することが政権の目標として自動的に設定されていたように思われる。そのために華夷構造を転写して己を華に似せ、さらにそのために「夷」を作り出すのである」（田中優子『今「日本人が日本をどうみてきたか」を考えることの意義』）（田中優子編『日本人は日本をどうみてきたか』笠間書院、２０１５年）。

＊2　寿司ネタの赤身・青身・白身、海苔巻（玄・黒）、卵（黄）もそれに対応している。

＊3　加地伸行全訳注『論語』（講談社、２００４年）。

＊4　明治時代、西洋由来の人権思想にある「神が与えた権利」は、「天が賦与した権利（天賦人権）」と翻訳された。

＊5　小野妹子はその返礼の手紙を帰路紛失し、一時流刑に処されている。煬帝の怒りの返信をおめおめと日本にもっては帰れなかった可能性もある。歴史上の人物としての小野妹子はさほど大したことをしていないが、大国中国に屈することなく手紙を渡してきた勇気ある日本人とされたためか、小学校の学習指導要領に明記された42名の歴史上の人物の1人に選ばれている。

＊6　斉《せい》国の景公《けいこう》に政治とは何かと問われた孔子は「君は君たり、臣は臣たり、父は父たり、子は子たり」（主君は主君の本分を、臣下は臣下の務めを、父親は家長の責任を、子女は家族としての勉めを、それぞれ果たして〔安定して〕いることです）と答えている（加地伸行全訳注『論語』講談社、２００４年）。

＊7　「儒はおそらく、もと雨請いに犠牲とされる巫祝をいう語であったと思われる。その語がのちには一般化されて、巫祝中の特定者を儒とよんだのであ

ろう。それはもと、巫祝のうちでも下層者であったはずである。かれらはおそらく、儒家の成立する以前から儒とよばれ、儒家が成立してからもなお儒とよばれていたのであろう」（白川静『孔子伝』中央公論新社、２００３年）。

＊8　加地伸行『儒教とは何か　増補版』（中央公論新社、２０１５年）。

＊9～12　加地伸行全訳注『論語』（講談社、２００４年）。

＊13　「ものごと〔の善悪〕が確かめられてこそ、はじめて知能（道徳的判断）がおしきわめられ〔て明晰にな〕る。知能がおしきわめられて〔明晰になって〕こそ、はじめて意念《おもい》が誠実になる。意念が誠実になってこそ、はじめて心が正しくなる。心が正しくなってこそ、はじめて一身がよく修まる。一身がよく修まってこそ、はじめて家が和合する。家が和合してこそ、はじめて国がよく治まる。国がよく治まってこそ、はじめて世界じゅうが平安になる」（金谷治訳注『大学・中庸』岩波書店、１９９８年）。

＊14～15　加地伸行全訳注『論語』（講談社、２００４年）。

＊16　共同訳聖書実行委員会『聖書　新共同訳』（日本聖書協会、１９８７年）。

＊17～25　加地伸行全訳注『論語』（講談社、２００４年）。

30章　中国思想（2）（孟子、荀子、韓非子、墨子、その他の諸子百家）

孟子《もうし》の性善説《せいぜんせつ》

孔子［B.C.551―B.C.479］と共に「孔孟」と並び称されるのが**孟子《もうし》**（Mencius）［B.C.372―B.C.289］です。姓は孟、名は軻《か》といいました。孟子は、孔子の孫で『中庸』の著者とされる**子思《しし》**［B.C.483?―B.C.402?］の門人から孔子直系の思想を学んだ人物です。孟子は諸国を遊説し、有徳の為政者による王道政治を説いた理想主義者でしたが（梁《りょう》の恵王《けいおう》［B.C.400―B.C.319］との対話における「五十歩百歩」の故事は有名です）、孔子と同様、戦国の世では受けが悪く、斉《せい》や滕《とう》で政治顧問を務めるに留まりました。

孟子の母（孟母）は現代でいうところの教育ママでした。「**孟母三遷《もうぼさんせん》**」のエピソードは有名です。母子家庭だった孟子は幼い頃、墓の近くに住んでいたため、葬式の真似事を始めます。母はそれをよくないと考え、市場の近くに引っ越すと、今度は商人の真似事を始めます。儒教には商人蔑視の思想があったため、それはよくない、と再び母は引っ越します。最後、学校の近くに引っ越したところ、孟子は礼について猛烈に学び始めるんです。子どものために教育環境を整えた立派なお母さんです。さらに「**孟母断機《もうぼだんき》**」のエピソードはもっと強烈です。大学進学で親元を離れた時を想像してみて下さい。「勉強かったるいな～」なんていうことで、孟子がふらっと実家に帰って来るんです。母は息子のため、せっせと機織《はたお》りをしていました。帰宅した孟子を見つけたお母さんです、突然、織り途中だった織物をハサミでちょん切ってしまいました。孟子は「ヒェーっ」……と身震いしたはずです。ここでお母さんが言いたかったのは、「お前にとって学問を投げ出すことは、私にとって生活の糧である機織りを投げ出すことと一緒だ」ということです。「そんなこともわからないのか！」と機を切り捨てたお母さん、相当迫力がありますよね。

孟子の言行録は『**孟子**』です。『論語』と共に「四書」の一つに数えられています。ところで皆さん、人間は性善説と性悪説のどちらに基づいていると考えますか。孟子は、君子の徳に頼った孔子同様、**性善説**《せいぜんせつ》を説きました。人間は生まれながらに**四端**《したん》**の心**《こころ》という4つの善をなす端緒《たんしょ》（きっかけ）の心をもっています。相手が1000万人いてもひるまないような力強い**浩然**《こうぜん》**の気**を養えば、四端の心は**四徳**《しとく》（**仁**《じん》**・義**《ぎ》**・礼**《れい》**・智**《ち》）に転化できます。それができる理想の人間が「大丈夫《だいじょうぶ》」です。「大丈夫」は日本語になっていますが、もともとは力強い精神力でいつも毅《き》然《ぜん》としており、安心できる有徳の男性、という意味でした。

四端の心の1つ目は「**惻隠**《そくいん》**の心**《こころ》」です。これは人間が生まれながらにしてもつ、不幸を見過ごせない「忍びざるの心」です。小さな赤ちゃんが井戸に向かってハイハイしていたら……「あ！　危ない！」と誰しも助けようとしますよね。知らんぷりする人はいないでしょう。誰しも「惻隠の心」という生まれながらの善性をもっているのです。ちなみにこれは「仁」（思いやり・同情心）の徳に転化することができます。2つ目は「羞悪《しゅうお》の心《こころ》」です。自他の悪や不正を恥じ、憎む心です。これは「義」（正義感）の徳に転化することができます。「仁」と「義」を合わせると「仁義《じんぎ》」です。「仁義を貫き通す」という言葉もありますが、孟子は「仁は人の心なり、義は人の路《みち》なり」（仁は人間の本来《もともと》持っている心であり、義は人間の必ずふみ行くべき道である）*1として、他人への「仁」（思いやり）と共に、「義」（仁が社会における人間関係に現れた道理）を根本徳目に据えたのです。

孟子

3つ目は「**辞譲《じじょう》の心《こころ》**」、他人にへりくだり、譲る心のことです。これは「礼」（他者を尊重する礼法・節度）の徳に転化することができます。最後の4つ目は「**是非《ぜひ》の心《こころ》**」、善・悪や正・不正を見分ける心です。これは「智」（道徳的判断力）の徳に転化することができます。

王道政治

恒産《こうさん》無くして恒心《こうしん》有る者は、惟《ただ》士のみ能《よ》くすと為《な》す。民の若《ごと》きは、則《すなわ》ち恒産無ければ、因《よ》りて恒心無し。苟《いやし》くも恒心無ければ、放辟邪侈《ほうへきじゃし》、為《な》さざるなし。罪に陥《おちい》るに及びて、然《しか》る後従いてこれを刑《つみ》するは、是《こ》れ民を罔《あみ》するなり。

（決まった生業がなくて、決まった心をもち続けることは、学問のある士たるものだけができます。一般の人民になると、決まった生業がないと、決まった心がなく、すぐにぐらぐらする。心がぐらつくと、気まま、かたより、道をはずす、身分にすぎた贅沢など、なんでもやらないことはありません。このように罪を犯すようになってから追っかけて刑罰に処するというのでは、人民に網を打って捕えるのと変わりありません。）（『孟子』第一巻）*2

既に触れたように、孟子は周の時代の易姓革命《えきせいかくめい》の思想を**王道《おうどう》政治**として理論化しました。「**恒産《こうさん》なくして恒心《こうしん》**

なし」という言葉があります。簡単にいえば、「衣食住（恒産）が満ち足りていなければ、道徳心（恒心）は育たない」ということです。法家の思想書『管子《かんし》』に見える「倉廩《そうりん》実《み》つればすなわち礼節を知り、衣食足ればすなわち栄辱《えいじょく》を知る」（日々の暮らしにも事欠く者に、礼儀を説いたとてなんになろう。生活にゆとりができさえすれば、道徳意識はおのずと高まるものだ。）[*3]と少し似ています。天命にかなう有徳の君子は、仁義の徳に基づいて（孔子の徳治主義を継承しました）、民衆の楽しみや憂いを自らのものと感じ、その生活を安定させること――減税したり、衣食住を満ち足りさせ、人民の道徳心を高めること――が本分だということです。もし君子が民衆を不幸にするような徳に欠けた政治を行えば、民衆の声を反映して「天命が革《あらた》まり、国王の姓が易《か》わる」のです（易姓革命）。

王道政治の逆は**覇道政治《はどうせいじ》**です。覇道とは、武力・策略をめぐらした力による民衆支配です。この場合には易姓革命がおこり、新たな君子に天命が下ります。革命は自らその位を平和裏《へいわり》に譲る**禅譲《ぜんじょう》**と、武力によって追放する**放伐《ほうばつ》**の2種類に分けられます。孟子は武力による覇道政治を否定したものの、徳に欠ける天子を武力で追放する放伐は肯定しました。

孟子は人間関係とそれに対応する徳目を**五倫《ごりん》**（**親《しん》・義《ぎ》・別《べつ》・序《じょ》・信《しん》**）にまとめ、人倫の道を説きました。五倫とは、「**父子《ふし》の親《しん》**」（親愛の情）、「**君臣《くんしん》の義《ぎ》**」（君主と臣下の礼儀）、「**夫婦《ふうふ》の別《べつ》**」（男女の区別）、「**長幼《ちょうよう》の序《じょ》**」（年長・年少の順序）、「**朋友《ほうゆう》の信《しん》**」（信頼）の5つの徳目です。あらゆる人間関係において分《ぶ》・節度を弁《わきま》え、ピラミッド型の社会の上下秩序を整えようとしたことがわかります。「夫婦の別」に関していえば、『礼記《らいき》』にも「男女七歳にして席を同《おな》じゅうせず」とありました。これは、男女はそれぞれ違う、ということを前提にして、役割・違いを弁えて振る舞うことを説くものです。

このようにある種、不平等と言えなくもない封建秩序は、戦後米国によって日本に平等思想が政治的にもちこまれたことで（平等思想自体は、既に仏教でも説かれていましたが）、良くも悪くも廃れます。それをして、「お年寄りに席を譲らなくなった」とか「女性が家事をほっぽらかして仕事をするようになった」などと言い、現代社会は

「道徳的に乱れてしまった」と嘆く人もいます。「夫婦の別」や「長幼の序」を自明の理として、女性を付き従わせたい男性や、若者を支配したいお年寄りも依然として一部いるのです。私は、人間は年齢・性別・立場によって尊敬されるのではなく、その人そのものの徳によって自然な敬いの感情が生まれるのではないかと思っています。とはいえ、日本の高度経済成長期を支えた企業の年功序列型賃金も「長幼の序」という儒教的観念がそれを支えていたのだと思います（近年は徐々に年の功より実力が重視されるようになってきました）。また、祭儀を通じて結びつく家族の男系的血縁共同体を重んじる儒教は、明治以来の家（イエ）制度と、それに基づいて戦後も残存した夫婦同姓を支えるイデオロギーにもなっています。ただし、本来の儒教は夫婦別姓や同姓婚の禁止を説いており、同じ儒教国の韓国では厳格に守られています。

　さらに付け加えると、日本語には「敬語」があります。「敬語」はその名の通り、「敬」という儒教の徳目に基づいた階級性を内包した言葉遣いです。英語は割とフラットな言語で、「目上か目下か」と人を選ばず、平等に話すことができるので気が楽なのですが、日本語の場合、言葉遣いで気を悪くする人も結構いますから、なかなか厄介です。ちなみに私は、人によって態度を変えるのはいかがなものかと思っていますので、全ての人に敬語で話すことにしています。敬語で話して気を悪くする人はおそらくいないでしょう（笑）。韓国の方とお話しすると、目上の人を敬うメンタリティが日本にとても近い感覚だとわかります。韓国は日本以上の儒教国だからです（官僚制を担う両班《ヤンバン》を支えたイデオロギーは朱子学でした）。そしてもちろん本場の中国語にも「敬語」が存在します。ただその中国は、マルクス主義を受け入れた中国共産党により戦後、中華人民共和国として再出発し、１９６０～70年代のプロレタリア文化大革命では四旧（旧風俗・旧習慣・旧思想・旧文化）の打破がうたわれ、政治的な儒教排斥がおこります。儒教は不平等な封建体制・奴隷制を支えた旧思想であったため、平等を実現するマルクス主義とは相容れませんでした。孔子の血を引く一族や研究者も受難の時代を迎えます（孔子廟《こうしびょう》が破壊される惨事もありました）。とはいえ、文革後には改革開放政策がスタートし、１９８４年になって孔子の名誉回復が果たされます。[4] 中国の人々は儒教を「ときには「批判」し、ときには自らの立場を補強するものとして「利用」している」[5]……孔子は、21世紀の現代中国でも民族をつなぎ止める文柱となっているのです。

荀子《じゅんし》の性悪説《せいあくせつ》

孔子は道徳を自律的にも他律的にも捉えていました。自律的・内面的道徳としての「仁」に着目したのが性善説の孟子だったとすると、他律的・外面的道徳としての「礼」に着目したのが**性悪説**《せいあくせつ》の**荀子**《じゅんし》（Xun Kuang）〔B.C.320?—B.C.230?〕です。[6] 孔孟がソクラテス〔B.C.470?—B.C.399?〕・プラトン〔B.C.427—B.C.347〕のような理想主義者だったとすれば、荀子をアリストテレス〔B.C.384—B.C.322〕のように現実主義者として見ることもできるでしょう。

人の性は悪にして其《そ》の善なる者は偽《ぎ》なり。
（人間の本性すなわち生まれつきの性質は悪であって、その善というのは偽すなわち後天的な作為の矯正によるものである。）（『荀子』[7]）

荀子は人間の本性を悪とした上で、それが善となるのは偽、つまり文字通り「人為」的な矯正だと考えました。孟子が言うように生まれつきの性質が素朴で善良だというのなら、理想的な王や礼儀を必要としなくなるはずです。確かに、「家に帰ったらすぐに手を洗いなさい」「お年寄りに席を譲りなさい」と言わなくても初めからしてくれるのなら、話は早いわけです。しかし残念ながら人間の性は欲望に基づいており、放っておけば他人と争い、奪い合うようになり、傷害沙汰《しょうがいざた》をおこすこともあるのです。この見立ては、社会契約論者のホッブズ〔1588—1679〕のいう「万人の万人に対する闘争」ともよく似ています。ゆえに、ルールによって人為的に矯正しなければ、人間は善い者とはなり得ないのです。矯正のためのルールはもちろん、古代の聖人が作り上げた社会的規範・「礼」でした。荀子は「礼」によって治める**礼治主義**《れいちしゅぎ》を説いたのです。

荀子は50歳を過ぎて斉《せい》を遊説して認められ、祭酒《さいしゅ》（教育長）の地位に3度も就いたそうです。斉を去った後は秦《しん》に向かいますが、儒家思想が採用されなかったため、楚《そ》を訪れ、蘭陵《らんりょう》の地の長官となり、一生を終えました。*8 漢の時代になると儒教が官学となりますが、荀子の性悪説は異端視されています。

法家の思想

とはいえ戦国の乱世にあって、受けが悪かった孔孟の教えに比べると、荀子の現実主義は為政者に訴えかけるものでした。何しろ荀子の門人には**法家**《ほうか》の大成者・**韓非子**《かんぴし》（**韓非**《かんぴ》）（Han Fei）〔B.C.280?—B.C.233〕や秦代の宰相・李斯《りし》〔?—B.C.208〕がいました。法家は中国全土を統一して、戦国時代を終結させた秦《しん》の始皇帝《しこうてい》〔B.C259—B.C210〕（周以降、「始」まりの皇帝という意味）に採用されています（秦は統一前から商鞅《しょうおう》〔B.C.390?—B.C.338〕によって法家思想が取り入れられていました）。司馬遷の『史記』（老子韓非列伝）によれば韓非子は吃音《きつおん》があり、話すのが苦手だった一方で著述が得意だったそうです。韓非子は韓《かん》の出身でしたが、韓で法家は受け入れられませんでした。その韓は、韓出身の韓非子の法家思想を受け入れた秦によって滅ぼされるのです。ちなみに秦の宰相・李斯は始皇帝に気に入られた韓非子を妬み、結局自殺に追い込んでしまいます。

韓非子は荀子の性悪説を受け継ぎ、君子の徳や技量で治める徳治主義ではなく、権勢や地位に基づく法律や刑罰で治める**法治主義**を説きました。「人主の患《わずら》いは人を信ずるに在り」[*9]と妻子すら信じてはならないことを説いていますから、何ともシビアです。「性善説」に拠って、無邪気に人を信じてしまってはダメだというのです。老いた父を養うために戦場で３度逃亡した人を孔子が上位に取り立てたエピソードを取り上げ、「父親にとっての孝子というものは、君主にとっては逆臣なのである」[*10]とも言っています。「矛盾《むじゅん》」（けっして突き通せない盾《たて》と、何でも突き通せる矛《ほこ》）の語の由来となった話も、孔子の崇拝する聖人・堯《ぎょう》や舜《しゅん》の賢政と、桀《けつ》（夏の王）や紂《ちゅう》（殷の王）の暴政は両立し得ないという文脈でした。堯《ぎょう》や舜《しゅん》の賢政によれば、どんな悪辣な人物が出ても丸く治まる……などということはなく、法律による権勢をしけば、平々凡々とした君主でも世の中を丸く治められるということです。

故に善《よ》く主たる者は、賞を明らかにし利を設けて以《もっ》てこれを勧《すす》め、民を使うに功賞を以《もっ》てして、仁義を以《もっ》て賜《たま》わらず。刑を厳しくし罰を重くして以《もっ》てこれを禁じ、民を使うに罪誅《ざいちゅう》を以《もっ》てして、愛恵を以《もっ》て免《ゆる》さず。
（君主としてすぐれている者は、賞与を明らかにし利益をかかげて民衆を督励し、民衆を働かせるのには、手柄に応じた賞与を与えることにして、仁愛の心で恩賞を施すことはしない。厳刑と重罰によって悪事を禁じ、民衆を働かせるのには、罪に応じた処刑を行うことにして、愛情や恩恵の心で許すことをしない。）
（『韓非子』[*11]）

これはいわゆる**信賞《しんしょう》必罰《ひつばつ》**です。賞すべき論功には必ず賞を与え、罰すべき罪には必ず罰を与える……賞と罰は臣下を制御する二つの柄《え》です。聖徳太子［574—622］の「十七条の憲法」にも「功過《こうか》を明らかに察《み》て、賞罰かならず当てよ」（下役の者に功績があったか、過失があったかを明らかに観察して、賞も罰もかならず正当であるようにせよ）[*12]という条文がありました。

儒家の徳治主義と法家の法治主義は、いわゆる「理想主義」的な道徳と「現実主義」的な法律を巡る問題と対応しています。どうせ法律の目をかい潜《くぐ》る者が出てくるはずだから、人間の善の性質を期待して世の中を道徳で治めるか、いやそれとも、人間の性質は悪なので、そもそも法律で治めるか……考えてみると難しい問題です。道徳だけでは治まらないような気もしますし、かといって法律でがんじがらめにされるのはちょっと息苦しいかもしれません。まして道徳を法律で定めよう、などと考えるのはかなり頓珍漢《とんちんかん》なやり方です。この問題を学校を例にして考えてみましょう。教員の言うことを誰も聞かず、荒れ果てた学級崩壊状態の学校で、「トイレはきれいに使いましょう」「授業中に携帯電話を使うのはやめましょう」などと生徒会長が訴えても、誰も聞いてくれないでしょう。教員の権威が地に落ちた戦国時代の下剋上のような学校では、どんなに心掛け（道徳）を説いたって無駄なんです。それよりも、「授業中に携帯電話を使ったら、罰ゲームでトイレ掃除だ！」とルール（法）で縛る法治主義の方が効き目があるわけです。もちろんルールが守られた、穏やかな平時の学校であれば、生徒会長が心掛けを説く徳治主義でも十分効果があるでしょう。乱世の戦国時代に孔孟の教えの受けが悪く、法家が採用された理由も想像がつくと思います。

戦国時代の平和主義者・墨家

戦国時代、孔子の死後に儒家を公然と批判し、そのライバルとして論争したのが**墨家**《ぼっか》です。創始者は魯で生まれた**墨子**《ぼくし》（墨翟《ぼくてき》）（Mozi）〔B.C.501?—B.C.416?〕です。「墨」とは入れ墨を入れられた受刑者を意味するため、そのような者であったとする説もあります。確かに墨子思想は身分の低い者が説く教説と思えなくもない部分がありますが、詳細はわかりません。

墨子は戦国の世にあって、侵略戦争に反対する**非攻論**《ひこうろん》を説きました。他人の果樹園で桃を盗んだら他人に損害を与えます。これを非難しない人はいません。しかし、他国を攻撃する不正義に関しては、非難するどころか誉《ほ》め称《たた》えられます。あるいは一人を殺したら不正義であるはずなのに、戦争で百人を殺しても、非難されるどころか誉め称えられるのはなぜでしょう……このように墨子は問うのです。これは言うなれば墨子の非戦論です。とはいえ、こんな無防備の空論を掲げ、他国の侵略に無抵抗でいたわけではありません。「**墨守**《ぼくしゅ》」という言葉がありますが、最強の軍備を整えた上で、専守防衛に命を懸けていたのです。

若《も》し天下をして兼ねて相《あい》愛し、人を愛すること其《そ》の身を愛するが若《ごと》くならしめば、猶《なお》不孝の者あらんか。
（もしも世界じゅうの人々がひろく互いに愛しあい、わが身を愛するのと同じように他人を愛するようにさせたならば、それでもなお無礼者が出るであろうか。）（『墨子』第十四兼愛篇　上）*13

ではなぜ墨子から非戦論の発想が出てきたのかといえば、無差別平等の**兼愛**《けんあい》（兼《ひろ》く愛する）によって、国と国同士、そして家と家同士が平和に治まると考えていたからです。この兼愛は、無差別平等といっても、キリスト教の「神の愛（アガペー）」のように自己犠牲を説くものではありません。相手に愛を与えれば、相手は悪い気はしないでしょうし、相手も自らを愛してくれるはずです。つまり兼《ひろ》く愛することで、互いに利を交えること（**交利**《こうり》）ができるのです。こうした無差別平等の愛に対し、儒家の説く「仁」は親兄弟という特定の人間への愛でした。戦乱の世にあって、親を失った子どもは仁という徳を修めることができないとでもいうのでしょうか。墨子は儒家の仁を、親疎《しんそ》の別を設ける**別愛**《べつあい》（差別的な愛）であるとして非難しました（一方儒家の孟子は墨子に反論しています）。

さらに墨子は消費の節約（**節用**）や、儒家の豪華な葬儀と長い喪を節約すること（**節葬**）を説きました。確かに豪華な葬儀は、死者に対する敬愛や哀悼の気持ちを表すものであったとしても、貧乏を豊かにし、人口を増やし、国の政治をよくすることには繋がりそうもありません。また、儒家の葬儀には礼楽《れいがく》（儀礼や音楽）がつきものです。墨子は音楽を廃止する**非楽**《ひがく》も説きました。『墨子』の本文を読むとわかりますが、これは決して音楽や芸術をいたずらに非難するものではありません。先ほどの節葬と同様ですが、音楽に伴う奢侈《しゃし》を戒める意味合いがあったのです。

社会が保守化すると、論功行賞的な人事が跋扈《ばっこ》するのは現代社会も一緒です。能力のある人を抜擢する**尚賢**《しょうけん》の主張にも見られる墨子の合理的主張は、儒家の伝統的風習に異を唱える革新的なものであったと考えられます。とはいえ、『孟子』における墨家批判もあり、墨子は単純に儒家の説く仁や儀礼を軽視する人だ、とみなされてしまった部分もあると思います。

その他の諸子百家

最後にその他の諸子百家を簡単に紹介しておきましょう。**鄒衍**《すうえん》（Zou Yan）［B.C.305?―B.C.240?］で知られる**陰陽**《いんよう》**家**《か》は、日本の陰陽道《おんみょうどう》（平安時代の陰陽師《おんみょうじ》・安倍晴明《あべのせいめい》［921―1005］が有名です）でもおなじみの「陰陽《いんよう》説」に「五《ご》行《ぎょう》説」を加えた「**陰陽五行説**」を説きました。四柱推命《しちゅうすいめい》や風水《ふうすい》、八卦《はっけ》など禍福吉凶《かふくきっきょう》を占う易学との関わりも深い自然哲学で、古代ギリシアの自然哲学（例えばエンペドクレス［B.C.493?―B.C.433?］が説いた土・火・水・風（空気）の四元素論）と比較されることがあります。「陰陽説」は宇宙・森羅万象を陰と陽の原理で説明するもので、「五行説」は万物を木《もく》・火《か》・土《ど》・金《ごん》・水《すい》の五元素からなるとする考えでした。五行の関係には、木は火を生じ、火は土を、土は金を、金は水を生じて循環するという相生《そうせい》説（陽の関係）と、木は土を、土は水を、水は火を、火は金を、金は木を滅ぼして循環するという相克説《そうこく》（陰の関係）があります。日本で用いられる日～土の曜日（七曜）も五行が対応する惑星と月・太陽（陰・陽）からなっています。また、十干十二支《じっかんじゅうにし》（干支《えと》）にも関係しています。五行をそれぞれ陰陽（兄弟《えと》）に分けた、木《きの》（甲《え》・乙《と》）、火《ひの》（丙《え》・丁《と》）、土《つちの》（戊《え》・己《と》）、金《かの》（庚《え》・辛《と》）、水《みずの》（壬《え》・癸《と》）が十干です。これを十二支（子《ね》・丑《うし》・寅《とら》・卯《う》・辰《たつ》・巳《み》・午《うま》・未《ひつじ》・申《さる》・酉《とり》・戌《いぬ》・亥《い》）と組み合わせると、「きのえね（甲子）」「きのとうし（乙丑）」……「みずのとい（癸亥）」の60通りで暦が還《かえ》りますから、60歳が「還暦《かんれき》」ということになるのです。

孫子《そんし》（**孫武**《そんぶ》）（Sun Tzu）［B.C.535—?］や**呉子**《ごし》（**呉起**《ごき》）（Wu Qi）［B.C.440—B.C.381］の**兵家**《へいか》は戦争の理論を説きました。釣り師の代名詞である太公望《たいこうぼう》（Tai Gong Wang）（呂尚《りょしょう》）［B.C.11C?］も、兵家の兵法書『三略』の著者として知られています。とりわけ孫子の『**兵法**』は、武田信玄《たけだしんげん》［1521—1573］が旗印にした「風林火山《ふうりんかざん》」（「其の徐《しずか》なることは林の如く、侵掠《しんりゃく》することは火の如く、知り難きことは陰の如く、動かざることは山の如く」）[*14]や「呉越同舟《ごえつどうしゅう》」（呉の国の人と越の国の人とは互いに憎みあう仲であるが、それでも一しょに同じ舟に乗って川を渡り、途中で大風にあったばあいには、彼らは左手と右手との関係のように密接に助け合うものである）[*15]の諺《ことわざ》でもおなじみです。「始めは処女の如くにして、敵人　戸を開き、後は脱兎の如くにして、敵人　拒《ふせ》ぐに及ばず」[*16]なんていう一節もありました（「脱兎《だっと》の如く」の典拠です）。また『兵法』は、現代ではビジネス書としても読まれています。合理主義的に利益を追求しつつ、最後は運を天に任せる……資本主義社会における自由競争はしばしば戦争のアナロジー（類推）として捉えられてきました。実際、戦術（タクティクス［tactics］）や戦略（ストラテジー［strategy］）といった軍事用語がビジネスで用いられてもいます。

恵子《けいし》（**恵施**《けいし》）（Hui Shi）［B.C.370?—B.C.310?］や**公孫竜**《こうそんりゅう》（Gongsun Long）［B.C.320?—B.C.250?］で知られる**名家**《めいか》もいます。名家は言葉（名）の分析を行い、白馬《はくば》は色と形の複合概念で、馬は形の概念である、よって「白馬は馬に非《あら》ず」……という古代ギリシアのソフィスト的詭弁《きべん》・弁論術を展開したことでも知られています。

他には外交の策士として活躍した**縦横家**《じゅうおうか》もいました。六国連合で秦に対抗する**合従**《がっしょう》を説いた**蘇秦**《そしん》（Su Qin）［?—B.

C.３１７?〕（韓の王に、「鶏口《けいこう》となるとも、牛後と為《な》るなかれ」と口説きました）や、それに対抗し、秦と各国との個別連合である連衡《れんこう》を説いた**張儀《ちょうぎ》**（Zhang Yi）〔?—B.C.３０９〕がいました。

また、安藤昌益《しょうえき》〔１７０３—１７６２〕の農本主義（君臣上下の別なく平等に農耕に従事する）の先を行っていた**農家《のうか》**（許行《きょこう》（Xu Xing）〔生没年不詳〕）や故事を残した**小説家《しょうせつか》**、諸説を総合した**雑家《ざっか》**も知られています。

注

＊１　小林勝人訳注『孟子』（岩波書店、１９７２年）。
＊２　『孟子』（『世界の名著３』）（貝塚茂樹訳、中央公論社、１９６６年）。
＊３　松枝茂夫・竹内好監修『中国の思想［Ⅷ］管子』（松本一男訳、徳間書店、１９９６年）。
＊４　坂元ひろ子『中国現代の思想文化史』（岩波書店、２０１６年）。
＊５　湯浅邦弘『概説中国思想史』（ミネルヴァ書房、２０１０年）。
＊６　孟子が「したいか、したくないか」という性の判断を重視したのに対し、荀子は「すべきか、すべきでないか」という心の判断を重視した（湯浅邦弘編著『名言で読み解く　中国の思想家』ミネルヴァ書房、２０１２年）。
＊７　『荀子』（『世界の名著10』）（沢田多喜男・小野四平訳、中央公論社、１９６６年）。
＊８　金谷修『中国古代の思想家たち』（『世界の名著10』）（中央公論社、１９６６年）。
＊９〜11　『韓非子』（『世界の名著10』）（金谷治・町田三郎訳、中央公論社、１９６６年）。
＊12　聖徳太子『十七条憲法』（『日本の名著２』）（中村元・瀧藤尊教訳、中央公論社、１９７０年）。
＊13　『墨子』（『世界の名著10』）（金谷治訳、中央公論社、１９６６年）。
＊14〜16　『孫子』（金谷治訳注、岩波書店、１９９１年）。

31章　中国思想（3）（朱子・王陽明）

儒学・その後の歩み

約550年間に及ぶ春秋《しゅんじゅう》・戦国時代が幕を閉じ、秦《しん》の始皇帝《しこうてい》［B.C.259—B.C.210］により中国全土が統一されたことは既に触れました。秦は孔孟が説いた徳治主義ではなく、法律や刑罰で治める法家《ほうか》（韓非子《かんぴし》［B.C.280?—B.C.233］が大成しました）の法治主義を採用したのでした。司馬遷《しばせん》［B.C.145／135—B.C.87?／86?］の『史記列伝《しきれつでん》』（李斯《りし》列伝）によれば、秦の宰相・李斯《りし》［?—B.C.208］（荀子《じゅんし》［B.C.298?—B.C.235?］の門人でした）は、儒家が「古き時代をいいたてて……現実の政策を乱」し、「おかみのたてる方針をそしる」として、ある法令発布を始皇帝に提案し、認められるのでした。[*1] その内容は、「学者で詩経・書経・諸子百家の書物などを所有するものは、すべてこれらの書物を廃棄すること、この法令が伝達されて三十日以内に廃棄せざるものは、入れ墨の刑に処して強制労働に服させること、廃棄する必要なきものは、医薬・占卜《ぼくせん》・農業技術にかんする書物にかぎること」[*2]……これがいわゆる**焚書坑儒《ふんしょこうじゅ》**（儒教の書を焚《た》き、儒者を生き埋めにする）です。実際約460人の儒者が生き埋めになったと伝えられており（誇張である、とする説もあります）、儒教の聖典「六経《りっけい》」のうち『楽経《がっきょう》』も失われてしまいました。

始皇帝の死後、農民反乱である陳勝《ちんしょう》・呉広《ごこう》の乱（紀元前209～208年）がおこり、その後、楚《そ》の武将・項羽《こうう》［B.C.232—B.C.202］が秦を滅ぼします。さらに漢の初代皇帝となる劉邦《りゅうほう》［B.C.256／247—B.C.195］が項羽を打倒するのでした。

漢は前・後期に分けることができます（紀元後25年に復興した後漢《ごかん》の光武帝《こうぶてい》［B.C.5―A.D.57］は、福岡県にあった倭《わ》の奴《な》国《こく》に金印を送っています）。前漢の武帝《ぶてい》［B.C.156―B.C.87］は儒教を国の正式な学問・官学としました。武帝に仕えたのは、**董仲舒**《とうちゅうじょ》［B.C.179?―B.C.104?］です。董仲舒は、人の営みである人事と自然の営みである天事は相関しているとする**天人**《てんじん》**相関説**を説きました。悪政が天変地異に繋がるというこの発想（災異説《さいいせつ》）は、今でも中国の民間レベルで生きています。また、儒教を体系化することを武帝に提案し、「**五経**《ごきょう》」を再編しました。「五経」とは周時代の歌謡の歌詞を集めた『詩経《しきょう》』（孔子［B.C.551―B.C.479］が編集したという説があります）・『書経《しょきょう》』（聖人の尭《ぎょう》や舜《しゅん》、そして古代王朝の夏《か》・殷《いん》・周の王の言行録）・『易経《えききょう》』（周代の占いの書）・『春秋《しゅんじゅう》』（春秋時代の魯《ろ》の歴史書で孔子の編集とされています）・『礼記《らいき》』（春秋時代から前漢までの儀礼・制度など）という5つの儒教の経典です（焚書坑儒で失われた『楽《がっ》経《きょう》』を含めたものが「六経《りっけい》」でした）。「五経博士《ごきょうはかせ》」という官職も置かれ、「五経」の注釈を行う訓詁学《くんこがく》が盛んになりました。有り難い経典の注釈を行うこの訓詁学は、日本にも当然入って来るわけですが、日本の文系学問はどうもいまだに訓詁学の域を出ていないようにも思えます。

さらに董仲舒は、孟子［B.C.372―B.C.289］の四徳《しとく》（仁《じん》・義《ぎ》・礼《れい》・智《ち》）に「信《しん》」の徳を加え、**五常**《ごじょう》（**五徳**）としました（五行説の影響です）。聖徳太子［574―622］が制定した「冠位十二階《かんいじゅうにかい》」は、「五常」に「徳」を加えた「徳・仁・礼・信・義・智」にそれぞれ「大・小」を付けた12の階級（大徳・小徳……）でしたから、この時点で日本にも五常が伝来していたことになります。

新儒学のおこり

儒教の発展は順風満帆……かと思いきや、それ以後道教・仏教勢力が強くなり、しばらく衰退の一途を辿ります。儒学が再び注目されるのは12世紀の宋《そう》代になってからのことです。

朱子学《しゅしがく》の祖であった**朱子**《しゅし》（**朱熹**《しゅき》）（Zhu Xi）〔1130―1200〕は、孔子の『**論語**』、孟子の『**孟子**』、孔子の弟子の曾子《そうし》〔B.C. 505―?〕の作とされているが、おそらく前漢の武帝〔B.C. 156―B.C. 87〕の時代に成立した『**大学**《だいがく》』（『礼記《らいき》』の第四十九篇で儒者の基本的心構えを説く「初学入徳《にゅうとく》の門《いりぐち》」）、そして孔子の孫の子思《しし》〔B.C. 483?―402?〕の作（秦代に新たに付け加えた箇所がある）とされた『**中庸**《ちゅうよう》』（『礼記』の第三十一篇で、アリストテレス〔B.C. 384―B.C. 322〕の「メソテース」の訳語にもなった「中庸」の徳が説かれる「四書」の最後に学ぶべき書）を「**四書**《ししょ》」という基本書に挙げて、詳細な注釈を加えました。朱子は「五経《ごきょう》」を学ぶ前に学ぶべき「四書」を特に重視しています（儒教のバイブルを「**四書五経**《ししょごきょう》」と呼ぶことがありますが、成立時期でいえば「五経」が先です）。朱子学は中国の官吏《かんり》採用試験である科挙《かきょ》の試験科目となったため、「四書五経」は長く学ばれることになります（その担い手は科挙官僚の士大夫《したいふ》でした）。もちろん試験科目の宿命として、形骸化の一途を辿りもしました。内面的な心掛けを説いていたはずなのに、形式的になり、行動が伴わなくなるのです。こうして孔子の死後千数百年後に復活した宋代の朱子学（宋学）、そしてさらに朱子の約300年後の明《みん》の時代におこった陽明学を**新儒学**と呼んでいます。日本でも新儒学は江戸時代以降、盛んに学ばれることになります。

朱子学

朱子学は南宋の朱子（朱熹）がおこしました。朱子は19歳で科挙の最難関・進士《しんし》に合格し、長らく地方行政に携わりました。現代日本に生きる儒教思想は、近世江戸時代に官学となった朱子学が直接のルーツにあります（中世日本では仏教勢力が強く、儒教は五山の禅僧の説法のネタなどとして細々と学ばれていました）。朱子学は歪んだ人間性（気《き》質《しつ》の性《せい》）を本来の善性（本然《ほんぜん》の性《せい》）に戻す（復初《ふくしょ》する）ための学問です。「欲望に負けて今は歪んでしまっているけれど、本来は善い性質をもっているはずから（孔孟以来の性善説です）、雑念を払って真理を探究し、元通りにしよう！」……という、少々説教くさい教えでもあります。欲望の制御という点ではストア派的（禁欲主義的）であるともいえるでしょう。

日本の朱子学ではそうした説教じみた道徳的側面ばかりが取り上げられがちですが、実は理知的な哲学理論である**理気二元論**《りきにげんろん》を構築していたのが朱子学です。この哲学理論が、江戸時代の日本が近代科学を受け入れる際の合理的な下地を作ってくれたのでした。理気二元論によると、天地万物は「理《り》」と「気《き》」の二要素からなっています。「**理**」と「**気**」の根源にあるのは「太極《たいきょく》」です。中国のラジオ体操のようなものに「太極拳《たいきょくけん》」がありますが、その「太極」（そもそも『易経』で説かれていました）です。この「気」の思想は、陰陽五行説を取り入れた道教《どうきょう》に影響を受けています。そこに「理」の思想を付け足したのは朱子のオリジナリティでしょう。

> いわゆる理と気とは、全くべつべつのものです……天地の間（のあらゆるもの）には、理と気があります。理は形而上の道であり、物を生じる根本です。気は形而下の器であり、物を生じる素材です。そこで人や物が生じる際には、必ず（天より）理をうけて、はじめて本性がそなわり、必ず（天より）気をうけて、はじめて形体がそなわります。その本性と形体とで、一身を構成するわけですが、その（形而上の）道と（形而下の）器との間にはきっぱりとしたけじめがあって、乱してはならないものです。（『朱子文集・語類抄』）*3

「理」とは宇宙万物の「不変の本質」のことで、アリストテレス［B.C.384―B.C.322］のいう形相《けいそう》（エイドス）と同様のものです。西洋から科学思想がもちこまれると、科学思想に基づく学問は不変の科学的真「理」を探求していたため、「理科」「地理」「物理」「心理」「倫理」「論理」といった言葉に翻訳され、使用されました。他にも「原理」「天理」「道理」……などという言葉がありますが、いずれも「不変の本質」を意味しています。

　では人間にとっての「理」（本質）とは何でしょうか。朱子は孔孟の性善説を継承し、万人には**本然《ほんぜん》の性《せい》**という善性が備わっていると考えました。天から受け継いだ善性こそが即ち理だというのです（**性即理《せいそくり》**）。しかし、人間は善性をもっているにもかかわらず、邪《よこしま》な人がいるのはなぜかといえば、その善性が歪められているからです。

　善性を歪めているのは、「変動」する「気」のせいです（気が清濁・純雑・精粗を生じさせます）。「天理」は不変ですが、「天気」は雨が降ったり晴れたりと「変動」します。「元気」「人気」「根気」「勇気」「浮気」など、「気」が付く言葉はいずれも「変動」するものです。「今度本気出す」という人がいますが、いつも本気というわけにはいかず、「気」は変わり得るものなんです。人間にとって本然の性を歪める「気」にあたるものは、人間の身体です。これはアリストテレスのいう素材、つまり質料（ヒュレー）に相当します。そこから発生する**気質《きしつ》の性《せい》**（いわゆる気性《きしょう》）が本然の性（本性）を歪めてしまうのです。ちなみに気が凝集《ぎょうしゅう》することを「凝《こ》る」といいます（「肩凝り」の「凝る」です）。荀子が説いた性悪説も、情欲に覆われた気質の性に由来するとすれば、説明がつきます。

　ではどうすれば、歪んだ気質の性を本然の性に戻す（**復初**する）ことができるのでしょうか。朱子は**居敬《きょけい》**と**窮《きゅう》理《り》**という二つの修養法を説きました。居敬とは「**敬**（**つつしみ**）」の気持ちをもつことです。これは敬語の「敬」でもありますが、誤解のないように言うと、儒教の「敬」は「うやまい」ではなく、分《ぶ》を弁《わきま》える「慎《つつし》み」の気持ちをもつことです。つまり、何かをしたい、やりたいという欲望を制御し、理に従う……というある種の禁欲主義です。さらに「窮理」とは「理《り》を窮《きわ》める」こと、つまり万物に内在する理（本質）を探究していくことです。そのためには古代の聖人が説いた「四書」（『論語』『孟子』『大学』『中庸』）を治めることが重要視されます。万物一つ一つの「物に格《いた》り知を致《きわ》め」[*4]ること（つまり「窮理」です）……『大学』にある「**格物致知《かくぶつちち》**」（わが身を修《おさ》める「修身」の前提とされました）という言葉を、朱子はこのように解釈したのです。ちなみに日本では窮理よりも、個人の修養である居敬中心に朱子学が理解されました。

陽明学

朱子が生きた時代から約300年たった明の時代に**王陽明**《おうようめい》（Wang Yangming）［1472―1528］が唱えたのが**陽明学**です。「陽明」は号で、諱《いみな》（本名）は王守仁《おうしゅじん》といいました。日本の陽明学（日本陽明学の祖は中江藤樹《とうじゅ》［1608―1648］でした）が官学として形骸化した朱子学への反発だったのと同様、本場の中国でも主知主義的な朱子学の「知識と態度のズレ」を糾弾する思想として生み出されました。「理論として頭でわかっていても、行動が伴っていなければダメだ」と考える「実践」の発想です。何しろ王陽明は、朱子学の窮理を真に受けて、庭の竹の「理」（本質）を窮めようとして神経衰弱になってしまったんです。「庭の竹の本質とは何ぞや……」なんて考えていたら、確かにノイローゼになってしまうかもしれません。

王陽明は『蘭亭序《らんていじょ》』で知られる書聖・王羲之《おうぎし》［303―361］の子孫という家系に生まれ、科挙を受験して官吏となった後、政争により文明から隔絶された粗野な僻地《へきち》に左遷されました。そこには中華の「壮麗な邸宅や煩瑣《はんさ》な礼節」はないものの、生身の人間の「淳樸《じゅんぼく》質素で底抜けに明るい民俗」*5 がありました。観念的な理論武装が役に立たない現実を突きつけられたところで、朱子学の誤りに気が付き、実践的な陽明学思想が生まれたのです。

或る人が問う、「晦庵《かいあん》先生（朱子）は、人が学問をする終局の目的は、心と理とにある（『大学或問』格物章）、といっていますが、この言葉はいかがでしょうか」（先生が）いう、「心がすなわち性、性がすなわち理である。心と理というときのとの字は、心・理を二つに分けかねない。学ぶ者は、ここのところをとくと究明しなくてはならない。」（『伝習録』上巻）*6

王陽明は朱子学の理気二元論に対し、**理一元論**《りいちげんろん》を説きました。人間の性質には本然の性や気質の性などという区別はなく、善性・悪性ひっくるめた心が即ち人間の理である（**心即理**《しんそくり》）*7というのです。だとすると、人間の心の悪い部分を伸ばすよりは、善い部分を伸ばした方が良いでしょう。人間が生まれもつ「善いところは善い、悪いところは悪い」と判断する**良知**《りょうち》を日常生活の中で磨き（**事上磨錬**《じじょうまれん》）、社会で実践する**致良知**《ちりょうち》（**良知を致**《いた》**す**）を説いたのです。これこそが陽明学の**知行合一**《ちこうごういつ》です。「四書」を読んで頭で知っているなら、実践行動と一致させなさい、ということです（「知っているという以上、それは必ず行いにあらわれるものだ」）。*8これは、「対象についての概念は、その対象のもたらす効果と一致する」という米国のパース［1839―1914］が説いたプラグマティズムの発想とも似ています。日本においても大塩平八郎《おおしおへいはちろう》（中斎《ちゅうさい》）［1793―1837］や吉田松陰《しょういん》［1830―1859］、そして西郷隆盛［1828―1877］に影響を与えた能動的な実践の思想です。王陽明は格物致知《かくぶつちち》を、朱子とは対照的に「物《こと》を格《ただ》し、知を致す」*9（心の働きをただし、良知を実現する）ことと解釈しています。

注

＊1～2　司馬遷『史記列伝』（『世界の名著11』）（貝塚茂樹・川勝義雄訳、中央公論社、1968年）。
＊3～4　『朱子文集・語類抄』（『世界の名著続4』）（荒木見悟訳、中央公論社、1974年）。
＊5　荒木見悟『近世儒学の発展――朱子学から陽明学へ――』（『世界の名著続4』）（中央公論社、1974年）。
＊6　『伝習録』（『世界の名著続4』）（溝口雄三訳、中央公論社、1974年）。
＊7　朱子の論敵であった陸象山《りくしょうざん》の言葉を引用したものである。
＊8～9　『伝習録』（『世界の名著続4』）（溝口雄三訳、中央公論社、1974年）。

32章　中国思想（4）（老子・荘子）

道家の説く「道《タオ》」

中国思想・諸子百家の最後に道家《どうか》の思想を紹介したいと思います。春秋時代の老子《ろうし》（Laozi/Lao Tzu）［B.C. 6C？］と戦国時代の荘子《そうし》（Zhuangzi）［B.C. 365？—B.C. 290？］が説いたいわゆる老荘思想《ろうそうしそう》（「老荘」の語は魏晋時代に定着しました）です。この道家の老荘思想は、5世紀になると神仙《しんせん》思想（蓬莱山《ほうらいさん》で不老不死の薬を得て、雲や竜に乗り、霞《かすみ》を食べて生きる仙人の実在を信じる思想です）と習合し、2世紀半ばに民間宗教・**道教**［Taoism］となりました。華僑《かきょう》の街・横浜中華街にある媽祖廟《まそびょう》には航海の安全を守る媽祖が祀られていますが、これは道教の女神です。

老荘思想は、3世紀末に竹林《ちくりん》の七賢《しちけん》が行った清談《せいだん》という哲学対話や、陶淵明《とうえんめい》［365—427］、李白《りはく》［710—762］、杜甫《とほ》［712—770］などの中国を代表する詩人にも多大な影響を与えました。実は日本の仏教は、老荘思想的な中国仏教が輸入されたものでした。『方丈記《ほうじょうき》』の鴨長明《かものちょうめい》［1155—1216］や『おくのほそ道』で知られる松尾芭蕉《ばしょう》［1644—1694］にも老荘思想の影響がうかがえます。とりわけ松尾芭蕉は『荘子』に入れ込み、自作句や別号「栩々斎《くくさい》」（「胡蝶の夢」に由来します）を引用するほどの傾倒ぶりでした。芭蕉の説いた俳諧の理念である不易流行《ふえきりゅうこう》*1も、「5・7・5」のように変わらないもの（不易）と、時代に合わせて変化するもの（流行）の本質は同じである……という荘子の万物斉同《ばんぶつせいどう》の発想です。この辺りは後で詳しく見ていきましょう。

ちなみに日本における道教の影響も無視できません。とはいえ、仏教勢力や江戸時代の国学の発展、そしてその流れをくんだ明治以降の国家神道《こっかしんとう》により、道教の影響は矮小化されてしまいました。古代日本で「天子」に代わり「天皇」という王の名称が採用されたことは既に述べましたが、その「天皇」の名称は、北極星を神格化した宇宙の最高神「天皇大帝《てんこうだいてい》」に由来します。「天皇大帝」は天上の神仙世界の紫宮に住み、真人という官僚を侍《はべ》らせ、その権威は鏡と剣という二種の神器に由来するものとされました。これらは全て道教信仰に基づくものです。天《てん》武《む》天皇《てんのう》〔631?―686〕が制定した八色《やくさ》の姓《かばね》（684年）の最高位に「真人《まひと》」、第五位に「道師《みちのし》」という名称があることや、天皇や皇室が紫色を重んじるのもその影響ですし、天皇の長寿を祈願する皇室祭祀における祝詞《のりと》にも道教の神が登場します。また、元旦に天皇が宮中で行う四方拝《しほうはい》の儀式は道教の宗教儀礼だったものです。*2 さらに、天皇の皇位継承の象徴とされているのは鏡（八咫鏡《やたのかがみ》）や剣（草薙剣《くさなぎのたち》）、（そして八尺瓊勾玉《やさかにのまがたま》）という三種の神器ですし、『日本書紀』初出の「神道」の語も道教由来であるというのですから驚きです。

大道廃《たいどうすた》れて、仁義有り。慧智《けいち》出でて、大偽《たいぎ》有り。六親《りくしん》和せずして孝子《こうし》（慈）有り、国家昏乱《こんらん》して忠臣有り。
（大いなる「道」が衰えたとき、仁愛と道義（の説）がおこった。（人の）さかしらと知識がたちあらわれたとき、大いなる偽《いつわ》りがはじまった。六つの近親が不和となったときに、孝行なむすこが話題となり、祖国が乱れ暗黒となってから、忠義な臣下ということが聞かれるようになった。）（『老子』上篇）*3

老子や荘子は大いなる「道」を説きました。ここでの「道」は「みち」ではなく「**タオ**」です。道教が英語で「タオイズム」と言われるゆえんです。積極的・能動的な人為＝偽《ぎ》（不自然）により矯正することをよしとしたの

老子

が儒家の説く「みち」だったとするならば、道家は消極的・受動的に道に従って無為自然《むいしぜん》に暮らすことをよしとしました。儒家が説く仁・忠・義といった徳は大いなる道が廃れてしまったことにより、説かれるようになったものです（儒教の根本思想は「仁」でしたが、老子は「聖人は仁あらず」[4]と言いました）。諸子百家の思想の中でも儒家と道家はとりわけ対極的な思想です。[5]「学を絶たば憂い無からん」（学ぶことを捨てよ、（そうすれば）思いわずらうことはなかろう）[6]という老子の儒家批判もありました。しかしこの対立は人間の両面といえなくもありません。この道《みち》を通ってこそ人の道《みち》です、と説く儒家……自然に多くの人が通るうちに、けもの道のように出来上がったタオに従う道家……皆さんは儒家に惹かれるでしょうか、それとも道家に惹かれるでしょうか。

老子の思想

道家の祖とされているのは**老子**です。ただし、実在したかどうかは疑わしい人物で、もしかすると想像上の存在かもしれません。実在の証拠とされるのは『老子』（『**老子道徳経**』）というわずか約５３００字・計81章からなる短い書物があることと、司馬遷《しばせん》［B.C.１４５／１３５―B.C.87／86］の『史記列伝』にある「老子韓非伝」です。「老子韓非伝」の記述を参考にすれば、老子は楚《そ》に生まれ、周王朝の書物倉詰めの記録官だったそうです。そしてあの孔子［B.C.５５１―B.C.４７９］が周に赴いて、老子に礼を問いに訪れたというのですから驚きです。老子は、「きみの問題としていることばは、それを発言した当人はその骨といっしょにみな朽ちはててしまった。ただことばが残っているだけである……きみの慢心と欲ばり、気どりと激情をなくしてしまいたまえ。これらはどれも、きみの一身にとってなんの役にもたたないよ。わたしがきみにいいたいことはこれだけだ」[7]と孔子に言い放つのです。

孔子は帰ってから弟子に、老子は「竜のような人物」だった、と言います。つまり「掴《つか》みどころがなかった」ということです。老子は無為の徳を治めると、才能を隠して名声が出ないようにし（「知る者は言わず、言う者は知らず」[*8]）、周の衰勢を見抜いて国外に隠遁しようとします。それを関守に見つかり、請われて書いたのが五千余語からなる書物（『老子』）だったということです。その最期は誰にもわかっていません（160余歳あるいは200余歳で亡くなったとされます）。伝説の仙人の来歴としては何とも完璧なストーリーです。老子の姓は李ですから、李子と呼ばれるところを「老子」としている点も神格化の産物のように思えますし、実際『老子』は、過去の偉人の金言を編集しつつ構成された、[*9]語呂のよい暗誦用テキストであったとの説もあります。たとえ想像上の人物だったとしても、孔子すら掌上に載せた反権威主義者の一貫した思想を、中国の人々が創り上げたというだけで痛快です。

上《じょう》善《ぜん》は水の若《ごと》し

では早速、老荘思想の核心「道」に迫ってみましょう。老子によると「道」は「視《み》れども見えざる……聴けども聞こえざる……搏《とら》うれども得ざる」（目をこらしても見えない……耳をすましても聞こえない……手でさわってもつかめない）[*10]形のないものです。認識できないがゆえ、なかなか筆舌に尽くし難いのですが、陰陽や天地などの「有」を生む「無」でもあるのだといいます。また、あらゆる存在の根源である「一《いっ》」でもあります。

上善《じょうぜん》は水の若《ごと》し。水は善《よ》く万物を利して而《しか》も争わず。衆人《しゅうじん》の悪《にく》む所に処《お》る。故《ゆえ》に道に幾《ちか》し。
（最上の善とは水のようなものだ。水のよさは、あらゆる生物に恵みを施し、しかもそれ自身は争わず、それでいて、すべての人がさげすむ場所に満足していることにある。）（『老子』[*11]）

有名な「**上善《じょうぜん》は水の若《ごと》し**」の一節ですが、この例は少し具体的です。水のようなあり方が道だというのです。確かに水は、高い所から低い所に、どんな障害物があろうともそれを避《よ》け、最後は人の住みたがらない低湿地に流れていくわけです。水は賢《さか》しらに何かを為して人と争うことをせず、謙虚に自然に任せ、それでいて皆に恵みをもたらしてくれるのです。「大江《おおかわ》（揚子江《ようすこう》）や海が幾百の川や谷の王である理由は、（この二つが）すぐれて下《ひく》い地位にあるからだ」とも言っています。

老子の説いた言葉で一番知られているのはタオに基づく生き方である**無為自然《むいしぜん》**でしょう。倫理の教科書にも必ず登場する言葉ですが、『老子』中に「無為」と「自然」は別々の箇所に登場しています。「無為」とは「人為」の逆で「行動のない行動」のことです。英語では「wu wei」と言い、単純に「non-action」なんて訳されていますが、「何もしない」という意味ではありません。一方、「自然」は「自《おの》ずから然《しか》る」、つまり「何かをしてやろう」という意識的な制御の下でやるのではなく、「ひとりでにそうなった」ということです。人為を捨てた無為によって、自然が立ち現れてくるのです。英国の東洋学者アーサー・ウェイリー（Arthur Waley）〔1889—1966〕が「自然［Ziran］」を「the self-so」と訳し、「the 'what-is-so-of-itelf'」（それ自身でそうであるもの）と注釈を付けている[*12]のはまさに慧眼です。

それにしても、こうした「無為」や「自然」の境地はまことにレベルが高いです。テストで良い点を取ろう、会社でノルマを達成しよう、逆境に打ち勝とう……そんな意識をなくし、ひとりでにそうなっている（良い点が取れ、ノルマが達成でき、逆境に打ち勝っている）という境地です。スポーツの試合でいえば、無理をして勝とうと思わないけれど、気付けば勝っている……「道は常に為《な》す無くして、而《しか》も為さざるは無し」（「道」はつねに何事もしない。だが、それによってなされないことはない）[*13]ということなのです。

柔らかく、しなやかに生きる

賢《さか》しらな意識を捨てていながら、何事かを成し遂げている……これは無欲で謙虚な境地、つまり**柔弱謙下**《じゅうじゃくけんげ》（柔らかで弱々しく、謙虚な）な生のあり方です（『老子』には「柔弱」の語のみが見えます）。人は生まれた時は柔らかで弱々しいのですが、死ぬときは堅くこわばってしまいます。堅い木は折れてしまうものです。一方、柔は剛に勝ちます。皆に愛される嬰児《あかご》に復帰して、水のように柔らかく、しなやかであるべきなのです。

さて、そんな老子が理想としたのは**小国寡民**《しょうこくかみん》の国家でした。プラトン［B.C.427―B.C.347］やアリストテレス［B.C.384―B.C.322］がそうであったように、思索の最後は望ましい国家について語ったのです。「小国寡民」とは「人口の少ない小国」のことです。軍隊や武器もなく、住民の命を大切にし、船や車も使う必要がなく、おいしくない食事もうまいと思わせ、粗末な服を心地よいと感じさせ、狭い家で素朴な生活に安住させる……そうすれば他国と行き来をすることだってなくなるでしょう。ここには都会暮らしに失望した者が抱く、田舎暮らしへの素朴なユートピア感情や隠遁願望を見て取ることもできます。何やら現代性があるようにも思えますね。

『老子』は都会の物質文明に辟易《へきえき》した人が読むと、肩肘張った緊張感が途端にとれる本だと思います。詩人の加《か》島祥造《じましょうぞう》［1923―2015］が意訳した『タオ』はその導入編としておすすめです。後期ビートルズやジョン・レノン［1940―1980］のソロ作品は、『老子』をはじめとした老荘思想の影響が大きいのですが、この『タオ』はまるでジョンの詩を読んでいるような気分にさせられます。「タオはね、世の中でダメ人間とされる連中の避難所だといえるんだ」*14 なんていう言葉に勇気づけられたこともしばしばありました。

行動せず、干渉することもしない。何かをなしても、それをあてにして寄りかからない。知識をひけらかしたりもしなければ、仁義の徳や名誉も求めない。争わず、相手に利益を与え、貯《たくわ》えることをせず、他人のために出し尽くし、それでも自分はさらに豊かである……『老子』に見られるどの言葉も、ひねくれた逆説のように思えるかもしれません。しかし『老子』は、私たちを無意識に縛り付けている絶対的常識なるものを解体してくれる一冊なのです。

荘子の思想

続いて老荘思想の完成者と言ってもよい、**荘子**の思想を見ていきましょう。荘子は、孔子の弟子である曾子《そうし》（孔子の孫の子思《しし》〔B.C.483?—402?〕の師）と区別して「そうじ」と読むのが慣例です。宋の蒙《もう》に生まれた荘子は、姓を荘、名を周といいました。孟子〔B.C.372—B.C.289〕と同時代に生きたと考えられています。荘子は漆《うるし》の果樹園の役人になったこともあったそうです。その後、楚《そ》の威王《いおう》〔?—B.C.329〕がその才能を聞きつけて大臣にしようとしましたが、荘子は「不潔なドブのなかでたわむれていても十分に愉快で、国家の主権者に束縛されることなどごめんなのだ」*15と言って断ってしまうのです。地位を求めることのない、老子以上に悠々自適《ゆうゆうじてき》な自由人だったのだと思います。スケール感のある多くの例え話で構成された『荘子』（内篇《ないへん》7篇・外篇《がいへん》15篇・雑篇11篇の計33篇からなります）というテキストが残っていますが、荘子が描いたのは内篇のみとされ、他は後世の道家の人々によって後付けされたものと考えられています。ちなみに書物の方の『荘子』も「そうじ」と読む場合が多いです。

荘子は人間の人為的な相対的差別をこえた自然の道・万物斉同《ばんぶつせいどう》の世界を理想としました。「相対《そうたい》」とは「**相待**《そうたい》」、つまり「互いに待ちあう関係」のことです。『老子』にも「有と無はたがいに（その対立者から）生まれ」る*16、とあり、価値は絶対的ではなく、相対的・偶然的であることが説かれていました。大きいものがあるのは、小さいものがあるからです。「善悪」「美醜」「是非」「貴賤」「生死」……人間はそうした賢《さか》しらな差別にこだわってしまう生き物です。荘子は言っています。「人間は湿気の多いところで寝起きすると、腰の病気が出て、半身不随になって死んでしまうが、鰌《どじょう》などにはそんなことはないではないか。また人間は高い木の上に住んだりすると、ふるえあがってこわがるが、猿はいっこうに平気だ。人間、鰌、猿のこの三者のうちで、どれがほんとうのすみかを知っていることになるのだろうか」「人間は家畜の肉を食い、鹿は草を食い、百足《むかで》は蛇をうまいと思い、鳶や烏は鼠を喜んで食う。この四つのもののうちで、どれがほんとうの味を知っていることになるのだろうか」「毛嬙《もうしょう》や麗《り》姫《き》は、人間がこれを絶世の美女だとするけれども、魚はその姿を見ると、恐れて水中深く沈み、鳥はその姿を見ると、驚いて高く飛び去り、鹿のむれはその姿を見て、一目散に逃げ出すだろう」*17……畳み掛けるような荘子の例え話に引き込まれてしまいます。人間にとっての絶世の美女も、魚や鳥にとってはもはやただの敵だ、ということです。「絶世の美女」という言い回しはこの例え話に由来するのですが、「絶世の美女の魅力も魚や鳥には通じない」という文脈だったのです。

「胡蝶の夢」・「朝三暮四」

諸子百家は喧《かまびす》しくそれぞれの持論を展開したわけですが、荘子はそうした議論を超えた真理――枢《とぼそ》（扉の回転軸）のような*18――を求めました。それが**万物斉同**（万物は斉しく同じ価値をもつ）です。荘子が批判した相対主義は、中国のソクラテス・孔子に対するソフィストの主張であったともいえるでしょう。ソフィストといえば詭弁《きべん》ですが、戦国時代の詭弁家だった名家《めいか》の恵子《けいし》（恵施《けいし》）〔B.C.370?―B.C.310?〕と荘子は親友であり、ライバルでもありました。それでは、有名な「胡蝶《こちょう》の夢」と「朝三暮四《ちょうさんぼし》」の例え話を見てみましょう。

昔者《むかし》、荘周《そうしゅう》は夢に胡蝶《こちょう》と為《な》る。栩栩然《くくぜん》として胡蝶なり。自ら喩《たの》しみて志に適する与《かな》。周たるを知らざるな

り。俄然《がぜん》として覚《さ》むれば、則《すなわ》ち蘧蘧然《きょきょぜん》として周なり。知らず、周の夢に胡蝶為るか、胡蝶の夢に周為るか。周と胡蝶とは、則ち必ず分有り。此《こ》れを之物化《これぶっか》と謂《い》う。
（いつか荘周《わたし》は、夢のなかで胡蝶になっていた。そのとき私は喜々として胡蝶そのものであった。ただ楽しいばかりで、心ゆくままに飛びまわっていた。そして自分が荘周《そうしゅう》であることに気づかなかった。ところが、突然目がさめてみると、まぎれもなく荘周そのものであった。いったい荘周が胡蝶の夢を見ていたのか、それとも胡蝶が荘周の夢を見ていたのか、私にはわからない。けれども荘周と胡蝶とでは、確かに区別があるはずである。それにもかかわらず、その区別がつかないのは、なぜだろうか。ほかでもない、これが物の変化というものだからである。）（『荘子』第二　斉物論篇[19]）

蝶になった荘子なのか、荘子になった蝶なのか……今の皆さんもしかすると、人間になった蝶かもしれないんです。「人間だ」「蝶だ」という差別や区別など、道からみれば同じだということです。

狙公《そこう》は芧《ちょ》を賦《ふ》せんとして曰《い》わく「朝《あさ》は三にして、暮《くれ》は四にせん」と。衆狙《しゅうそ》、皆怒る。曰わく「然《しか》らば則《すなわ》ち、朝は四にして暮は三にせん」と。衆狙、皆悦《よろこ》ぶ。
（あるとき、猿回しの親方が猿どもに芧《とち》の実を分配しようとして、「朝に三つ、暮れに四つでは、どうか」と相談した。すると猿どもは腹をたてて「それでは少なすぎる」といった。そこで親方が「それなら朝に四つ、暮れに三つでは、どうかね」といったところ、猿どもは大喜びをしたという。）（『荘子』第二　斉物論篇[20]）

「朝三暮四」は猿だけではなく人間にも当てはまるエピソードでしょう。「三つ」か「四つ」か……という、実にどうでもいい、目先の相対的な価値に一喜一憂しているのが人間なのです。ちなみに、『荘子』の冒頭にはこんなエピソードもあります。

北冥《ほくめい》に魚有り、其《そ》の名を鯤《こん》と為《な》す。鯤の大きさ、其の幾千里なるかを知らざるなり。化して鳥と為る。其の名を鵬《ほう》と為す。鵬の背は、其の幾千里なるかを知らざるなり。

（北のはての暗い海にすんでいる魚がいる。その名を鯤《こん》という。鯤の大きさは、幾千里ともはかり知ることはできない。やがて化身して鳥となり、その名を鵬《ほう》という。鵬の背のひろさは、幾千里あるのかはかり知られぬほどである。）（『荘子』第一　逍遙遊篇[*21]）

幾千里ともしれない巨大な魚・鯤《こん》と、それが変化した空を覆うほどの巨大な鳥・鵬《ほう》……その鵬から見下ろせば、地上の万物も青一色に過ぎません。イマジネーションの中に遊ぶ、壮大なスケールの例え話をぶち上げたかと思えば、大舟を浮かべるには水が厚く積もっていなくてはいけない、杯《さかずき》の水を土間のくぼみに落としただけでは、芥《あくた》（「ちり、ごみ」のこと）が浮かんで舟になるのがせいぜいだ、と今度は近視眼的なことを言ってみたり……つまり「大きい・小さい」「美しい・醜い」「テストで1点勝った・負けた」などと人間が言うのは、何ともせせこましい話だ、ということになってくるわけです。鵬から見れば、あなたも私もただの人間、たいして変わらないということです。宇宙のスケールで考えればあなたの悩みなんて小さいものだ、というよくある例えと似たものがありますね。

無用《むよう》の用《よう》

役に立つか、立たないか……人間というものは、有用かそうではないか、で物事を判断してしまいがちです。荘子は、「人はみな有用の用を知ってはいるが、無用の用を知るものはいない」[22]と言いました。『荘子』には**無用《むよう》の用《よう》**（社会的に無用なものほど真に有用である）に関するエピソードが幾度も登場します。桂《かつら》の木は根が食用であるため切られてしまいますし、ともしびの油は役に立つために、わが身を焼いてしまうのです。また、実が熟した木などはもぎ取られ、枝を折られ、長生きできませんが、無用とされる木は長生きします。世俗の名誉を追い求める政治的・社会的な生き方は心を磨り減らすばかりなのです。そうした煩わしさを離れ、宗教的・内面的に自由に生きる……世間で役立たずと罵《ののし》られようと、超然と肩の力を抜いて、何物にも縛られず、飄々《ひょうひょう》と風に吹かれて。なんだかいいですねぇ。ちなみにそうした無為自然の自由の境地に遊ぶことを逍遥遊《しょうようゆう》といいます（『荘子』の第一篇は「逍遥遊篇」です）。

「逍遥」と聞いて思い出すのは、明治時代の写実主義で知られる小説家・坪内逍遥《つぼうちしょうよう》［1859—1935］です。これは英語の「rambler」（ぶらぶら歩く人）という言葉を気に入った本人が、それを荘子の「逍遥遊」と重ね合わせて訳したもので、「坪内ランブラー」といった意味合いのペンネームだったことになります。ちなみに「ramble」は米国の黒人奴隷が発展させた音楽であるブルーズの歌詞にもよく出てくる言葉で、あてどないけれども自由なイメージをもった言葉です。ちなみに坪内逍遥のベストセラー『当世書生気質《とうせいしょせいかたぎ》』の第六回には、野々口精作という医学生がチラッとだけ登場します。品行方正に見せかけて、偽病《けびょう》で父親から金をせしめたり、衣服《みなり》に拘泥せずに金を浮かせて吉原の角海老楼《かどえびろう》（遊郭）に行く[23]……そんな小ずるい放蕩者《ほうとうもの》の野々口精作と名前が似ている、というだけで改名に踏み切ったのが、かつて千円札でお馴染みだった野口英世《ひでよ》［1876―1928］でした。英世の本名は野口清作だったのですが、わざわざ村民の一人を野口家に養子に入らせて野口清作と改名させ、同姓同名が2人いることを理由に「英世《ひでよ》」への改名を役場に認めさせたのだといいます。しかし作品上の野々口精作は小説の筋書きとも関わりがなく、似た名前を嫌がるほどの理由は見つかりません。とはいえ野口自身には相当の放蕩癖があり、やましい気持ちがあったのかもしれません。なにしろ、米国留学のために用立ててもらった大金を一晩のうちに芸者遊びで使い切ってしまった位ですから。金遣いの荒い人がお札の肖像画に選ばれているのは少々滑稽でもあります。強引にまとめれば、偉人も凡人も道から見れば皆同じ、ということになりますね（笑）。

さて、荘子は道と一体となって生きる**真人**《しんじん》・至人《しじん》を理想視しました。「真人（まさと、まさひと、まひと）」は日本でお馴染みの名前でもあります。「上古の真人は、生を喜ぶことを知らないし、死を憎むことも知らない。この世に生まれ出ることを喜ぶのでもなく、死の世界にはいることを拒むこともない。ただゆうぜんとして行き、ゆうぜんとして来るだけである。生のはじめである無の世界を忘れることはないが、そうかといって生の終わりである無の世界だけを求めることもない。与えられた生は喜んで受けるが、これを返すときも未練を残すことがない。このような態度を「はからいの心をもって自然の道をすてず、人為をもって自然のはたらきを助長しようとしない」というのであり、このような境地にあるものを真人とよぶのである」*[24]……こうした真人は**心斎**《しんさい》そして**坐**《ざ》**忘**《ぼう》の境地に至る人でもあります。心斎とは心を自然な無の状態に置くこと、そして坐忘とは「身体や手足の存在を忘れ去り、目や耳のはたらきをなくし、形ある肉体を離れ、心の知をすて去り、あらゆる差別を越えた大道に同化すること」*[25]です。この**心斎坐忘**は禅宗の坐禅のような修行として捉えられがちですが、真人として道に従う人が至る境地、と考えるべきでしょう。

荘子の妻が死に、親友の恵子《けいし》が弔問に訪れたときのことです。「そのとき荘子は両足を投げ出し、盆をたたいて歌をうたって」*[26]いました。恵子は、泣かないならまだしも、盆をたたいて歌うとはちょっとひどすぎる、と言いました。しかし荘子は言います。死んだばかりのときは胸がつまる思いがした、でも、人間はもともと生のないところから出てきたもので、四季の循環のようにして、死にかえっていったのだ、と。未練がましく泣きわめいては、天命をさとられぬしわざと思われます。だから泣くのはやめたのだと言うのです。生と死も斉《ひと》しい価値をもつ……愛する配偶者の死に際しても、その思想が揺らぐことはありませんでした。

注

＊1　「蕉門に千歳不易の句、一時流行の句と云有。是を二ッに分つて教へ給へども、其基は一ッ也、不易を知らざれば基立がたく、流行を弁へざれば風あらたならず」（『去来抄』）（潁原退蔵校訂『去来抄・三冊子・旅寝論』岩波書店、１９３９年）。

＊2　福永光司『道教と日本文化』（人文書院、１９８２年）。

＊3〜4　『老子』（『世界の名著４』）（小川環樹訳、中央公論社、１９６８年）。

＊5　とはいえ楚簡本には「大道廃れて焉《いずく》んぞ仁義有らん」（大いなる「道」が衰えたとき、仁義は存在しなくなってしまう）とあり、戦国時代後期に修正され、儒家批判の要素が取り込まれた可能性がある（湯浅邦弘編著『名言で読み解く　中国の思想家』ミネルヴァ書房、２０１２年）。

＊6　『老子』（『世界の名著４』）（小川環樹訳、中央公論社、１９６８年）。

＊7　司馬遷『史記列伝』（『世界の名著11』）（貝塚茂樹・川勝義雄訳、中央公論社、１９６８年）。

＊8　『老子』（『世界の名著４』）（小川環樹訳、中央公論社、１９６８年）。

＊9　有名な「大器晩成」の文句は、１９７３年出土の帛書《はくしょ》（絹織物に記された）の写本によると「大器免成」となっており、「大いなる容器は完成することを免れる（完成されることがない）」という真逆の意味になっている。つまりそのテキストは後世の改変があったと考えられる。

＊10〜13　『老子』（『世界の名著４』）（小川環樹訳、中央公論社、１９６８年）。

＊14　加島祥造『タオ――老子』（筑摩書房、２００６年）。

＊15　司馬遷『史記列伝』（『世界の名著11』）（貝塚茂樹・川勝義雄訳、中央公論社、１９６８年）。

＊16　『老子』（『世界の名著４』）（小川環樹訳、中央公論社、１９６８年）。

＊17　『荘子』（『世界の名著４』）（森三樹三郎訳、中央公論社、１９６８年）。

＊18　古代中国には全宇宙を八角形と捉える宇宙論が存在し、道教で宇宙の最高神である上帝（太一神・天皇大帝）を祀る儀礼に取り入れられた。その宇宙のシンボルとされたのが八角形の鏡で、その中心である道枢に身を置くのが荘子のいう至人であるとされた（福永光司『道教と日本文化』人文書院、１９８２年）。

＊19〜22　『荘子』（『世界の名著4』）（森三樹三郎訳、中央公論社、1968年）。
＊23　坪内逍遥『一読三歎　当世書生気質』（『日本の文学1』）（中央公論社、1970年）。
＊24〜26　『荘子』（『世界の名著4』）（森三樹三郎訳、中央公論社、1968年）。

あとがき

『哲学するタネ――高校倫理が教える70章』東洋思想編、いかがでしたでしょうか。「西洋・東洋」はそもそも西洋を主体とする単純な二元論ですが、東洋思想と一くくりにして大まかに眺めても、西洋が生んだ「哲学」の発想と重なる部分と、ある種異質な部分があることに気が付くと思います。グローバリズムは西洋キリスト教のカトリック的な普遍主義（ユニバーサリズム）に由来します。ですから21世紀のグローバル化（グローバリゼーション）は主として西洋近代以来の普遍システムで地球を覆う経済合理性に基づく発想なのですが、その数々の弊害が指摘される昨今、解決の処方箋としてときに東洋思想が参照されるのもうなずけます。本書を読み進めるうち、言葉が足りないところもあり、様々な疑問が生まれたかもしれませんが、そうした疑問から古今東西の様々な書物の森に分けいって頂くのもよろしいかと思います。『哲学するタネ――高校倫理が教える70章』西洋思想編ともども、ご参照頂ければ幸いです。

思えばある種の哲学ならびに思想史を教える機会を得ながらにして、私は邪道だと思うことがあります。私は直接カントだへーゲルだという王道の哲学を専攻していたわけではありませんし、客観的な哲学を打ち立てて科学の確からしさを裏付けた近代哲学ですら、哲学者個人の世界解釈の物語として読んでいる部分があります。「読む」というより「聴いている」のかもしれません。読んでいてお気づきの方もおられたかもしれませんが、私は音楽に昔も今も強く心惹かれ続けています。とりわけ私が良い意味でこだわり続けている１９６０~70年代のロックやフォークという音楽を、私はミュージシャンの哲学・思想として聴き、そうした音楽の総体が個人や社会に内面的・外面的変革をもたらしたことを記憶しています。

しかし考えてみると、哲学と音楽はよく似ています。どちらも人生にあってもなくても良いものである、などと言いたいのではありません。語りえぬものについて語ろうとしている点、人間性を深く追求している点、世界をより良いものにしようとしている点……両者に似たものを感じます。世間に流布する一般的定義や解答に疑いを持ち、批判・吟味の上で自分なりの答えをオリジナルに表現するというプロセス……それに触れた人々の前には今までとは全く違う様相の世界が立ち現れる……そこで再び新たな思索・創作が始まるという相互作用…私が哲学や音楽に惹かれる理由はそんなところにあります。ですから倫理の授業作りも、音楽制作も、私にとってはほとんど差がありません。

哲学や芸術が生まれる重要なポイントはマージナルな立ち位置にあることだと思っています。安心できる何かの内側で安住するのではなく、境界（崖っぷちかもしれません）に位置する、ということです。大人と子どもの境界にいる高校生や大学生、仕事を辞めて次の生き方を探している人、男・女というステレオタイプの性に分類されない人……には日々「哲学する」機会（あるいは「創作する」機会）が数多くあることでしょう。私は今までの人生の中で、米国／日本、都心／郊外、大企業／中小企業、旧華族／平民、ホワイトカラー／ブルーカラー、男／女……と様々な境界を行き来する体験をしてきました。一つの場所に安住できない性分なのか、運命なのか、わかりませんが、それらが結局哲学に辿りつくきっかけになったのかもしれません。いつも集団への帰属意識が希薄といいますか、どこへ行っても片足しか突っ込めず、浮いてしまう感覚があるのです。

しかし最後まで不安なのは、哲学や芸術を切り捨てんとする、昨今の時代の風潮です。これには多くの識者が警鐘を鳴らしています。２０１５年に惜しくも亡くなった「ゲゲゲの鬼太郎」でおなじみの漫画家・水木しげる（ラバウルで爆撃に遭い、左腕を失っています）が太平洋戦争に従軍する直前の手記には「芸術が何んだ　哲学が何んだ　今は考へる事すらゆるされない時代だ」（朝日新聞「出征直前　魂の叫び　水木しげるさん　20歳の手記発見　考へる事すらゆるされない」２０１５年６月11日付朝刊）とありました。戦争を前にして人間らしい感性が切り捨てられていく現状に煩悶する水木の姿が、生々しく記されています。また、アリストテレスの『形而上学』の翻訳で知られる哲学者・出隆《いでたかし》の「ソクラテスの哲学とその死」（『哲学を殺すもの』）（『哲学を殺すもの　出隆著作集２』勁草書房、１９６３年）における一節も思い出されます。「ソクラテスは、あの知恵の神アポロンからアテナィという名馬にくっつけられた一匹の虻《あぶ》として、だが今では老いてまどろみがちな嘗《かつ》ての名馬アテナィの巨軀をちくちく刺激するうるさい一匹の虻として、この馬の上に育ち、働らき、そして遂にこの馬の尻尾で軽くはたき落とされたのである。この馬にとってはその惰眠を邪魔する虻だったからである……この虻を殺した名馬アテナィの末路については、今は語るを要しないであろう」……ここでいうソクラテスを「哲学」と言い換えても差し支えないでしょう。これが書かれたのは１９３７年のことでした。世界恐慌後、内向きのブロック経済圏が形成され、第二次世界大戦を準備した１９３０年代のムードと、リーマン・ショック以降、経済成長がどんずまりを迎えた先進国が次第に内向きになり、自由貿易圏を脱退する孤立主義的動きが強まった２０１０年代半ば（２０１６年には英国が国民投票でEU離脱を選択し、米国ではアメリカ・ファーストを掲げるトランプ大統領が誕生しました）――ソフィスト的な相対主義、感情的ポピュリズムが蔓延する時代――のムードを重ね合わせてしまうのです。よくよく考えてみれば「絶対的真理なんてない」というポストモダンの結論は、宣告されるまでもなくわかっていた話のような気もします。そんな相対主義の結論に抗い、現実世界には存在し得ない真理なるものを探求したのがそもそも哲学の創始者ソクラテスだったわけですから。ソクラテスが活躍した縄文時代末期には、既にわかっていた結末ではあるのです。

　ところで、２０１５年に経団連が発表した「選考にあたって特に重視した点」という資料があります。それによると、「コミュニケーション能力」（85・６％）、「主体性」（60・１％）、「チャレンジ精神」（54・０％）、「協調性」（46・３％）、「リーダーシップ」（20・５％）などの項目が重視される一方で、私には人間を人間足らしめている要素と思える「やさしさ」「思いやり」の文字は見当たりませんでした。やっと見つけた「感受性」でさえ何と

2・3%ですから、開いた口が正直ふさがりませんでした（なんと2016年からは「感受性」が調査項目から外され、代わりに「ストレス耐性」が加わりました）。この点について、就職活動を控えた卒業生と話し合ってみたところ、「やさしさや思いやりは重視するのが当たり前だから、あえて書かなかったのではないか」という意見もあったので、正確な所はわかりません。ただし先ほどの水木しげるの手記と重ね合わせて眺めてみると、グローバル経済を勝ち抜く企業戦士を国家と多国籍企業が手を組んで育てようと躍起になっている昨今です、哲学も芸術も「今は考へる事すらゆるされない時代」なのかもしれないと思うのです。

とはいえ私は不安ではありますが、希望を持っています。学校で「哲学する」場が少なくなったとしても、日常生活で「哲学する」ことを忘れなければいいだけの話だからです。「哲学する」には、学歴も年齢も職業も関係ありません。隣の友人や家族との何気ない会話から「哲学する」のは容易《たやす》いことです。哲学するタネ（種）を蒔くなら今しかない、と思える混迷の時代に、皆さんにとってこの本が「哲学する」土台、いや少なくともその一助になれば、望外の幸せです。

最後に一つ、この本を作るための資料収集で改めて感じたのが「本」の大切さです。モンテスキューの『法の精神』をまともに読まずして、かつて授業で三権分立を語っていた自分を深く反省してしまいました。「孫引き」どころか「ひ孫引き」が氾濫するインターネットの無料情報と、膨大な時間と労力がかけられた「本」とは、圧倒的に情報量が違っています。にもかかわらず、教科書に載っている不朽の古典ですら絶版になっており、新刊書店で容易に入手できない例も多く見受けられました。その窮地を救ってくれたのは図書館と古本です。中学生の頃から「岩波文庫を全冊制覇する！」などと言って古本集めをしてきたのが初めて役に立ちましたし、勤務校や公共の図書館で探していた絶版本を見つけた時は本当に感動しました。勤務校の図書館司書の先生（よい本を集めてくださっています）の話によれば、昨今のコストカットの風潮で切り捨てられているのが常勤の学校図書館司書だそうです。大学の学問研究を中心とする知のヒエラルキーが崩れているように思える時代ですが、ネット検索の全能感に酔いしれ、「一億総知ったかぶり」になってしまうのは避けたいものです。知のセーフティ・ネットとして、「本」および図書館の重要性を強調しておきたいと思います。

大学時代の先輩である杉本健太郎さんは、１９７０年代のフォーク・デュオ古井戸のメンバーだった加奈崎芳《かなざきよし》太郎《たろう》のソロ・ライブを二人で追いかけた（今は亡き渋谷の小劇場ジァン・ジァンでした）古い縁がありましたが、今回編集者としてこの本の出版の機会を与えてくれました。杉本さんの緻密な校正作業と的確なアイデアがなければ、本書は完成しなかったと思います。そして明月堂書店の西巻幸作さんは、私が今も心酔する漫画雑誌『ガロ』直系の青林工藝舎を元『ガロ』編集部の人たちと一緒に立ち上げられた方でもあります。私が20代の頃に夢中になったつげ義春作品をはじめ、往時の『ガロ』のバックナンバーが全て並んだオフィスに入ったとき、ただならぬ運命を感じたものでした。本当にご縁としか言いようがありません。お二人に深く感謝いたします。

【全体を通じて参照した主な事典・思想通史類】

廣松渉ほか編『岩波　哲学・思想事典』（岩波書店、１９９８年）

粟田賢三・古在由重編『岩波哲学小辞典』（岩波書店、１９７９年）

永井均ほか編『事典　哲学の木』（講談社、２００２年）

中村元ほか編『岩波　仏教辞典』（岩波書店、１９８９年）

石毛忠ほか編『日本思想史辞典』（山川出版社、２００９年）

清水正之『日本思想全史』（筑摩書房、２０１４年）

湯浅邦弘編著『概説中国思想史』（ミネルヴァ書房、２０１０年）

『哲学の歴史1〜12』（中央公論新社、２００７〜２００８年）

バートランド・ラッセル『西洋哲学史1〜3』（市井三郎訳、みすず書房、１９７０年）

峰島旭雄編著『概説西洋哲学史』（ミネルヴァ書房、１９８９年）

岡崎文明ほか『西洋哲学史――理性の運命と可能性――』（昭和堂、１９９４年）

木田元『反哲学入門』（新潮社、２０１０年）

中島義明ほか編『心理学辞典』（有斐閣、１９９９年）

日本史広辞典編集委員会編『山川　日本史小辞典』（山川出版社、２００１年）

羽野幸春ほか編『新訂版　詳解倫理資料』（実教出版、２０１０年）

濱井修監修・小寺聡編『倫理用語集』（山川出版社、２０１４年）

や行

ら行

わ行

人名索引

《著者紹介》

石浦昌之（いしうら・まさゆき）

1979年東京生まれ。学習院大学文学部心理学科卒業。立教大学大学院文学研究科比較文明学専攻博士課程前期課程修了。現在都内の高校で高校倫理の授業を担当している。[単著]『哲学するタネ——高校倫理が教える70章【西洋思想編①・②】』（明月堂書店、2020年）。[分担執筆] 高校倫理研究会『高校 倫理が好きだ!——現代を生きるヒント』（清水書院、2016年）。東京都高等学校公民科「倫理」「現代社会」研究会『新科目「公共」「公共の扉」をひらく 授業事例集』（清水書院、2018年）。井野瀬久美惠編『つなぐ世界史　3　近現代/SDGsの歴史的文脈を探る』（清水書院、2023年）。[編集委員・分担執筆] 東京都高等学校「倫理」「公共」研究会『新科目「公共」「公共の扉」を生かした13主題の授業事例集』（清水書院、2023年）。

1999年にソニー・ミュージックエンタテインメントのコミックソング・オーディションに合格。『蒼い蜜柑』『語りえぬものについては咆哮しなければならない』など計4枚のアルバムをリリース。レコード・コレクター、音楽ライターとしても知られ、レコード・ショップ芽瑠璃堂のWEBマガジン「愛すべき音楽よ」、CDの監修・解説、音楽ムックの執筆なども行っている。[監修・解説]『ディスカヴァー・はっぴいえんど:日本語ロックが生まれた場所、シティポップ前夜の記憶』『風に吹かれて：ルーツ・オブ・ジャパニーズ・フォーク』『ルーツ・オブ・サイモン＆ガーファンクル』『忌野清志郎が愛したカバーズ』（オールデイズ レコード）など。[編集・全アルバム解説] 加奈崎芳太郎『キッス・オブ・ライフ——ジャパニーズ・ポップスの50年を囁く』（明月堂書店、2019年）。[分担執筆] 清水祐也編『Folk Roots, New Routes フォークのルーツへ、新しいルートで』（シンコーミュージック、2017年）。『URCレコード読本』（シンコーミュージック、2020年）。和久井光司編『サイモン＆ガーファンクル完全版』（河出書房新社、2024年）。

哲学《てつがく》するタネ

高校倫理が教える70章　【東洋思想編】

2018年10月10日　初版第一刷発行
2025年1月17日　二版第一刷発行

著者
石浦昌之

発行人
西巻幸作

編集デザイン
杉本健太郎

発行・発売
株式会社 明月堂書店

〒162-0054東京都新宿区河田町3-15 河田町ビル3階
電話 03-5368-2327 FAX 03-5919-2442
website「月刊極北」http://meigetu.net「極北ラジオ」https://farnorthnetwork.net/

定価はカバーに記載しております。乱丁、落丁はお取り替えいたします。

ISBN978-4-903145-63-1 C0010

「精神の息吹が粘土に吹き渡ってこそ、人間は創りだされるであろう」

既刊

人間の土

Terre des Hommes

サン＝テグジュペリ［著］

田中稔也［訳・挿絵］

四六判／並製／定価（本体1636円＋税）

サン＝テグジュペリが『人間の土』を通して
しみじみと訴えたヒューマニティは、
今を生きる若者たちの心に果たして届くだろうか。
ぜひ届いてほしい。
繰り返される戦争と虐殺の時代に
新たな連帯を模索し新世代に贈る祈りの書。